최신독일어

— 안사균 지음 —

문예림

최신 독일어

초판 21쇄 발행   2015년 8월 15일
2판   1쇄 발행   2017년 1월 20일
2판   3쇄 인쇄   2021년 8월 20일
2판   3쇄 발행   2021년 8월 31일

지은이 안사균
펴낸이 서덕일
펴낸곳 도서출판 문예림

출판등록 1962.7.12 (제406-1962-1호)
주소 경기도 파주시 회동길 366 (10881)
전화 (02)499-1281~2 **팩스** (02)499-1283
대표전자우편 info@moonyelim.com **통합홈페이지** www.moonyelim.com
카카오톡 ("도서출판 문예림" 검색 후 추가)

디지털노마드의 시대, 문예림은 Remote work(원격근무)를 시행하고 있습니다.
우리는 세계 곳곳에 있는 집필진과 원하는 장소와 시간에 자유롭게 일합니다.
문의 사항은 카카오톡 또는 이메일로 말씀해주시면 답변드리겠습니다.

ISBN 978-89-7482-311-5 (13750)

잘못된 책은 구입하신 서점에서 교환하여 드립니다.
이 책은 저작권법에 의해 보호를 받는 저작물이므로 무단 전재와 복제를 금합니다.

머 리 말

　한 외국어를, 게다가 우리와의 생활 양식, 언어 관습, 사고 방식마저 다른 언어를, 그것도 짧은 시일 안에 완전히 습득한다는 것은 정말 어려운 일이다.

　우선 한국 학생들에게는 독일어라면 무턱대고 몹시 어렵고, 까다로운 어학이라는 선입감마저 들어 있는 실정이다. 그러나 독일어를 처음 공부하려는 학생들로서는 먼저 이 언어가 지니고 있는 특성을 파악하고, 거기 맞춰서 이것을 공부하는 방법을 달리 해야할 것이다. 왜냐하면, 어떤 어학이든 반드시 그것의 특이한 성격이 있기 때문이다.

　우선 영어는 모든 단어가 과히 변화 없이 문장에 나타나고, 또 일관성 있는 법칙성이 없다. 게다가 이 변화는 일정한 법칙하에 모든 독일어에 예외없이 적용한다. 여기 비해서 독일어는 거의 모든 단어가 어떤 변화를 한다. 이것이 소위 문법이다. 이런 관점에서 볼 때 영어는 엄격한 의미에 있어서 문법이란 없으나, 독일어는 어디까지나 철저한 문법에 따라 움직인다. 이 문법 지식이야말로 독일어를 공부하는 데 절대적인 조건이고, 또 생명선이라 하겠다. 결국 이 문법을 학생들에게 쉽게 이해시켜서 그들의 피부에 젖게 하여 독일어에 재미를 붙여 주는 것이 나의 책임이요, 또 나의 커다란 사명일 것이다. 왜냐하면, 문법에만 익숙해지면 독일어는 어느 누구의 도움을 받지 않고도 사전만 있으면 혼자서 충분히 해 낼 수 있다는 것이 영어와 다른 점이기 때문이다.

　독일어와 영어는 원래 같은 Germanic어를 모체로 분파되어 발달한 언어이다. 언어사적으로는 서로 많은 변천 과정을 겪었으나, 아직도 이 두 언어 사이에는 서로 공통된, 유사한 점이 너무나도 많다. 따라서 독일어를 공부하는 데는 기본적인 영어의 지식이 절대 필요하다. 왜냐하면, 두 언어는 같은 祖語에서 생겨났으니, 이미 학생들이 알고 있는 초보적인 영어의 지식이나마 최대한 활용하여 독일어와 비교시키면서 공부하는 것이 그만큼 쉽게 독일어를 짧은 시간에 끝낼 수 있는 지름길이 되기 때문이다.

　오랫동안 독일어를 가르쳐 온 경험을 살려 이미 몇 권의 참고서를 출판하여 널리 학생들에게 도움을 준 바 있으나, 몇 해 동안 서독 Berlin대학과 Bonn대학에 있다가 귀국 후 좀더 좋은 새로운 독일어 참고서를 써 볼 생각을 했다. 몇 년 동안 나의 온 정성과 노력을 기울여 만든 이 책이 정말 학생들에게 도움이 될 수 있게 되기를 바라는 마음 간절하다.

　　　　　　　　　　　　　　　　　　　　1991년 12월　　安 四 均

개정·증보판을 내면서 …

『최신 독일어』가 출판된 지 어느덧 스물아홉 성상을 헤아리게 되었다. 그 동안 수 많은 독자들이 이 졸저를 꾸준히 아껴 주고 애용해 준 데 대해 깊이 감사드린다.

언어는 시대에 따라서 항상 변하기 마련인지라, 그 동안 개정의 필요성을 여러 차례 절실히 느껴 왔었다. 그러나 시간 관계로 인하여 지금까지 미루어 온 것에 대해서는 독자들에게 가슴 아픈 죄송함을 감출 수 없다. 이제 20년을 바라보는 이 시점에서 개정·증보판을 내게 되었으니 실로 그 감회가 깊다.

많은 세월이 흐르는 동안 세계 속에서 우리나라의 위상은 크게 달라졌고, 어학에 대한 관심과 욕구도 상당히 높아졌다. 이러한 시대적인 변화 추세에 부응하고자 이 책의 대폭적인 수정이 요청되었는데, 무엇보다도 문법 설명에 따른 예문과 연습 문제를 새롭게 구성하였고, Lesestück은 시대 감각에 맞도록 엄선하였다. 또한 어휘도 보다 다양하게 사용하였으며, 특히 실용적인 측면도 감안하여 부록에 『대화편』을 첨보하였다. 아울러 이 책은 초판과 마찬가지로 어디까지난 독일어를 처음 시작하는 학생이나 초학자를 위하여 심혈을 기울여 만들었음을 덧붙인다.

이 책의 특징을 말하자면

1. 독일어를 공부하려는 사람은 기본적으로 영문법을 알고 있으리라는 전제아래, 가능한 한 쉬운 영문을 함께 인용하여 이해를 돕고자 했다. 그러므로 특수한 술어나 용어 같은 것은 되도록 피하고, 영어에서 흔히 다루던 방법으로 설명을 전개해 나감으로써 초학자들에게 새로운 어학에 대한 부담감을 덜고자 했다. 이 때 독일어를 공부하면서 영어와의 혼란을 막기 위해 두 언어의 차이점과 공통점을 명백히 하여 비교하였다.

2. 모든 문법 설명, 예문에는 반드시 영어를 인용하여 비교하고, 해석 문장, 단어 및 숙어에 이르기까지 충실한 해설을 붙여서 초학자들의 독일어 학습에 도움이 되도록 애썼다.

3. 이 책에 수록된 어휘는 사전 찾는 번거로움을 덜기 위하여 중요한 해석을 위주로 해서 단어집에 수록해 놓았다. 또 언어의 실용성을 감안하여 흔히 사용되는 일상 회화에 부록을 첨부하였다.

이러한 특징을 살리는 가운데, 모든 예문을 영어와 비교해 나간 결과, 영어에서 간혹 무리한 점도 생겼으리라고 본다. 이에 대해서는 나 자신도 상당히 고심했으나, 불가피했음을 양해해 주기 바란다.

끝으로 이 책의 증보·개편에 처음부터 끝까지 애써 주신 성균관 대학교 안상원, 김연순 박사 두 분께 그 동안의 노고에 대해서 심심한 감사를 표하는 바이다. 또한 일선에서 독일어 강의에 애쓰고 계신 김범식 선생님께도 감사의 뜻을 전하고 싶다.

2000년 3월 安四均

차 례

- 머리말
- 개정·증보판을 내면서
- 차 례
- Das Alphabet

Abschnitt 1. 발 음 ··· *1*
  § 1. 발 음〔Ⅰ〕··· *1*
  § 2. 발 음〔Ⅱ〕··· *3*
  § 3. 발 음〔Ⅲ〕·· *10*
  § 4. 모음의 장단 ·· *12*
  § 5. Akzent 의 위치 ··· *13*
    • 연습 문제 ··· *14*
  Lesestück 1. Guten Tag! ··· *16*

Abschnitt 2. 관사 · sein, haben, werden 동사 ······································ *18*
  § 6. 명사의 성 ·· *18*
  § 7. 명사의 격 ·· *18*
  § 8. 관사의 용법 ··· *19*
  § 9. 인칭대명사와 sein, haben, werden 동사 ······································ *21*
    • 연습 문제 ··· *26*
  Lesestück 2. Ich bin ein Schüler ·· *28*

Abschnitt 3. 동사의 현재 인칭변화 ··· *29*
  § 10. 동사의 원형과 어간 ·· *29*
  § 11. 동사의 현재 인칭변화 ·· *29*
  § 12. 동사의 현재 불규칙변화 ··· *34*
    • 연습 문제 ··· *38*
  Lesestück 3. „Du bist 18!" ·· *40*

Abschnitt 4. 명사 변화〔Ⅰ〕 ··· *42*

- § 13. 명사의 변화 ·· 42
- § 14. 명사 변화 – 강변화 1식 ···························· 42
- § 15. 명사 변화 – 강변화 2식 ···························· 46
- § 16. 명사 변화 – 강변화 3식 ···························· 50
- § 17. ja, nein, doch ·· 53
  - 연습 문제 ·· 54
  - Lesestück 4. Der Unterricht ······················· 56

Abschnitt 5. 명사 변화〔Ⅱ〕· 배어법〔Ⅰ〕 ············· 58
- § 18. 명사 변화 – 약변화 ································ 58
- § 19. 명사 변화 – 혼합변화 ····························· 62
- § 20. 명사의 불규칙변화 ································· 64
- § 21. 복합명사의 변화 ···································· 67
- § 22. 배어법〔Ⅰ〕– 정치법과 도치법 ················ 68
- § 23. 사전을 찾는 방법〔Ⅰ〕– 명사 ················· 70
  - 연습 문제 ·· 72
  - Lesestück 5. Paul und Emil ······················· 74

Abschnitt 6. 전 치 사 ······································ 76
- § 24. 전치사의 종류 ······································· 76
- § 25. 2격 전치사 ··· 76
- § 26. 3격 전치사 ··· 78
- § 27. 4격 전치사 ··· 79
- § 28. 3 · 4격 전치사 ····································· 81
  - 연습 문제 ·· 86
  - Lesestück 6. Ein Freund kommt. ················ 88

Abschnitt 7. 인칭대명사의 변화와 용법 ·············· 90
- § 29. 인칭대명사의 변화 ································· 90
- § 30. 인칭대명사의 용법 ································· 91
  - 연습 문제 ·· 98
  - Lesestück 7. Zwei Stundenten in München ··· 100

Abschnitt 8. 동사의 변화 ································ 102
- § 31. 동사의 원형, 과거, 과거분사 ················· 102

§ 32. 약변화 동사 ··· *102*
§ 33. 강변화 동사 ··· *104*
§ 34. 원형의 어간모음이 -e- 인 강변화 동사 ····················· *105*
§ 35. 원형의 어간모음이 -ei- 인 강변화 동사 ···················· *107*
§ 36. 원형의 어간모음이 -a- 인 강변화 동사 ····················· *109*
§ 37. 원형의 어간모음이 -i- 인 강변화 동사 ······················ *110*
§ 38. 원형의 어간모음이 -ie- 인 강변화 동사 ···················· *112*
§ 39. 혼합변화 동사 ··· *113*
§ 40. 동사의 과거 인칭변화 ·· *114*
§ 41. zu+동사의 원형 ·· *116*
● 연습 문제 ·· *118*
Lesestück 8. Ein Mißverständnis ······································ *120*

Abschnitt 9. 형용사 변화 · 지시대명사 ································· *122*

§ 42. 형용사의 변화 ··· *122*
§ 43. 형용사의 강변화 ·· *123*
§ 44. 형용사의 약변화 ·· *125*
§ 45. 형용사의 혼합변화 ··· *127*
§ 46. 형용사의 명사적 용법 ·· *130*
§ 47. 부정대명사+형용사 ·· *131*
§ 48. 지시대명사 — dieser, jener ·· *133*
§ 49. 지시대명사+형용사 ·· *134*
● 연습 문제 ·· *136*
Lesestück 9. Frische Fische ·· *138*

Abschnitt 10. 소유대명사 · kein · 배어법〔Ⅱ〕 ······················· *140*

§ 50. 소유대명사 ·· *140*
§ 51. 소유대명사+형용사 ·· *143*
§ 52. 소유대명사의 명사적 용법 ·· *145*
§ 53. kein→nicht ein ··· *148*
§ 54. 배어법〔Ⅱ〕— 후치법 ··· *149*
● 연습 문제 ·· *152*
Lesestück 10. Der Taschendieb ·· *154*

Abschnitt 11. 완료형과 미래형 ··· *156*
  § 55. 정동사와 제2, 제3동사 ··· *156*
  § 56. 완료형에서 haben? 또는 sein? ····································· *157*
  § 57. 미 래 형 ··· *162*
  § 58. 미래완료형 ·· *162*
  § 59. 영어와 독일어의 현재완료의 비교 ··································· *163*
  § 60. 사전을 찾는 방법〔Ⅱ〕 − 동사 ······································· *165*
    • 연습 문제 ··· *168*
    Lesestück 11. Friedrich der Große und der Müller. ············· *170*

Abschnitt 12. 수동형과 명령문 ··· *172*
  § 61. 수 동 형 ··· *172*
  § 62. 능동문을 수동문으로 만드는 방법 ··································· *175*
  § 63. man을 주어로 하는 능동문 ·· *177*
  § 64. 상태의 수동 ··· *178*
  § 65. 자동사의 수동형 ··· *179*
  § 66. 명 령 ··· *180*
    • 연습 문제 ··· *184*
    Lesestück 12. Eine Detektivgeschichte ······························· *186*

Abschnitt 13. 형용사의 비교급과 최상급 ································· *188*
  § 67. 비교급과 최상급 ··· *188*
  § 68. 형용사 원급에 의한 비교 ·· *190*
  § 69. 형용사 비교급의 용법 ·· *192*
  § 70. 형용사 최상급의 용법 ·· *195*
  § 71. 형용사 비교급, 최상급＋명사 ·· *198*
  § 72. 사전을 찾는 방법〔Ⅲ〕 − 형용사 ···································· *199*
    • 연습 문제 ··· *200*
    Lesestück 13. Die Jahreszeiten in Deutschland ·················· *202*

Abschnitt 14. 복합동사 ··· *204*
  § 73. 복합동사 ··· *204*
  § 74. 비분리 동사 ··· *204*
  § 75. 분리 동사 ·· *208*

§ 76. 분리 또는 비분리 동사 ·· 212
　　• 연습 문제 ·· 216
　　Lesestück 14. Die Gewohnheit ·· 218

Abschnitt 15. 화법조동사 ·· 220
§ 77. 화법조동사 ·· 220
§ 78. 화법조동사의 변화 ·· 221
§ 79. können 의 용법 ·· 222
§ 80. müssen 의 용법 ·· 224
§ 81. mögen 의 용법 ·· 225
§ 82. dürfen 의 용법 ·· 226
§ 83. wollen 의 용법 ·· 227
§ 84. sollen 의 용법 ·· 230
§ 85. 화법조동사의 특징 ·· 232
§ 86. 화법조동사의 시제 ·· 233
　　• 연습 문제 ·· 236
　　Lesestück 15. Das Geld oder das Leben! ··················· 238

Abschnitt 16. 관계대명사 ·· 240
§ 87. 관계대명사의 종류 ·· 240
§ 88. 관계대명사 der 와 welcher ·· 240
§ 89. 관계대명사 wer ·· 244
§ 90. 관계대명사 was ·· 246
　　• 연습 문제 ·· 250
　　Lesestück 16. Der Mensch ··· 252

Abschnitt 17. 의문대명사・부정대명사 ······························ 254
§ 91. 의문대명사 ·· 254
§ 92. 의문대명사 wer?, was? ·· 254
§ 93. 의문대명사 welcher, welche, welches ; welche? ······ 256
§ 94. 의문대명사 was für ein, ~eine, ~ein ························ 258
§ 95. 부정대명사 ·· 262
§ 96. 부정대명사 einer, man, keiner ······································ 263
§ 97. 부정대명사 jemand, niemand, jedermann ···················· 265

§ 98. 부정대명사 etwas ······ 266
§ 99. 부정대명사 jeder ······ 267
§ 100. 기타 부정대명사 ······ 268
 • 연습 문제 ······ 270
Lesestück 17. Was ist Dialektik? ······ 272

Abschnitt 18. 재귀동사 · 비인칭동사 ······ 274
§ 101. 재귀대명사 ······ 274
§ 102. 재귀동사 ······ 275
§ 103. 재귀대명사의 위치 ······ 279
§ 104. 비인칭동사 ······ 281
§ 105. 순수 비인칭동사 ······ 281
§ 106. 준 비인칭동사 ······ 282
§ 107. 기타 비인칭동사 ······ 284
§ 108. 비인칭 재귀동사 ······ 285
§ 109. 비인칭동사의 숙어 ······ 286
 • 연습 문제 ······ 288
Lesestück 18. Fristlos entlassen! ······ 290

Abschnitt 19. 지시대명사 ······ 292
§ 110. 지시대명사의 종류 ······ 292
§ 111. 지시대명사 der, die, das ; die ······ 292
§ 112. 지시대명사 { dieser, diese, dieses ; diese / jener, jene, jenes ; jene } ······ 297
§ 113. 지시대명사 derselbe, dieselbe, dasselbe ; dieselben ······ 299
§ 114. 지시대명사 derjenige, diejenige, dasjenige ; diejenigen ······ 300
§ 115. 지시대명사 solcher, solche, solches ; solche ······ 302
 • 연습 문제 ······ 306
Lesestück 19. Ein König und eine Königin ······ 308

Abschnitt 20. 수   사 ······ 310
§ 116. 기   수 ······ 310
§ 117. 서   수 ······ 313
§ 118. 소   수 ······ 316

§ 119. 분　　수 ·· 316
§ 120. 배　　수 ·· 317
§ 121. 횟　　수 ·· 318
§ 122. 종류의 수 ·· 318
§ 123. 산수 문제 ·· 319
§ 124. 화폐 수량 ·· 319
§ 125. 도량형의 단위 ·· 320
§ 126. 시　　간 ·· 320
　　● 연습 문제 ·· 322
　Lesestück 20. Durchgefallen ·· 324

Abschnitt 21. 부정사 · 분사 ·· 326

§ 127. zu 없는 부정법 ·· 326
§ 128. zu 있는 부정법 ·· 330
§ 129. 종속절을 zu-Infinitiv 로 만드는 방법 ························ 333
§ 130. 분　　사 ·· 335
§ 131. 현재분사 ·· 336
§ 132. 과거분사 ·· 338
§ 133. 미래분사 ·· 340
　　● 연습 문제 ·· 342
　Lesestück 21. Geheim ·· 344

Abschnitt 22. 접 속 법 ·· 346

§ 134. 접 속 법 ·· 346
§ 135. 접속법의 현재 인칭변화와 과거 인칭변화 ················ 347
§ 136. 접속법의 시제 ·· 349
§ 137. 접속법 동사의 형태와 실제 뜻하는 때 ···················· 350
§ 138. 접속법 현재군의 용법 ·· 352
§ 139. 접속법 과거군의 용법 ·· 355
§ 140. 가정법에서 조건문의 생략 ······································ 358
§ 141. 가정법에서 주절의 생략 ·· 360
§ 142. 기타 접속법 과거군의 용법 ···································· 362
　　● 연습 문제 ·· 366
　Lesestück 22. Atombomben und Wetter ·························· 368

Abschnitt 23. 간접화법 ··· *370*
 § 143. 간접화법 ··· *370*
 § 144. 간접의문문 ·· *377*
 § 145. 간접명령문 ·· *378*
 § 146. 준 간접화법 ·· *379*
   ● 연습 문제 ··· *382*
 Lesestück 23. Der Betrüger ·· *384*

부 록

  ● 대화편(Dialog) ·· *389*
  ● 단 어 집 ·· *399*
  ● 강변화 및 불규칙동사표 ··· *422*
  ● 주요 변화표 ··· *430*
  ● 국명・국인・국의 형용사 ·· *438*

Das Alphabet

A	a	A a	A a	[aː]	아—
B	b	B b	B b	[beː]	베—
C	c	C c	C c	[tseː]	체—
D	d	D d	D d	[deː]	데—
E	e	E e	E e	[eː]	에—
F	f	F f	F f	[ɛf]	에프
G	g	G g	G g	[geː]	게—
H	h	H h	H h	[haː]	하—
I	i	I i	I i	[iː]	이—
J	j	J j	J j	[jɔt]	요트
K	k	K k	K k	[kaː]	카—
L	l	L l	L l	[ɛl]	엘—
M	m	M m	M m	[ɛm]	엠—
N	n	N n	N n	[ɛn]	엔—
O	o	O o	O o	[oː]	오—
P	p	P p	P p	[peː]	페—

Q q			Q q	[kuː]	쿠—
R r			R r	[ɛr]	에르
S s			S s	[ɛs]	에스
T t			T t	[teː]	테—
U u			U u	[uː]	우—
V v			V v	[fɑu]	파우
W w			W w	[veː]	베—
X x			X x	[iks]	익스
Y y			Y y	[ypsilɔn]	윕실론
Z z			Z z	[tsɛt]	체트
Ä ä			Ä ä	[ɛː]	아— · 움라우트
Ö ö			Ö ö	[øː]	오— · 움라우트
Ü ü			Ü ü	[yː]	우— · 움라우트
Ch ch			Ch ch	[tseːhɑː]	체— · 하—
Sch sch			Sch sch	[ɛstseːhɑː]	에스 · 체— · 하—
ck			ck	[tseːkɑː]	체— · 카
ß			ß	[ɛstsɛt]	에스 · 체트
tz			tz	[teːtsɛt]	테— · 체트

Abschnitt 1.

발   음

§ 1. 발   음(Aussprache) 〔Ⅰ〕

영어에서는 어떤 단어를 발음하려면 반드시 발음기호를 알아야 한다. 즉, *come*, *house*, *ice* 등은 모두 고유한 **발음기호**를 가지고 있기 때문에, 이것을 알지 못하면 발음할 수 없다.

그러나 독일어는 대개 **Alphabet**에서 읽는 대로 발음한다. 예를 들면,

D-u	b-i-s-t	a-u-s	K-o-r-e-a.
ㄷㅜ	ㅂㅣㅅㅌ	ㅏㅜㅅ	ㅋㅗㄹㅔㅏ
두	비스트	아우스	코레아
You	*are*	*from*	*Korea.*

그러나 **Alphabet**에서와는 달리 특수하게 발음하는 것이 약간 있다. 이제 이 특수한 발음에 대하여 연습하기로 하자.

【1】 **ei** = [ai] ; **ei**가 함께 나타날 때에는 [ai]로 발음한다.

독 어	발 음	영 어	국 어
eins	ains	*one*	하 나
zwei	zvai	*two*	둘
drei	drai	*three*	셋
Bein	bain	*leg*	다 리

【2】 **er** = [ər] ; 단어의 끝에 있는 **-er**는 [ər]로 발음한다.

독 어	발 음	영 어	국 어
Maler	ma:lər	*painter*	화 가
Vater	fa:tər	*father*	아 버 지
Bruder	bru:dər	*brother*	형 제
Kinder	kindər	*children*	아 이 들

Abschnitt 1. 발음

* 다음 표의 단어들을 발음 연습하기로 하자.

ein	eine	ein
eines	einer	eines
einem	einer	einem
einen	eine	ein

【3】 ie = [iː] ; ie가 함께 나타날 때에는 장모음 [iː]로 발음한다.

독 어	발 음	영 어	국 어
tief	tiːf	deep	깊 은
Liebe	liːbə	love	사 랑
Brief	briːf	letter	편 지
bieten	biːtən	offer	제공하다

* 다음 표의 단어들을 발음 연습하기로 하자.

der	die	das	die
des	der	des	der
dem	der	dem	den
den	die	das	die

【4】 er = [ɛə] ; 위의 표에 있는 der의 -er는 [ɛə]로 읽는다. 즉, 영어에서 *air* (공기), *there* (저기)에 나타나는 [ɛə]의 발음과 같다.
또 단어의 처음에 오는 **er**-도 [ɛə]로 읽는다.

독 어	발 음	영 어	국 어
der	dɛr, deːr	the	그
Verkauf	fɛrkauf	sell	판 매
Erweis	ɛrvais	proof	증 명
erbauen	ɛrbauən	build	건축하다

【5】 ir = [iə] ; ir는 글자대로 발음하는 것이 원칙이다. 발음기호상으로 보면 [ir]이지만 읽을 때는 대개 [iə]로 발음한다.
즉, 영어의 *here* 같이 발음한다.

독 어	발 음	영 어	국 어
wir	viːr	*we*	우 리
mir	miːr	*to me*	나에게
dir	diːr	*to you*	너에게
Tier	tiːr	*animal*	동 물

§ 2. 발 음(Aussprache) 〔Ⅱ〕

원래 유성음인 b, d, g에는 두 가지 발음 방식이 있다. 뒤에 모음을 동반할 때에는 유성음으로 발음하고, 모음을 동반하지 않거나 단어의 끝에 올 때에는 무성음으로 발음한다.

[6] b ⎧ [b] : b + 모음 → [b] (유성)
　　　 ⎩ [p] : b + ~~모음~~ → [p] (무성)

(1) [b]로 발음할 때

독 어	발 음	영 어	국 어
beide	baidə	*both*	양 쪽의
bis	bis	*till*	～까지
die **B**ank	baŋk	*bank*	은 행
der **B**aum	baum	*tree*	나 무

(2) [p]로 발음할 때

독 어	발 음	영 어	국 어
gel**b**	gɛlp	*yellow*	노 란
hal**b**	halp	*half*	절반의
der Her**b**st	hɛrpst	*autumn*	가 을
das Lo**b**	loːp	*praise*	칭 찬

[7] d ⎧ [d] : d + 모음 → [d] (유성)
　　　 ⎩ [t] : d + ~~모음~~ → [t] (무성)

4   Abschnitt 1. 발 음

(1) [d]로 발음할 때

독 어	발 음	영 어	국 어
das	das	*it*	그 것
dein	dain	*your*	너 의
das Dorf	dɔrf	*village*	마 을
der Doktor	dɔktor	*doctor*	박 사

(2) [t]로 발음할 때

독 어	발 음	영 어	국 어
das Bad	baːt	*bath*	목 욕
die Wand	vant	*wall*	벽
der Hund	hunt	*dog*	개
das Kind	kint	*child*	어린아이

【8】 g $\begin{cases} [g] : g + 모음 \to [g] \text{ (유성)} \\ [k] : g + \cancel{모음} \to [k] \text{ (무성)} \end{cases}$

(1) [g]로 발음할 때

독 어	발 음	영 어	국 어
ganz	gɑnts	*quite*	완 전 히
der Gast	gɑst	*guest*	손 님
das Geld	gɛlt	*money*	돈
gut	guːt	*good*	좋 은

(2) [k]로 발음할 때

독 어	발 음	영 어	국 어
der Zweig	tsvaik	*branch*	가 지
der Tag	taːk	*day*	날
der Weg	veːk	*way*	길
der Zug	tsuːk	*train*	기 차

§ 2. 발 음 [Ⅱ]

【9】 s $\begin{cases} [s] : s + \cancel{모음} \to [s] \text{ (무성)} \\ [z] : s + 모음 \to [z] \text{ (유성)} \end{cases}$

원래 무성음인 s도 두 가지로 발음하는데, b, d, g와 마찬가지로 뒤에 모음을 동반할 때 유성음, 뒤에 모음을 동반하지 않거나 단어의 끝에 올 때에는 무성음으로 한다.

(1) [s]로 발음할 때

독 어	발 음	영 어	국 어
das Eis	ais	*ice*	얼 음
der Reis	rais	*rice*	쌀
der Hals	hals	*neck*	목
gestern	gɛstərn	*yesterday*	어 제

(2) [z]로 발음할 때

독 어	발 음	영 어	국 어
das Silber	zilbər	*silver*	은
das Salz	zalts	*salt*	소 금
so	zo:	*so*	그 렇 게
sanft	zanft	*soft*	부드러운

【10】 h $\begin{cases} [:] : 모음 + h \to [:] \text{ h는 발음하지 않는다.} \\ [h] : \cancel{모음} + h \to [h] \end{cases}$

(1) [h]가 발음되지 않을 때

독 어	발 음	영 어	국 어
der Fehl	fe:l	*fault*	결 점
nah	na:	*near*	가 까 운
das Jahr	jɑ:r	*year*	해
ihr	i:r	*you*	너 희 들

[주의] **ihr**의 발음은 [i:r]가 원칙이나, 이것도 [i:ə]로 읽는 것이 좋다. 결국 [i:r]는 "ir"의 장모음이기 때문이다 (발음 【5】 참조).

(2) [h]로 발음할 때

6　Abschnitt 1. 발 음

독 어	발 음	영 어	국 어
hart	hart	*hard*	단 단 한
helfen	hɛlfən	*help*	돕 다
halb	halp	*half*	절 반 의
der Hut	huːt	*hat*	모 자

【11】 ch $\begin{cases} [x] : a, o, u + ch \to [x] \\ [ç] : a, o, u + ch \to [ç] \end{cases}$

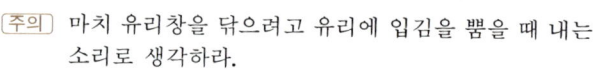

(1) [x]로 발음할 때

　-ch 의 앞에 **a, o, u** 가 있을 때에는 **-ch** 는 [x]로 발음한다. 이 [x]음을 **연구개음**이라고 하는데, 이 연구개음에는 [k, g] 음도 있다. 그러나 [k, g]의 위치보다는 훨씬 뒤쪽에서 나는 소리다. 즉, 혀를 [k, g]의 발음 위치보다 훨씬 뒤로 끌어서 내는 소리다.

　주의　마치 유리창을 닦으려고 유리에 입김을 뿜을 때 내는 소리로 생각하라.

　　　도표에서 발음란의 우리말로 된 부분을 충분히 연습해 보자.

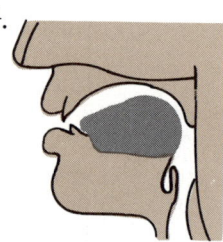

〔연구개음의 발음〕

독 어	발 음	영 어	국 어
ach	ax 아흐하	*ah!*	아 아 !
noch	nɔx 노흐흐	*still*	아 직
das Dach	dax 다흐하	*roof*	지 붕
das Buch	buːx 부후흐	*book*	책

(2) [ç]로 발음할 때

　-ch 의 앞에 모음 **a, o, u** 가 없을 때에는 **-ch** 는 [ç]로 발음한다. 이 [ç]음을 **경구개음**이라 하는데, 이 경구개음에는 영어에서 *yes* 할 때의 [j]음도 있다. [j]음은 혀를 입천장 가까이에 올려서 내는 소리다.

　그런데 [ç]음은 [j]보다도 혀를 더 입천장에 붙여서 입김을 마찰시켜 내는 소리이다.

　또 [ç]음을 발음할 때 혀를 다소 밑으로 떨어뜨리면 다시 [j]음이 된다.

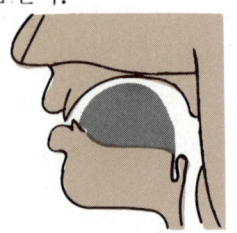

〔경구개음의 발음〕

§ 2. 발 음〔Ⅱ〕 7

도표에서 발음란의 우리말로 된 부분을 충분히 연습해보자.

독 어	발 음	영 어	국 어
ich	iç 이ㅎ히	I	나 는
nicht	niçt 니ㅎ히트	not	~아니다
reich	raiç 라이ㅎ히	rich	돈 많은
die Milch	milç 밀ㅎ히	milk	우 유

【12】 chs = [ks]: **chs**가 붙어 있을 때, 그것의 발음은 언제나 [ks]이다.

독 어	발 음	영 어	국 어
der Fuchs	fuks	fox	여 우
der Ochs	ɔks	ox	소
sechs	zɛks	six	여 섯
wachsen	vaksən	grow	성장하다

【13】 tion = [tsioːn]: **tion**은 언제나 [tsioːn]-(치오온)으로 발음한다. 한국어에도「붙여 놓은」을「부쳐 놓은」이라고 읽는 것과 마찬가지이다. 이런 현상을 구개음화(*Palatalization*)라 한다.

주의 영어에서는 [ʃən]으로 1음절이 되지만 독일어에서는 2음절이다.

독 어	발 음	영 어	국 어
die Funktion	fuŋktsioːn	function	기 능
die Lektion	lɛktsioːn	lesson	수업, 학과
die Nation	natsioːn	nation	국 가
die Reaktion	reaktsioːn	reaction	반 응

【14】 sch = [ʃ]: 영어에서는 [ʃ]의 발음이 "쉬"이지만, 독일어에서는 "슈"로 발음한다.

독 어	발 음	영 어	국 어
der Fisch	fiʃ	fish	물 고 기
der Tisch	tiʃ	table	책 상
der Schwanz	ʃvants	tail	꼬 리
die Schwester	ʃvɛstər	sister	자 매

【15】 tsch = [tʃ] : 원래 sch를 [ʃ]로 발음하니, tsch는 결국 [tʃ], 즉 영어에서 *church* [tʃə:tʃ]에 나타나는 [tʃ]로 발음한다.

독 어	발 음	영 어	국 어
Deutsch	dɔytʃ	*German*	독 일 어
der Dolmetscher	dɔlmɛtʃər	*interpreter*	통 역
die Kutsche	kutʃə	*coach*	마 차
die Peitsche	paitʃə	*whip*	채 찍

【16】 sp- = { [ʃp] : sp- 로 시작되는 단어 → [ʃp]
st-   { [ʃt] : st- 로 시작되는 단어 → [ʃt]

주의 sp- 와 st- 의 s음은 sch처럼 [ʃ]로 발음한다.

독 어	발 음	영 어	국 어
das Spiel	ʃpi:l	*play*	유 희
der Sport	ʃpɔrt	*sport*	운 동
der Stand	ʃtant	*stand*	서 있음
die Station	ʃtatsio:n	*station*	정 거 장

【17】
1) A 모음 + A 모음 = A 모음
2) B 자음 + B 자음 = B 자음

(1) 같은 모음이 겹쳐 있을 때는 하나의 모음으로 발음한다. 언제나 장모음이 된다.

독 어	발 음	영 어	국 어
das Boot	bo:t	*boat*	보 우 트
das Haar	ha:r	*hair*	머 리 털
das Meer	me:r	*sea*	바 다
der Saal	za:l	*hall*	강 당

(2) 같은 자음이 겹쳐 있을 때는 하나의 자음으로 발음한다. 이 때 그 앞에 있는 모음은 언제나 단모음이다.

독 어	발 음	영 어	국 어
denn	dɛn	*for*	왜냐하면
der Ball	bal	*ball*	공
das Bett	bɛt	*bed*	침 대
das Schiff	ʃif	*ship*	배

【18】ß = [s]: ß는 ɛstsɛt라고 하는데, 이것은 원래 ss를 축소시켜서 쓰는 글자이다. 따라서 같은 자음이 겹쳐 있는 것이니 결국 하나의 [s]로 발음한다 (발음【17】참조).

독 어	발 음	영 어	국 어
groß	groːs	*big*	큰
heiß	hais	*hot*	뜨 거 운
der Fluß	flus	*river*	강
der Kuß	kus	*kiss*	입 맞 춤

【19】ä, ö, ü: a, o, u 세 개의 모음은 그 위에 [¨]을 붙여서 쓰기도 한다. 물론 이 [¨]을 붙이면 본래의 **a, o, u**와는 달리 발음해야 한다. 이것을 변모음 (Umlaut)이라 한다.

(1) **ä = [ɛ]**
  즉, 영어에 *air* [ɛər], *hair* [hɛər]의 [ɛ]로 발음한다.

독 어	발 음	영 어	국 어
Männer	mɛnər	*men*	남 자 들
Väter	fɛːtər	*fathers*	아버지들
der Käse	kɛːzə	*cheese*	치 즈
der März	mɛrtz	*march*	3 월

(2) **ö = [ø]**
  영어에서 *e*를 발음할 때 입술을 둥글게 하면 이 발음을 할 수 있다. 즉, *every*[évri], *empty*[émpti]에 나타나는 *e*의 위치에서 입술을 둥글게 하였을 때 나는 소리이다. 발음 기호는 [ø]. 따라서 [ø]를 발음하면서 다시 입술의 원형을 없이 하면 *e*로 된다.

10   Abschnitt 1. 발 음

독 어	발 음	영 어	국 어
das Öl	ø:l	oil	기 름
böse	bø:zə	bad	나 쁜
das Möbel	mø:bəl	furniture	가 구
schön	ʃø:n	beautiful	아름다운

(3) ü = [y]

영어에서 *i*를 발음할 때 입술을 둥글게 하면 이 발음이 된다.

즉, *easy* [i:zi], *evening* [i:vniŋ]에 나타나는 *i*의 위치에서 입술을 둥글게 하면 된다. 발음기호는 [y]이다. 따라서 [y]를 발음하면서 다시 입술의 원형을 없이 하면 *i*로 된다.

독 어	발 음	영 어	국 어
Brüder	bry:dər	brothers	형 제 들
die Tür	ty:r	door	문
die Übung	y:buŋ	exercise	연 습
über	y:bər	over	~의 위에

【20】 eu ⟩ [ɔy] : eu는 언제나 [ɔy]로 발음한다. 또 ä는 [ɛ]로 발음하니 [ɛ]와
      äu   e는 같은 음이기 때문에 äu도 eu와 마찬가지로 [ɔy]로 발음한다.

독 어	발 음	영 어	국 어
heute	hɔytə	today	오 늘
neu	nɔy	new	새 로 운
der Freund	frɔynt	friend	친 구
das Fräulein	frɔylain	miss	처 녀

§ 3. 발　음(Aussprache) 〔Ⅲ〕

【21】 ig ⟨ [iç] : ig + 모음 → [iç]
           [ig] : ig + 모음 → [ig]

주의 [iç]는 ich(나)의 발음과 같다.

독 어	발 음	영 어	국 어
der König	kø:niç	king	왕
billig	biliç	cheap	값 싼
wenig	ve:niç	little	적 은
weniger	ve:nigər	less	더 적은

【22】 ph = [f] : 영어에서 ph를 [f]로 발음하듯이 독일어에서도 ph는 역시 [f]로 발음한다.

독 어	발 음	영 어	국 어
die Philosophie	filozofi:	philosophy	철 학
die Photographie	fotografi:	photograph	사 진
die Phrase	fra:zə	phrase	성 구
die Physik	fyzi:k	physics	물 리 학

【23】 pf = [pf] : pf는 p와 f를 따로 발음하는 것이 아니라, 두 글자를 합쳐서 발음한다. 즉, [pf]로. 이 음은 영어의 [f]음보다 입김을 더 강하게 내는 소리이다.

독 어	발 음	영 어	국 어
der Apfel	apfəl	apple	사 과
der Kampf	kampf	combat	전 투
die Pflanze	pflantsə	plant	식 물
die Pflicht	pfliçt	duty	의 무

【24】 qu = [kv] : 독일어에서 q 뒤에는 반드시 u가 온다. 즉, 언제나 두 글자가 붙어서 qu로 나타난다. 이 때 qu의 발음은 [kv]로 된다.

주의 영어에도 q 뒤에는 u가 붙어 나온다. queen(여왕)과 같이.

독 어	발 음	영 어	국 어
die Qualität	kvalitɛ:t	quality	품 질
die Quelle	kvɛlə	spring	샘
das Quiz	kviz	quiz	퀴 즈
bequem	bəkve:m	comfortable	편 안 한

Abschnitt 1. 발 음

【25】 ck = [k] : **ck** 는 언제나 [k]로 발음한다.

독 어	발 음	영 어	국 어
die Brücke	brykə	*bridge*	다 리
das Deck	dɛk	*deck*	갑 판
das Stück	ʃtyk	*piece*	조 각
wecken	vɛkən	*wake*	깨 우 다

【26】 th = [t] : **th** 는 언제나 [t]로 발음한다.

독 어	발 음	영 어	국 어
die Bibliothek	bibliote:k	*library*	도 서 관
das Theater	tea:tər	*theater*	극 장
das Thema	te:ma	*theme*	주 제
die Theorie	teori:	*theory*	이 론

§ 4. 모음의 장단(Kurze und lange Vokale)

영어에서는 어떤 때에는 장모음이고, 어떤 때에는 단모음이 되느냐 하는 법칙이 없다.

search	sər:tʃ	찾 다	*cool*	ku:l	시 원 한
call	kɔ:l	부르다	*cook*	kuk	요리하다
view	vju:	전 망	*book*	buk	책

그러나 독일어에서는 단모음, 장모음의 법칙이 있으니 외어 두자.

【1】 단모음이 될 때

두 개의 자음 앞에서 모음은 단모음이다.

독 어	발 음	영 어	국 어
das Gold	gɔlt	*gold*	금
der Mund	munt	*mouth*	입
die Post	pɔst	*post*	우 편
der Vetter	fɛtər	*cousin*	사 촌

【2】 장모음이 될 때

(1) 같은 모음이 겹쳐 있을 때(즉, 중모음일 때)에는 장모음이 된다.

독 어	발 음	영 어	국 어
der See	ze:	lake	호 수
der Staat	ʃta:t	state	국 가
der Tee	te:	tea	차
der Zoo	tso:	zoo	동 물 원

(2) 하나의 자음 앞의 모음은 언제나 장모음이 된다.

독 어	발 음	영 어	국 어
sagen	zɑ:gən	say	말 하 다
der Tod	to:t	death	죽 음

(3) h 앞의 모음은 언제나 장모음이 된다. 이 때 h는 발음하지 않는다.

독 어	발 음	영 어	국 어
sehen	ze:ən	see	보 다
die Kohle	ko:lə	coal	석 탄
die Kuh	ku:	cow	암 소
der Sohn	zo:n	son	아 들

§ 5. Akzent의 위치 (Stellung der Akzente)

영어의 *accent*를 독일어에서는 Akzent라 한다. 영어에서는 이 *accent*의 위치가 일정치 않다. 프랑스에서는 대개 뒷모음에 오지만.

그러나 독일어에서는 거의 예외없이 한 단어의 맨 첫 모음에 Akzent가 붙게 된다. 우선 초학자들은 이렇게 외어 두자.

Akzent가 붙는 모음이 결국 그 단어에서 가장 중요한 모음이 되기 때문에 이것을 흔히 어간모음이라고 한다.

Gárten	garden	정 원	Zímmer	room	방
dúnkel	dark	어두운	bíllig	cheep	값 싼
éssen	eat	먹 다	trínken	drink	마시다

Abschnitt 1. 발 음

연 습 문 제

[1] 왼쪽 발음 기호와 같이 발음되는 것을 찾으시오.

1. [z]   a. wachsen   b. Sprache   c. Sohn   d. Post
2. [aː]   a. Hand   b. Karte   c. Mann   d. Nase
3. [ʃ]   a. Glas   b. Sport   c. Haus   d. Reise
4. [t]   a. Dorf   b. Ende   c. Kind   d. Dach
5. [i]   a. sinken   b. Tier   c. Spiel   d. ihr
6. [ç]   a. Nacht   b. Dach   c. doch   d. nicht
7. [g]   a. gehen   b. singen   c. Tag   d. Bergmann
8. [oː]   a. Ochs   b. Ofen   c. Ort   d. kommen
9. [s]   a. Sand   b. Nase   c. sang   d. best
10. [ks] a. essen   b. wachsen   c. Stein   d. waschen

[2] ___ 부분과 같이 발음되는 것을 찾으시오.

1. H<u>aa</u>r   a. Gast   b. hast   c. ball   d. Hahn
2. Z<u>ie</u>l   a. Villa   b. Tier   c. Himmel   d. Wirt
3. Fer<u>ie</u>n   a. Asien   b. lieben   c. die   d. viel
4. tr<u>i</u>nken   a. ohne   b. neun   c. Onkel   d. Sohn
5. Her<u>b</u>st   a. gelb   b. bleiben   c. Baum   d. baden
6. Mil<u>ch</u>   a. Dach   b. auch   c. sechs   d. Licht
7. s<u>ch</u>reiben a. Kasten   b. gestern   c. Stadt   d. Mäuschen
8. <u>U</u>hr   a. Mutter   b. Bruder   c. unter   d. Turm
9. f<u>ü</u>nf   a. grün   b. Glück   b. müde   d. über
10. <u>O</u>fen   a. oft   b. Ort   c. Ohr   d. Post

해답
[1] ① c ② d ③ b ④ c ⑤ a ⑥ d ⑦ a ⑧ b ⑨ d ⑩ b
[2] ① d ② b ③ a ④ c ⑤ a ⑥ d ⑦ c ⑧ b ⑨ b ⑩ c

해 설

[1] ① **wachsen** — (*grow*, 성장하다). chs 는 언제나 [ks]로 발음. **Sprache** — (*language*, 언어). **Sohn** — (*son*, 아들). s 뒤에 모음이 있으므로 [z]. h 앞에 모음이 있으므로 h는 발음하지 않고 앞의 모음은 장모음. **Post** — (*post*, 우체국). ② **Hand** — (*hand*, 손). **Karte** — (*map*, 지도). **Mann** — (*man*, 남자). **Nase** — (*nose*, 코). a는 하나의 자음 s 앞에 있으므로 장모음. ③ **Glas** — (*glass*, 유리). **Sport** — (*sport*, 운동). sp- 로 시작하는 s 는 [ʃ]로 발음. **Haus** — (*house*, 집). **Reise** — (*tour*, 여행). ④ **Dorf** — (*village*, 마을). **Ende** — (*end*, 끝). **Kind** — (*child*, 아이). i 는 두 개의 자음 앞에 있으니 단모음. d 뒤에 모음이 없으므로 [t]로 발음. **Dach** — (*roof*, 지붕). ⑤ **sinken** — (*sink*, 가라앉다). **Tier** — (*animal*, 동물). ie는 장모음. **Spiel** — (*play*, 놀이). **ihr** — (*you*, 너희들). h 앞의 i 는 장모음. ⑥ **Nacht** — (*night*, 밤). **Dach** — (*roof*, 지붕). **doch** — (*however*, 어쩌면). **nicht** — (*not*, 아니다). ch 앞에 a, o, u가 없으면 [ç]로 발음. ⑦ **gehen** — (*go*, 가다). g 뒤에 모음이 있으니 g 는 [g]로 발음. **singen** — (*song*, 노래하다). **Tag** — (*day*, 날). **Bergmann** — (*miner*, 광부). ⑧ **Ochs** — (*ox*, 소). **Ofen** — (*oven*, 오븐). o 는 하나의 자음 앞에 있으니 장모음. **Ort** — (*place*, 장소). Dorf 와 Ort 의 o 는 단모음. **kommen** — (*come*, 오다). ⑨ **Sand** — (*sand*, 모래). **Nase** — (*nose*, 코). **sang** — (*sang*, 노래했다). **best** — (*best*, 가장 좋은). 음절 끝에 있는 -st는 [ʃt]가 아니라, 글자대로 [st]로 발음. ⑩ **essen** — (*eat*, 먹다). 두 개의 s 뒤에는 모음이 있더라도 [s]로 발음. **wachsen** — (*grow*, 성장하다). chs 는 언제나 [ks]로 발음.

[2] ① **Gast** — (*guest*, 손님). **hast** — (*have*, 갖다). **Ball** — (*ball*, 공). **Hahn** — (*cock*, 수탉). h 앞의 a 는 장모음. ② **Ziel** — (*aim*, 목표). ie는 장모음. **Villa** — (*villa*, 별장). **Tier** — (*animal*, 동물). **Himmel** — (*sky*, 하늘). **Wirt** — (*host*, 주인). ③ **Ferien** — (*vacation*, 휴가). ie 는 이 때 [i]와 [e]로 분리 발음. **Asien** — (*Asia*, 아시아). **lieben** — (*love*, 사랑하다). **die** — (*the*, 그). **viel** — (*many*, 많은). ④ **trinken** — (*drink*, 마시다). -k 앞에 있는 n 은 [ŋ]로 발음. **ohne** — (*without*, ~없이). **neun** — (*nine*, 9). **Onkel** — (*uncle*, 아저씨). **Sohn** — (*son*, 아들). ⑤ **Herbst** — (*autumn*, 가을). 뒤에 모음이 없거나 자음 사이에서 b 는 [p]로 발음. **bleiben** — (*stay*, 머무르다). **Baum** — (*tree*, 나무). **baden** — (*bath*, 목욕하다). ⑥ **Milch** — (*milk*, 우유). -ch 앞에 a, o, u가 없으면 [ç]로 발음. **Dach** — (*roof*, 지붕). **auch** — (*too*, 역시). **sechs** — (*six*, 6). **Licht** — (*light*, 빛). ⑦ **schreiben** — (*write*, 쓰다). sch 는 [ʃ] 발음. **Kasten** — (*case*, 상자). **gestern** — (*yesterday*, 어제). **Stadt** — (*city*, 도시). **Mäuschen** — (*little mouse*, 작은 쥐). Maus에 축소어미 -chen 을 붙인 2음절. 따라서 ch 는 [ç]로 발음. ⑧ **Uhr** — (*watch*, 시계). **Mutter** — (*mother*, 어머니). **Bruder** — (*brother*, 형제). 하나의 자음 앞에 있는 모음은 장모음. **unter** — (*under*, 아래). **Turm** — (*tower*, 탑). ⑨ **fünf** — (*five*, 5). 두 개의 자음 앞에 ü 는 [y]로 발음. **grün** — (*green*, 녹색). **Glück** — (*happiness*, 행복). 두 개의 자음 앞에 ü 이므로 [y]로 발음. **müde** — (*tired*, 지친). **über** — (*over*, 위에). ⑩ **Ofen** — (*oven*, 오븐). 하나의 자음이나 h 음 앞에 오는 모음은 장모음. **oft** — (*often*, 자주). **Ort** — (*place*, 장소). **Ohr** — (*ear*, 귀). h 음 앞의 모음은 장모음. **Post** — (*post*, 우체국).

16　Abschnitt 1. 발 음

Lesestück 1

Guten Tag !

A : Guten Tag ! Ich bin Anton Brega.
R : Mein Name ist Richard Robertson.
　　Ich lerne hier Deutsch.
P : Mein Name ist Peter Karlis.
5　　Richard ist mein Freund.
A : Ihr seid Freunde, lernt ihr oft zusammen?
R : Ja, aber Peter arbeitet nicht viel. Ich sage immer :
　　„Peter, du bist faul, und ich bin fleißig."
P : Ich bin faul, du bist fleißig ! Das ist falsch.
10　　Du lernst langsam, und ich lerne schnell.
A : Wo ist denn die Lehrerin? Kommt sie nicht?
P : Nein, Frau Meier kommt nicht. Aber Herr Müller kommt dort.
　　Er ist der Lehrer.
L : Richtig, ich bin der Lehrer, und Sie sind die Schüler.
15　　Ich frage, und Sie antworten.
　　Wo ist das Buch, Herr Robertson?
R : Hier ist das Buch.
　　Hier sind auch ein Heft, ein Füller und ein Bleistift.
L : Richtig, danke !

---

1 **gut** 형 — (*good*, 좋은). **Tag** — (*day*, 낮, 날). **ich** — (*I*, 나). **bin** — (*am*, ～이다). 2 **mein** — (*my*, 나의). der **Name** — (*name*, 이름). **ist** — (*is*,이다). 3 **lernen** — (*learn*, 배우다). **hier** 부 — (*here*, 여기에). -ier 는 [i:ə]로 발음. **Deutsch** — (*German*, 독일어). -tsch 는 sch 의 발음인 [ʃ] 발음 앞에 [t]를 붙여서 [tʃ]로 발음. 5 der **Freund** — (*friend*, 친구). d 뒤에 모음이 없으므로 [t]로 발음. 6 **ihr** — (*your*, 너희들). **seid** — (*are*, ～이다). **oft** 부 — (*often*, 자주). **zusammen** 부 — (*together*, 함께). 7 **Ja** — (*yes*, 예). **aber** 접 — (*but*, 그러나). **arbeiten** — (*work*, 일하다, 공부하다). **nicht** 부 — (*not*, 아닌). **viel** 부 — (*much*, 많이). **sagen** — (*say*, 말하다). **immer** 부 — (*always*, 항상). 8 **bist** — (*are*, ～이다). **faul** 형 — (*lazy*, 게으른). **und** 접 — (*and*, 그리고). **fleißig** 형 — (*diligent*, 부지런한). ei 는 [ɑi]로 발음. ig 뒤에 모음이 없으면 [iç]로 발음. 9 **das** — (*it*, 그것). **falsch** 형 —

안녕하십니까!

A : 안녕하십니까! 나는 안톤 브레가라 합니다.
R : 내 이름은 리햐르트 로버트손입니다.
　　나는 여기서 독일어를 배웁니다.
P : 내 이름은 페터 카를리스입니다.
　　리햐르트는 내 친구입니다.
A : 당신들은 친구로군요. 당신들은 자주 함께 배웁니까?
R : 네, 그러나 페터는 많이 공부하지 않습니다. 나는 항상 말합니다.
　　"페터, 너는 게으르고, 나는 부지런해."
P : 내가 게으르고 네가 부지런하다고! 그것은 틀려.
　　너는 천천히 배우고, 나는 빨리 배우는 것이지.
A : 도대체 여선생님은 어디에 계십니까? 그녀는 오지 않습니까?
P : 아니오, 마이어 부인은 오시지 않습니다. 그러나 뮐러 씨가 저기 오시는군요. 그는 선생님입니다.
L : 맞습니다, 나는 선생입니다. 당신들은 학생입니다.
　　나는 질문하고 당신들은 대답합니다.
　　책이 어디에 있습니까, 로버트손 군?
R : 여기에 책이 있습니다.
　　여기는 노트 한 권, 만년필 한 자루, 연필 한 자루가 있습니다.
L : 맞습니다, 고맙습니다!

(*wrong*, 잘못된). ⑩ **langsam** 혱 — (*slow*, 느린). ng는 [ŋ]으로 발음. **schnell** 혱 — (*rapid*, 빠른). ⑪ **wo** 閉 — (*where*, 어디). **denn** 접 — (*because*, 왜냐하면). 의문문과 함께 부사로 쓰이면 「도대체」로 해석. **kommen** — (*come*, 오다). ⑫ **nein** 閉 — (*no*, 아니). **Frau** — (*Mrs*, ~부인). **Herr** — (*Mr*, ~씨). **dort** 閉 — (*there*, 저기에). ⑬ **er** — (*he*, 그). **der Lehrer** — (*teacher*, 선생님). h 앞에 모음이 있을 때는 h를 발음하지 않고, 앞의 모음을 길게 발음. ⑭ **richtig** 혱 — (*right*, 옳은). **Sie** — (*you*, 당신). 2인칭의 존칭. **der Schüler** — (*pupil*, 학생). Schüler는 복수와 단수의 형태가 같음. 복수 die Schüler. ⑮ **fragen** — (*ask*, 질문하다). **antworten** — (*answer*, 대답하다). ⑯ **das Buch** — (*book*, 책). ch 앞에 모음이 왔으므로 [x]로 발음. ⑱ **auch** 閉 — (*too*, 역시). **das Heft** — (*notebook*, 공책). **der Füller** — (*fountainpen*, 만년필). **der Bleistift** — (*pencil*, 연필). ⑲ **danken** — (*thank*, 감사하다).

Abschnitt 2.

관사 · sein, haben, werden 동사

§ 6. 명사의 성(Geschlecht der Substantive)

영어에서는 인칭대명사에만 남성(*he*), 여성(*she*), 중성(*it*)의 구별이 있을 뿐이지 일반명사에는 성이란 것이 없다.

그러나 독일어에서는 명사마다 **문법상** 다음 3가지 **성**을 가지고 있다.

성	원 어	약 자
남 성	Maskulinum	**m.**
여 성	Femininum	**f.**
중 성	Neutrum	**n.**

바꾸어 말해서 명사는 ① 남성, ② 여성, ③ 중성의 세 가지 **성** 중에서 어느 하나의 성을 반드시 가진다.

남 성 (m.)			여 성 (f.)			중 성 (n.)		
Vater	*father*	아버지	Mutter	*mother*	어머니	Kind	*child*	어린이
Mann	*man*	남 자	Frau	*woman*	여 자	Mädchen	*girl*	소 녀
Stuhl	*chair*	의 자	Hand	*hand*	손	Zimmer	*room*	방
Apfel	*apple*	사 과	Schule	*school*	학 교	Fenster	*window*	창

위의 표에서 *father, man*이 남성이고, *mother, woman*이 여성인 데 대해서는, 그것이 원래 남자나 여자이니 당연한 일이겠으나, *apple*이 남성, *room*이 중성, 더욱이 *girl*과 *child*가 중성인 것에 대해서는 정말 놀랄 것이다.

이것이 소위 문법상의 **성**이다. 즉, 옛날부터 관습적으로 모든 명사에 붙여 놓은 성을 **문법상의 성**이라 한다.

§ 7. 명사의 격(Kasus der Substantive)

영어에서는 ① 주격, ② 소유격, ③ 목적격의 **3**격이 있는데, 이것도 일반명사에서는 별로 중요시하지 않고, 인칭대명사에서만 엄격히 구별할 뿐이다.

I	you	he	she	it
my	your	his	her	its
me	you	him	her	it
we	you		they	
our	your		their	
us	you		them	

그러나 독일어의 모든 명사는 ① 주격, ② 소유격, ③ 여격, ④ 목적격의 4격으로 나눈다.

격	원 어	약 자	약 칭	뜻
주 격	Nominativ	N.	1 격	~는
소유격	Genitiv	G.	2 격	~의
여 격	Dativ	D.	3 격	~에게
목적격	Akkusativ	A.	4 격	~을

여기서 여격은 영어에서 간접목적어 정도로 생각해 두자. 즉, 「~에게」의 뜻이다.

§ 8. 관사의 용법(Gebrauch der Artikel)

관사는 영어에서도 그렇지만, **부정관사**이든 **정관사**이든 그 뒤에는 반드시 명사가 와야 한다. 그런데 영어와는 달리 독일어의 관사는 뒤에 오는 **명사의 성과 격에** 맞추어 달리 써야 한다. 이제 관사의 용법을 연구해 보자.

【1】부정관사(der unbestimmte Artikel)

격 \ 성	남 성	여 성	중 성
1.	ein	eine	ein
2.	eines	einer	eines
3.	einem	einer	einem
4.	einen	eine	ein

(1) 위의 표에서 남성, 여성, 중성이라 함은 명사의 성을 말한다. 부정관사는 그 뒤에 오는 명사의 성에 맞추어 붙인다.

(2) 위의 표에서 1, 2, 3, 4 는 격을 말한다. 부정관사는 또 그 뒤에 오는 명사의 격에 맞추어 각각 붙인다.

Abschnitt 2. 관사 · sein, haben, werden 동사

(3) 부정관사에는 복수형이 없다. 영어에서도 명사가 복수일 때는 부정관사를 붙일 수 없다(*a pencil* ……… ○   *a pencils* ……… ×).

아래 두 문장에서 부정관사의 용법을 익혀 두자.

1)
> A   teacher has   an   umbrella.
> ↓남성, 1격   ↓ 남성, 4격   한 선생님이 우산을 갖고 있다.
> **Ein** teacher has **einen** umbrella.

2)
> *The uncle **of a** boy gave **a** lady **a** rose*
>   ↓ 남성, 2격   ↓ 여성, 3격 ↓ 여성, 4격   한 소년의 아저씨
> The uncle **eines** boy gave **einer** lady **eine** rose.   가 한 부인에게 장미를 주었다.

【2】 정관사(der bestimmte Artikel)

격 \ 수성	단 수			복 수
	남성	여성	중성	남·여·중
1.	der	die	das	die
2.	des	der	des	der
3.	dem	der	dem	den
4.	den	die	das	die

(1) 위의 표에서 단수, 복수는 명사의 단수, 복수를 가리킨다.
 남성, 여성, 중성은 명사의 성이 남성, 여성, 중성일 때를 말한다.
(2) 위의 표에서 1, 2, 3, 4는 격을 말한다. 정관사도 뒤에 있는 명사의 격에 맞추어 붙여야 한다.

정관사는 { 1) 명사가 단수일 때에는 그 명사의 성에 따라서 남성, 여성, 중성의 것을 사용한다.
2) 명사가 복수일 때에는 성을 따지지 않는다.

아래 문장에서 정관사의 용법을 익혀 두자.

> ***The** teacher had **the** umbrella.*
> ↓ 남성, 1격   ↓ 남성, 4격   그 선생님이 그 우산을 갖고 있다.
> **Der** teacher has **den** umbrella.

The uncle *of the* boy gave				*the* lady	*the* rose.	그 소년의 아저씨가 그 부인에게 장미를 주었다.	
↓ 남성, 1격	↓ 남성, 2격			↓ 여성, 3격	↓ 여성, 4격		
Der uncle	**des** boy	gave		**der** lady	**die** rose.		

그러나 명사가 복수일 때는 명사의 성을 따지지 않고, 격만 맞추어 쓴다.

I have	***the***	picture.		*I* have	***the***	picture**s**.	
	↓ 중성, 4격				↓ 복수, 4격		
I have	**das**	picture.		I have	**die**	pictures.	

§ 9. 인칭대명사와 sein, haben, werden 동사

【1】 인칭대명사

수	인 칭	독 어	영 어
단 수	1 인 칭	ich	I
	2 인 칭	du	you
	3 인 칭 { 남. 여. 중.	{ er / sie / es	{ he / she / it
복 수	1 인 칭	wir	we
	2 인 칭	ihr	you
	3 인 칭	sie	they
	존칭(2인칭)	Sie	you

[주의] 존칭 Sie : 영어는 「너」라고 할 때나, 「너희들」이라고 할 때나, 또는 「당신」이라고 할 때 모두 ***you***이다. 그러나 독일어에서는 2인칭을 존대해서 말할 때에는 Sie를 쓴다. 이것을 존칭이라 한다. 존칭은 단수나 복수에 모두 Sie로 된다. Sie의 첫글자 S는 언제나 대문자로 한다.

【2】 sein 동사의 현재 인칭변화

sein 동사는 영어의 ***be***동사이다. ***be***동사와 마찬가지로 독일어의 sein 동사도 **주어의 인칭에 따라 변화한다.**

sein 동사의 보어로 되는 명사는 주어와 마찬가지로 **1격 명사이다.**

Abschnitt 2. 관사 · sein, haben, werden 동사

수	인칭	독어		영어	
단수	1.	ich	bin	I	am
	2.	du	bist	you	are
	3. { 남. 여. 중. }	er sie es	ist	he she it	is
복수	1.	wir	sind	we	are
	2.	ihr	seid	you	are
	3.	sie	sind	they	are
존칭		Sie	sind	you	are
원형		sein 동사		be 동사	

주의 1) 영어에서는 *I*가 언제나 대문자로 되나 독일어에서 **ich**는 소문자다.
2) 복수 1인칭, 3인칭, 존칭은 다 같이 **sind**다. 그러나 주어가 각각 다르니 혼동할 염려는 없다.

1. Ich **bin** ein Mann. Sie **sind** eine Frau.
  I am a man. You are a woman.

《역》 나는 남자입니다. 당신은 여자(부인)입니다.
해설 **Mann** — (*man*, 남자, 어른). 남성명사. sein 동사의 보어이므로 1격. 따라서 부정관사는 남성 1격 ein. **Sie**는 존칭. **Frau** — (*woman, wife*, 여자, 부인). 여성명사 1격이므로 부정관사는 eine.

2. Der Mann **ist** nicht arm. Er ist reich.
  The man is not poor. He is rich.

《역》 그 남자는 가난하지 않다. 그는 부자다.
해설 Der Mann이 주어로서 3인칭 단수이므로 sein 동사는 ist. **nicht** 뭐 — (*not*, ~아니다). **arm** 형 — (*poor*, 가난한). **reich** 형 — (*rich*, 돈 많은).

3. Der Knabe **ist** groß und jung, aber das Mädchen **ist** klein und schön.
  The boy is big and young, but the girl is little and beautiful.

《역》 그 소년은 크고 젊다. 그러나 그 소녀는 작고 아름답다.

§ 9. 인칭대명사와 sein, haben, werden 동사   23

[해설] **groß** 형 — (*big*, 큰). **und** 접 — (*and*, 그리고). **aber** 접 — (*but*, 그러나). **Mädchen** — (*girl*, 소녀). 중성명사. **klein** 형 — (*little*, 작은). **schön** 형 — (*beautiful*, 아름다운).

> **4.** Du **bist** nicht faul, sondern fleißig.
> *You are not lazy but diligent.*

《역》 너는 게으르지 않고 부지런하다.
[해설] **nicht …, sondern** — (*not … but*, ~이 아니고, ~이다). sondern 은 but 에 해당하나, 언제나 nicht …, sondern 에서만 쓰이는 단어다. **faul** 형 — (*lazy*, 게으른). **fleißig** 형 — (*diligent*, 부지런한).

【3】haben 동사의 현재 인칭변화

haben 동사는 영어의 ***have*** 동사다. *have* 동사와 마찬가지로 독일어의 **haben** 동사도 주어의 인칭에 따라 변화한다.

수	인 칭	독 어		영 어	
단 수	1.	ich	habe	I	have
	2.	du	hast	you	have
	3. { 남. 여. 중. }	er sie es	hat	he she it	has
복 수	1.	wir	haben	we	have
	2.	ihr	habt	you	have
	3.	sie	haben	they	have
존 칭		Sie	haben	you	have
원 형		**haben** 동사		***have*** 동사	

haben 동사는 ***have*** 동사와 마찬가지로 타동사이니 그 뒤에는 목적어가 온다. 목적어로 되는 명사는 4격이어야 한다.

> **5. Hast** du einen Onkel und eine Tante? Ja, ich **habe** einen Onkel und eine Tante.
> *Do you have an uncle and an aunt? Yes, I have an uncle and an aunt.*

《역》 너는 아저씨와 아주머니를 가지고 있느냐? 네, 나는 아저씨와 아주머니가 있습니다.
[해설] der **Onkel** — (*uncle*, 아저씨). 남성명사. 4격이므로 부정관사는 einen. die **Tante** — (*aunt*, 아주머니). 여성명사. 4격이므로 부정관사는 eine. **ja** 부 — (*yes*, 네).

24   Abschnitt 2. 관사 · sein, haben, werden 동사

---

6. Der Vater **hat** ein Buch. Das Buch ist ein Wörterbuch.
   Es ist groß und alt.
   The father has a book. The book is a dictionary.
   It is big and old.

《역》아버지는 책을 갖고 있다. 그 책은 사전이다. 그것은 크고 낡았다.

해설 der **Vater** — (*father*, 아버지). das **Buch** — (*book*, 책). das **Wörterbuch** — (*dictionary*, 사전). 영어에서는 a dictionary 를 받는 대명사가 it 이나, 독일어에서는 Wörterbuch 가 중성이므로 인칭대명사는 중성의 es 이어야 한다. **alt** 형 — (*old*, 늙은, 낡은).

---

7. Was **habt** ihr? Wir **haben** einen Bleistift und ein Heft.
   What do you have? We have a pencil and a notebook.

《역》너희들은 무엇을 가지고 있느냐? 우리는 연필과 공책을 가지고 있다.

해설 was — (*what*, 무엇). **ihr** 는 인칭대명사 복수 2인칭. der **Bleistift** — (*pencil*, 연필). 남성명사. 4격이므로 부정관사는 einen. das **Heft** — (*notebook*, 공책). 중성명사. 4격이므로 부정관사는 ein.

---

8. **Haben** Sie ein Auto?
   Nein, ich **habe** kein Auto, sondern ein Motorrad.
   Do you have a motor-car?
   No, I have no motor-car but a motor-cycle.

《역》당신은 차를 갖고 있습니까? 아니오, 내게는 차가 없고 오토바이가 있습니다.

해설 das **Auto** — (*motor-car*, 자동차). 중성 4격이므로 부정관사는 ein. das **Motorrad** — (*motor-cycle*, 오토바이). 부정관사 뒤에 오는 명사를 부정할 때는 부정관사 앞에 k를 붙인 형태를 사용한다. 따라서 ein Vater(남성), eine Mutter(여성), ein Auto(중성)를 부정할 때 각각 kein Vater, keine Mutter, kein Auto 가 된다. **kein … sondern** — (*no … but*, ~이 아니고 ~이다).

【4】 werden 동사의 현재 인칭변화

　　werden 동사는 영어의 ***become*** 동사이다. sein, haben 동사와 마찬가지로 주어의 인칭에 따라 변화한다.

　　werden 동사는 자동사이므로 그 뒤에는 **1격 명사**가 온다.

§ 9. 인칭대명사와 sein, haben, werden 동사

수	인 칭	독 어	영 어
단수	1.	ich **werde**	*I* become
	2.	du **wirst**	*you* become
	3. 남. 여. 중.	er sie es } **wird**	he she it } becomes
복수	1.	wir **werden**	*we* become
	2.	ihr **werdet**	*you* become
	3.	sie **werden**	*they* become
존 칭		Sie **werden**	*you* become
원 형		**werden** 동사	***become*** 동사

9. Du **wirst** ein Arzt, und ich **werde** ein Sportler.
   You become a doctor, and I become a sportsman.

《역》 너는 의사가 되고, 나는 운동 선수가 된다.
해설 **wirst** — werden 동사의 단수 2인칭형. der **Arzt** — (*doctor*, 의사). 자동사 werden 의 보어이므로 ein Arzt 는 1격. werde — werden 의 단수 1인칭형. der **Sportler**—(*sportsman*, 운동 선수).

10. Das Wetter ist heute sehr schön und **wird** jetzt täglich schöner.
   The weather today is very fine, and now is becoming everyday more beautiful.

《역》 날씨는 오늘 매우 아름답고, 그리고 이제부터 날마다 더 아름다워진다.
해설 das **Wetter** — (*weather*, 날씨). **heute** 뷔 — (*today*, 오늘). **sehr** 뷔 — (*very*, 매우). **wird** — werden 동사의 단수 3인칭. 영어에서는 *is becoming* 으로 진행형이나, 독일어에서는 진행형이 없다. **jetzt** 뷔 — (*now*, 지금). **täglich** 뷔 — (*everyday*, 날마다). **schöner** — (*more beautiful*, 더 아름다운). schön 의 비교급. 독일어도 영어와 마찬가지로 형용사에 -er 를 붙이면 비교급이 된다.

Abschnitt 2. 관사 · sein, haben, werden 동사

연 습 문 제

[1] (   )의 동사를 _____ 에 알맞게 써 넣으시오.

1. Ihr _____ eine Feder und ein Heft. (haben)
2. Ich _____ eine Lehrerin. (werden)
3. _____ der Bleistift kurz? Nein, er _____ lang. (sein)
4. _____ du heute die Aufgabe? (haben)
5. Was _____ der Sohn? Er _____ ein Politiker. (werden)
6. Es _____ schon sehr kalt, Es _____ nicht warm. (sein)
7. Karl, _____ du einen Füller? Nein, ich _____ eine Feder. (haben)
8. Die Tafel _____ schwarz, und die Kreide _____ weiß. (sein)
9. _____ die Eltern alt? Ja, sie _____ sehr alt. (sein)
10. _____ Sie morgen Zeit? Ja, natürlich. (haben)

[2] 다음 문장에서 1~5는 부정관사를, 6~10은 정관사를 넣으시오.

1. Wir haben (   ) Ball und (   ) Zeitung.
2. Hast du (   ) Uhr? Nein, ich habe (   ) Uhr.
3. Er hat (   ) Frau, (   ) Sohn, und (   ) Tochter.
4. Ich bin (   ) Schüler, und du bist (   ) Schülerin.
5. Das Mädchen hat (   ) Füller und (   ) Bleistift.
6. (   ) Haus ist alt, aber (   ) Garten ist schön.
7. (   ) Hund ist groß, und (   ) Katze ist klein.
8. Was hat (   ) Lehrer (   ) Schülers?
9. Die Schwester (   ) Mutter ist (   ) Tante.
10. (   ) Sohn und (   ) Tochter (   ) Frau sind jung.

해답

[1] ① habt ② werde ③ Ist, ist ④ Hast ⑤ wird, wird ⑥ ist, ist ⑦ hast, habe ⑧ ist, ist ⑨ Sind, sind ⑩ Haben

[2] ① einen, eine ② eine, keine ③ eine, einen, eine ④ ein, eine ⑤ einen, einen ⑥ Das, der ⑦ Der, die ⑧ der, des ⑨ der, die ⑩ Der, die, der

해 설

[1] ① 너희들은 펜 한 자루와 노트 한 권을 가지고 있다.
② 나는 여선생이 될 것이다.
③ 그 연필이 짧습니까? 아니오, 그것은 깁니다.
④ 너는 오늘 숙제가 있느냐?
⑤ 그 아들은 무엇이 될까? 그는 정치가가 될 거야.
⑥ 날씨가 몹시 춥다. 날씨가 따뜻하지 않다.
⑦ 카알, 너는 만년필을 갖고 있니? 아니, 나는 펜을 갖고 있어.
⑧ 칠판은 검은 색이고, 분필은 흰 색이다.
⑨ 부모님이 연세가 높으십니까? 네, 매우 연로하십니다.
⑩ 내일 시간 있으신지요? 그야 물론이죠.

① die **Feder** — (*pen*, 펜). das **Heft** — (*notebook*, 공책). haben은 4격 목적어를 취하므로 Feder와 Heft는 4격. ② die **Lehrerin** — (*woman teacher*, 여선생님). ③ der **Bleistift** — (*pencil*, 연필). **kurz** 형 — (*short*, 짧은). **lang** 형 — (*long*, 긴). ④ **heute** 부 — (*today*, 오늘). die **Aufgabe** — (*homework*, 숙제). ⑤ der **Sohn** — (*son*, 아들). der **Politiker** — (*politician*, 정치가). ⑥ **schon** 부 — (*already*, 이미). **sehr** 부 — (*very*, 매우). **kalt** 형 — (*cold*, 추운). **nicht** 부 — (*not*, ~이 아닌). **warm** 형 — (*warm*, 따뜻한). es는 여기서 영어의 it와 같이 기후를 나타냄. ⑦ **Füller**와 **Feder**는 4격 목적어. ⑧ die **Tafel** — (*board*, 칠판). **schwarz** 형 — (*black*, 검은). die **Kreide** — (*chalk*, 분필). **weiß** 형 — (*white*, 흰 색의). ⑨ **alt** 형 — (*old*, 늙은). die **Eltern** — (*parents*, 부모). ⑩ **haben … Zeit** — 「시간이 있다」. **morgen** 부 — (*tomorrow*, 내일). **natürlich** 부 — (*of course*, 물론).

[2] ① 우리는 공 한 개와 신문 한 장을 가지고 있다.
② 너는 시계를 가지고 있니? 아니, 나는 시계를 갖고 있지 않아.
③ 그에게는 아내와 1남 1녀가 있다.
④ 나는 남학생이고, 너는 여학생이다.
⑤ 그 소녀는 만년필 한 개와 연필 한 개를 가지고 있다.
⑥ 그 집은 낡았지만, 정원은 아름답다.
⑦ 그 개는 크고, 그 고양이는 작다.
⑧ 그 학생의 선생님은 무엇을 갖고 있는가?
⑨ 어머니의 동생은 이모이다.
⑩ 그 부인의 아들과 딸은 젊다.

① der **Ball** — (*ball*, 공). die **Zeitung** — (*newspaper*, 신문). 둘 다 haben 동사의 목적어. ② die **Uhr** — (*watch*, 시계). 대답은 부정이므로 keine Uhr. ④ die **Schülerin** 과 **Schüler**는 sein의 보어이므로 1격. ⑤ das **Mädchen** — (*girl*, 소녀). der **Füller** — (*fountainpen*, 만년필). ⑥ das **Haus** — (*house*, 집). **alt** 형 — (*old*, 낡은). ⑦ der **Hund** — (*dog*, 개). die **Katze** — (*cat*, 고양이). **klein** 형 — (*little*, 작은). Hund와 Katze는 1격. ⑧ **was** — (*what*, 무엇). der **Lehrer** — (*teacher*, 선생님). Schüler에 -s가 붙은 것은 단수 2격의 표시 (4장을 참조). die **Tante** — (*aunt*, 아주머니). Tante는 여기서 보어이므로 1격. ⑩ **jung** 형 — (*young*, 젊은).

Lesestück 2

Ich bin ein Schüler.

Ich bin ein Schüler.
Du bist auch ein Schüler.
Wir sind jung und gesund.
Ich werde ein Lehrer.
5 Du wirst ein Politiker.
Wir haben ein Heft und einen Kugelschreiber.
Wir lernen Deutsch. Hans lernt auch Deutsch.
Er arbeitet fleißig.
Du arbeitest nicht fleißig, sondern faul.
10 Inge hat eine Puppe und ein Handtuch.
Sie ist sehr hübsch. Wir lieben sie.

나는 학생이다.

나는 학생이다.
너도 역시 학생이다.
우리는 젊고 건강하다.
나는 선생님이 될 것이다.
너는 정치가가 될 것이다.
우리는 노트 한 권과 볼펜 한 자루를 갖고 있다.
우리는 독일어를 배운다. 한스도 역시 독일어를 배운다.
그는 열심히 공부한다.
너는 열심히 공부하기는커녕 게으르게 공부한다.
잉에는 인형 한 개와 손수건 한 장을 갖고 있다.
그녀는 매우 귀엽다. 우리는 그녀를 사랑한다.

---

[1] **ein** — (*a*, 하나의). [3] **wir** — (*our*, 우리들). **jung** 형 — (*young*, 젊은). **gesund** 형 — (*healthy*, 건강한). [4] **werden** — (*become*, 되다). 여기서 werde 는 werden 동사의 1인칭 형. [5] **der Politiker** — (*stateman*, 정치가). [6] **haben** — (*have*, 갖다). **der Kugelschreiber** — (*ball-pen*, 볼펜). [9] **nicht** ···, **sondern** — (*not* ··· *but*, ~이 아니라 ~이다). [10] **die Puppe** — (*doll*, 인형). **das Handtuch** — (*handkerchief*, 손수건). [11] **sehr** 부 — (*very*, 매우). **hübsch** 형 — (*pretty*, 귀여운). **lieben** — (*love, like*, 사랑하다, 좋아하다).

Abschnitt 3.

동사의 현재 인칭변화

§ 10. 동사의 원형과 어간

영어에서 *say*(말하다), *learn*(배우다), *love*(사랑하다)와 같이 동사의 원형에는 이것이 동사의 원형이라는 외형상의 특징이 없다.

그러나 독일어에서는 어떤 동사든지 **원형**이라면 반드시 끝에 **-en**이 붙는다.

동사의 **원형**에 붙어 있는 **-en**을 빼낸 나머지 부분을 **어간**이라 한다. 결국 독일어의 동사의 원형은 어간 + en으로 된다.

어간 + en	원 형	영 어	국 어
sag-en	sagen	*say*	말 하 다
lern-en	lernen	*learn*	배 우 다
lieb-en	lieben	*love*	사랑하다
komm-en	kommen	*come*	오 다
geh-en	gehen	*go*	가 다
hab-en	haben	*have*	가 지 다

§ 11. 동사의 현재 인칭변화

동사의 원형은 어간 + en으로 이루어져 있다.

그런데 이 동사가 한 문장 안에 쓰일 때에는 그 원형에서 -en을 빼낸 나머지 부분, 즉 어간에 주어의 인칭에 따라 일정한 어미가 붙는다.

이와 같이 주어의 인칭에 따라서 어간에 어미를 붙이는 것을 **동사의 인칭변화**라 하고, 그 어미를 **인칭어미**(*personal ending*)라 한다.

독일어에서는 **sein, haben, werden** 동사는 특수한 변화를 하고, 그 밖의 거의 모든 동사는 아래와 같이 일정한 인칭변화, 즉 일정한 인칭어미를 갖는다.

【1】 일반 동사의 인칭변화

Abschnitt 3. 동사의 현재 인칭변화

인칭\수	단 수	복 수
1	ich ___e	wir ___en
2	du ___st	ihr ___t
3	er, sie, es ___t	sie ___en
존칭	Sie	___en

* 복수 1인칭, 복수 3인칭, 존칭의 인칭변화는 어간 + en 이므로 결국 원형과 같다.

동사의 원형을 주어의 인칭에 따라 어미변화를 시켜 보자.

인칭\원형	sag-en	lern-en	lieb-en	komm-en	geh-en
ich	sag-e	lern-e	lieb-e	komm-e	geh-e
du	sag-st	lern-st	lieb-st	komm-st	geh-st
er, sie, es	sag-t	lern-t	lieb-t	komm-t	geh-t
wir	sag-en	lern-en	lieb-en	komm-en	geh-en
ihr	sag-t	lern-t	lieb-t	komm-t	geh-t
sie	sag-en	lern-en	lieb-en	komm-en	geh-en
Sie	sag-en	lern-en	lieb-en	komm-en	geh-en
영 어	*say*	*learn*	*love*	*come*	*go*
국 어	말하다	배우다	사랑하다	오다	가다

【2】 어간이 -d, -t, -chn, -fn, -gn, -dm, -tm 일 때의 변화

어간의 끝의 글자가 **-d, -t, -chn, -fn, -gn, -dm, -tm** 일 때의 동사는 **단수 2인칭, 3인칭과 복수 2인칭**에서는 인칭어미를 붙이기 전에 먼저 모음 **-e-** 를 붙인다. 이들 음을 치음이라 한다.

인칭	단 수	인칭	복 수
1.	___e	1.	___en
2.	___est	2.	___et
3.	___et	3.	___en

§ 11. 동사의 현재 인칭변화   31

인칭 \ 원형	red-en	wart-en	öff*n*-en	zei*chn*-en
ich	red-e	wart-e	öffn-e	zeichn-e
du	red-*e*st	wart-*e*st	öffn-*e*st	zeichn-*e*st
er sie es	red-*e*t	wart-*e*t	öffn-*e*t	zeichn-*e*t
wir	red-en	wart-en	öffn-en	zeichn-en
ihr	red-*e*t	wart-*e*t	öffn-*e*t	zeichn-*e*t
sie	red-en	wart-en	öffn-en	zeichn-en
Sie	red-en	wart-en	öffn-en	zeichn-en
영 어	*speak*	*wait*	*open*	*draw*
국 어	말하다	기다리다	열다	그리다

【3】어간이 -s, -ß, -x, -z일 때의 변화

어간이 **-s, -ß, -x, -z**로 끝날 때 **단수 2인칭**에 어미 **-st**를 붙이지 않고, **-t**만 붙인다.

인칭 \ 원형	reis-en	grüß-en	sitz-en	tanz-en
ich	reis-e	grüß-e	sitz-e	tanz-e
du	reis-*t*	grüß-*t*	sitz-*t*	tanz-*t*
er sie es	reis-t	grüß-t	sitz-t	tanz-t
wir	reis-en	grüß-en	sitz-en	tanz-en
ihr	reis-t	grüß-t	sitz-t	tanz-t
sie	reis-en	grüß-en	sitz-en	tanz-en
Sie	reis-en	grüß-en	sitz-en	tanz-en
영 어	*travel*	*greet*	*sit*	*dance*
국 어	여행하다	인사하다	앉다	춤추다

【4】어간 + n일 때의 변화

동사의 어간의 끝의 글자가 **-el, -er** 또는 모음일 때, 그 동사의 원형에는 **-en**을 붙이지 않고 **-n**만을 붙인다.

Abschnitt 3. 동사의 현재 인칭변화

어간＋n	원형	영어	국어
hand*el*-n	handeln	*behave*	행동하다
läch*el*-n	lächeln	*smile*	미소짓다
änd*er*-n	ändern	*change*	바 꾸 다
se*i*-n	sein	*be*	～ 이다
t*u*-n	tun	*do*	행 하 다

따라서 이런 동사는 복수 1인칭, 3인칭과 존칭에서 인칭어미는 원형과 마찬가지로 **-n**을 붙인다.

또한 이들 동사는 단수 1인칭에서 **-el, -er**의 (**e**)를 빼기도 한다.

인칭 \ 원형	hand*el*-n	läch*el*-n	änd*er*-n	wand*er*-n	t*u*-n
ich	hand(*e*)l-e	läch(*e*)l-e	änd(*e*)r-e	wand(*e*)r-e	tu-e
du	handel-st	lächel-st	änder-st	wander-st	tu-st
er / sie / es	handel-t	lächel-t	änder-t	wander-t	tu-t
wir	handel-***n***	lächel-***n***	änder-***n***	wander-***n***	tu-***n***
ihr	handel-t	lächel-t	änder-t	wander-t	tu-t
sie	handel-***n***	lächel-***n***	änder-***n***	wander-***n***	tu-***n***
Sie	handel-***n***	lächel-***n***	änder-***n***	wander-***n***	tu-***n***
영 어	*behave*	*smile*	*change*	*wander*	*do*
국 어	행동하다	미소짓다	바꾸다	방랑하다	행하다

【5】사전을 찾는 방법(동사)

1) 우선 그 동사의 주어가 몇 인칭인가를 알고,
2) 그 동사에 붙어 있는 인칭어미를 빼낸 나머지 부분, 즉 어간에 **-en**, 또는 **-n**을 붙여서(이것이 그 동사의 원형이므로) 사전을 찾아야 한다.
   왜냐하면, 사전에는 **동사의 원형**만이 실려 있기 때문이다.

❶ Die Mutter kommt hier.   어머니가 여기 오신다.
    The mother is coming here.

§ 11. 동사의 현재 인칭변화   33

해설 주어가 Mutter, 3인칭 단수이므로 동사의 인칭어미는 **-t** 이다. 따라서 kommt 에서 **-t** 를 뺀 나머지 부분, 즉 어간 komm- 에 **-en** 을 붙여 원형 **kommen** 을 사전에서 찾아야 한다. 영어에서는 *is coming* 이 진행형이지만, 독일어에는 진행형이 없다.

❷ Du schreibst einen Brief.   너는 편지를 쓰고 있다.
　You are writing a letter.

해설 주어가 2인칭 단수이므로 동사의 인칭어미는 **-st**, 따라서 schreibst 에서 **-st** 를 빼면 schreib- 가 어간이 된다. 여기에 **-en** 를 붙여서 원형 **schreiben** 을 사전에서 찾으면 된다.

11. Die Tante liebt den Vogel und auch die Blume.
　The aunt loves the bird and also the flower.

《역》아주머니는 새를 사랑하고 또한 꽃을 사랑한다.
해설 die **Tante** — (*aunt*, 아주머니). **liebt** — 주어가 단수 3인칭이므로 동사의 인칭어미는 -t. 따라서 -t를 빼면 lieb- 가 어간이기 때문에 원형은 lieben. **lieben** — (*love*, 사랑하다). der **Vogel** — (*bird*, 새). 4격이므로 정관사가 den 이다. **auch** 뷔 — (*also*, 또한). die **Blume** — (*flower*, 꽃). 여기서 liebt 의 목적어이므로 4격.

12. Antwortet Hans richtig? — Nein, er antwortet falsch.
　Does Hans answer right? — No, he answers wrong.

《역》한스가 옳게 대답하느냐? 아니, 그는 틀리게 대답한다.
해설 독일어 의문문은 주어와 동사의 자리만 바꾸면 된다. 영어처럼 조동사가 필요없다. **antworten** — (*answer*, 대답하다). 주어가 단수 3인칭이고 어간이 -t로 끝났으므로 인칭 어미는 **-et**. **richtig** 형 — (*right*, 옳은). **falsch** 형 — (*wrong*, 틀린).

13. Wie heißen Sie? Ich heiße Meier.
　What is your name? My name is Meier.

《역》당신의 이름은 무엇입니까? 나의 이름은 마이어입니다.
해설 **wie** — (*how*, 어떻게). **heißen** — (*be called*, …라고 불리다). 의문문을 직역하면 당신은 "어떻게 불립니까?"라는 말이 되지만 이는 곧 상대방의 이름을 묻는 표현이다. 물음에서 주어가 존칭 Sie 이므로 동사의 인칭어미는 -en, 즉 원형이 그대로 쓰인다.

14. Herr Müller schließt die Tür und öffnet das Fenster.
　Mr. Müller shuts the door and opens the window.

《역》 뮐러 씨는 그 문을 닫고 창문을 연다.

해설 Herr — (*Mr.* ~ 씨). **Müller** — 사람의 이름. 주어가 3인칭 단수이므로 동사의 인칭어미는 -t. 따라서 schließt 의 원형은 schließen. **schließen** — (*shut*, 닫다). die **Tür** — (*door*, 문). öffnet 의 원형 — öffnen. 어간이 öffn- 이고 치음으로 끝났기 때문에 단수 3인칭어미 **-et** 가 붙는다. **öffnen** — (*open*, 열다). das **Fenster** — (*window*, 창문).

§ 12. 동사의 현재 불규칙변화

【1】 현재 인칭변화에서 어간모음이 변하는 동사

독일어의 동사들 중에는 현재 인칭변화에서 단수 2인칭, 3인칭 어간모음 **-a-**, **-e-** 가 변하는 동사들이 있다. 즉,

어간모음 a	→ ä 로
어간모음 ē	→ ie 로
어간모음 ĕ	→ i 로

주의 ē는 장모음, ĕ는 단모음을 의미한다.

(1) 단수 2인칭, 3인칭에서 어간모음이 변하는 동사

원형	schlafen	sehen*[1]	lesen*[2]	sprechen*[3]
ich	schlaf-e	seh-e	les-e	sprech-e
du	schläf-st	sieh-st	lies-t*[4]	sprich-st
er sie es	schläf-t	sieh-t	lies-t	sprich-t
wir	schlaf-en	seh-en	les-en	sprech-en
ihr	schlaf-t	seh-t	les-t	sprech-t
sie	schlaf-en	seh-en	les-en	sprech-en
Sie	schlaf-en	seh-en	les-en	sprech-en
영어	*sleep*	*see*	*read*	*speak*
국어	잠자다	보다	읽다	말하다
어간모음	a → ä	ē → ie	ē → ie	ĕ → i

주의 1) sehen 은 h 앞에 모음이 있으니 그 **e** 는 장모음이다.
2) lesen 은 e 뒤에 자음이 한 개(s) 있으니 장모음이다.
3) sprechen 은 e 뒤에 자음이 두 개(ch) 있으니 단모음이다.
4) 어간의 끝이 **-s, -ss -ß, -z, -sch** 로 끝날 때에는 단수 2인칭에서 **-t** 만 붙인다.

§ 12. 동사의 현재 불규칙변화

(2) 어간이 **-d, -t**로 끝난 동사

어간의 끝의 글자가 **-d, -t**일 때의 동사는 인칭어미를 붙일 때, 단수 2인칭, 3인칭에서 모음 **-e-**를 붙이지 않는다(p. 30가 비교).

원 형	gelten	halten	braten	laden
ich	gelt-e	halt-e	brat-e	lad-e
du	gilt-st	hält-st	brät-st	läd-st
er sie es	gilt*	hält*	brät*	läd-t
wir	gelt-en	halt-en	brat-en	lad-en
ihr	gelt-et	halt-et	brat-et	lad-et
sie	gelt-en	halt-en	brat-en	lad-en
Sie	gelt-en	halt-en	brat-en	lad-en
영 어	be worth	stop	roast	load
국 어	가치 있다	멈추다	굽다	싣다

[주의] 단수 2인칭 3인칭에서 어간모음이 변하는 동사는 그 어간의 끝의 글자가 -t일 때 단수 3인칭의 인칭어미 -t를 붙이지 않는다.

---

15. **Sprichst** du Englisch? Ja, ich spreche gut Englisch.
Do you speak English? Yes, I speak English well.

《역》 너 영어를 말하니? 응, 나는 영어를 잘해.

[해설] sprechen — (*speak*, 말하다). **-e-**가 단모음이므로 단수 2인칭, 3인칭에서 **-i-**로 변한다. **Englisch** — (*English*, 영어).

---

16. Der Großvater **schläft** in dem Wohnzimmer, und die Großmutter **brät** einen Fisch.
The grandfather is sleeping in the living-room, and the grandmother is roasting a fish.

《역》 할아버지는 거실에서 주무시고, 할머니는 생선을 굽고 계신다.

[해설]

| groß | + Vater | → der Großvater | 할아버지 |
| grand | + father | → grandfather | |

Abschnitt 3. 동사의 현재 인칭변화

schläft<**schlafen** ― (*sleep* 자다). **-a-**가 단수 2인칭, 3인칭에서 **-ä-**로 변한다. **in** ― (*in*, 안에서). 전치사로서 영어의 in과 뜻은 같으나, 영어와는 달리 3격 목적어를 요구한다. 전치사의 용법은 6과에서 상세히 다루기로 한다. das **Wohnzimmer** ― (*living-room*, 거실). 여기서는 전치사 in의 목적어로서 3격. die **Großmutter** ― (*grandmother*, 할머니). **brät**<**braten** ― (*roast*, 굽다). 주어가 단수 3인칭이니 **-ä-**로 변하였고, 어간이 t로 끝났으므로 3인칭어미 **-t**를 붙이지 않는다. der **Fisch** ― (*fish*, 물고기).

---

17. Was ißt Thomas da? Er ißt Brot und Butter.
What is Thomas eating there? He is eating bread and butter.

《역》 토마스는 거기서 무얼 먹고 있느냐? 그는 빵과 버터를 먹는다.
【해설】 **ißt**<**essen**. 어간모음 **-e-**가 단모음이므로 단수 2인칭, 3인칭에서 **-i-**로 변한다. das **Brot** ― (*bread*, 빵). die **Butter** ― (*butter*, 버터).

【2】 다음 4개의 동사는 현재 인칭변화에서 불규칙으로 변화한다.
  (sein, haben, werden 동사는 §9에 나왔으니 생략함)
  이들 동사의 불규칙성은 대개 **단수 2인칭과 3인칭**에 있다.

원 형	geben	nehmen	treten	wissen
ich	gebe	nehme	trete	weiß
du	**gibst**	**nimmst**	**trittst**	**weißt**
er sie es	**gibt**	**nimmt**	**tritt**	**weiß**
wir	geben	nehmen	treten	wissen
ihr	gebt	nehmt	tretet	wißt
sie	geben	nehmen	treten	wissen
Sie	geben	nehmen	treten	wissen
영 어	*give*	*take*	*tread*	*know*
국 어	주다	쥐다	걷다	알다

[주의] 1) **geben**과 **treten**은 **-e-**가 장모음이다. 따라서 du와 er에서 **-ie-**로 되어야 할 터이나 마치 단모음 ĕ인 양 **-i-**로 된다.
    2) **nehmen**은 du와 er에서, **wissen**은 단수에서 불규칙으로 변화한다.

---

18. Herr Baumann **nimmt** die Zeitung und **liest** sie.
Mr. Baumann takes the newspaper and reads it.

§ 12. 동사의 현재 불규칙변화   37

《역》 바우만 씨는 신문을 집어서 읽는다.
해설 nimmt<**nehmen** — (*take*, 쥐다, 잡다). die **Zeitung** — (*newspaper*, 신문). 여기서는 4격. liest<**lesen** — (*read*, 읽다). 어간모음 -e-가 장모음이므로 단수 2인칭, 3인칭에서 -ie-로 변함. die **Zeitung**이 여성이므로 인칭대명사는 sie가 된다. 이 때 인칭대명사 sie 역시 4격이다. 인칭대명사의 격에 관하여는 7과를 참조.

---

19. Der Vetter ist heute krank und kommt nicht hier. Ich **weiß** es.
The cousin is sick today and doesn't come here. I know it.

《역》 사촌이 오늘 병이 나서 여기 오지 않는다. 나는 그것을 알고 있다.
해설 heute 뷔 — (*today*, 오늘). krank 형 — (*sick*, 병든). **kommen** — (*come*, 오다). weiß<**wissen** — (*know*, 알다). es는 앞 문장의 전체를 받는다.

---

20. Der Maler **weiß**, die Witwe hat keine Familie und kein Geld. Er **gibt** der Witwe Geld.
The painter knows, the widow has no family and no money. He gives the widow money.

《역》 화가는 그 과부가 가족도 없고 돈도 없음을 알고 있다. 그는 과부에게 돈을 준다.
해설 der **Maler** — (*painter*, 화가). die **Witwe** — (*widow*, 미망인). die **Familie** — (*family*, 가족). 여성명사이므로 부정은 keine Familie가 된다. das **Geld** — (*money*, 돈). 중성명사 이므로 부정은 kein Geld. 여기서 keine Familie, kein Geld는 모두 haben의 목적어로서 4격. gibt<**geben** — (*give*, 주다). 어간모음 -e-가 장음인데도 -i-로 변한 것에 주의하자.

---

21. Heute abend kommt der Freund aus Berlin mit dem Zug. Ich **weiß** es.
This evening the friend is coming from Berlin by train. I know it.

《역》 오늘 저녁 친구가 기차로 베를린에서 온다. 나는 그것을 알고 있어.
해설 heute 뷔 — (*today*, 오늘). **kommen** — (*come*, 오다). der **Freund** — (*friend*, 친구). **aus** — (*from*, ~로부터). 전치사. **Berlin** — 2차 대전 이전의 독일 수도. **mit** — (*with*, ~와함께). 전치사. der **Zug** — (*train*, 기차).

| mit dem Zug | 기차로 |
| by train | |

Abschnitt 3. 동사의 현재 인칭변화

연 습 문 제

[1] 다음 주어진 동사를 알맞게 인칭변화시키시오.
   1. Ich _____ fleißig. (arbeiten)
   2. Was _____ der Lehrer? (schreiben)
   3. Sie _____ ein Kleid. (kaufen)
   4. Er _____ das Buch. (nehmen)
   5. Die Lehrerin _____ den Fehler. (verbessern)
   6. Er _____ Klavier und sie _____. (spielen, tanzen)
   7. Herr Hans _____ den Roman. (lesen)
   8. Du _____ kein Wort. (sprechen)
   9. Ihr _____ höflich. (handeln)
   10. Der Briefträger _____ heute ein Paket. (bringen)

[2] 다음 동사의 현재 인칭변화형을 쓰시오.
   1. kaufen ⓐ ich ____ , ⓑ du ____ , ⓒ er ____ , ⓓ wir ____ ,
             ⓔ ihr ____ , ⓕ sie ____ .
   2. tun   ⓐ ich ____ , ⓑ du ____ , ⓒ er ____ , ⓓ wir ____ ,
             ⓔ ihr ____ , ⓕ sie ____ .
   3. sehen   ⓐ ich ____ , ⓑ du ____ , ⓒ er ____ , ⓓ wir ____ ,
             ⓔ ihr ____ , ⓕ sie ____ .
   4. geben   ⓐ ich ____ , ⓑ du ____ , ⓒ er ____ , ⓓ wir ____ ,
             ⓔ ihr ____ , ⓕ sie ____ .
   5. wissen ⓐ ich ____ , ⓑ du ____ , ⓒ er ____ , ⓓ wir ____ ,
             ⓔ ihr ____ , ⓕ sie ____ .

해답

[1] ① arbeite ② schreibt ③ kauft(oder kaufen) ④ nimmt ⑤ verbessert
    ⑥ spielt, tanzt ⑦ liest ⑧ sprichst ⑨ handelt ⑩ bringt
[2] ① ich kaufe, du kaufst, er kauft, wir kaufen, ihr kauft, sie kaufen.
    ② ich tue, du tust, er tut, wir tun, ihr tut, sie tun.
    ③ ich sehe, du siehst, er sieht, wir sehen, ihr seht, sie sehen.
    ④ ich gebe, du gibst, er gibt, wir geben, ihr gebt, sie geben.
    ⑤ ich weiß, du weißt, er weiß, wir wissen, ihr wißt, sie wissen.

해 설

[1] ① 나는 열심히 일한다.

② 선생님이 무엇을 쓰고 계시니?

③ 그녀는 옷 한 벌을 산다.

④ 그는 그 책을 집는다.

⑤ 여선생님은 틀린 것을 고친다.

⑥ 그는 피아노를 치고, 그녀는 춤을 춘다.

⑦ 한스 씨는 그 소설을 읽는다.

⑧ 너는 한마디도 말하지 않는구나.

⑨ 너희들은 예의 바르게 행동한다.

⑩ 우체부가 오늘 소포를 가져온다.

① **arbeiten** — (*work*, 공부하다). 어간 arbeit-가 치음으로 끝났으므로, 단수 2, 3인칭, 복수 2인칭에서 인칭어미 붙기 전에 -e가 붙음. **fleißig** 형 — (*diligent*, 근면한). ② **was** — (*what*, 무엇). **schreiben** — (*write*, 쓰다). **der Lehrer** — (*teacher*, 선생님). ③ **das Kleid** — (*dress*, 옷). **kaufen** — (*buy*, 사다). ④ **das Buch** — (*book*, 책). **nehmen** — (*take*, 쥐다). nehmen 동사는 현재형에서 불규칙 변화동사. ⑤ **die Lehrerin** — (*woman teacher*, 여선생님). 남성명사에 어미 -in을 붙이면 여성명사. **verbessern** — (*amend*, 고치다). **der Fehler** — (*fault*, 실수). ⑥ **spielen** — (*play*, 놀다). **das Klavier** — (*piano*, 피아노). **tanzen** — (*dance*, 춤추다). ⑦ **lesen** — (*read*, 읽다). **der Roman** — (*novel*, 소설). ⑧ **sprechen** — (*say*, 말하다). **kein** — (*not a*, ~ 아닌). **das Wort** — (*word*, 말). ⑨ **handeln** — (*act*, 행동하다). **höflich** 형 — (*polite*, 정중한). ⑩ **der Briefträger** — (*postman*, 우체부). der Briefträger ⇒ der Brief(편지) + der Träger(운반인). **bringen** — (*bring*, 가져오다). **heute** — 튁 (*today*, 오늘). **das Paket** — (*package*, 소포).

[2] ① **kaufen** — (*buy*, 사다). 어간은 kauf-. 인칭어미는 규칙대로 붙임. ② **tun** — (*do*, 하다). 어간이 tu-. 어간이 모음으로 끝난 동사는 원형에 -en을 붙이지 않고 -n만 붙임. ③ **sehen** — (*see*, 보다). 현재형에서 불규칙변화. 어간모음 -e가 장모음이니, 단수 2, 3인칭에서 -ie로 됨. ④ **geben** — (*give*, 주다). 현재형에서 불규칙변화. 어간모음 -e가 장모음이지만, -i-로 됨. ⑤ **wissen** — (*know*, 알다). 동사는 단수에서 불규칙변화한다. ich weiß, du weißt, er weiß.

Lesestück 3

„Du bist 18 !"

Karl ist ein Student.
Er studiert Medizin.
Der Vater sendet Karl monatlich viel Geld.
Aber Karl hat jetzt kein Geld.
5 Er schreibt dem Vater einen Brief :
„Ich brauche hundert Mark !"
Das Geld kommt nicht.
Karl schreibt wieder, aber das Geld kommt auch nicht.
Nun sendet Karl ein Telegramm :
10 „Geld kommt noch nicht hier !"
Der Vater antwortet : „Du bist achtzehn !"
Karl versteht die Antwort des Vaters gar nicht.
Karl kauft bald eine Fahrkarte.
Er nimmt den Zug und fährt nach Hause des Vaters.
15 Direkt fragt Karl den Vater :
„Warum sendest du mir das Geld nicht ?"
Der Vater antwortet sehr still wieder :
„Ich war reich, aber ich bin jetzt nicht so reich.
Und du bist nun achtzehn. Verstehst du ?"
20 Der Sohn sagt nichts und steht nur.

---

[1] der **Student** — (*student*, 대학생). [2] **studieren** — (*study*, 공부하다). die **Medizin** — (*medicine*, 의학). [3] der **Vater** — (*father*, 아버지). **senden** — (*send*, 보내다). **monatlich** 형 — (*monthly*, 매달의). das **Geld** — (*money*, 돈). [5] **schreiben** — (*write*, 쓰다). der **Brief** — (*letter*, 편지). [6] **brauchen** — (*need*, 필요하다). **hundert** — (*hundred*, 백). die **Mark** — (독일 화폐 단위). [9] **nun** 부 — (*now*, 이제). das **Telegramm** — (*telegram*, 전보). [11] **achtzehn** — (*eighteen*, 18). 발음할 때 -t- 는 소리내지 않음. [12] **verstehen** — (*understand*, 이해하다). die **Antwort** — (*answer*, 대답). **gar** 부 — (*very*, 매우). **gar nicht**

Lesestück 3.

"너는 18세다!"

카알은 대학생이다.
그는 의학을 공부한다.
아버지는 카알에게 매달 많은 돈을 보낸다.
그러나 카알은 지금 돈이 없다.
그는 아버지에게 편지 한 통을 쓴다.
"나는 백 마르크가 필요합니다!"
돈은 오지 않는다.
카알은 다시 편지를 쓴다. 그러나 돈은 역시 오지 않는다.
이제 카알은 전보를 친다.
"돈은 여전히 여기에 도착하지 않고 있습니다!"
아버지는 답장을 보낸다 : "너는 18세다."
카알은 아버지의 답변을 이해하지 못한다.
카알은 곧 기차표를 한 장 산다.
그는 기차를 타고 아버지 집으로 간다.
카알은 직접 아버지에게 묻는다 :
"왜 저에게 돈을 보내지 않습니까?"
아버지는 다시 매우 조용히 대답한다 :
"나는 과거에 부자였다. 그러나 지금은 그렇게 부자가 아니란다.
그리고 너는 이제 18세다. 알겠니?"
아들은 아무 말 없이 단지 서 있을 뿐이다.

― (전혀 ~하지 않다). ⑬ **kaufen** ― (*buy*, 사다). **bald** 뷔 ― (*soon*, 곧). die **Fahrkarte** ― (*ticket*, 기차표). ⑭ **nehmen** ― (*take*, 잡다). der **Zug** ― (*train*, 기차). **fahren** ― (*ride*, 타고 가다). **nach** 전 ― (*to*, ~로 향하여). das **Haus** ― (*house*, 집). ⑮ **direkt** 형 ― (*direct*, 직접). ⑯ **warum** 뷔 ― (*why*, 왜). **mir** ― (*to me*, 나에게). ⑰ **still** 형 ― (*still*, 조용한). **wieder** 뷔 ― (*again*, 다시). ⑱ **war** ― (*was*, ~였다). **reich** 형 ― (*rich*, 돈 많은). **jetzt** 뷔 ― (*now*, 지금). **so** 뷔 ― (*so*, 그렇게). ⑳ der **Sohn** ― (*son*, 아들). **nichts** ― (*nothing*, 아무것도 ~아님). **stehen** ― (*stand*, 서 있다). **nur** 뷔 ― (*only*, 단지).

Abschnitt 4.

명 사 변 화 〔Ⅰ〕

§ 13. 명사의 변화(Deklination der Substantive)

영어에서는 명사가 격에 따라서 어미변화를 하는 일이 없고, 기껏해야 복수로 쓰일 때 **-s,** 또는 **-es**를 붙일 뿐이다 (*boy – boys, glass – glasses*).

독일어에서는 **명사**가 ① 격에 따라서, 즉 1. 2. 3. 4격으로 쓰임에 따라서, 또한 ② 수에 따라서, 즉 단수로나, 복수로 쓰임에 따라서 변화한다.

【1】 변화의 종류

명사의 변화는 크게 나누어 다음 **3가지 종류**가 있다.

종류		
	(1) 강 변 화	1) 강변화 1 식
		2) 강변화 2 식
		3) 강변화 3 식
	(2) 약 변 화	
	(3) 혼합변화	

【2】 여성명사는 단수로 쓰일 때에는 변하지 않는다.

§ 14. 명사변화—강변화 1식(Starke Deklination Ⅰ)

【1】 공 식

명사의 단수 **2**격에 **-s**를, 복수 **3**격에 **-n**을 붙이는 변화를 **강변화 1식**이라 한다. 이 때 어간모음이 a, o, u 인 명사는 복수에서 Umlaut를 받기도 한다.

격＼수	단 수	복 수	
1.	_____	_____ (¨)*	
2.	_____ s	_____ (¨)	
3.	_____	_____ (¨) n	*복수에서 Umlaut 되는 것을 뜻한다.
4.	_____	_____ (¨)	

【2】 변 화
(1) 어간모음 **a, o, u**가 복수에서 Umlaut를 받지 않는 명사.

수	격	*painter* (화가)	*uncle* (아저씨)	*cake* (과자)	*girl* (소녀)
단수	1.	der Maler	der Onkel	der Kuchen	das Mädchen
	2.	des Malers	des Onkels	des Kuchens	des Mädchens
	3.	dem Maler	dem Onkel	dem Kuchen	dem Mädchen
	4.	den Maler	den Onkel	den Kuchen	das Mädchen
복수	1.	die Maler	die Onkel	die Kuchen	die Mädchen
	2.	der Maler	der Onkel	der Kuchen	der Mädchen
	3.	den Maler**n**	den Onkel**n**	den Kuchen*	den Mädchen*
	4.	die Maler	die Onkel	die Kuchen	die Mädchen

[주의] 1) 명사변화를 시킬 때에는 정관사를 붙여서 변화시키는 습관을 갖자.
부정관사는 남성 1격과 중성 1격이 다같이 ein 이어서, 명사의 성을 혼동할 염려가 있기 때문이다.
2) **-n**이나 **-en**으로 끝난 명사는 복수 3격에서 어미 -n을 따로 붙이지 않는다.

(2) 어간모음 **a, o, u**가 복수에서 Umlaut를 받는 명사.

수	격	*apple* (사과)	*bird* (새)	*mother* (어머니)	*daughter* (딸)
단수	1.	der Apfel	der Vogel	die Mutter	die Tochter
	2.	des Apfels	des Vogels	der Mutter*	der Tochter*
	3.	dem Apfel	dem Vogel	der Mutter	der Tochter
	4.	den Apfel	den Vogel	die Mutter	die Tochter
복수	1.	die Äpfel	die Vögel	die Mütter	die Töchter
	2.	der Äpfel	der Vögel	der Mütter	der Töchter
	3.	den Äpfel**n**	den Vögel**n**	den Müttern	den Töchtern
	4.	die Äpfel	die Vögel	die Mütter	die Töchter

[주의] 1) **여성명사**는 단수에서는 변화하지 않는다.
즉, 단수 2격에 -s를 붙이지 않는다.
2) 강변화 I 식의 변화를 하는 여성명사는 die Mutter와 die Tochter 둘뿐이다.
기타 여성명사로는 강변화 1식에 없다.

44 Abschnitt 4. 명사 변화〔Ⅰ〕

【3】강변화 1식에 속하는 명사

강변화 1식의 변화를 하는 명사는 대체 어떠한 명사일까?
이것을 아래에 분류하기로 하자.

(1) **-el**로 끝난 명사 — (99 %)

der Onkel — *uncle*	아저씨	der Hügel — *hill*	언 덕
das Möbel — *furniture*	가 구	das Mittel — *means*	수 단

(2) **-er**로 끝난 명사 — (99 %)

der Schüler — *pupil*	학 생	das Fenster — *window*	창 문
der Vater — *father*	아버지	der Bruder — *brother*	형 제

(3) **-en**으로 끝난 명사 — (100 %)

der Ofen — *stove*	난 로	der Hafen — *port*	항 구
der Garten — *garden*	정 원	das Eisen — *iron*	철

(4) **Ge……e**로 된 중성명사 — (100 %)

das Gebäude — *building*	건 물	das Gebirge — *mountain*	산 맥
das Gemälde — *picture*	그 림	das Gefilde — *fields*	벌 판

(5) **-chen, -lein**으로 끝난 축소명사(Diminutiv)

명사의 끝에 **-chen**이나, **-lein**이 붙으면 「작은 것」, 또는 「사랑스러운 것」을 의미한다. 이것을 **축소명사**라 한다. 이런 명사는 언제나 **중성**이며, **강변화 1식**이 된다 (100 %).

일 반 명 사	축 소 명 사
der Garten — *garden* 정 원	das Gärtchen — *little garden* 작은 정원
die Katze — *cat* 고양이	das Kätzchen — *little cat, dear cat* 작은 고양이, 귀여운 고양이
das Kind — *child* 아 이	das Kindchen — *little child* 작은 아이
die Rose — *rose* 장 미	das Röslein — *little rose* 작은 장미 송이
die Frau — *lady* 부 인	das Fräulein — *Miss* 양, 미혼 여자

축소명사로 될 때 어간모음 **a, o, u**는 대개 Umlaut를 받는다.
-chen과 **-lein** 둘 중에 **-lein**이 옛날부터 쓰인 것인데, 명사가 모음, 또는 **-m, -n, -l, -r, -d**로 끝날 때에는 대개 **-chen**이 붙고, 기타의 경우는 대개 **-lein**이 붙는다. 축소명사도 복수 3격에 -n을 붙이지 않는다.

22. Die Töchter des Sängers sind jung und hübsch.
The daughters of the singer are young and pretty.

《역》 그 가수의 딸들은 젊고 예쁘다.
해설 der **Sänger** — (*singer*, 가수). 강변 1식. er로 끝난 남성이니 여기서는 단수 2격이므로 -s를 붙인다. die **Tochter** — (*daughter*, 딸). 강변 1식. 복수에서는 -o-가 Umlaut를 받는다. **jung** 형 — (*young*, 젊은). **hübsch** 형 — (*pretty*, 예쁜).

23. Die Brüder des Malers lieben das Mädchen.
The brothers of the painter love the girl.

《역》 그 화가의 형제들은 그 소녀를 좋아한다.
해설 der **Bruder** — (*brother*, 형제). 강변 1식. 복수에서는 -u-가 Umlaut를 받는다. 여기서는 복수 1격. der **Maler** — (*painter*, 화가). 강변 1식. -er로 끝난 남성이기에. 복수에서 어간모음이 변하지 않음. 2격이므로 -s를 붙인다. **lieben** — (*love, like*, 사랑하다, 좋아하다). das **Mädchen** — (*girl*, 소녀). -en으로 끝났으니 강변 1식.

24. Die Onkel der Arbeiter arbeiten täglich sehr fleißig.
The uncles of the workers work very hard everyday.

《역》 그 노동자들의 아저씨들은 날마다 매우 열심히 일한다.
해설 der **Onkel** — (*uncle*, 아저씨), 강변 1식. -el로 끝난 남성이기에. der **Arbeiter** — (*worker*, 노동자). 강변 1식. *of the workers*이므로 복수 2격. 따라서 der **Arbeiter**가 된다. **arbeiten** — (*work*, 일하다). 주어가 복수 3인칭이니 동사의 인칭어미는 -en. 즉, 원형이 그대로 쓰인다. **täglich** 부 — (*everyday*, 날마다). **fleißig** 형 — (*diligent*, 부지런한). 독일어에서는 모든 형용사는 부사로도 쓰인다. 여기서는 동사 arbeiten을 수식하니 부사.

25. Der Vater des Lehrers gibt den Schülern die Äpfel.
The father of the teacher gives the pupils the apples.

《역》 선생님의 아버지가 학생들에게 사과를 준다.

Abschnitt 4. 명사 변화 [Ⅰ]

해설 der Vater — (*father*, 아버지). 강변 1식. 복수에서 -a 는 Umlaut 를 받는다. der Lehrer — (*teacher*, 선생). 강변 1식. 단수 2격이므로 정관사는 des 이고 어미는 -s를 붙인다. gibt<geben — (*give*, 주다). 어간모음 -e- 가 단수 3인칭 현재에서 -i- 로 변하였음. der Schüler — (*pupil*, 학생). 강변 1식. -er로 끝난 남성이기에. 복수 3격. 따라서 -n 이 붙는다.

§ 15. 명사 변화 — 강변화 2식(Starke Deklination Ⅱ)

【1】공 식

단수, 복수 1, 2, 3, 4 격이 아래와 같이 변하는 것을 **강변화 2식**이라 한다. 강변화 1식과 마찬가지로 어간모음 a, o, u 가 복수에서 Umlaut 를 받는 것들이 있다.

수격	단 수	복 수
1.	_____	_____ (¨) e
2.	_____ (e)s	_____ (¨) e
3.	_____ (e)	_____ (¨) en
4.	_____	_____ (¨) e

(¨) 복수에서 Umlaut 되는 것을 뜻한다.

주의 (e)라 함은 단수 2격, 3격에서 (e)를 붙이기도, 안 붙이기도 한다는 뜻이다.

【2】변 화

(1) 어간모음 **a, o, u**가 복수에서 Umlaut를 받지 않는 경우.

수	격	*dog* (개)	*year* (해)	*day* (날)	*arm* (팔)
단수	1.	der Hund	das Jahr	der Tag	der Arm
	2.	des Hund(e)s	des Jahr(e)s	des Tag(e)s	des Arm(e)s
	3.	dem Hund(e)	dem Jahr(e)	dem Tag(e)	dem Arm(e)
	4.	den Hund	das Jahr	den Tag	den Arm
복수	1.	die Hunde	die Jahre	die Tage	die Arme
	2.	der Hunde	der Jahre	der Tage	der Arme
	3.	den Hunden	den Jahren	den Tagen	den Armen
	4.	die Hunde	die Jahre	die Tage	die Arme

주의 단수 2격, 3격에 **-e**를 붙여야 하나, 안 붙여야 하나? 대체로 어조로 보아 발음상 좋을 대로 하면 된다.

§ 15. 명사변화 – 강변화 2식

그러나 일반적인 규칙은 :
1) **-s, -sch, -tsch, -z**로 끝난 명사는 2격에서 발음상 **-es**를 붙인다. 또 그것의 3격에는 **-e**를 붙이든가 안 붙이든가 자유다.
2) 1음절의 명사는 대개 2격에 **-es**를 붙이고, 3격에는 **-e**를 붙이는 것은 자유다.

(2) 어간모음 **a, o, u**가 복수에서 Umlaut를 받는 경우.

수	격	*son* (아들)	*wall* (벽)	*chair* (의자)	*night* (밤)
단수	1.	der Sohn	die Wand	der Stuhl	die Nacht
	2.	des Sohn(e)s	der Wand*	des Stuhl(e)s	der Nacht*
	3.	dem Sohn(e)	der Wand	dem Stuhl(e)	der Nacht
	4.	den Sohn	die Wand	den Stuhl	die Nacht
복수	1.	die Söhne	die Wände	die Stühle	die Nächte
	2.	der Söhne	der Wände	der Stühle	der Nächte
	3.	den Söhnen	den Wänden	den Stühlen	den Nächten
	4.	die Söhne	die Wände	die Stühle	die Nächte

[주의] 강변화 2식의 **여성명사**는 어간모음이 **a, o, u**일 때 복수에서 반드시 Umlaut를 받는다.

(3) **-ß**로 끝난 명사 :
  -ß로 끝난 명사는 강변화 2식의 변화를 할 때 주의할 점이 있다.

1) 단모음 + ß 일 때 → -ß를 -ss로 나누고 뒤에 어미를 붙인다.
2) 장모음 + ß 일 때 → -ß를 그대로 두고, 뒤에 어미만 붙인다.

수	격	der **Fuß**(*foot*, 발)	der **Fluß**(*river*, 강)
단수	1.	der Fuß(fuːs)	der Fluß*(flus)
	2.	des Fußes	des Flusses
	3.	dem Fuße	dem Flusse
	4.	den Fuß	den Fluß
복수	1.	die Füße	die Flüsse
	2.	der Füße	der Flüsse
	3.	den Füßen	den Flüssen
	4.	die Füße	die Flüsse

[주의] Fluß의 단수 1격과 4격이 그대로 -ß인 것은 변화의 어미가 붙지 않기 때문이다.

48   Abschnitt 4. 명사 변화〔Ⅰ〕

(4) **-nis**로 끝난 명사 :

-nis로 끝난 명사는 100 % 강변화 2식의 변화를 한다.

변화의 어미를 붙일 때에는 **-nis**에 **-s**를 하나 더 붙이고, 즉 **-niss**로 만든 후에 변화의 어미를 붙여야 한다.

수	격	*secret*(비밀)	*darkness*(어두움)
단수	1.	das Geheimnis*¹⁾	die Finsternis
	2.	des Geheimnis**ses**	der Finsternis*²⁾
	3.	dem Geheimnis**se**	der Finsternis
	4.	das Geheimnis*¹⁾	die Finsternis
복수	1.	die Geheimnis**se**	die Finsternis**se**
	2.	der Geheimnis**se**	der Finsternis**se**
	3.	den Geheimnis**sen**	den Finsternis**sen**
	4.	die Geheimnis**se**	die Finsternis**se**

[주의] 1) Geheimnis의 단수 1격과 4격이 그대로 -s로 되어 있는 것은, 뒤에 변화의 어미가 붙지 않기 때문이다.
2) 여성명사이기에 단수에서 변화없다.

【3】 강변화 2식에 속하는 명사

다음에 해당하는 명사는 강변화 2식의 변화를 한다.

⑴ **1음절의**

1) 남성명사 — (95 %)

der Ball — *ball*	공	der Tisch — *table*	책 상
der Stern — *star*	별	der Fisch — *fish*	물고기

2) 여성명사 — (약 30개)

die Hand — *hand*	손	die Kuh — *cow*	암 소
die Stadt — *city*	도 시	die Zahn — *tooth*	이

3) 중성명사 — (약 60개)

das Heft — *notebook*	공 책	das Bein — *leg*	다 리
das Stück — *piece*	조 각	das Tier — *animal*	동 물

(2) **-ich, -ig, -ing, -ling**로 끝난 남성명사 — (100 %)

der Teppich — *carpet* 양탄자	der König — *king* 왕
der Fasching — *carnival* 사육제	der Frühling — *spring* 봄

(3) **-nis, -sal**로 끝난 여성명사와 중성명사 — (100 %)

das Gedächt**nis** — *memory* 기억	das Erleb**nis** — *experience* 경험
das Schick**sal** — *fate* 운명	die Müh**sal** — *misery* 고통

---

26. Die Söhne der Mutter lernen Englisch sehr fleißig.
The sons of the mother learn English very hard.

《역》 그 어머니의 아들들은 영어를 매우 열심히 배운다.

[해설] der **Sohn** — (*son*, 아들). 강변 2식. 1음절의 남성이니. 여기서는 주어로서 복수 1격. *of the mother*는 단수 2격이므로 die Mutter는 der Mutter라야 한다. 여성명사는 단수에서 변하지 않으니 s는 붙지 않는다. **lernen** — (*learn*, 배우다). die Söhne가 복수 3인칭이니 동사 lernen은 원형과 같다. **Englisch** — (*English*, 영어). **sehr** 튀 — (*very*, 대단히). **fleißig** 형 — (*hard*, 부지런한). 형용사는 언제나 부사로도 쓰인다.

---

27. Wir haben zwei Arme, zwei Hände und zwei Füße.
We have two arms, two hands and two feet.

《역》 우리는 두 개의 팔과, 두 개의 손과 두 개의 발을 가지고 있다.

[해설] **zwei** — (*two*, 둘). die **Hand** — (*hand*, 손). 강변 2식. 강변화 2식의 여성명사는 복수에서 모두 Umlaut를 받는다. 여기서는 복수 4격, der **Arm** — (*arm*, 팔). 강변 2식. 1음절의 남성명사이므로. 여기서는 복수 4격. der **Fuß** — (*foot*, 발), 강변 2식. 1음절의 남성명사이므로.

---

28. Die Freunde des Bruders lesen die Briefe.
The friends of the pupil are reading the letters.

《역》 형의 친구들이 편지들을 읽고 있다.

[해설] der **Freund** — (*friend*, 친구). 강변 2식. 주어이므로 정관사는 die. der **Bruder** — (*brother*, 형제). 강변 1식. 단수 2격이므로 정관사는 des이고 뒤에 -s가 붙는다. **lesen** — (*read*, 읽다). 현재 인칭변화에서 어간이 변하는 동사인데 여기서는 주어가 복수 3인칭이므로 동사는 원형과 같다. der **Brief** — (*letter*, 편지). 강변 2식. lesen의 목적어로서 복수 4격.

50   Abschnitt 4. 명사 변화〔Ⅰ〕

> **29.** Der König kauft den Ärzten ein Pferd und zwei Hunde.
> *The king buys a horse and two dogs for the doctors.*

《역》 왕은 의사들에게 말 한 마리와 개 두 마리를 사 준다.

해설 der König — (*king*, 왕). -ig로 끝났으므로 강변 2식. 여기서는 주어. kaufen — (*buy*, 사다). der Arzt — (*doctor*, 의사). 강변 2식. 1음절의 남성이니. 복수 -Ä-. das Pferd — (*horse*, 말). 강변 2식. der Hund — (*dog*, 개). 강변 2식. 1음절의 남성이니. 여기서는 복수 4격.

§ 16. 명사 변화—강변화 3식(Starke Deklination Ⅲ)

【1】 공 식
아래의 변화를 강변화 3식이라 한다.

수\격	단 수	복 수	
1.	────	(¨)	er
2.	────(e)s*	(¨)	er
3.	────(e)*	(¨)	ern
4.	────	(¨)	er

*단수 2격, 3격의 -(e)s, -(e)는 -e를 붙이기도 하고 안 붙이기도 한다는 의미다.

【2】 변 화
(1) 어간모음 **a, o, u**가 아닐 때

수	격	*picture* (그림)	*field* (들판)	*child* (어린아이)	*song* (노래)
단수	1.	das Bild	das Feld	das Kind	das Lied
	2.	des Bild(e)s	des Feld(e)s	des Kind(e)s	des Lied(e)s
	3.	dem Bild(e)	dem Feld(e)	dem Kind(e)	dem Lied(e)
	4.	das Bild	das Feld	das Kind	das Lied
복수	1.	die Bilder	die Felder	die Kinder	die Lieder
	2.	der Bilder	der Felder	der Kinder	der Lieder
	3.	den Bildern	den Feldern	den Kindern	den Liedern
	4.	die Bilder	die Felder	die Kinder	die Lieder

(2) 어간모음이 **a, o, u**일 때
  복수에서 모두 Umlaut를 받는다.

§ 16. 명사변화 – 강변화 3식   51

수	격	man (남자)	forest (숲)	word (단어)	house (집)
단수	1.	der Mann	der Wald	das Wort	das Haus
	2.	des Mann(e)s	des Wald(e)s	des Wort(e)s	des Haus(e)s
	3.	dem Mann(e)	dem Wald(e)	dem Wort(e)	dem Haus(e)
	4.	den Mann	den Wald	das Wort	das Haus
복수	1.	die Männer	die Wälder	die Wörter	die Häuser
	2.	der Männer	der Wälder	der Wörter	der Häuser
	3.	den Männern	den Wäldern	den Wörtern	den Häusern
	4.	die Männer	die Wälder	die Wörter	die Häuser

【3】강변화 3식에 속하는 명사

다음에 해당하는 명사는 강변화 3식의 변화를 한다.

(1) 1음절의

  1) 중성명사 — (95 %)

  1음절의 중성명사는 대개 강변화 3식으로 보아도 무방하다.

das Glas — *glass*	유 리	das Buch — *book*	책
das Dorf — *village*	마 을	das Rad — *wheel*	바 퀴

  2) 남성명사 — (8개)

der Wald — *forest*	숲	der Gott — *god*	신
der Rand — *edge*	가장자리	der Leib — *body*	육 체

  주의 1음절의 남성명사의 대부분은 강변화 2식이다.

(2) **-tum**으로 끝난 명사 — (100 %)

der Reich**tum** — *wealth*	부	der Irr**tum** — *error*	잘 못
das Eigen**tum** — *property*	재산	das König**tum** — *kingdom*	왕 국

  주의 **-tum**은 영어의 **-dom**에 해당한다. 즉 지위, 상태, 영역을 나타낸다.
        복수는 **-tümer**로 된다.

(3) 강변화 3식으로 변화하는 여성명사는 하나도 없다.

52 Abschnitt 4. 명사 변화〔Ⅰ〕

---

30. Die Freunde der Männer kaufen Bilder und Bücher.
The friends of the men buy pictures and books.

《역》 그 남자들의 친구들은 그림(들)과 책(들)을 산다.
해설 der **Freund** — (*friend*, 친구). 강변 2식. der **Mann** — (*man*, 남자). 강변 3식. 복수 2격이므로 정관사는 der. das **Bild** — (*picture*, 그림). 강변 3식. das **Buch** — (*book*, 책). 강변 3식. 둘 다 1음절의 중성이니 Bilder 와 Bücher 는 목적어로서 복수 4격.

---

31. Die Dächer der Häuser sind schwarz, aber die Wände sind weiß.
The roofs of the houses are black, but the walls are white.

《역》 집들의 지붕은 검은 색이지만 벽은 흰 색이다.
해설 das **Dach** — (*roof*, 지붕). 강변 3식. 1음절의 중성명사. das **Haus** — (*house*, 집). 강변 3식. 1음절의 중성이니 여기서는 복수 2격이므로 der Häuser. **schwarz** 형 — *black*, 검은). die **Wand** — (*wall*, 벽). 강변 2식. 강변화 2식의 여성명사는 복수에서 모두 Umlaut. 여기서는 복수 1격. **weiß** 형 — (*white*, 흰).

---

32. Verstehst du die Wörter? Nein, ich verstehe die Wörter nicht.
Do you understand the words? No, I don't understand the words.

《역》 너는 이 단어들을 이해하니? 아니, 나는 이 단어들을 이해하지 못해.
해설 **verstehen** — (*understand*, 이해하다). das **Wort** — (*word*, 단어). 강변 3식. 1음절의 중성이니. 여기서는 verstehen 의 목적어로서 복수 4격.

---

33. Wer hilft den Kind**ern**? Die Männer helfen den Kind**ern**.
Who does help the children? The men help the children.

《역》 누가 그 아이들을 돕는가? 그 남자들이 아이들을 돕는다.
해설 **wer** 의 — (*who*, 누가). **hilft**<**helfen** — (*help*, 돕다). 어간모음 -e- 가 단수 2인칭, 3인칭에서 -i- 로 변한다. das **Kind** — (*child*, 어린이). 강변 3식. 1음절의 중성이니. 여기서는 복수 3격.

주의
독어 helfen (자동사) + 3격
영어 *help* (타동사) + 목적어

§ 17. ja, nein, doch

【1】 ja와 nein
긍정으로 물었을 때

> 1) 긍정의 대답에는　ja, …
> 2) 부정의 대답에는　nein, …

【2】 doch
부정으로 물었을 때

> 1) 긍정의 대답에는 **doch**, …
> 2) 부정의 대답에는 nein, …

[주의] 부정으로 물은 데 대해서 긍정으로 대답할 때에는 ja 나 nein 을 쓰지 않고, **doch** 로 대답해야 한다. 영어는 이 때에도 *yes* 를 쓴다.
번역은 「천만에요」 정도가 알맞겠다.

---

34. Haben Sie einen Füller?
Ja, ich habe einen Fuller. **Nein,** ich habe keinen Füller.
Do you have a fountain-pen?
Yes, I have a fountain-pen. No, I have no fountain-pen.

《역》 당신은 만년필을 갖고 계십니까?
네, 만년필을 가지고 있습니다. 아니요, 만년필을 가지고 있지 않습니다.
[해설] 긍정으로 대답할 때는 ja 를 쓰고, 부정으로 대답할 때는 nein 을 사용한다. **einen Füller** 는 부정으로 대답할 때 keinen Füller 가 된다. keinen 은 nicht einen 의 축소형으로 생각해 두자.

---

35. Sind die Fische nicht frisch?
Nein, die Fische sind nicht frisch.　**Doch,** die Fische sind frisch.
Are the fishes not fresh?
No, the fishes are not fresh.　Yes, the fishes are fresh.

《역》 그 생선들이 싱싱하지 않습니까?
네, 그 생선들은 싱싱하지 않습니다.　천만에요, 그 생선들은 싱싱합니다.
[해설] der Fisch — (*fish*, 생선). 강변 2식. 부정으로 물었을 때, 부정의 대답에는 nein 을 쓰고, 긍정의 대답에는 ja 가 아니라, doch 를 쓴다. **frisch** 형 — (*fresh*, 신선한).

Abschnitt 4. 명사 변화 [I]

연 습 문 제

[1] 다음 _____ 에 알맞은 어미를 써 넣으시오.
  1. D_____ Blätter d_____ Baumes werden gelb.
  2. D_____ Freunde d_____ Schülers haben Bleistifte und Hefte.
  3. D_____ Bruder d_____ Kindes schreibt d_____ Mädchen Briefe.
  4. D_____ Lehrer verbessert d_____ Fehler.
  5. D_____ Schüler schließen d_____ Bücher und d_____ Hefte.
  6. Er zeigt d_____ Tisch und d_____ Stuhl.
  7. Sie versteht d_____ Satz und d_____ Regel.
  8. D_____ Lehrerin fragt d_____ Schülerin.

[2] 다음 문장에서 단수는 복수로, 복수는 단수로 고치시오.
  1. Der Schüler antwortet dem Lehrer.
  2. Hans erklärt den Satz, das Wort und die Regel.
  3. Das Kleid der Tochter ist prächtig.
  4. Das Haus des Onkels ist groß und schön.
  5. Die Tiere laufen und die Vögel fliegen.
  6. Die Arbeiter kaufen die Möbel.
  7. Die Männer vergessen die Dinge sehr leicht.
  8. Die Maler schauen die Dramen der Dichter.

해답

[1] ① -ie, -es ② -ie, -es ③ -er, -es, -em ④ -er, -ie (oder -en) ⑤ -ie, -ie, -ie
  ⑥ -en, -en ⑦ -en, -ie ⑧ -ie, -ie
[2] ① Die Schüler antworten den Lehrern.
  ② Hans erklärt die Sätze, die Wörter und die Regeln.
  ③ Die Kleider der Töchter sind prachtig.
  ④ Die Häuser der Onkel sind groß und schön.
  ⑤ Das Tier läuft und der Vogel fliegt.
  ⑥ Der Arbeiter kauft das Möbel.
  ⑦ Der Mann vergißt das Ding sehr leicht.
  ⑧ Der Maler schaut das Drama des Dichters.

해 설

[1] ① 나뭇잎들이 노랗게 되어간다.
② 그 학생의 친구들은 연필들과 노트들을 가지고 있다.
③ 그 아이의 형이 그 소녀에게 편지를 쓴다.
④ 선생님은 실수를 고쳐준다.
⑤ 학생들은 책과 노트를 덮는다.
⑥ 그는 책상과 의자를 가리킨다.
⑦ 그녀는 그 문장과 규칙을 이해한다.
⑧ 그 여선생님은 그 여학생에게 질문한다.

1 der **Blatt** — (*leaf*, 잎). 강변 3식. 1음절의 중성. 여기서는 복수 1격. der **Baum** — (*tree*, 나무). 강변 2식. 여기서는 단수 2격. **werden**이 자동사이므로 보어 동반. **gelb** 형 — (*yellow*, 노란). 3 der **Bruder** — (*brother*, 형제). 강변 1식. das **Mädchen** — (*girl*, 소녀). 4 **verbessern** — (*amend*, 고치다). der **Fehler** — (*fault*, 실수). 강변 1식. 5 **schließen** — (*close*, 닫다). 6 **zeigen** — (*show*, 보이다). 7 **verstehen** — (*understand*, 이해하다). der **Satz** — (*sentence*, 문장). 강변 2식. die **Regel** — (*rule*, 규칙). -el, -er로 끝나는 여성명사는 모두 약변화. 복수 -n. 8 die **Lehrerin** — (*woman-teacher*, 여선생님). 남성명사에 -in을 붙여서 여성명사. 이런 명사는 모두 약변화. 복수형에는 -nen을 붙임. **fragen** — (*ask*, 묻다).

[2] ① 그 학생은 선생님에게 대답한다.
② 한스는 그 문장, 단어, 규칙을 설명한다.
③ 딸의 옷이 화려하다.
④ 아저씨 집은 크고 아름답다.
⑤ 동물들은 달려가고, 새들은 날아간다.
⑥ 노동자들이 가구들을 산다.
⑦ 남자들은 그 일들을 매우 쉽게 잊고 있다.
⑧ 화가들은 그 시인들이 지은 드라마들을 본다.

1 **Schüler**와 **Lehrer**는 강변 1식. 2 das **Wort** — (*word*, 낱말). 강변 3식. die **Regel** — (*rule*, 규칙). 약변화. 3 das **Kleid** — (*clothes*, 옷). 강변 3식. 여성명사에서 **Mutter**와 **Tochter**만 강변 1식. **prächtig** 형 — (*splendid*, 화려한). 4 das **Haus**는 강변 3식. der **Onkel**은 강변 1식. 5 das **Tier**는 강변 2식. der **Vogel** — (*bird*, 새). 강변 1식. 6 das **Möbel** — (*funiture*, 가구). 강변 1식. 7 **vergessen** — (*forget*, 잊다). das **Ding** — (*thing*, 일, 사건). 강변 2식. **sehr** 부 — (*very*, 매우). **leicht** 형 — (*light*, 쉬운). 8 der **Maler** — (*painter*, 화가). 강변 1식. **schauen** — (*see*, 보다). das **Drama** — (*drama*, 희곡). der **Dichter** — (*poet*, 시인). 강변 1식.

Lesestück 4

Der Unterricht

Hier ist ein Zimmer.
Es ist das Schulzimmer.
Das ist groß.
Es hat einen Fußboden, eine Decke und vier Wände.
5 Die Tafel hängt vorn. Die Farbe der Tafel ist schwarz.
Die Kreiden liegen dort. Die Farbe der Kreide ist weiß.
Die Landkarte hängt hinten.
Rechts ist die Tür, und links sind die Fenster.
Die Lampe hängt oben. Auch Tische und Stühle sind hier.
10 Jetzt kommen die Schüler. Der Lehrer des Schülers kommt auch.
Der Unterricht beginnt bald.
Der Lehrer zeigt einen Bleistift und stellt einem Schüler eine Frage :
„Was habe ich hier, Herr Braun?"
Der Schüler antwortet :
15 „Sie haben einen Bleistift."
„Gut, Herr Braun ! Herr Bauer, bilden Sie einen Satz, bitte !"
Herr Bauer sagt :
„Der Bleistift ist lang."
„Gut, und was ist das Gegenteil von lang?"
20 „Das Gegenteil von lang ist kurz."
„Richtig, danke !"

---

der **Unterricht** — (*lesson*, 수업). ① das **Zimmer** — (*room*, 방). ② das **Schulzimmer** — (*classroom*, 교실). ③ **groß** 형 — (*large*, 큰). ④ der **Fußboden** — (*floor*, 마루). die **Decke** — (*ceiling*, 천정). die **Wand** — (*wall*, 벽). ⑤ die **Tafel** — (*blackboard*, 칠판). **hängen** — (*hang*, 걸어 놓다). **vorn** 부 — (*front*, 앞에). die **Farbe** — (*color*, 색깔). **schwarz** 형 — (*black*, 검은). ⑥ die **Kreide** — (*chalk*, 분필). **weiß** 형 — (*white*, 흰). ⑦ **hinten** 부 — (*behind*, 뒤에). ⑧ **rechts** 부 — (*on the right*, 오른쪽에). **links** 부 — (*on the left*, 왼쪽에). das **Fenster** — (*window*, 창문). ⑨ die **Lampe** — (*lamp*, 등불). **oben** 부 —

수 업

여기에 방이 있다.
그것은 교실이다.
그것은 크다.
그것은 바닥과 천장, 그리고 4개의 벽들이 있다.
칠판은 앞에 걸려 있다. 칠판의 색은 검다.
분필은 거기에 있다. 분필은 색이 희다.
지도는 뒤에 걸려 있다.
오른쪽에는 문이 있고, 왼쪽에는 창문들이 있다.
램프는 위에 걸려 있다. 책상들과 의자들도 여기에 있다.
이제 학생들이 온다. 학생들의 선생님도 오신다.
수업은 곧 시작된다.
선생님은 연필 한 자루를 가리키며 한 학생에게 질문한다 :
"내가 여기에 무엇을 갖고 있지요, 브라운 군?"
그 학생은 대답한다 :
"당신은 연필 한 자루를 갖고 있습니다."
"좋습니다. 브라운 군!, 바우어군, 당신은 문장 하나를 지어보십시오!"
바우어 군은 말한다 :
"그 연필은 깁니다."
"좋습니다. 긴의 반대말은 무엇입니까?"
"긴의 반대말은 짧은 입니다."
"맞았습니다. 감사합니다!"

(*above*, 위에). der **Tisch** — (*desk*, 책상). der **Stuhl** — (*chair*, 걸상). ⑪ **beginnen** — (*begin*, 시작하다). ⑫ **zeigen** — (*show*, 보이다). **stellen** — (*stand*, 서 있다). die **Frage** — (*question*, 질문). Frage stellen —「질문하다」. ⑯ **bilden** — (*form*, 만들다). der **Satz** — (*sentence*, 문장). **bitte** — (*please*, 아무쪼록). bitten (부탁하다)를 감탄사화한 것으로서 일반적으로 요청할 때, 문중에 사용됨. ⑱ **lang** 형 — (*long*, 긴). ⑲ **das Gegenteil** — (*opposite*, 반대). **von** 전 — (*of*, ~의). 뒤에 명사가 올 경우에는 3격 명사를 동반하여 소유 2격을 뜻함. ⑳ **kurz** 형 — (*short*, 짧은).

Abschnitt 5.

명사 변화 〔Ⅱ〕· 배어법 〔Ⅰ〕

§ 18. 명사 변화 —— 약변화(Schwache Deklination)

【1】공 식

　단수 1격만 원형대로 두고 기타 격에는 모두 **-en**을 붙이는 명사의 변화를 약변화라 한다.

　단, 여성명사는 단수에서 변하지 않는다.

수 격	단　수	복　수
1.	———	——— **en**
2.	——— **en**	——— **en**
3.	——— **en**	——— **en**
4.	——— **en**	——— **en**

　그러나 **-e, -el, -er**로 끝난 명사는 **-en**를 붙이지 않고 **-n**만 붙인다.

수 격	단　수	복　수
1.	———	——— **n**
2.	——— **n**	——— **n**
3.	——— **n**	——— **n**
4.	——— **n**	——— **n**

　[주의]　약변화에서는 어간모음 **a, o, u**가 복수에서 Umlaut를 받는 일이 없다.

【2】변　화

　(1) 일반변화 :

　　규칙적으로 **-en**을 붙인다.

§ 18. 명사변화 – 약변화   59

수	격	human (인간)	lady (부인)	hero (영웅)	bank (은행)
단수	1.	der Mensch	die Frau	der Held	die Bank
	2.	des Menschen	der Frau	des Helden	der Bank
	3.	dem Menschen	der Frau	dem Helden	der Bank
	4.	den Menschen	die Frau	den Helden	die Bank
복수	1.	die Menschen	die Frauen	die Helden	die Banken
	2.	der Menschen	der Frauen	der Helden	der Banken
	3.	den Menschen	den Frauen	den Helden	den Banken
	4.	die Menschen	die Frauen	die Helden	die Banken

(2) 명사가 **-e, -el, -er** 일 때의 약변화 :

수	격	boy (소년)	rule (규칙)	pen (펜)
단수	1.	der Knabe	die Regel	die Feder
	2.	des Knaben	der Regel	der Feder
	3.	dem Knaben	der Regel	der Feder
	4.	den Knaben	die Regel	die Feder
복수	1.	die Knaben	die Regeln	die Federn
	2.	der Knaben	der Regeln	der Federn
	3.	den Knaben	den Regeln	den Federn
	4.	die Knaben	die Regeln	die Federn

(3) 남자를 가리키는 명사 **+ -in** 으로 된 여성명사 :
   영어에서는 대개 남자를 가리키는 명사에 **-ress**를 붙여서 여자를 나타내거나, 또는 *woman*(여자), *girl*(소녀) 등을 붙여서 여자를 나타낸다.

남 자		여 자	
actor	배 우	*act**ress***	여자 배우
teacher	선 생	***woman** teacher*	여자 선생
friend	친 구	***girl**-friend*	여자 친구

Abschnitt 5. 명사 변화〔Ⅱ〕· 배어법〔Ⅰ〕

독일어에서는 남자를 가리키는 명사에 **-in** 을 붙이면 모두 여자로 되고, **여성명사**이다. 또한 이런 명사는 100 % 약변화를 한다.

남 자		여 자	
der Student	대학생	die Student**in**	여대생
der Lehrer	선 생	die Lehrer**in**	여선생
der Freund	친 구	die Freund**in**	여자 친구
der Schüler	학 생	die Schüler**in**	여학생

그러나 이런 명사는 **복수**에서 **-en** 을 붙이지 않고 **-nen** 을 붙인다.

수	격	woman student (여대생)	woman teacher (여선생)	girl-friend (여자 친구)
단수	1.	die Student**in**	die Lehrer**in**	die Freund**in**
	2.	der Student**in**	der Lehrer**in**	der Freund**in**
	3.	der Student**in**	der Lehrer**in**	der Freund**in**
	4.	die Student**in**	die Lehrer**in**	die Freund**in**
복수	1.	die Student**innen**	die Lehrer**innen**	die Freund**innen**
	2.	der Student**innen**	der Lehrer**innen**	der Freund**innen**
	3.	den Student**innen**	den Lehrer**innen**	den Freund**innen**
	4.	die Student**innen**	die Lehrer**innen**	die Freund**innen**

【3】 약변화에 속하는 명사

다음의 명사는 약변화를 한다.

⑴ **-e** 로 끝난 남성명사와 여성명사 — (100 %)

der Neffe — *nephew*	조 카	der Bote — *messenger*	심부름꾼
die Straße — *street*	거 리	die Kirche — *church*	교 회

⑵ **-el, -er** 로 끝난 여성명사 — (100 %)

단 die Mutter 와 die Tochter 두 개만은 강변화 1식에 속한다. 나머지는 모두 약변화를 한다.

die Tafel — *black-board*	칠 판	die Schwester — *sister*	자 매
die Gabel — *fork*	포 크	die Mauer — *wall*	담 장

§ 18. 명사변화 – 약변화   61

(3) **-ei, -heit, -keit, -ung, -schaft** 로 끝난 명사는 모두 **여성**이고, 약변화를 한다.

die	Part**ei**	— *party*	정당	die	Arzn**ei**	— *medicine*	약
die	Krank**heit**	— *sickness*	병	die	Frei**heit**	— *freedom*	자유
die	Fähig**keit**	— *ability*	능력	die	Möglich**keit**	— *possibility*	가능성
die	Zeit**ung**	— *newspaper*	신문	die	Wohn**ung**	— *house*	집
die	Gesell**schaft**	— *society*	사회	die	Land**schaft**	— *landscape*	풍경

(4) **1음절의 여성명사** — (다수 : 약 70개)

die	Post	— *post*	우 편	die	Pflicht	— *duty*	의 무
die	Tür	— *door*	문	die	Uhr	— *watch*	시 계

(5) 중성명사는 하나도 없다.

---

36. Die Freundin**nen** des Knabe**n** fragen die Lehrerin.
   The girl-friends of the boy ask the woman teacher.

《역》 소년의 여자 친구들이 여선생님에게 질문한다.
해설 die **Freundin** — (*girl-friend*, 여자 친구). -in으로 끝났으니 약변화. 복수 -nen. der **Knabe** — (*boy*, 소년). -e로 끝난 남성이니 약변. 단수 2격에서 -n이 붙는다. **fragen** — (*ask*, 질문하다). die **Lehrerin** — (*woman teacher*, 여선생). -in으로 끝났으니 약변화.

---

37. Die Studentin**nen** nehmen gern Äpfel und Birnen.
   The woman students take apples and pears with pleasure.

《역》 그 여대생들은 사과와 배를 즐겨 먹는다.
해설 die **Studeutin** — (*woman-student*, 여대생). 약변화. 복수 -nen. **nehmen** — (*take*, 취하다, 먹다). **gern** 뜀 — (*with pleasure*, 즐거이, 기꺼이). der **Apfel** — (*apple*, 사과). 강변 1식. die **Birne** — (*pear*, 배). 약변. -e로 끝난 여성이니.

---

38. Die Königin gibt dem Boten eine Belohnung.
   The queen gives the messenger a reward.

《역》 여왕은 그 사자(使者)에게 상을 준다.
해설 die **Königin** — (*queen*, 여왕). -in으로 끝났으니 약변화. 복수 -nen. der **Bote** — (*messenger*, 사자). e로 끝난 남성명사이니 약변화. 단수 3격에서 -n. **gibt**<**geben** — (*give*, 주다). die **Belohnung** — (*reward*, 상). -ung로 끝났으니 약변화.

> **39. Schicken Sie dem Neffen der Frau das Buch des Knaben?**
> *Do you send the nephew of the lady the boy's book?*

《역》 당신은 그 부인의 조카에게 그 소년의 책을 보냅니까?

해설 schicken — (*send*, 보내다). der **Neffe** — (*nephew*, 조카). 약변. -e로 끝난 남성이기에. die **Frau** — (*lady, woman*, 부인). 약변. das **Buch** — (*book*, 책). 강변 3식. 1음절의 중성이므로. der **Knabe** — (*boy*, 소년). 약변. -e로 끝난 남성이기에.

§ 19. 명사변화—혼합변화(Gemischte Deklination)

【1】 공 식

단수는 강변화, 복수는 약변화를 하는 것을 **혼합변화**라 한다. 혼합변화에는 복수에 Umlaut를 받는 일이 없다.

수 격	단 수	복 수
1.	_____	_____ en
2.	_____ (e)s	_____ en
3.	_____ (e)	_____ en
4.	_____	_____ en

【2】 변 화

(1) 일반변화

수	격	*state* (국가)	*bed* (침대)	*shirt* (셔츠)	*professor* (교수)
단 수	1.	der Staat	das Bett	das Hemd	der Professor*
	2.	des Staat(e)s	des Bett(e)s	des Hemd(e)s	des Professors
	3.	dem Staat(e)	dem Bett(e)	dem Hemd(e)	dem Professor
	4.	den Staat	das Bett	das Hemd	den Professor
복 수	1.	die Staaten	die Betten	die Hemden	die Professoren
	2.	der Staaten	der Betten	der Hemden	der Professoren
	3.	den Staaten	den Betten	den Hemden	den Professoren
	4.	die Staaten	die Betten	die Hemden	die Professoren

주의 -or로 끝나는 명사는 단수에서는 -or의 앞 음절에 Akzent가 오고(der Proféssor, der Dóktor), 복수에서는 -or에 온다(die Professóren, die Doktóren).

(2) 복수에서 **-n**만을 붙이는 변화 : **-e, -er, -ar**로 끝난 명사

수	격	*eye* (눈)	*farmer* (농부)	*cousin* (사촌)	*neighbour* (이웃 사람)
단수	1.	das Auge	der Bauer*	der Vetter*	der Nachbar
	2.	des Auges	des Bauers	des Vetters	des Nachbars
	3.	dem Auge	dem Bauer	dem Vetter	dem Nachbar
	4.	das Auge	den Bauer	den Vetter	den Nachbar
복수	1.	die Augen	die Bauern	die Vettern	die Nachbarn
	2.	der Augen	der Bauern	der Vettern	der Nachbarn
	3.	den Augen	den Bauern	den Vettern	den Nachbarn
	4.	die Augen	die Bauern	die Vettern	die Nachbarn

〔주의〕 **-er**로 끝난 남성명사는 99% 강변화 1식이나, der **Bauer**, der **Vetter** 두 개만은 혼합변화를 한다.

【3】 혼합변화에 속하는 명사

(1) 1음절의 남성명사 ― (극소수)

| der Staat ― *state* | 국 가 | der Mast ― *mast* | 마스트 |
| der See ― *lake* | 호 수 | der Schmerz ― *pain* | 고 통 |

(2) 1음절의 중성명사 ― (극소수)

| das Hemd ― *shirt* | 셔 츠 | das Bett ― *bed* | 침 대 |
| das Ohr ― *ear* | 귀 | das Auge ― *eye* | 눈 |

(3) **-or, -ismus**로 끝난 남성명사 ― (100%)

| der Doktor ― *doctor* | 박 사 | der Direktor ― *director* | 지배인 |
| der Realismus ― *realism* | 사실주의 | der Egoismus ― *egoism* | 이기주의 |

(4) 혼합변화에는 여성명사가 없다.

---

40. Das Hemd des Professors ist sauber, aber die Hose ist schmutzig.
   The shirt of the professor is clean, but the pants are dirty.

《역》 그 교수의 셔츠는 깨끗하지만 바지는 더럽다.

해설 das **Hemd** — (*shirt*, 셔츠). 혼합변. der **Professor** — (*professor*, 교수). 혼합변. 단수 2격에서 -s가 붙음. **sauber** 형 — (*clean*, 깨끗한). die **Hose** — (*pants*, 바지). 약변. **schmutzig** 형 — (*dirty*, 더러운).

---

41. Wir haben zwei Augen, zwei Ohren, eine Nase und einen Mund.
We have two eyes, two ears, a nose and a mouth.

《역》 우리는 두 개의 눈과, 두 개의 귀, 하나의 코, 그리고 하나의 입을 가지고 있다.
해설 **zwei** — (*two*, 둘). das **Auge** — (*eye*, 눈). 혼합변. -e로 끝났으니 복수에서 -n만 붙인다. 여기서는 복수 4격. das **Ohr** — (*ear*, 귀). 혼합변. die **Nase** — (*nose*, 코). 약변. -e로 끝난 여성이기에. der **Mund** — (*mouth*, 입). 강변 2식. 1음절의 남성이다.

---

42. Die Beine der Betten sind kurz und stark, aber die Beine der Tische sind lang und schwach.
The legs of the beds are short and strong, but the legs of the desks are long and weak.

《역》 침대들의 다리는 짧고 튼튼하나, 책상들의 다리는 길고 약하다.
해설 das **Bein** — (*leg*, 다리). 강변 2식. das **Bett** — (*bed*, 침대). 혼합변. **kurz** 형 — (*short*, 짧은). **stark** 형 — (*strong*, 튼튼한). der **Tisch** — (*desk*, 책상). 강변 2식. **lang** 형 — (*long*, 긴). **schwach** 형 — (*weak*, 약한).

---

43. Die Menschen gehen, die Vögel fliegen. Die Insekten fliegen auch, oder sie kriechen.
The men go, the birds fly. The insects fly too, or they crawl.

《역》 사람은 걷고, 새는 난다. 곤충은 날기도 하고, 또는 기기도 한다.
해설 der **Mensch** — (*human*, 인간). 약변. **gehen** — (*go*, 가다). der **Vogel** — (*bird*, 새). 강변 1식. -el로 끝난 남성이므로. 복수 -ö-. **fliegen** — (*fly*, 날다). das **Insekt** — (*insect*, 곤충). 혼합변. **auch** 부 — (*also, too*, 또한). **kriechen** — (*crawl*, 기어가다).

---

§ **20. 명사의 불규칙변화**

강변화, 약변화, 혼합변화에 속하지 않고 **불규칙**으로 변하는 명사들이 약간 있다.

§ 20. 명사의 불규칙변화

[1] der Name ― (*name*, 이름)

수 격	단 수	복 수
1.	der Name	die Namen
2.	des Namens	der Namen
3.	dem Namen	den Namen
4.	den Namen	die Namen

[주의] **-e** 로 끝난 명사이니 약변화를 해야 하나, 단수 2격에서 약변화 어미 **-n** 을 붙인 것 외에도 **-s** 가 더 붙는다.

der Name 와 같은 변화를 하는 명사 :

der Friede ― *peace*	평 화	der Glaube ― *faith*	믿 음
der Gedanke ― *thought*	생 각	der Wille ― *will*	의 지

[2] der Herr 의 변화 ― (*gentleman, Mr.* : 신사, ~씨)

수 격	단 수	복 수
1.	der Herr	die Herren
2.	des Herrn	der Herren
3.	dem Herrn	den Herren
4.	den Herrn	die Herren

[주의] Herr 뒤에 1) 사람의 이름이 있을 때는 *Mr.*
 2) 사람의 이름이 없을 때는 *gentleman* 이다.

[3] das Herz ― (*heart*, 심장, 마음)

수 격	단 수	복 수
1.	das Herz	die Herzen
2.	des Herzens	der Herzen
3.	dem Herzen	den Herzen
4.	das Herz	die Herzen

【4】 **das Museum** — (*museum*, 박물관)

-um 으로 끝난 중성명사는 단수 2격에 **-s**를 붙이고, 복수에서는 **-um**을 **-en**으로 바꾸어 놓는다.

-um 으로 끝난 명사는 *Latin* 어에서 온 것이다.

격 \ 수	단 수	복 수
1.	das Museum	die Museen
2.	des Museums	der Museen
3.	dem Museum	den Museen
4.	das Museum	die Museen

[주의] das Museum은 Muse-um으로 나누어 발음한다.

das Museum과 같은 변화를 하는 명사 :

das Studium — *study* 연구	das Individuum — *individual* 개인
das Gymnasium — *highschool* 고등 학교	das Laboratorium — *laboratory* 실험실

【5】 **das Hotel** — (*hotel*, 호텔)

단수 2격에 **-s**를 붙이고, 복수에도 영어와 같이 **-s**를 붙이는 명사가 있다.

이러한 변화를 하는 명사는 모두 **중성**이고, 프랑스어에서 온 것이다. 영어의 *hotel*도 마찬가지.

격 \ 수	단 수	복 수
1.	das Hotel	die Hotels
2.	des Hotels	der Hotels
3.	dem Hotel	den Hotels
4.	das Hotel	die Hotels

das Hotel과 같은 변화를 하는 명사

das Restaurant* — *restaurant* 식당	das Kino — *movie* 영화관
das Foto — *photo* 사진	das Auto — *auto* 자동차

[주의] das Restaurant(발음 : rɛstorã:)
프랑스어에서 온 단어이기에 발음도 프랑스어 식으로 한다 (레스또랑).

§ 21. 복합명사의 변화

명사 앞에 어떤 다른 단어가 붙어서 이루어진 명사를 **복합명사**라 한다.

```
school(학교) + boy (소년)    = school-boy (남학생)
class (학급) + room (방)     = classroom (교실)
```

복합명사는 뒷부분이 중요하고, 앞에 붙은 명사는 **형용사적 역할**을 할 뿐이다. 따라서 뒤에 있는 명사의 성과 변화가 **복합명사의 성과 변화**로 된다.

【1】 복합명사를 만드는 방법

뒤에 있는 명사는 그대로 두고, 앞에 붙일 단어는 다음에 의해서 만든다.

```
1) 아무런 변화를 시키지 않고 붙여 둔다.
   즉, 명사의 단수 1격, 형용사의 원급, 동사의 어간 등.
2) 다소 변화를 한 형태를 붙여 둔다.
   즉, 명사의 단수 2격형, 또는 복수 2격형, 또는 -s, -es, -e, -en 등을 붙여서 뒤에
   명사와 연결시킨다.
```

(1) 앞에 붙일 단어에 아무런 변화 없이 복합명사를 만드는 경우

```
die Hand + die Tasche = die Handtasche
   ↓            ↓              ↓
hand (손) + bag (가방) = handbag (손가방)
```

1) 뒤에 있는 명사 Tasche가 여성이니, **Hand**tasche는 여성명사.
2) 뒤에 있는 Tasche가 약변화이니, **die Hand**tasche도 약변화.

(2) 앞에 올 단어를 다소 변화시켜서 복합명사를 만드는 경우

  1) 단수 2격형으로 만드는 것

  | das Leben (life, 삶)의 2격형(강변 1식) | → | **Lebens** + der **Lauf** = der **Lebens**lauf
↓　　　　　　↓　　　　　　↓
life's (삶의) + progress (경과) = career
　　　　　　　　　　　　　(경력, 이력) |

  2) 복수 2격형으로 만드는 것

  | das Wort (word, 단어)의 2격형(강변 3식) | → | **Wörter*** + das **Buch** = das **Wörter**buch
↓　　　　　　↓　　　　　　↓
words' (단어들의) + book = dictionary
　　　　　　　　　　　　(사전) |

  [주의] Wörter는 복수 2격으로 소유를 나타내니, words'(단어들의)에 해당한다.

3) **-en**을 붙여서 만드는 것

die Klasse (*class*, 교실) 의 복수형 (약변) → Klassen + das Zimmer = das Klassen-zimmer
↓ ↓ ↓
class(학급) + *room*(방) = *classroom*(교실)

【2】 복합명사의 변화

언제나 뒤에 있는 명사의 변화가 복합명사의 변화로 된다.

수	격	*glove* (장갑)		*picture-book* (그림책)		*ticket* (차표)	
단수	1.	der	**Hand**schuh	das	**Bilder**buch	die	**Fahr**karte*
	2.	des	**Hand**schuhes	des	**Bilder**buches	der	**Fahr**karte
	3.	dem	**Hand**schuhe	dem	**Bilder**buche	der	**Fahr**karte
	4.	den	**Hand**schuh	das	**Bilder**buch	die	**Fahr**karte
복수	1.	die	**Hand**schuhe	die	**Bilder**bücher	die	**Fahr**karten
	2.	der	**Hand**schuhe	der	**Bilder**bücher	der	**Fahr**karten
	3.	den	**Hand**schuhen	den	**Bilder**büchern	den	**Fahr**karten
	4.	die	**Hand**schuhe	die	**Bilder**bücher	die	**Fahr**karten

[주의] die Fahrkarte는 fahren 동사의 어간 fahr-와 die Karte가 결합된 것이다.

§ 22. 배어법(Wortstellung) 〔Ⅰ〕―정치법과 도치법

문장을 만들 때 단어를 어떤 순서로 배열하느냐를 배어법이라 한다. 우선 여기서는 주어와 동사의 위치에 대해서만 알아두자.

【1】 정치법

공 식 → 주어 + 동사 + ……

You are a girl. 처럼 주어의 뒤에 동사가 놓일 때를 **정치법**이라 한다.

---

44. Das Mädchen liebt besonders die Puppe.
The girl loves the doll especially.

《역》 그 소녀는 그 인형을 특히 좋아한다.
해설 lieben — (*love, like*, 좋아하다). besonders 부 — (*especially*, 특히). die **Puppe** — (*doll*, 인형). 약변. -e로 끝난 여성명사이므로.

【2】 도치법

공 식 → │ 동사 + 주어 + …… │

주어와 동사가 거꾸로 놓일 때를 **도치법**이라 한다.
  영어에서도 의문문은 "**동사 + 주어 + ……**"의 순서로 **도치법**이 된다.

(1) 의문문일 때:
  영어와 독일어에서 모두 도치법이 된다.

---

45. **Ißt du** Brot? Ja, ich esse Brot.
  Do you eat bread? Yes, I eat bread.

《역》 너 빵을 먹니? 응, 나는 빵을 먹어.
해설 Ißt＜essen — (*eat*, 먹다). 여기서는 단수 2인칭. das **Brot** — (*bread*, 빵). 강변 2식. 독일어 의문문은 조동사를 사용하지 않고 동사와 주어의 자리만 도치시키면 된다.

(2) 주어 아닌 다른 요소가 앞에 올 때:
  독일어에서는 주어 아닌 다른 성분, 즉 **목적어, 보어**, 또는 **부사** 등을 강조하고자 할 때 언제라도 문장의 앞에 둘 수 있다. 이 때 반드시 도치법이 된다.

공 식 → │ 다른 요소+동사+주어…… │

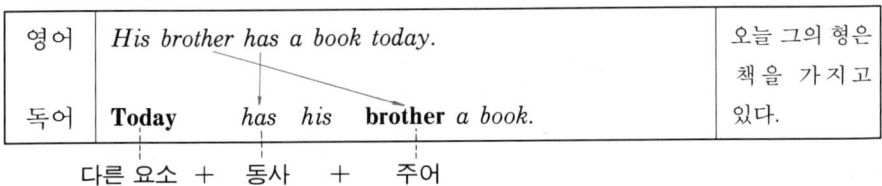

| 영어 | *His brother has a book today.* | 오늘 그의 형은 책을 가지고 있다. |
| 독어 | **Today** has his **brother** a book. | |

  다른 요소 + 동사 + 주어

---

46. **Heute habe ich** kein Geld und keine Zeit.
  Today I have no money and no time.

《역》 오늘 나는 돈도 없고 시간도 없다.

해설 heute 튀 — (*today*, 오늘). haben — (*have*, 가지다). das Geld — (*money*, 돈). die Zeit — (*time*, 시간). Geld(중성)와 Zeit(여성)의 부정이 kein Geld, keine Zeit 가 됨을 유의하자. 주어가 아닌 부사를 강조하기 위해 맨 앞에 놓았으니, 다음 순서는 동사 ＋ 주어 ＋ …, 즉 도치법이 된다.

§ 23. 사전을 찾는 방법〔Ⅰ〕—명사

학생들이 가지고 있는 사전을 찾는 방법을 알아보자.

우선 여기서는 **명사**에 한해서 설명하겠다.

명사는 **단수 1**격형만 사전에 실려 있고, 그것의 **성**은 *m*, *f*., *n*. 으로 표시되어 있다.

이것은 다음의 것을 약자로 표시한 것이다.

성	원 어	약 자
남 성	Maskulinum	*m.*
여 성	Femininum	*f.*
중 성	Neutrum	*n.*

Eltern(*parents*, 양친)이나 **Leute**(*people*, 사람들)같이, 단수형을 가지지 않는 명사는 물론 그대로 나타나 있고, pl. 로 표시되어 있다. 이것은 다음의 약자다.

성	원 어	약 자
단 수	Singular	s.
복 수	Plural	pl.

이제 **Baum** 이란 명사를 찾아보자.

```
Baum m. ____ (e)s, ⋯ e. 나무
        ①      ②     ③
```

라고 기재되었다고 하자.

①은 성을 나타낸다. 따라서 Baum 은 **남성명사**.

②는 **2격형**을 표시한 것이다. 즉 Baumes, 또는 Baums.

여기서 왜 하필 2격형을 표시하는가? —— **-e**를 넣느냐, 안 넣느냐 하는 것도 문제가 될 터이지만, 또한 약변화로 될 것이냐, 혹은 불규칙 변화로 될 것이냐 하는 것이 문제가 되기 때문이다.

　여성명사는 단수에서는 변화하지 않기 때문에 여기 ②의 것은 기록되어 있지 않다.

③은 **복수 1격형**을 나타낸다. 즉, Bäume 가 된다. 복수형도 격이 네 개 있는데 1격형만 알면 나머지 격의 형도 알 수 있다. 그런데 여기서 Baum 이란 명사가 복수에서 왜 Baüme 라든가, Bäume 로 되어서는 안 되겠는가? ── 이것은 발음에서 연구한 바와 같이 Baum 의 모음 **-au-** 는 **-a-** 와 **-u-** 란 두 개의 모음으로 이루어진 하나의 **복모음**인 것이지 **-a-** 와 **-u-** 란 두 개의 단모음이 아니기 때문이다. 또한 복모음 **au** 의 Umlaut 는 **äu** 이지, 결코 **aü** 나 **äü** 로는 되지 않는다.

다음에는 **복합명사**에 관하여 설명해 보자.

가령, **Landmann** 이란 명사를 찾아보자.

Land 와 이루어진 여러 복합명사 중에 ~**mann** 이라고 기재된 것이 있다.

Landmann *m*.　시골 사람

라고만 적혀 있을 뿐이고, 단수 2격형이나 복수형도 표시되어 있지 않다. 이것은 복합명사는 언제나 **뒤에 있는 명사의 성과 변화**가 복합명사의 성과 변화로 되기 때문이며, 따라서 뒤에 있는 Mann 이란 명사의 성과 변화가 결국 Landmann 이란 복합명사의 성과 변화로 된다. 그래서 Landmann 의 변화를 알고 싶으면, 다시 Mann 을 찾아보면 된다.

Akzent 나 **장모음** 같은 것은 각각 사전에 세밀하게 표시되어 있다.

Abschnitt 5. 명사 변화 [Ⅱ] · 배어법 [Ⅰ]

연 습 문 제

[1] 다음 _____ 에 알맞은 어미를 쓰시오.

1. Die Studentin____ nehmen gern Kaffee.
2. Er schickt dem Knabe____ das Buch.
3. Das Hemd des Professor____ ist weiß.
4. Wir haben zwei Auge____, und zwei Ohr____.
5. Wie heißen die Name____ der Knabe____?
6. Die Auto____ parken regelhaft.
7. Die Töchter der Bauer____ sind schön.
8. Die Kind____ schließen die Fenster.
9. Er gibt dem Herr____ eine Uhr.

[2] 다음 문장 중 1~4는 단수를 복수로, 5~8은 복수를 단수로 고치시오.

1. Wir verstehen das Wort.
2. Die Freundin kauft ein Hemd des Kindes.
3. Der Bürgermeister dankt dem Lehrer und der Lehrerin herzlich.
4. Der Verkäufer gibt dem Gast die Sache.
5. Die Studentinnen schreiben dem Professor Briefe.
6. Die Menschen gehen, die Vögel und die Insekten fliegen.
7. Die Freunden des Mädchens kaufen Rosen.
8. Die Professoren verbessern den Studenten die Fehler.

해답

[1] ① -nen, ② -n, ③ -s, ④ -n, -en, ⑤ -n, -n ⑥ -s ⑦ -n ⑧ -er, ⑨ -n
[2] ① Wir verstehen die Wörter.
② Die Freundinnen kaufen Hemden der Kinder.
③ Die Bürgermeister danken den Lehrern und den Lehrerinnen herzlich.
④ Die Verkäufer geben den Gästen die Sachen.
⑤ Die Studentin schreibt dem Professor einen Brief.
⑥ Der Mensch geht, der Vogel und das Insekt fliegen.
⑦ Der Freund des Mädchens kauft eine Rose.
⑧ Der Professor verbessert dem Studenten den Fehler.

해 설

[1] ① 여학생들은 커피를 즐겨 마신다.
② 그는 그 소년에게 책을 보내 준다.
③ 교수님의 셔츠는 흰 색이다.
④ 우리는 두 눈과 두 귀를 가지고 있다.
⑤ 그 소년들의 이름은 무엇입니까 ?
⑥ 차들은 규칙적으로 주차하고 있다.
⑦ 그 농부들의 딸들은 아름답다.
⑧ 어린이들이 창문을 닫는다.
⑨ 그는 그 신사에게 시계 하나를 준다.

1 nehmen — (take, 취하다). gern 부 — (with pleasure, 즐겨, 쾌히). 2 schicken — (send, 보내다). 3 das Hemd — (shirt, 셔츠). 혼합변. der Professor — (professor, 교수). 혼합변. 어미가 -or, -ismus로 끝난 남성명사는 모두 혼합변. 4 das Auge — (eye, 눈). -e로 끝난 명사는 복수에 -n을 붙임. 혼합변. das Ohr — (ear, 귀). 1음절의 중성명사로 혼합변. 5 der Name — (name, 이름). 불규칙변. 단수 2격에 -ns를, 단수 3, 4격과 복수에 -n을 붙임. 6 das Auto — (auto, 자동차). 단수 2격과 복수에 어미 -s를 붙임. 불규칙변. parken — (park, 주차하다). regelhaft 형 — (regular, 규칙적인). 7 der Bauer — (farmer, 농부). 혼합변. 8 schließen — (close, 닫다). 9 geben — (give, 주다). der Herr — (Mr., gentleman, ~씨, 신사). 불규칙변. die Uhr — (watch, 시계). 약변.

[2] ① 우리는 그 단어를 이해한다.
② 그 여자 친구는 아이의 셔츠 하나를 산다.
③ 시장은 선생님들에게 진심으로 감사한다.
④ 판매원은 손님에게 그 물건을 준다.
⑤ 여학생들은 그 교수에게 편지를 쓴다.
⑥ 사람들은 걸어가고, 새들과 곤충들은 날아간다.
⑦ 그 소녀의 남자 친구들이 장미를 산다.
⑧ 그 교수들은 학생들에게 실수를 고쳐 준다.

1 verstehen — (understand, 이해하다). 2 어미가 -in이 붙은 여성명사의 복수는 -nen. kaufen — (buy, 사다). das Hemd — (shirt, 셔츠). 혼합변. 3 der Bürgermeister — (mayor, 시장). danken — (thank, 감사하다). herzlich 형 — (hearty, 진심의). 4 der Verkäufer — (seller, 판매원). 강변 1식. der Gast — (guest, 손님). 강변 2식. die Sache — (thing, 물건). 약변. 6 der Mensch — (human, 사람). 약변. der Vogel — (bird, 새). 강변 1식. gehen — (go, 가다). fliegen — (fly, 날다). das Insekt — (insect, 곤충). 혼합변. 7 die Rose — (rose, 장미). 약변. 8 verbessern — (amend, 고치다). der Fehler — (fault, 실수). 강변 1식.

Lesestück 5

Paul und Emil

Dort kommt ein Knabe. Der Knabe heißt Paul.
Er ist klein und jung. Er ist ein Schüler in der Schule.
Der Schüler hat Bücher und Hefte, und auch Bleistifte.
Die Eltern des Knaben sind alt, aber sie sind sehr gesund.
5 Sie geben oft dem Sohne Äpfel oder Schokolade.
Hier steht ein Mann. Der Mann ist der Bruder des Knaben.
Der Name des Bruders ist Emil. Emil ist groß und sehr stark.
Er ist ein Student und liebt Philosophie und Geschichte.
In der Universität hat er Freunde und Freundinnen.
10 Täglich studieren die Studenten sehr fleißig.
Paul hat eine Schwester. Sie heißt Anna.
Anna ist eine Schülerin. Sie hat ein Bilderbuch und eine Puppe.
In der Schule schreibt der Lehrer die Aufgabe.
Die Aufgabe ist nicht leicht, sondern schwer.
15 Die Schülerinnen singen, spielen und tanzen.

---

[1] der **Knabe** — (*boy*, 소년). **heißen** — (*be called*, ~라고 불린다). [2] **klein** 형 — (*small*, 작은). die **Schule** — (*school*, 학교). [4] die **Eltern** — (*parents*, 양친). **alt** 형 — (*old*, 늙은). [5] **geben** — (*give*, 주다). der **Apfel** — (*apple*, 사과). die **Schokolade** — (*chocolate*, 초콜렛). [6] der **Mann** — (*man*, 남자). der **Bruder** — (*brother*, 형제). [7] **stark** 형 — (*storng*, 튼튼한). [8] die **Philosophie** — (*philosophy*, 철학). die **Geschichte** — (*history*,

파울과 에밀

  저기 한 소년이 온다. 그 소년은 파울이라고 불린다.
그는 작고 어리다. 그는 그 학교에 있는 학생이다.
  그 학생은 책과 공책과 또한 연필도 가지고 있다.
그 소년의 양친은 연로하시지만, 그들은 매우 건강하다.
  그들은 가끔 그 아들에게 사과나 초콜렛을 준다.
여기에 한 남자가 서 있다. 그 남자는 그 소년의 형이다.
  그 형의 이름은 에밀이다. 에밀은 크고, 대단히 튼튼하다.
그는 대학생이고, 철학과 역사를 좋아한다.
  대학에 그는 남자 친구들과 여자 친구들이 있다.
날마다 대학생들은 대단히 열심히 공부한다.
  파울은 여동생이 한 명 있다. 그녀는 안나라고 부른다.
안나는 여학생이다. 그녀는 그림책과 인형을 가지고 있다.
  학교에서 선생님은 숙제를 쓰신다.
그 숙제는 쉽지 않고, 어렵다.
  여학생들은 노래 부르고, 뛰놀고, 춤춘다.

역사). ⑨ die **Freundin** — (*girl-friend*, 여자친구). ⑩ **täglich** 형 — (*daily*, 매일의) ⑪ die **Schwester** — (*sister*, 여동생). ⑫ die **Schülerin** — (*school-girl*, 여학생). das **Bilderbuch** — (*picture-book*, 그림책). ⑬ die **Aufgabe** — (*homework*, 숙제). ⑭ **leicht** 형 — (*easy*, 쉬운). **schwer** 형 — (*difficult*, 어려운). ⑮ **singen** — (*sing*, 노래하다). **spielen** — (*play*, 놀다). **tanzen** — (*dance*, 춤추다).

Abschnitt 6.

전 치 사

§ 24. 전치사의 종류

【1】영어와 독일어의 전치사의 차이

> *She has a doll **in** her hand.*   그녀는 손에 인형을 가지고 있다.

영어에서는 전치사의 뒤에 덮어놓고 명사를 쓰기만 하면 되나, 독일어에서는 명사가 **변화**하기 때문에 어떤 격의 명사를 써야 하는지가 문제된다.
　　전치사마다 모두 그 뒤에 오는 명사의 격이 처음부터 정해져 있다.
　이것이 영어와는 아주 다른 점이다.
　다시 말하면 어떤 전치사는 뒤에 **2격 명사**를 써야 하고, 또 어떤 전치사는 뒤에 **3격 명사**를, 또 어떤 전치사는 뒤에 **4격 명사**를 써야 한다.

【2】전치사 뒤에 오는 명사의 격
　모든 전치사는 다음과 같은 네 가지 격의 명사를 사용한다.

1)	2격 명사
2)	3격 명사
3)	4격 명사
4)	3격 명사, 또는 4격 명사

§ 25. 2격 전치사(Präposition mit dem Genitiv)

다음 전치사는 뒤에 언제나 **2격 명사**를 써야 한다. 이것을 **2격 전치사**라 한다.

statt	*instead of*	～대신에
trotz	*in spite of*	～에도 불구하고
während	*during, in the course of*	～동안에
wegen	*because of*	～때문에

[주의] 전치사 뒤에 2격 명사를 쓴다는 것은 영어에서 「～대신에」가 「***instead of*** + 명사」로 되니, 결국 「***of*** + 명사」일 때 독일어에서 2격 명사를 써 왔기에 statt 뒤에도 2격 명사를 쓴다고 생각하는 것이 좋겠다.

§ 25. 2격 전치사   77

---

47. Statt **der Mutter** reinigt der Sohn die Kleider.
    Instead of the mother the son cleans the dresses.

《역》 어머니 대신에 아들이 옷을 세탁한다.

해설 statt 전 — (*instead of*, ～대신에). 2격 전치사. 따라서 der Mutter는 2격. 주어 아닌 Statt der Mutter가 앞에 있으니 다음 순서는 도치법. **reinigen** — (*clean*, 세탁하다). das **Kleid** — (*dress*, 옷). 강변 3식. 여기서는 reinigen의 목적어이므로 4격.

---

48. Trotz **des Gewitters** besucht der Arzt den Patienten.
    In spite of the thunderstrom the doctor visits the patient.

《역》 뇌우에도 불구하고 그 의사는 환자를 방문한다.

해설 trotz 전 — (*in spite of*, ～에도 불구하고). 2격 전치사. das **Gewitter** — (*thunderstrom*, 뇌우). 강변 1식. -er로 끝났으니. trotz des Gewitters가 앞에 왔으니 이하는 도치법. **besuchen** — (*visit*, 방문하다). der **Arzt** — (*doctor*, 의사). 강변 2식. 1음절의 남성이니. der **Patient** — (*patient*, 환자). 약변화. 남성 약변화명사는 단수 2, 3, 4격에서도 -en이 붙으므로 den Patienten. 발음은 -ie를 i와 e로 나누어서 하며, ti는 이 때 구개음화되므로 결국 -찌엔-으로 발음한다.

---

49. Der Schüler bleibt heute zu Hause wegen **der Krankheit**.
    The pupil stays today at home because of the illness.

《역》 그 학생은 병이 나서 오늘 집에 머무른다.

해설 bleiben — (*stay*, 머무르다). **heute** 부 — (*today*, 오늘). **zu Hause** — (*at home*, 집에). zu는 3격 전치사. Haus는 단수 3격 형으로 Hause가 된다. **wegen** 전 — (*because of*, ～때문에). 2격 전치사. die **Krankheit** — (*illness*, 병). -heit로 끝났으니 여성, 약변.

독어	bleiben **zu** + 3격	～에 머무르다
영어	stay ***at***～	

---

50. Während **des Sommers** sind die Tage sehr lang und die Nächte kurz.
    During summer the days are very long and the nights short.

《역》 여름 동안에는 낮이 매우 길고 밤은 짧다.

해설 während 전 — (*during*, ～동안에). 2격 전치사. der **Sommer** — (*summer*, 여름). 강변 1식. der **Tag** — (*day*, 날). 강변 2식. 1음절의 남성이니. **lang** 형 — (*long*, 긴). die **Nacht** — (*night*, 밤). 강변 2식. 복수 -ä-. 강변화 2식의 여성 명사는 복수에서 모두 Umlaut. **kurz** 형 — (*short*, 짧은).

Abschnitt 6. 전 치 사

§ 26. 3격 전치사(Präposition mit dem Dativ)

다음의 전치사는 뒤에 언제나 **3격 명사**를 써야 한다. 이것이 **3격 전치사**이다.

aus	out of	~로부터(밖으로)
seit	since	~ 이후로
mit	with	~ 함께, ~을 가지고
von	from	~로부터
zu	to, at	~에, ~로
nach	after	~ 후에
	according to	~에 의하면
	to	~로 향하여
bei	by, at	~ 옆에, ~에

---

51. Der Kaufmann kommt eben aus **dem Restaurant** (aus **der Stadt**).

The merchant comes out of the restaurant (out of the city).

《역》 그 상인이 막 식당에서(그 도시에서) 나온다.

【해설】 der **Kaufmann** — (*merchant*, 상인). **kaufen** — (*buy*, 사다). 동사의 어간 kauf-와 der Mann이 결합한 복합명사. 따라서 der Mann과 같이 강변 3식. **kommen** — (*come*, 오다). **aus** 전 — (*out of*, ~로부터). 3격 전치사. das **Restaurant** — (*restaurant*, 식당). 불규칙 변화. 복수에 -s. die **Stadt** — (*city*, 도시). 강변 2식. 복수 -ä-.

---

52. Seit **zwei Monaten** wohnt er bei **dem Onkel**.

For the last two months he lives at the uncle's.

《역》 두 달 전부터 그는 아저씨 집에서 살고 있다.

【해설】 **seit** 전 — (*since*, ~이후로). 3격 전치사. **zwei** 주 — (*two*, 둘). der **Monat** — (*month*, 달). 강변 2식. 복수 3격이므로, -en이 붙음. **wohnen** — (*live*, 살다). **bei** 전 — (*at*, ~에). 3격 전치사. bei 뒤에 사람이 올 때에는 「…의 집에」라는 뜻이 된다. der **Onkel** — (*uncle*, 아저씨). 강변 1식. -el로 끝난 남성이니.

---

53. Nach **dem Unterricht** geht der Knabe zu **den Eltern** (zur **Groß-mutter**, zur **Freundin**).

After the lesson the boy goes to the parents (to the grandmother, to the girl-friend).

《역》 수업이 끝난 후에 그 소년은 양친에게(할머니에게, 여자 친구에게) 간다.

해설 nach 전 — (after, ~후에). 3격 전치사. der Unterricht — (instruction, school, 수업). 강변 2식. gehen — (go, 가다). zu 전 — (to, ~에). 3격 전치사. die Eltern — (parents, 양친). 언제나 복수의 뜻으로 쓰이는 명사는 성도 없고, 변화도 없다. 즉, 강변화, 약변화, 혼합변화의 변화를 하지 않는다. zur — zu 와 정관사 여성 3격 der 의 축소형. zu der 를 언제나 zur 로 줄여서 쓸 수 있다. die Großmutter — (grandmother, 할머니). 강변 1식. die Freundin — (girl-friend, 여자 친구). 약변. 복수 -nen.

---

54. Wir essen und trinken mit **dem Mund** und riechen mit **der Nase**.
We eat and drink with the mouth and smell with the nose.

《역》 우리는 입으로 먹고 마시고, 코로 냄새 맡는다.

해설 essen — (eat, 먹다). trinken — (drink, 마시다). mit 전 — (with, ~ 가지고). 3격 전치사. der Mund — (mouth, 입). 강변 2식. 1음절의 남성이니. riechen — (smell, 냄새 맡다). die Nase — (nose, 코). 약변.

---

55. Die Koreanerin fährt von **München** nach **Frankfurt** mit **dem Zug**.
The Korean woman goes from München to Frankfurt by train.

《역》 한국 여자가 기차를 타고 뮌헨에서 프랑크푸르트로 간다.

해설 die Koreanerin — (Korean woman, 한국 여자). -in 으로 끝났으니 약변. 복수는 -nen. fährt<fahren — (ride, 타고 가다). 단수 2, 3인칭에서 어간모음 -a- 가 -ä- 로 변함. von 전 — (from, ~로부터). 3격 전치사. nach 전 — (to, ~로 향하여). 3격 전치사. München 이나 Frankfurt 는 고유명사이므로 형태가 변하지 않지만 여기서는 3격임. mit 전 — (by, ~를 이용하여). 3격 전치사. 뒤의 명사가 교통 수단일 때에는 「~를 이용하여」.

▶ 전치사와 정관사의 축소형 ◀

| beim | → bei dem | vom | → von dem |
| zur | → zu der | zum | → zu dem |

§ 27. 4격 전치사(Präposition mit dem Akkusativ)

다음의 전치사는 뒤에 언제나 **4격명사**를 써야 한다. 이것이 **4격 전치사**이다.

bis	*till, as far as*	~까지
durch	*through*	~를 통하여
ohne	*without*	~ 없이
um	*around*	~주위에
für	*for*	~을 위하여, 때문에

80   Abschnitt 6. 전 치 사

---

56. Der Schneider arbeitet jeden Tag sehr fleißig für **die Familie**.
The taylor works everyday very hard for the family.

《역》 그 재단사는 가족을 위해 날마다 매우 열심히 일한다.

해설 der **Schneider** — (*taylor*, 재단사). 강변 1식. **jeden Tag** 튄 — (*everyday*, 매일). 4격 명사로서 부사로 사용되었음. **für** 전 — (*for*, ~을 위하여). 4격 전치사. die **Familie** — (*family*, 가족). 약변. 여기서는 4격 전치사의 목적어.

---

57. Der Gast dankt dem Fahrer für **die Freundlichkeit**.
The guest thanks the driver for the kindness.

《역》 그 손님은 운전수에게 친절에 대해서 감사한다.

해설 der **Gast** — (*guest*, 손님). 강변 2식. 1음절의 남성이니. 복수 -ä-. **danken** — (*thank*, 감사하다). 누구에게 감사한다고 할때 뒤에 3격 명사를 쓴다. der **Fahrer** — (*driver*, 운전수). 강변 1식. **für** 전 — (*for*, ~에 대하여). 4격 전치사. die **Freundlichkeit** — (*friendship, kindness*, 우정, 친절). 약변. -keit로 끝난 명사는 100% 여성, 약변화.

---

58. Wir fahren mit dem Bus durch **den Tunnel**.
We go through the tunnel by bus.

《역》 우리는 버스를 타고 터널을 지나간다.

해설 **fahren** — (*ride*, 타고 가다). **mit** 전 — (*by*, ~을 이용하여). 영어에선 교통 수단에 「by~」로 되나, 독일어에서는 「mit~」이다. der **Bus** — (*bus*, 버스). 강변 2식. 단수 2격이 des Busses, 복수가 die Busse로 -s- 가 첨가됨에 주의하자. **durch** 전 — (*through*, ~를 통하여). 4격 전치사. der **Tunnel** — (*tunnel*, 터널). 강변 1식.

---

59. Der Schmied ist ohne **Weib** und **Kind**, aber nicht ohne **Hoffnung**.
The smith is without wife and child, but not without hope.

《역》 그 대장장이는 처자식이 없으나 희망이 없는 것은 아니다.

해설 der **Schmied** — (*smith*, 대장장이). 강변 2식. **ohne** 전 — (*without*, ~ 없이). 4격 전치사. das **Weib** — (*woman*, 여자). 강변 3식. 1음절의 중성이니. das **Kind** — (*child*, 어린아이). 강변 3식. 1음절의 중성이니. Weib 와 Kind 는 여기서 4격. **nicht ohne**~ 는 *not without* ~로 이중 부정이니 결국 긍정이다. 즉, 희망이 있다는 뜻.

---

60. Die Studenten sitzen um **den Tisch**. Die Vorlesung beginnt um **neun Uhr**.
The students sit around the table. The lecture begins at nine o'clock.

《역》 대학생들이 책상 주위에 앉아 있다. 강의는 9시에 시작한다.

해설 der Student — (*student*, 대학생). 약변화. 복수는 -en. sitzen — (*sit*, 앉다). um 전 — (*around*, ~주위에). 4격 전치사. 시간을 말할 때에도 쓰인다. die Vorlesung — (*lecture*, 강의, 강연). -ung으로 끝났으니 약변화. beginnen — (*begin*, 시작하다). neun — (*nine*, 아홉). die Uhr에는 두 가지 뜻이 있다.

$$\text{die Uhr} = \begin{cases} 1) \ \textit{watch}, \ 시계 \\ 2) \ \textit{o'clock}, \ \sim시 \end{cases}$$

여기서 die Uhr는 *o'clock*이다. 즉, *at nine o'clock*(아홉 시에).

▶전치사와 정관사의 축소형◀

durchs → durch das   fürs → für das
ums → um das

§ 28. 3·4격 전치사(Präposition mit Dativ oder Akkusativ)

전치사 뒤에 3격 명사를 쓰기도 하고, 또는 4격 명사를 쓰기도 하는 전치사를 3·4격 전치사라 한다.

an	*at*	~에	über	*over*	~위에
auf	*on*	~위에	unter	*under*	~밑에
hinter	*behind*	~뒤에	vor	*fore** / *before*	~앞에
in	*in* / *to*	~안에 / ~에로	zwischen	*between*	~사이에
neben	*beside*	~옆에			

주의 영어에서 「~ 앞에」 라는 뜻의 전치사로 오늘날에는 ***before***를 사용하나, 옛날에는 ***fore***를 사용했다. 발음이 독일어와 같지 않은가?

【1】 3격명사를 사용할 때

공 식 → 사물의 위치를 나타낼 때

어떤 **사물의 위치를 나타낼 때**, 그 위치를 가리키는 명사는 전치사의 뒤에서 **3격**이 된다.

우선 우리말에서 이 개념을 확실히 해 두자.

Abschnitt 6. 전 치 사

1. 그 사람은 손에 책을 가지고 있다. 2. 그 책상은 그 걸상 앞에 있다.	[해설] 1)「손」은『책』이란 사물의 위치를 나타낸다. 따라서「손」은 3격이라야 한다. 2)「걸상」은『책상』이란 사물의 위치를 나타낸다. 따라서「걸상」은 3격이라야 한다.

61. Das Mädchen vor **dem Spiegel** hat Blumen in **der Hand**.
The girl in front of the mirror has flowers in the hand.

《역》거울 앞에 있는 그 소녀는 손에 꽃들을 가지고 있다.

[해설] vor [전] — (*before, in front of*, ~ 앞에). 3·4격 전치사. der **Spiegel** — (*mirror*, 거울). 강변 1식,「소녀」가 있는 위치를 나타내니 der Spiegel은 3격. die **Blume** — (*flower*, 꽃). 약변. **in** [전] — (*in*, ~안에). 3·4격 전치사. die **Hand** — (*hand*, 손). 강변 2식. 복수 -ä-.「꽃들」의 위치를 나타내니 die Hand는 3격.

62. Ein Baum steht hinter **dem Hause**, und eine Bank liegt unter **dem Baum**.
A tree stands behind the house, and a bench lies under the tree.

《역》한 그루의 나무가 집 뒤에 서 있고, 그 나무 밑에는 벤치가 놓여 있다.

[해설] der **Baum** — (*tree*, 나무). 강변 2식. 복수 -ä-. **stehen** — (*stand*, 서 있다). **hinter** [전] — (*behind*, ~ 뒤에). 3·4격 전치사. das Haus는「나무」의 위치를 나타내니 3격. die **Bank** — (*bench*, 벤치). 강변 2식. 복수 -ä-. Bank는 약변화로도 되는데 이 때 의미는 은행(*bank*)이다. **liegen** — (*lie*, 놓여 있다). **unter** [전] — (*under*, ~ 밑에). 3·4격 전치사. der Baum은「벤치」의 위치를 가리키니 3격.

63. Die Bilder hängen an **der Wand**. Sie sind über **dem Bett**.
The pictures hang at the wall. They are over the bed.

《역》그림들이 벽에 걸려 있다. 그것들은 침대 위쪽에 있다.

[해설] **hängen** — (*hang*, 걸려 있다). 자동사. 걸려 있는 위치를 나타냄. **an** [전] — (*at*, ~ 에). 3·4격 전치사. die **Wand** — (*well*, 벽). 강변 2식.「벽」은「그림」이 걸려 있는 위치를 말하므로 3격. Sie는 die Bilder. **über** [전] — (*over*, ~ 위쪽에). 3·4격 전치사. das **Bett** — (*bed*, 침대). 혼합변. das Bett 역시 die Bilder의 위치를 말하므로 3격.

64. Die Familie des Kaufmanns wohnt nicht in **der Stadt**, sondern auf **dem Land**.
The family of the merchant doesn't live in the city, but in the country.

§ 28. 3·4격 전치사   83

《역》 그 상인의 가족은 도시에 살지 않고 시골에 산다.

해설 die **Familie** — (*family*, 가족). 약변. der **Kaufmann** — (*merchant*, 상인). 강변 3식. **wohnen** — (*live*, 살다). **nicht~sondern** — (*not~but*, ~가 아니고 ~이다). **in** 전 — (*in*, ~ 안에). 3·4격 전치사. die **Stadt** — (*city*, 도시). 강변 2식. **auf** 전 — (*on*, ~ 위에). 3·4격 전치사. das **Land** — (*country*, 시골). 강변 3식. die Stadt 와 das Land 는 모두 die Familie 가 사는 장소를 나타내므로 3격. 영어에서는 「시골에」라 할 때 in 을 쓰지만 독일어에서는 전치사 auf 를 쓴다.

---

65. In dem Haus ist das Wohnzimmer zwischen der Küche und dem Schlafzimmer.

In the house the living-room is between the kitchen and the bed-room.

《역》 그 집에는 거실이 부엌과 침실 사이에 있다.

해설 das **Wohnzimmer** — (*living-room*, 거실). 강변 1식.

wohnen + das Zimmer	→ das Wohnzimmer
live + room	→ the living-room

zwischen 전 — (*between*, ~사이에). 3·4격 전치사. die **Küche** — (*kitchen*, 부엌). 약변. das **Schlafzimmer** — (*bed-room*, 침실). 강변 1식.

schlafen + das Zimmer	→ das Schlafzimmer
sleep + room	→ the bed-room

「거실」이 부엌과 침실 사이에 있으니 위치. 따라서 die Küche 와 Schlafzimmer 는 3격이라야 한다.

【2】 4격 명사를 사용할 때

공 식 → 동작의 방향을 나타낼 때

어떤 **동작의 방향**, 다시 말하면 어떤 **운동의 방향**을 나타낼 때에는 그 방향을 가리키는 명사는 전치사의 뒤에서 **4격**이 된다.
우선 우리말에서 이 개념을 확실히 해두자.

1. 그 새는 나무 위로 날아간다.	**해설** 1) 『나무』는 「날아간다」는 동작의 방향이니 4격이라야 한다.
2. 그 사람은 학교에 간다.	2) 『학교』는 「간다」는 동작의 방향이 되니 4격을 써야 한다.

Abschnitt 6. 전 치 사

66. Im **Frühling** fliegt der Schmetterling von der Blume in **die Blume**.
    In spring the butterfly flies from flower to flower.

《역》 봄에 나비는 꽃에서 꽃으로 날아간다.

해설 im — in dem 의 축소형. der Frühling — (*spring*, 봄). 강변 2식. -ling 으로 끝난 명사는 100 % 강변 2식. fliegen — (*fly*, 날아가다). der Schmetterling — (*butterfly*, 나비). 강변 2식. von 전 — (*from*, ~로부터). 3격 전치사. die Blume — (*flower*, 꽃). 약변.

주의
1) in 뒤에 **3격** 명사일 때 영어의 **in** (~ 안에) → 사물의 위치
2) in 뒤에 **4격** 명사일 때 영어의 **to** (~로) → 동작의 방향

67. Am Freitag geht der Student ins **Kino** mit der Freundin.
    On Friday the student goes to the movies with the girl-friend.

《역》 금요일에 그 대학생은 여자 친구와 함께 영화 보러 간다.

해설 am — an dem 의 축소형. der Freitag — (*Friday*, 금요일). 강변 2식. der Tag — (*day*, 날). 강변 2식. 요일에는 전치사 an 을 쓴다. ins — in das 의 축소형. das Kino — (*movie*, 영화관). 불규칙변. 복수는 die Kinos. gehen…ins Kino 는 「영화 보러 간다」는 뜻. 방향을 나타내므로 in 뒤에는 4격. mit 전 — (*with*, ~함께). 3격 전치사.

68. Die Zeitschrift liegt auf **dem Stuhl**. Die Mutter nimmt sie und legt sie auf **den Tisch**.
    The magazine lies on the chair. The mother takes it and puts it on the table.

《역》 잡지가 의자 위에 놓여 있다. 어머니는 그것을 집어서 책상 위에 놓는다.

해설 die Zeitschrift — (*magazine*, 잡지). die Zeit (*time*, 시간). + die Schrift (*publication*, 간행물). die Schrift 가 약변화이므로 die Zeitschrift 도 약변. liegen — (*lie*, ~에 있다). auf 전 — (*on*, ~ 위에). 3·4격 전치사. der Stuhl — (*chair*, 의자). 강변 2식. 잡지의 위치를 말하므로 3격. nimmt<nehmen — (*take*, 취하다). sie 는 die Zeitschrift. legen — (*put*, 놓다). der Tisch — (*table*, 책상). 강변 2식. 1음절의 남성이니. 잡지를 놓는 동작의 방향을 말하므로 4격.

69. Hängen Sie bitte das Foto über **das Sofa** !
    Und stellen Sie die Vase ans **Fenster** !
    Hang the photo over the sofa, please !
    And set the vase at the window !

《역》 사진을 소파 위에 걸어 주세요. 그리고 꽃병은 창가에 놓아 주세요.

해설 hängen — (*hang*, 걸다). 자동사일 때는 걸려 있는 상태를 나타내지만, 여기서는 거는 동작을 뜻하는 타동사. 존칭 2인칭에 대한 명령형 → 주어 Sie와 동사의 위치만 도치시키면 된다. bitte — (*please*, 제발). 원래는 동사 bitten — (*request*, 부탁하다)을 감탄사화한 것. das Foto — (*photo*, 사진). 불규칙변. 복수는 -s. über 전 — (*over*, 위에, 위로). 3·4격 전치사. das Sofa — (*sofa*, 소파). 불규칙변. 복수는 -s. 거는 동작의 방향을 나타내므로 4격. stellen — (*set*, 놓다). die Vase — (*vase*, 꽃병). ans — an das의 축소형. das Fenster는 꽃병을 놓는 방향이 되므로 4격.

> **70.** Am **Sonntag** gehen die Kinder des Onkels in **dem Dorf** in **die Kirche**. Sie liegt am **See**.
>
> *On Sunday the children of the uncle in the village go to the church. It is at the lake.*

《역》 일요일에 마을에 있는 아저씨의 아이들은 교회에 간다. 그것은 호수가에 있다.

해설 das Dorf — (*village*, 마을). 강변 3식. 1음절의 중성이니. 복수 -ö-. 「아저씨」가 있는 위치를 나타내니 das Dorf는 3격. die Kirche — (*church*, 교회). 약변. -e로 끝난 여성이니. die Kirche는 「가는」 방향이 되니 4격. Sie는 die Kirche를 말함. liegen — (*lie*, 놓여있다). am — an dem의 축소형으로 *at the*~. der See — (*lake*, 호수). 혼합변. am See는 3격이니 위치.

```
━━━━━━━━▶전치사와 정관사의 축소형◀━━━━━━━━
    am  → an dem    im  → in dem    aufs → auf das
    ans → an das    ins → in das    vors → vor das
```

연습문제

[1] 다음 문장에서 _____ 에 알맞는 정관사를 넣으시오.

1. Die Schülerin legt ein Buch auf _____ Tisch. Das Buch liegt also auf _____ Tische.
2. Das Mädchen vor _____ Fenster hat ein Bild in _____ Hand.
3. Die Studenten sitzen auf _____ Bänken, oder auf _____ Stühlen.
4. Trotz _____ Regens besucht er den Dichter.
5. Nach _____ Arbeit bleibt der Bauer zu Hause.
6. Wir gehen durch _____ Wald mit _____ Jäger.
7. Ein Baum steht hinter _____ Hause, und eine Bank liegt unter _____ Baum.
8. Der Lehrer kommt von _____ Fenster und geht an _____ Tafel.
9. Die Kinder des Onkels in _____ Dorf gehen in _____ Kirche.
10. Wir essen mit _____ Mund und riechen mit _____ Nase.

[2] 다음 문장에서 _____ 에 알맞은 전치사를 넣으시오.

1. _____ der Krankheit geht er nicht _____ die Schule.
2. Die Besucher sitzen _____ den Tisch. Wir kommen _____ sechs Uhr.
3. _____ des Sommers sind die Tage sehr lang und die Nächte kurz.
4. _____ dem Unterricht geht er _____ den Eltern.
5. Ein Bettler kommt _____ dem Zimmer.
6. Die Leute gehen jetzt _____ das Konzert.
7. Sie macht eine Reise _____ Deutschland.
8. Die Schule steht _____ dem Bahnhof.
9. Ich wohne _____ sieben Jahren in der Stadt.
10. Der Vater macht einen Spaziergang _____ den Park.

해답

[1] ① den, dem ② dem, der ③ den, den ④ des ⑤ der ⑥ den, dem ⑦ dem, dem ⑧ dem, die ⑨ dem, die ⑩ dem, der

[2] ① Wegen, in ② um, um ③ Während ④ Nach, zu ⑤ aus ⑥ in ⑦ nach ⑧ vor ⑨ seit ⑩ in

해 설

[1] ① 그 여학생은 책상 위에 책을 놓는다. 따라서 그 책은 책상 위에 놓여 있다.
② 창문 앞에 있는 소녀는 손에 그림을 갖고 있다.
③ 학생들은 긴 의자에 앉거나, 걸상에 앉아 있다.
④ 비가 옴에도 불구하고 그는 그 시인을 방문한다.
⑤ 일한 후에 그 농부는 집에 머무른다.
⑥ 우리는 사냥꾼과 함께 숲을 가로질러 간다.
⑦ 집 뒤에 나무 한 그루가 있다. 그리고 그 나무 아래 긴 의자가 하나 있다.
⑧ 선생님은 창문에서 와서 칠판 쪽으로 걸어간다.
⑨ 마을에 사는 아저씨의 아이들이 교회로 간다.
⑩ 우리는 입으로 먹고, 코로 냄새맡는다.

1 **legen** — (*put*, 놓는다). **liegen** — (*lie*, 놓여 있다). legen 동사는 동작을, liegen 동사는 상태를 나타냄. **also** 튀 — (*therefore*, 그러므로). 2 **die Hand** — (*hand*, 손). in은 3·4격 전치사. 여기서의 in은 상태를 나타내는 3격. 3 **sitzen** — (*sit*, 앉아 있다). sitzen은 상태를, setzen은 동작을 나타냄. **die Bank** — (*bench*, 긴 의자, 은행). 복수는 Bänke, 은행은 Banken의 형태를 취함. 4 **der Regen** — (*rain*, 비).

besuchen — (*visit*, 방문하다). **der Dichter** — (*poet*, 시인). 5 **der Bauer** — (*farmer*, 농부). 6 **der Wald** — (*woods*, 숲). 강변 3식. 7 **stehen** 동사가 상태를 나타냄. 8 **gehen** 동사가 방향을 나타내므로 an은 4격. 9 **der Onkel** — (*uncle*, 아저씨). 강변 1식. **das Dorf** — (*village*, 마을). 강변 3식. **die Kirche** — (*church*, 교회). 약변. **gehen**은 방향을 나타내므로 in은 4격. 10 **der Mund** — (*mouth*, 입). 강변 2식.

[2] ① 병 때문에 그는 학교에 가지 않는다.
② 그 방문객은 책상 주변에 앉아 있다. 우리는 6시에 온다.
③ 여름 동안에는 낮이 매우 길고 밤이 짧다.
④ 수업을 마친 후에 그는 부모님에게로 간다.
⑤ 거지가 그 방에서 나온다.
⑥ 사람들은 지금 음악회에 간다.
⑦ 그녀는 독일로 여행한다.
⑧ 그 학교는 정거장 앞에 있다.
⑨ 나는 그 도시에서 7년 이래로 죽 살고 있다.
⑩ 아버지는 공원으로 산책간다.

1 **die Krankheit** — (*illness*, 병). 약변. -heit로 끝났으니 여성. 2 **der Besucher** — (*visitor*, 방문객). 강변 1식. **sitzen** — (*sit*, 앉다). **die Uhr** — (*o'clock*, ~시). 4 **der Unterricht** — (*instruction*, 수업). 강변 2식. **die Eltern** — (*parents*, 양친). 5 **der Bettler** — (*beggar*, 거지). 강변 1식. **das Zimmer** — (*room*, 방). 강변 1식. 6

die Leute — (*people*, 사람들). 항상 복수. 명사변화없음. **das Konzert** — (*concert*, 음악회). 강변 2식. 7 **machen** — (*do*, 하다). **die Reise** — (*journey*, 여행). 약변. 8 **der Bahnhof** — (*station*, 정거장). 강변 2식. 9 **wohnen** — (*live*, 살다). **das Jahr** — (*year*, 연). 강변 2식. 10 **der Spaziergang** — (*walk*, 산책). 강변 2식.

Lesestück 6

Ein Freund kommt.

Der Briefträger klingelt. Frau Braun öffnet die Tür. Der Briefträger gibt Frau Braun ein Telegramm.

„Hier ist ein Telegramm, Tomas!" sagt sie. Herr Braun öffnet das Telegramm und liest. Dann sagt er: „Heute kommt ein Besucher. Der Besucher Walter
5 fährt nach Hamburg und unterbricht die Reise hier. Der Zug kommt um 3 Uhr!" — „Oh, dann kommt er ja bald! Ich koche schnell Kaffee."
Frau Braun geht in die Küche. Herr Braun hilft der Frau und kauft Kuchen. Um vier Uhr kommt der Freund. Herr und Frau Braun begrüßen den Gast herzlich. Dann führt Herr Braun den Freund ins Zimmer.
10 Walter erzählt den Gastgebern viel und die Zeit vergeht schnell.
Schließlich sagt Walter: „Leider fährt der Zug um 7 Uhr. Wo finde ich hier ein Taxi?" — „Du brauchst kein Taxi", antwortet Herr Braun, „wir nehmen unser Auto. Es gehört der Firma. Ich fahre schnell in die Stadt, und du erreichst den Zug pünktlich."
15 Frau Braun gibt dem Gast die Hand und sagt: „Auf Wiedersehen, Walter! Hoffentlich kommst du bald wieder!" —
„Ich hoffe es auch. Auf Wiedersehen!"

---

[1] **klingeln** — (*ring*, 초인종을 누르다). **öffnen** — (*open*, 열다). die **Tür** — (*door*, 문). [2] **geben** — (*give*, 주다). [3] **hier** 튀 — (*here*, 여기). **sie** — (*she*, 그녀). [4] **lesen** — (*read*, 읽다). **dann** 튀 — (*then*, 그리고 나서). **heute** 튀 — (*today*, 오늘). der **Besuch** — (*visit*, 방문). der **Besucher** — (*visitor*, 방문객). [5] die **Reise** — (*journey*, 여행). **um** 전 — (*at*, ~시에). 영어에서 시간에 at를 쓰듯이, 독일어에서도 시간에 um을 씀. [6] die **Uhr** — (*o'clock*, ~시). **ja** 튀 — (*indeed*, 참으로). **kochen** — (*cook*, 요리하다). [7] die **Küche** — (*kitchen* 부엌). **helfen** — (*help*, 돕다). 언제나 3격 명사를 동반. **kaufen** — (*buy*, 사다). der **Kuchen** — (*cake*, 과자). [8] **vier** — (*four*, 4). **begrüßen** — (*greet*, 인사하다). 4격명사를 동반. der **Gast** — (*guest*, 손님). **herzlich** 형 — (*affectionate*, 다정한). [9] **ins**(in das)

친구가 온다

우체부가 초인종을 누른다. 브라운 여사는 문을 연다. 우체부는 브라운 여사에게 한 통의 전보를 준다.

"여기 전보가 있어요, 토마스."라고 그 여자는 말한다. 브라운 씨는 전보를 펼쳐서 읽는다. 그리고 나서 그는 말한다. "오늘 방문객이 오는군. 방문객인 발터가 함부르크로 가는데 도중에 여기서 내린대. 기차가 3시에 와." —"오, 그러면 그는 정말 곧 오겠군요! 나는 빨리 커피를 끓여야겠어요."

브라운 여사는 부엌으로 간다. 브라운 씨는 그의 부인을 돕고 과자를 사온다.

4시에 그 친구가 온다. 브라운 씨 내외는 그 손님을 진심으로 환영한다. 그리고 나서 브라운 씨는 그 친구를 방으로 안내한다.

발터 씨는 그 주인 내외에게 많은 것을 이야기한다. 그런데 시간이 빨리 지나간다.

드디어 발터 씨가 말한다. "유감스럽게도 내가 탈 기차는 7시에 출발해. 나는 어디에서 택시를 잡을 수 있을지?", "택시는 필요없어."라고 브라운 씨는 말한다.

우리 자동차를 타고 가자. 그것은 회사의 것이지만. 내가 빨리 시내로 운전해 가면 너는 정각에 기차에 도착할 거야."

브라운 여사는 손님에게 악수하고 말한다. "안녕히 가세요, 발터씨! 곧 다시 오시기를 바랍니다!"

"나도 그렇게 되기를 바랍니다. 안녕히 계세요."

― (*into*, ~ 안으로). ⑩ **erzählen** ― (*tell*, 이야기하다). **die Zeit** ― (*time*, 시간). **schnell** 형 ― (*fast*, 빠른). **vergehen** ― (*pass*, 시간이 지나가다). ⑪ **schließlich** 튀 ― (*finally*, 드디어). **leider** 튀 ― (*unfortunately*, 유감스럽게도). **finden** ― (*find*, 발견하다). **der Taxi** ― (*taxi*, 택시). ⑬ **unser** ― (*our*, 우리들의). **das Auto** ― (*automobile*, 자동차). **gehören** ― (*belong*, ~에 속하다). **die Firma** ― (*firm*, 회사). **die Stadt** ― (*city*, 도시). ⑭ **erreichen** ― (*reach*, 도착하다). **pünktlich** 형 ― (*punctual*, 시간 엄수의). ⑮ **geben dem Gast die Hand** ― (손님과 악수하다). **das Wiedersehen** ― (*meeting again*, 다시 만남). **auf Wiedersehen** ― (*good-bye*, 다시 만납시다. 안녕히 계세요). ⑯ **hoffentlich** 튀 ― (*It is to be hoped*, 바라건대). ⑰ **hoffen** ― (*hope*, 원하다).

Abschnitt 7.

인칭대명사의 변화와 용법

명사 대신 쓰이는 것이 대명사이므로, 인칭대명사도 대명사의 한 종류이다.
따라서 명사에 1·2·3·4격이 있듯이, **대명사에도 1격, 2격, 3격, 4격**이 있어야 한다.

§ 29. 인칭대명사의 변화

영어의 인칭대명사는 1) 주격, 2) 소유격, 3) 목적격으로 변하지만,

I	you	he	she	it
my	your	his	her	its
me	you	him	her	it
we	you	they		
our	your	their		
us	you	them		

독일어의 인칭대명사는 아래와 같이 **1. 2. 3. 4**격으로 변화한다.

수	격	1 인 칭	2 인 칭 (존칭)	3 인 칭 (남성)	(여성)	(중성)
단수	1.	ich	du (Sie)	er	sie	es
	2.	meiner	deiner (Ihrer)	seiner	ihrer	seiner
	3.	mir	dir (Ihnen)	ihm	ihr	ihm
	4.	mich	dich (Sie)	ihn	sie	es
복수	1.	wir	ihr (Sie)	sie		
	2.	unser	euer (Ihrer)	ihrer		
	3.	uns	euch (Ihnen)	ihnen		
	4.	uns	euch (Sie)	sie		

§ 30. 인칭대명사의 용법   91

주의 1) 존칭 **Sie** 의 변화는 복수 3 인칭과 같으나 첫글자만 대문자로 쓸 뿐이다.
2) 3 인칭 **er, sie, es** 는 「사람」과 「사물」의 구별 없이 **명사의 문법상의 성**을 따른다. 즉,

| 문법상 | 1) 남성명사라면, 그것을 받는 대명사는 **er** 가 되고,
 2) 여성명사라면, 그것을 받는 대명사는 **sie** 가 되고,
 3) 중성명사라면, 그것을 받는 대명사는 **es** 가 된다. |

§ 30. 인칭대명사의 용법

인칭대명사의 1, 2, 3, 4 격의 **용법**은 일반 명사의 1, 2, 3, 4 격의 용법과 같다.

【1】 1 격(Nominativ) — 주어

형 태 →	단 수	ich	du(Sie)	er, sie, es
	복 수	wir	ihr(Sie)	sie

---

71. Habt **ihr** Bleistifte und Farbstifte? Ja, **wir** haben Bleistifte und Farbstifte.
   Do you have pencils and crayons? Yes, we have pencils and crayons.

《역》 너희들은 연필과 색연필을 가지고 있니? 네, 우리는 연필과 색연필을 갖고 있습니다.

해설 der **Bleistift** — (*pencil*, 연필). 강변 2 식. der **Farbstift** — (*crayon*, 색연필). 강변 2 식. 질문에서는 복수 2 인칭의 인칭대명사 1 격인 ihr 가 주어. 대답에서는 복수 1 인칭의 인칭대명사 1 격인 wir 가 주어.

---

72. Da kommen die Krankenschwestern. **Sie** sind gesund und hübsch.
   The nurses are coming there. They are healthy and pretty.

《역》 저기 간호사들이 온다. 그들은 건강하고 예쁘다.

해설 **da** — (*there*, 저기). die **Krankenschwester** — (*nurse*, 간호사). 약변. -n 이 붙었으므로 복수. 따라서 다음 문장에서는 복수 3 인칭의 인칭대명사 1 격인 sie 로 받는다. **gesund** 형 — (*healthy*, 건강한). **hübsch** 형 — (*pretty*, 예쁜).

【2】 4 격(Akkusativ) — 목적어

형 태 →	단 수	mich	dich (Sie)	ihn, sie, es
	복 수	uns	euch (Sie)	sie

(1) 타동사의 목적어로

> **73.** Lobt der Lehrer **euch**? Ja, er lobt **uns** und auch **euch**.
> *Does the teacher praise you? Yes, he praises us and too you.*

《역》 선생님은 너희들을 칭찬하느냐? 네, 그는 우리들을 칭찬하고 너희들도 칭찬합니다.
해설 **loben** — (*praise*, 칭찬하다). loben이 타동사이므로 「너희들」이 목적어로서 4격의 euch로 된다. 또한 「우리들」도 loben의 목적어이므로 4격의 uns로 된다.

> **74.** Der Nachbar tadelt nicht nur **mich**, sondern auch **dich**.
> *The neighbour blames not only me but also you.*

《역》 그 이웃 사람은 나를 꾸짖을 뿐만 아니라 너도 또한 꾸짖는다.
해설 der **Nachbar** — (*neighbour*, 이웃 사람). 혼합변. **tadeln** — (*blame*, 꾸짖다). **nur** 旦 — (*only*, 다만). **auch** 旦 — (*also*, 또한).

독 어	nicht nur……, sondern auch~	~뿐만 아니라, 또 ~이다.
영 어	*not only………, but also~*	

(2) 전치사의 목적어로

> **75.** Wie lange warten Sie auf den Fahrer? Ich warte auf **ihn** eine Stunde.
> *How long are you waiting for the driver? I am waiting for him for one hour.*

《역》 당신은 얼마나 오랫동안 그 운전사를 기다리고 있습니까? 나는 한 시간 동안 그를 기다리고 있습니다.
해설 **wie** — (*how*, 얼마나). **lange** 旦 — (*long time*, 오랫동안). **warten** — (*wait*, 기다리다). der **Fahrer** — (*driver*, 운전사). 강변 1식. die **Stunde** — (*hour*, 시간). 약변. eine Stunde는 4격으로 부사. 대개 시간을 나타내는 명사는 4격형으로 부사로도 쓰인다.

독 어	warten auf + 4격	~을 기다리다.
영 어	*wait for~*	

> **76.** Der Rucksack ist zu schwer für **sie**. Sie ist noch klein.
> *The rucksack is too heavy for her. She is still little.*

《역》 그 배낭은 그 여자에게는 너무 무겁다. 그 여자는 아직 어리다.

§ 30. 인칭대명사의 용법   93

해설 der **Rucksack** — (*rucksak*, 배낭). 강변 2식. 복수 -ä-. **schwer** 형 — (*heavy*, 무거운). **noch** 부 — (*still*, 아직). **klein** 형 — (*little*, 작은).

독 어	zu+형용사(또는 부사)	너무~하다	zu schwer	너무 무겁다
영 어	too+형용사(또는 부사)		too heavy	

【3】 3격(Dativ) — 목적어

형 태 →
단 수	mir dir (Ihnen) ihm, ihr, ihm
복 수	uns euch (Ihnen) ihnen

(1) 간접목적어로

77. Inge hat heute Geburtstag. Die Tante schenkt **ihr** Schokolade.
    Inge has birthday today. The aunt presents chocolate to her.

《역》잉에는 오늘이 생일이다. 아주머니가 그녀에게 초콜렛을 선물한다.
해설 der **Geburtstag** — (*birthday*, 생일). 강변 2식. die **Geburt** — (*birth*, 탄생). 약변. der **Tag** — (*day*, 날). 강변 2식. **haben** + **Geburtstag** — 생일을 맞이하다. **schenken** — (*present*, 선물하다). 간접목적어, 직접목적어를 필요로 한다. Inge가 여성이므로 단수 3인칭 여성 대명사의 3격은 ihr.

78. Der Arzt schickt **Ihnen** einen Kalender und ein Bild für ein Weihnachtsgeschenk.
    The doctor sends you a calendar and a picture for a christmas present.

《역》그 의사는 당신에게 크리스마스 선물로 달력과 그림을 보냅니다.
해설 der **Arzt** — (*doctor*, 의사). 강변 2식. **schicken** — (*send*, 보내다). 간접목적어, 직접목적어를 필요로 한다. **Ihnen** — 존칭 Sie의 3격. der **Kalender** — (*calendar*, 달력). 강변 1식. das **Bild** — (*picture*, 그림). 강변 3식. das **Weihnachtsgeschenk** — die **Weihnachten** (*Christmas*, 크리스마스) + das **Geschenk** (*present*, 선물). 강변 2식.

(2) 3격 동사에

79. Die Mutter ist alt und schwach. Die Tochter hilft **ihr** beim Kochen.
    The mother is old and weak. The daughter helps her cook.

《역》 어머니는 늙고 약하다. 딸이 그녀가 요리할 때 도와 준다.
해설 alt 형 — (*old*, 늙은). schwach 형 — (*weak*, 약한). hilft<helfen — (*help*, 돕다). helfen 다음에는 반드시 3격 명사가 와야 한다. ihr 는 Die Mutter를 받는 단수 여성 3인칭의 3격형. bei — 3격 전치사. 여기서는 「～할 때」의 뜻. beim — bei dem 의 축소형. das **Kochen** — (*cooking*, 요리하기). 독일어 동사는 첫자를 대문자로 쓰면 중성명사가 된다.

---

80. Erika hat einen Freund. Am Abend begegnet sie **ihm** auf der Straße.
    Erika has a boy-friend. In the evening she meets with him on the street.

《역》 에리카에게는 남자친구가 있다. 저녁에 그녀는 길에서 그와 만난다.
해설 am — an dem 의 축소형. der **Abend** — (*evening*, 저녁). 강변 2식. am Abend — (*in the evening*, 저녁에). begegnen — (*meet*, 만나다). 다음에는 반드시 3격 명사가 와야 한다. ihm 은 Freund 를 받는 단수 3인칭 3격. die **Straße** — (*street*, 거리). auf der Straße — (*on the street*, 거리에서).

(3) 전치사의 목적어로

---

81. Herr Braun ist Amerikaner, und studiert Medizin hier. Er wohnt jetzt bei **mir**.
    Mr. Braun is an Amerikan and studies medicine here. He lives at my house now.

《역》 브라운 씨는 미국인인데 여기서 의학을 전공하고 있다. 그는 지금 우리 집에서 산다.
해설 der **Amerikaner** — (*Amerikan*, 미국 사람). studieren — (*study*, 연구하다). die **Medizin** — (*medicine*, 의학). 약변. wohnen — (*live*, 살다). jetzt 부 — (*now*, 지금). bei — 3격 전치사. 뒤에 사람일 때에는 「～의 집에서」의 뜻.

---

82. Du sagst zu **ihm**, "Jetzt bin ich sehr hungrig und durstig."
    You say to him, "Now I am very hungry and thirsty."

《역》 너는 그 사람에게 지금 몹시 배고프고 목마르다고 말한다.
해설 sagen — (*say*, 말하다). zu — 3격 전치사. ihm — er 의 3격. jetzt 부 — (*now*, 지금). hungrig 형 — (*hungry*, 배고픈). durstig 형 — (*thirsty*, 목마른).

【4】 2격(Genitiv)

인칭대명사의 2격은 「나의」, 「너의」 등의 소유를 나타낼 때에는 절대로 쓸 수 없다.

독일어의 인칭대명사의 2격을 영어와 비교해 보자.

§ 30. 인칭대명사의 용법   95

인칭 수	1 인 칭	2 인 칭		3 인 칭		
		(친칭)	(존칭)	(남성)	(여성)	(중성)
단수	meiner *of me*	deiner *of you*	Ihrer	seiner *of him*	ihrer *of her*	seiner *of it*
복수	unser *of us*	euer *of you*	Ihrer	ihrer *of them*		

영어에서 **of**＋인칭대명사가 어떤 경우에 쓰이는지를 생각해 보자. 그것은 다음의 조건에 해당할 때에만 쓰인다.

> 1) 전치사 중에서 반드시
>   **of**＋명사를 쓰는 전치사……*because of* ～때문에
> 2) 동사 중에서 반드시
>   **of**＋명사를 쓰는 동사………*think of* ～을 생각하다
> 3) 형용사 중에서 반드시
>   **of**＋명사를 쓰는 형용사……*tired of* ～에 싫증나다

마찬가지로 독일어의 **인칭대명사의 2격**은 다음의 경우에 쓰인다.

> 1) 전치사 중에서
>   **2격 명사**만을 쓰는 전치사…wegen, *because of* ～ 때문에
> 2) 동사 중에서
>   **2격 명사**만을 쓰는 동사……gedenken, *think of* ～을 생각하다
> 3) 형용사 중에서
>   **2격 명사**만을 쓰는 형용사…müde, *tired of* ～에 싫증나다

(1) **2격 전치사에**

| **wegen** ＋ 2격 | *because of* | ～ 때문에 |
| **statt** ＋ 2격 | *instead of* | ～ 대신에 |

> **83.** Statt **deiner** geht er in den Zoo mit dem Ausländer.
> *Instead of you he goes to the zoo with the foreigner.*

《역》 너 대신에 그는 그 외국인과 함께 동물원에 간다.

해설 statt 전 — (*instead of*, ~ 대신). 2격 전치사. gehen — (*go*, 가다). in — (*to*, ~로). 3·4격 전치사. 여기서는 방향을 나타내므로 4격. der Zoo — (*zoo*, 동물원). 불규칙변화. 복수는 -s. mit 전 — (*with*, ~와 함께). 3격 전치사. der Ausländer — (*foreigner*, 외국인).

---

84. Wegen **ihrer** besucht die Mutter den Arzt in der Stadt.
Because of her the mother visits the doctor in the town.

《역》 그 여자 때문에 어머니는 시내에 있는 의사를 방문한다.
해설 wegen 전 — (*because of ~*, ~ 때문에). 2격 전치사. besuchen — (*visit*, 방문하다). der Arzt — (*doctor*, 의사). 강변 2식. in 전 — (*in*, ~에). 3·4격 전치사. 의사가 있는 곳을 나타내므로 여기서는 3격. die Stadt — (*city*, 도시). 강변 2식.

(2) 2격 동사에

gedenken + 2격	*think of* ~을 생각하다

영어에서 *think*는 뒤에 *of* + 명사라야 「~을 생각하다」로 된다. 독일어에서도 gedenken 동사는 뒤에 2격 명사를 써야 「~을 생각하다」의 뜻이 된다.

---

85. Die Nichte des Dichters gedenkt nur **meiner**.
The niece of the poet is thinking of only me.

《역》 그 시인의 조카딸은 오로지 나만 생각하고 있다.
해설 der Dichter — (*poet*, 시인). 강변 1식. gedenken — (*think of*, ~을 생각하다). 언제나 뒤에 2격 명사를 써야 한다. nur 부 — (*only*, 오직). meiner는 ich의 2격.

---

86. Die Eltern gedenken **euer** immer und ewig.
The parents are thinking of you always and forever.

《역》 양친은 너희들을 언제나, 그리고 영원히 생각하고 있다.
해설 die Eltern — (*parents*, 양친). 언제나 복수로 쓰이는 명사는 성도 없고, 변화도 없다. euer — (*ihr*, 너희들)의 2격. immer 부 — (*always*, 항상). ewig 부 — (*forever*, 영원히).

(3) 2격 형용사에

형용사 중에는 반드시 **2격 명사**만을 써야하는 형용사가 있다.

| müde* + 2격 | *tired of* | ~에 싫증난 |
| bedürftig + 2격 | *in need of* | ~이 필요한 |

§ 30. 인칭대명사의 용법   97

[주의] 영어에서 *tired*는「피곤하다」이나「싫증이 난다」의 뜻이 될 때는 *of* + 명사가 와야 한다. 독일어에서도 **müde**는「피곤하다」는 형용사이나,「싫증이 난다」는 뜻이 될 때는 반드시 **2격 명사**가 와야 한다.

---

87. Ich habe keinen Bleistift. Nun bin ich **seiner** bedürftig.
I don't have a pencil. I am in need of it now.

《역》 나는 연필이 없다. 나는 지금 그것이 필요하다.
[해설] der **Bleistift** — (*pencil*, 연필). 강변 2식. **nun** 〔부〕— (*now*, 지금). **bedürftig** 〔형〕— (*in need of*, ~이 필요한). 2격 형용사. 따라서 seiner 는 er 의 2격으로 der Bleistift 를 가리킨다.

---

88. Der Sänger ist jetzt **ihrer** müde.   Er liebt sie nicht mehr.
The singer is now tired of her.   *He doesn't love her any more.*

《역》 그 가수는 이제 그 여자에 싫증이 나 있다. 그는 그녀를 더 이상 사랑하지 않는다.
[해설] der **Sänger** — (*singer*, 가수). 강변 1식. **jetzt** 〔부〕— (*now*, 지금). **müde** 〔형〕— (*tired of*, 싫증난). 2격 형용사. 원래는「피곤하다」의 뜻이나 2격 명사와 함께 쓰이면「싫증난」으로 된다. **nicht mehr** — (*not any more*, 더 이상 ~ 않다).

▶배어법에 주의◀

1) 형용사에서 반드시 어떤 격의 명사가 있어야만 그 형용사를 쓸 수 있을 때, 그것을 형용사의 보족어라 한다. 예를 들면,

그 사람은 피곤하다 = 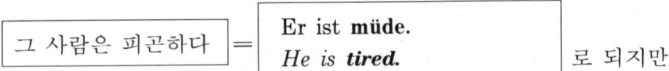 로 되지만

여기서「싫증이 나다」라는 뜻이 되려면 영어에서는 *tired* 뒤에 *of* + 명사가 와야 하고, 독일어에서는 müde 에 **2격 명사**를 연결시켜야 한다. 이 때 그 2격 명사는 müde 가「싫증이 난다」의 뜻이 되기 위해서는 없어서는 안 될 조건이 되니, 이 때의 2격 명사를 müde 의 보족어라 한다.

2) 형용사의 보족어는 영어에서는 형용사의 뒤에 오나, 독일어에서는 반드시 그 형용사의 바로 앞에 온다.

연 습 문 제

[1] ( ) 속에 인칭대명사를 알맞게 고쳐 넣으시오.

1. Die Frau dankt _____ für die Einladung. (er)
2. Der Vetter fragt _____ (ich), aber ich antworte nicht.
3. Ich helfe _____ (du) und du hilfst _____ (ich).
4. Wir lesen die Zeitung mit _____ . (ihr)
5. Wegen _____ besucht der Vater den Arzt in dem Dorf. (sie)
6. Wohnt er bei _____ (Sie) ? Nein, er wohnt _____ gegenüder. (ich)
7. Wie lange warten Sie auf _____ (er) ? Ich warte auf _____ zwei Stunden. (er)
8. Der Koffer ist zu schwer für _____ (du). _____ bist noch klein. (du)

[2] 다음 문장에서 틀린 것을 고치시오.

1. Er fragt mir über die Sache.
2. Er wartet auf ihr eine Stunde.
3. Vor die Bibliothek begegnen wir ihm.
4. Der Franzose wohnt jetzt bei ihrer.
5. Statt ihm gebe ich das Mädchen einen Füller.
6. Die Schwester des Onkels gedenkt dir.
7. Du bist die Sache bedürftig.
8. Ich bin ihm müde.

해답

[1] ① ihm ② mich ③ dir, mir ④ euch ⑤ ihrer ⑥ Ihnen, mir ⑦ ihn, ihn ⑧ dich, Du

[2] ① Er fragt mich über die Sache.
② Er wartet auf sie eine Stunde.
③ Vor der Bibliothek begegnen wir ihm.
④ Der Franzose wohnt jetzt bei ihr.
⑤ Statt seiner gebe ich dem Mädchen einen Füller.
⑥ Die Schwester des Onkels gedenkt deiner.
⑦ Du bist der Sache bedürftig.
⑧ Ich bin seiner müde.

해 설

[1] ① 그 부인은 그에게 초대해 준 데 대해서 감사한다.
② 사촌은 나에게 묻지만, 나는 대답하지 않는다.
③ 나는 너를 돕고, 너는 나를 돕는다.
④ 우리들은 너희들과 함께 신문을 읽는다.
⑤ 그녀 때문에 아버지는 마을에 있는 의사를 찾아갔다.
⑥ 그가 당신 집에 살고 있습니까? 아니오, 그는 나와는 반대편에 살고 있습니다.
⑦ 얼마나 오래 당신은 그를 기다리고 있습니까? 나는 그를 2시간 기다리고 있습니다.
⑧ 그 트렁크가 네게는 너무 무겁다. 너는 아직 어리다.

1 **danken** ― (*thank*, 감사하다). 3격 명사와 함께 씀. für를 동반하여 「~에 대해 감사하다」라는 뜻. die **Einladung** ― (*invitation*, 초대). 약변. 2 **der Vetter** ― (*cousin* 사촌 형). 혼합변. 3 **helfen** ― (*help*, 돕다). 3격 명사와 함께 씀. 4 **lesen** ― (*read* 읽다). die **Zeitung** ― (*newspaper*, 신문). 약변. **mit** 전 ― (*with*, ~와 함께). 5 **wegen** 전 ― (*because of*, 때문에). 2격 전치사. **besuchen** ― (*visit*, 방문하다). der **Arzt** ― (*doctor*, 의사). 강변 2식. das **Dorf** ― (*village*, 마을). 강변 3식. 6 **bei** 전 ― (*by*, 옆에). 여기서는 bei 다음에 사람이 나오므로 「~집에」란 뜻. **gegenüber** 전 ― (*opposite*, 반대편에). 3격 명사 뒤에 쓰이는 3격 전치사. 7 **wie** ― (*how*, 얼마나). **lange** 부 ― (*long time*, 오랫동안). **warten** ― (*wait*, 기다리다). auf를 동반하여 「누구를 기다리다」란 뜻. die **Stunde** ― (*hour*, 시간). 약변. 시간을 나타내는 명사는 4격으로 부사로도 쓰임. 8 **der Koffer** ― (*trunk*, 트렁크). 강변 1식.

[2] ① 그는 내게 그 일에 관해 묻는다.
② 그는 그녀를 한 시간 동안 기다리고 있다.
③ 도서관 앞에서 우리는 그를 만난다.
④ 그 프랑스인은 지금 그녀의 집에 머무르고 있다.
⑤ 그 대신에 내가 그 소녀에게 만년필 한 자루를 준다.
⑥ 그 아저씨의 여동생은 너를 생각한다.
⑦ 너는 그 물건을 필요로 한다.
⑧ 나는 그에게 싫증이 난다.

1 **fragen** ― (*ask*, 묻다). 4격 명사 동반. **über** 전 ― (*about*, ~에 관하여). die **Sache** ― (*thing*, 일). 약변. 3 die **Bibliothek** ― (*library*, 도서관). 약변. vor는 3격 전치사. **begegnen** ― (*meet*, ~와 만나다). 3격 명사 동반. 4 **Der Franzose** ― (*Frenchman*, 프랑스 사람). 약변. 5 **statt** 전 ― (*in stead of*, ~ 대신에). 6 die **Schwester** ― (*sister*, 여동생). 약변. **gedenken** ― (*think of*, ~을 생각하다). 2격 동사. 7 **bedürftig** 형 ― (*in need of*, ~이 필요한). 2격 형용사. 8 **müde** 형 ― (*tired of*, 싫증난). 2격 형용사.

Lesestück 7

Zwei Studenten in München

Robert studiert seit einem Monat in München, Er wohnt mit einem Freund Hans beim Kaufmann Krüger Elisabethplatz 30. Die Wohnung ist nicht weit von der Universität. Sie liegt der Post gegenüber.

Morgens um 8 Uhr geht Robert aus dem Haus und fährt mit dem Fahrrad zur Universität. Hans geht immer zu Fuß, denn er hat kein Fahrrad. Der Weg ist nicht weit ; von Elisabethplatz zur Universität braucht er nur 10 Minuten.

Mittags geht Robert mit Hans zum Essen. Sie gehen die Ludwigstraße entlang und dann links um die Ecke zu einem Gasthaus. Dort ißt man sehr gut. Gewöhnlich bestellen sie das Menü, das ist nicht so teuer. Nach dem Essen lesen sie manchmal noch die Zeitungen oder die Illustrierten und trinken ein Glas Bier oder eine Tasse Kaffee.

Nachmittags geht Robert allein zur Universität, denn Hans arbeitet zu Haus. Nach der Vorlesung fährt Robert nach Haus. Manchmal macht er auch noch einen Spaziergang durch den Park.

Nach dem Abendessen gehen die Freunde zusammen spazieren. Manchmal besuchen sie ein Kino oder ein Theater, oder sie arbeiten zu Haus. Meistens gehen sie aber früh zu Bett, denn sie sind abends immer sehr müde.

---

[1] seit 전 — (since, 이후로). der **Monat** — (month, 달). **wohnen** — (live, 살다). **mit** 전 — (with, ～와 함께). [2] **bei** 전 — (at, ～에). die **Wohnung** — (house, 주택). **weit** 부 — (far, 멀리). [3] die **Universität** — (university, 대학). **liegen** — (lie, 놓여 있다). die **Post** — (post, 우편). **gegenüber** 전 — (opposite to, 반대편에). [4] der **Morgen** — (morning, 아침). **aus** 전 — (out of, ～밖으로). das **Fahrrad** — (bicycle, 자전거). [5] der **Weg** — (way, 길). [6] die **Minute** — (minute, 분). [7] das **Essen** — (meal, 식사). **entlang** 전 — (along, ～따라서). [8] die **Ecke** — (corner, 모퉁이). das **Gasthaus** — (restaurant, 음식점). **essen** — (eat, 먹다). **man** — (man, 사람들). **gewöhnlich** 형 — (usual, 평상시의). [9] **bestellen** — (order, 주문하다). das **Menü** — (menu, 식단). 복수 -s. **teuer**

뮌헨에 있는 두 학생

로버트는 한 달 전부터 뮌헨에서 공부하고 있다. 그는 엘리자베트가 30번지에 있는 상인 크뤼거 씨 댁에서 한스라는 친구와 함께 살고 있다. 그 집은 대학에서 그리 멀지 않다. 그 집은 우체국 반대편에 있다.

아침 8시에 로버트는 집에서 나와, 자전거를 타고 대학교로 간다. 한스는 항상 걸어서 간다. 왜냐하면, 그는 자전거가 없기 때문이다. 길은 멀지 않다. 엘리자베트 가에서 대학교까지는 10분이 걸린다.

점심 때에 로버트는 한스와 함께 식사하러 간다. 그들은 루드비히 거리를 따라 걷다가 왼쪽 모퉁이를 돌아서 음식점으로 간다. 그곳에서 사람들은 매우 즐겨 먹는다. 그들은 평상시대로 메뉴를 주문한다. 그것은 그리 비싸지 않다. 식사 후에 그들은 자주 신문을 읽거나 혹은 그림이 많이 있는 잡지를 읽으면서, 맥주나 커피를 마신다.

오후에 로버트는 혼자 대학교에 간다. 왜냐하면, 한스는 집에서 공부하기 때문이다. 강의가 끝난 후에 로버트는 집으로 간다. 자주 그는 공원을 가로질러 산책한다.

저녁 식사 후에 친구들은 함께 산책하러 간다. 그들은 자주 영화관이나 극장에 가거나, 혹은 집에서 공부를 한다. 그러나 대부분 그들은 일찍 잠자리에 든다. 왜냐하면, 그들은 저녁이면 항상 매우 피곤하기 때문이다.

형 — (dear, 비싼). **nach** 전 — (after, ~후에). ⑩ **manchmal** 부 — (sometimes, 때때로, 자주). **die Zeitung** — (newspaper, 신문). **oder** 접 — (or, 또는). **die Illustrierte** — (illustration, 삽화, 도해). **trinken** — (drink, 마시다). ⑪ **das Glas** — (glass, 컵). **die Tasse** — (cup, 잔). ⑫ **nachmittags** 부 — (in the afternoon, 오후에). **allein** 부 — (alone, 혼자서). ⑬ **die Vorlesung** — (lecture, 강의). ⑭ **der Spaziergang** — (walk, 산책). **durch** 전 — (through, ~을 통하여). **der Park** — (park, 공원). ⑮ **spazierengehen** — (walk, 산책하다). ⑯ **besuchen** — (visit, 방문하다). **das Kino** — (cinema, 영화관). **das Theater** — (theater, 연극, 극장). **meistens** 부 — (mostly, 대개는). ⑰ **früh** 형 — (early, 이른). **das Bett** — (bed, 침대). **müde** 형 — (tired, 피곤한).

Abschnitt 8.

동사의 변화

§ 31. 동사의 원형, 과거, 과거분사

유럽 어족의 동사의 공통 특징은 모든 동사에 1) 원형(Infinitiv), 2) 과거형(Imperfekt), 3) 과거분사형(Partizip)이 있다는 점이다.

영어에서 동사마다 1) 원형, 2) 과거형, 3) 과거분사형이 있듯이

원 형		과 거	과거분사
look	보 다	looked	looked
make	만들다	made	made
go	가 다	went	gone

독일어도 영어와 마찬가지로 1) 원형, 2) 과거형, 3) 과거분사형이 있다.

동사의 과거, 과거분사의 변화에는 다음 **3 종류**가 있다.

> 1) 약변화(Die schwache Konjugation)
> 2) 강변화(Die starke Konjugation)
> 3) 혼합변화(Die gemischte und unregelmäßige Konjugation)……불규칙변화라고도 한다.

§ 32. 약변화 동사(Schwache Verben)

과거에는 어간에 **-te**를 붙이고, 과거분사는 어간 앞에 **ge-**, 어간 끝에는 **-t**를 붙이는 변화를 **약변화**라 한다. 이것이 소위 영어의 규칙동사에 해당한다.

공 식 →

	원 형	과 거	과거분사
독	＿＿＿en **reis-en** (여행하다)	＿＿＿te reiste	ge＿＿＿t gereist
영	＿＿＿ travel (여행하다)	＿＿＿ed traveled	＿＿＿ed traveled

독일어도 동사의 대부분은 약변화를 한다.

§ 32. 약변화 동사

【1】 약변화 동사

독 어				영 어		
원 형		과 거	과거분사	원 형	과 거	과거분사
spiel-en	놀다	spiel-te	ge-spiel-t	play	played	played
hör-en	듣다	hör-te	ge-hör-t	hear	heard	heard
sag-en	말하다	sag-te	ge-sag-t	say	said	said
wohn-en	살다	wohn-te	ge-wohn-t	reside	resided	resided
lern-en	배우다	lern-te	ge-lern-t	learn	learned	learned
kauf-en	사다	kauf-te	ge-kauf-t	buy	bought	bought
mach-en	만들다	mach-te	ge-mach-t	make	made	made

【2】 약변화에서 주의할 점

(1) 어간이 치음 **-d, -t, -chn, -fn, -gn, -dm, -tm** 으로 끝난 동사
   1) 과거에서 어간에 먼저 *-e-*를 붙이고, *-te*를 붙인다.
   2) 과거분사에서 어간에 먼저 *-e-*를 붙이고, *-t*를 붙인다.

(2) **be-, ge-, ent-, emp-, er-, ver-, zer-, miß-** 로 시작하는 동사는 과거분사에서 ge- 를 뺀다.

독 어				영 어		
원 형		과 거	과거분사	원 형	과 거	과거분사
arbeit-en	일하다	arbeit-ete	ge-arbeit-et	work	worked	worked
wart-en	기다리다	wart-ete	ge-wart-et	wait	waited	waited
regn-en	비오다	regn-ete	ge-regn-et	rain	rained	rained
rechn-en	계산하다	rechn-ete	ge-rechn-et	reckon	reckoned	reckoned
atm-en	숨쉬다	atm-ete	ge-atm-et	breathe	breathed	breathed
begegn-en*	만나다	begegn-ete	begegn-et	meet	met	met
besuch-en	방문하다	besuch-te	besuch-t	visit	visited	visited
gehör-en	속하다	gehör-te	gehör-t	belong	belonged	belonged
gewöhn-en	익숙하다	gewöhn-te	gewöhn-t	accustom	accustomed	accustomed
versag-en	거절하다	versag-te	versag-t	refuse	refused	refused

[주의] begegn-en 은 **-gn**으로 끝났으니 과거, 과거분사에 **-e-**가 붙는다.

(3) **-ieren** 으로 끝난 동사는 100 % 약변화이고, 과거분사에 **ge-** 를 뺀다.

독	어			영	어	
원 형		과 거	과거분사	원 형	과 거	과거분사
stud**ier-en**	공부하다	stud**ier-te**	stud**ier-t**	*study*	*studied*	*studied*
reg**ier-en**	지배하다	reg**ier-te**	reg**ier-t**	*rule*	*ruled*	*ruled*
ras**ier-en**	면도하다	ras**ier-te**	ras**ier-t**	*shave*	*shaved*	*shaved*

§ 33. 강변화 동사(Starke Verben)

과거, 과거분사에서 원형의 **어간모음이** 변하는 동사를 **강변화동사**라 한다.
영어에서도 원형의 어간 모음이 과거, 과거분사에서 변하는 것이 있다.

원 형	과 거	과거분사	국 어
sw*i*m	sw*a*m	sw*u*m	헤엄치다
f*i*nd	f*ou*nd	f*ou*nd	발견하다
s*i*ng	s*a*ng	s*u*ng	노래하다

【1】 강변화 동사의 특징 :

1) 과거에서 **어간모음만** 변하고, 아무런 어미가 붙지 않는다.
2) 과거분사에는 어간 앞에 **ge-**를, 어간 끝에는 **-en**을 붙인다.

공 식 →	원 형	과 거	과거분사
	——en	——※——	ge——※——en

그러나 **be-, ge-, ent-, emp-, er-, ver- zer-, miß-** 로 시작하는 동사는 약변화에서와 같이 과거분사에 **ge-**를 붙이지 않는다.

【2】 강변화 동사의 어간모음의 종류 :
　 강변화 동사는 원형의 어간모음이 다음 **5** 종류가 있다.

원형의 어간모음이→ 1) -e-   4) -i-
　　　　　　　　　 2) -ei-   5) -ie-   인 동사
　　　　　　　　　 3) -a-

§ 34. 원형의 어간모음이 -e- 인 강변화 동사

독일어의 강변화 동사를 모두 어간모음에 따라 아래에 분류하여 보자 (95개).

> ▶ 강변화 동사를 외는 방법 ◀
>
> 유럽어에서 가장 골치 아픈 것이 동사의 변화일 것이다. 이제 독일어의 강변화 동사를 어떻게 하면 가장 **빨리 손쉽게** 욀 수 있을까?
> *spelling* 이나 **의미** 같은 것은 덮어두고 그저 날마다 한 번씩 다음 도표에 있는 것을 **원형, 과거, 과거분사**의 순서로 읽기만 하라(처음에는 15분 걸린다). 이렇게 해서 20일 동안만 하루도 빠지지 않고 한 번씩 읽게 되면, 누구나 강변화 동사는 저절로 외어진다는 것을 경험에 의하여 확언한다.

§ 34. 원형의 어간모음이 -e- 인 강변화 동사

어간모음 -e- 는 과거, 과거분사에서 두 가지로 바뀐다.

[1] 공 식 →

원형	과거	과거분사
1) ē	ā	ē
2) ĕ	ā	ĕ

[주의] 기호 ¯는 장모음을, 기호 ˘은 단모음을 나타낸다.

(1)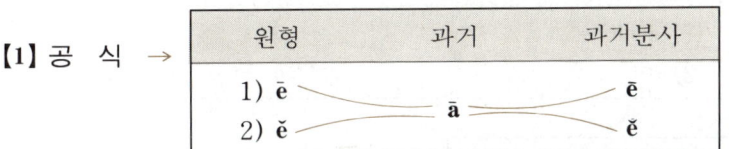

원형의 어간모음 ē가 과거에서 ā, 과거분사에서 다시 ē로 되는 동사

독 어				영 어		
원 형		과 거	과거분사	원 형	과 거	과거분사
les-en	읽다	las	gelesen	*read*	*read*	*read*
seh-en	보다	sah	gesehen	*see*	*saw*	*seen*
gescheh-en	나타나다	geschah	geschehen	*happen*	*happened*	*happened*
genes-en	낫다	genas	genesen	*recover*	*recovered*	*recovered*
tret-en	걸어가다	trat	getreten	*tread*	*trod*	*trodden*
geb-en	주다	gab	gegeben	*give*	*gave*	*given*

(2)　　ĕ ──── ā ──── ĕ

원형의 어간모음 ĕ가 과거에서 ā, 과거분사에서 다시 ĕ로 되는 동사

독 어					영 어		
원 형		과 거	과거분사		원 형	과 거	과거분사
fress-en*	먹다(동물)	fraß	gefressen		*feed*	*fed*	*fed*
ess-en	먹다(사람)	aß	gegessen		*eat*	*ate*	*eaten*
vergess-en*	잊다	vergaß	vergessen		*forget*	*forgot*	*forgotten*
mess-en	측량하다	maß	gemessen		*measure*	*measured*	*measured*

[주의] vergessen은 ver-로 시작하였으니 과거분사에 ge-를 붙이지 않는다.

[2] 공 식 →

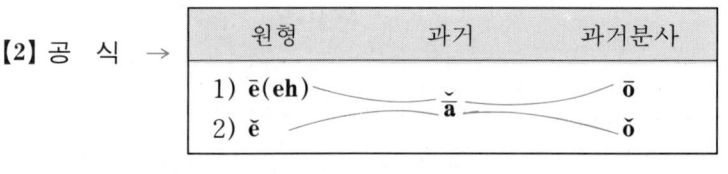

원형	과거	과거분사
1) ē(eh)	ă	ō
2) ĕ	ā	ŏ

(1)　　ē(eh) ──── ā ──── ō

원형의 어간모음 ē가 과거에서 ā, 과거분사에서 ō로 되는 동사. 어간이 주로 -eh일 때 그렇다.

독 어					영 어		
원 형		과 거	과거분사		원 형	과 거	과거분사
stehl-en	훔치다	stahl	gestohlen		*steal*	*stole*	*stolen*
befehl-en*[1)]	명령하다	befahl	befohlen		*order*	*ordered*	*ordered*
empfehl-en*[1)]	추천하다	empfahl	empfohlen		*recommend*	*recommended*	*recommended*
gebär-en*[2)]	낳다	gebar	geboren		*bear*	*bore*	*born*
nehm-en*[3)]	쥐다	nahm	genommen		*take*	*took*	*taken*

[주의] 1) befehlen과 empfehlen은 과거분사에 ge-를 붙이지 않는다.
2) gebären의 어간모음 -ä는 ē와 발음이 같으므로 이 분류에 속한다.
3) nehmen은 과거분사에서 -h를 떼고 -m을 두 개 쓰니 단모음이다.

§ 35. 원형의 어간모음이 -ei- 인 강변화 동사 107

(2) ĕ ──── ă ──── ŏ

원형의 어간모음 ĕ가 과거에서 ă, 과거분사에서 ŏ로 되는 동사

독 어				영 어		
원 형		과 거	과거분사	원 형	과 거	과거분사
sprech-en	말하다	sprach	gesprochen	*speak*	*spoke*	*spoken*
helf-en	돕다	half	geholfen	*help*	*helped*	*helped*
brech-en	깨다	brach	gebrochen	*break*	*broke*	*broken*
sterb-en	죽다	starb	gestorben	*die*	*died*	*died*
gelt-en	가치 있다	galt	gegolten	*value*	*valued*	*valued*
werf-en	던지다	warf	geworfen	*throw*	*threw*	*thrown*
schelt-en	비난하다	schalt	gescholten	*blame*	*blamed*	*blamed*
treff-en*1)	명중하다 / 만나다	traf	getroffen	*hit*	*hit*	*hit*
verderb-en*2)	파괴하다	verdarb	verdorben	*destroy*	*destroyed*	*destroyed*

[주의] 1) treffen은 과거에서 f가 하나 떨어져 traf로 된다. 따라서 a는 장모음이다. 원형에 같은 자음이 겹쳐 있을 때 과거에서는 대개 하나가 떨어진다.
2) verderben을 ver- 로 시작하였으니 과거분사에 ge- 를 붙이지 않는다.

§ 35. 원형의 어간모음이 -ei- 인 강변화 동사

원형의 어간모음 -ei- 는 과거, 과거분사에서 두 가지로 바뀐다.

공식 →

원 형	과 거	과거분사
1) ei	ĭ	ĭ
2) ei	ie	ie

(1)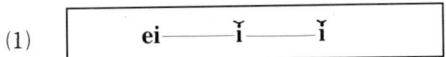

원형의 어간모음 ei가 과거에서 ĭ, 과거분사에서 ĭ로 되는 동사

독		어		영		어
원 형		과 거	과거분사	원 형	과 거	과거분사
reit-en	말타다	ritt	geritten	*ride*	*rode*	*ridden*
weich-en	후퇴하다	wich	gewichen	*retreat*	*retreated*	*retreated*
beiß-en	깨물다	biß	gebissen	*bite*	*bit*	*bitten*
reiß-en	찢다	riß	gerissen	*tear*	*tore*	*torn*
schneid-en*[1]	자르다	schnitt	geschnitten	*cut*	*cut*	*cut*
pfeif-en*[2]	휘파람불다	pfiff	gepfiffen	*whistle*	*whistled*	*whistled*
schleich-en	가만히 걷다	schlich	geschlichen	*crawl*	*crawled*	*crawled*
schreit-en*[2]	걸어가다	schritt	geschritten	*stride*	*strode*	*stridden*
streit-en*[2]	싸우다	stritt	gestritten	*fight*	*fought*	*fought*

[주의] 1) schneiden은 과거, 과거분사에서 **-d**가 **-tt**로 된다.
　　　 2) pfeifen, schreiten, streiten은 과거, 과거분사에서 자음이 두 개 겹친다.

(2)  ei ──── ie ──── ie

원형의 어간모음 **ei**가 과거에서 **ie**, 과거분사에서 **ie**로 되는 동사

독		어		영		어
원 형		과 거	과거분사	원 형	과 거	과거분사
bleib-en	머무르다	blieb	geblieben	*stay*	*stayed*	*stayed*
schein-en	비치다	schien	geschienen	*shine*	*shone*	*shone*
schreib-en	쓰다	schrieb	geschrieben	*write*	*wrote*	*written*
steig-en	오르다	stieg	gestiegen	*climb*	*climbed*	*climbed*
schrei-en	소리치다	schrie	geschrie(e)n	*cry*	*cried*	*cried*
scheid-en	헤어지다	schied	geschieden	*depart*	*departed*	*departed*
preis-en	칭찬하다	pries	gepriesen	*praise*	*praised*	*praised*
schweig-en	침묵하다	schwieg	geschwiegen	*keep silence*	*kept silence*	*kept silence*
treib-en	쫓다	trieb	getrieben	*drive*	*drove*	*driven*
zeih-en	꾸짖다	zieh	geziehen	*accuse*	*accused*	*accused*
reib-en	비비다	rieb	gerieben	*rub*	*rubbed*	*rubbed*

§ 36. 원형의 어간모음이 -a- 인 강변화 동사

원형이 어간모음 **-a-** 는 과거, 과거분사에서 두 가지로 바뀐다.

【1】 공 식 →

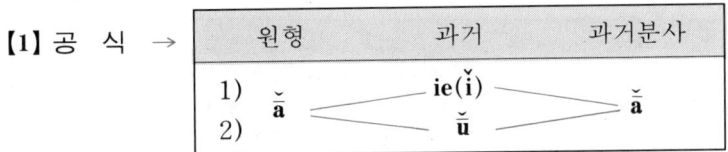

1)은 어간모음 ă(장모음, 단모음)가 과거에 ie(또는 ĭ), 과거분사에 ă로 된다.
2)는 어간모음 ă가 과거에 ŭ(장모음, 단모음), 과거분사에서 ă로 된다.

(1) ă ──── ie ──── ă

원형의 어간 모음 ă가 과거에서 ie, 과거분사에서 ă로 되는 동사

독 어			영 어		
원 형	과 거	과거분사	원 형	과 거	과거분사
schlaf-en 잠자다	schlief	geschlafen	*sleep*	*slept*	*slept*
halt-en 보존하다	hielt	gehalten	*keep*	*kept*	*kept*
rat-en 충고하다	riet	geraten	*advise*	*advised*	*advised*
lassen ～하게 하다	ließ	gelassen	*let*	*let*	*let*
fall-en* 떨어지다	fiel	gefallen	*fall*	*fell*	*fallen*
blas-en 불다(바람)	blies	geblasen	*blow*	*blew*	*blown*
brat-en 굽다	briet	gebraten	*roast*	*roasted*	*roasted*

[주의] fallen은 과거에서 자음 -l- 가 하나 떨어지므로 장모음이다.

(2)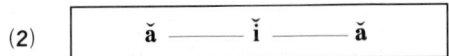

원형의 어간모음 ă가 과거에서 ĭ, 과거분사에서 ă로 되는 동사

독 어			영 어		
원 형	과 거	과거분사	원 형	과 거	과거분사
hang-en 걸다	hing	gehangen	*hang*	*hung*	*hung*
fang-en 붙잡다	fing	gefangen	*catch*	*caught*	*caught*

[주의] ă – ĭ – ă로 되는 동사는 위의 두 개뿐이다.

【2】 ă ── ŭ ── ă

원형의 어간모음 ă가 과거에서 ŭ, 과거분사에서 ă로 되는 동사

독어				영어		
원형		과거	과거분사	원형	과거	과거분사
fahr-en	차로 가다	fuhr	gefahren	*ride*	*rode*	*ridden*
grab-en	파내다	grub	gegraben	*dig*	*dug*	*dug*
schlag-en	때리다	schlug	geschlagen	*strike*	*struck*	*struck*
trag-en	운반하다	trug	getragen	*carry*	*carried*	*carried*
wachs-en	자라다	wuchs	gewachsen	*grow*	*grew*	*grown*
wasch-en	세탁하다	wusch	gewaschen	*wash*	*washed*	*washed*
schaff-en*	창조하다	schuf	geschaffen	*create*	*created*	*created*
back-en*	빵을 굽다	buk	gebacken	*bake*	*baked*	*baked*
lad-en	싣다(짐)	lud	geladen	*load*	*loaded*	*loaded*

[주의] 과거에서 schaffen은 -f-가 하나 떨어지고, backen은 -c-가 떨어지므로 앞의 모음은 각각 장모음이다.

§ 37. 원형의 어간모음이 -i- 인 강변화 동사

원형의 어간모음 -i- 는 과거, 과거분사에서 두 가지로 바뀐다.

공식 →

원형	과거	과거분사
1) i	ă	ŭ
2) i(mm, nn)	ă	ŏ

(1) i ── ă ── ŭ

원형의 어간모음 i가 과거에서 ă, 과거분사에서 ŭ로 되는 동사
영어에도 이와 같은 변화를 하는 동사들이 있다.

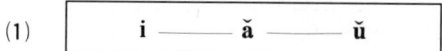

*beg*i*n   beg*a*n   beg*u*n*   *s*i*ng   s*a*ng   s*u*ng*
*r*i*ng   r*a*ng   r*u*ng*   *sw*i*m   sw*a*m   sw*u*m*

§ 37. 원형의 어간모음이 -i- 인 강변화 동사

독		어		영		어	
원 형		과 거	과거분사	원 형	과 거	과거분사	
find-en	발견하다	fand	gefunden	find	found	found
bind-en	매다	band	gebunden	bind	bound	bound
schwind-en	줄어들다	schwand	geschwunden	shrink	shrank	shrunk
sinken	가라앉다	sank	gesunken	sink	sank	sunk
trink-en	마시다	trank	getrunken	drink	drank	drunk
sing-en	노래하다	sang	gesungen	sing	sang	sung
wind-en	감다	wand	gewunden	wind	winded	winded
schwing-en	흔들다	schwang	geschwungen	swing	swung	swung
ring-en	비틀다	rang	gerungen	wring	wrung	wrung
kling-en	울리다	klang	geklungen	sound	sounded	sounded
geling-en	성공하다	gelang	gelungen	succeed	succeeded	succeeded
dring-en	돌진하다	drang	gedrungen	rush	rushed	rushed
spring-en	뛰다	sprang	gesprungen	spring	sprang	sprung
zwing-en	강요하다	zwang	gezwungen	force	forced	forced

[주의] gelingen은 ge- 로 시작하니 과거분사에 ge- 가 붙지 않는다.

(2) i[mm, nn] —— ă —— ŏ

원형의 어간모음이 i 이고 그 뒤에 mm, 또는 nn 이 있을 때에는 i 는 과거에서 ă, 과거분사에서는 ŏ로 된다.

독		어		영		어	
원 형		과 거	과거분사	원 형	과 거	과거분사	
schwimm-en	헤엄치다	schwamm	geschwom-men	swim	swam	swum
sinn-en	생각하다	sann	gesonnen	think	thought	thought
beginn-en*	시작하다	begann	begonnen	begin	began	begun
rinn-en	흐르다	rann	geronnen	run	ran	run
gewinn-en*	얻다	gewann	gewonnen	win	won	won

[주의] beginnen 과 gewinnen 은 과거분사에 ge- 가 붙지 않는다.

§ 38. 원형의 어간모음이 -ie- 인 강변화 동사

원형의 어간모음 **-ie-** 는 과거, 과거분사에서 두 가지로 바뀐다.

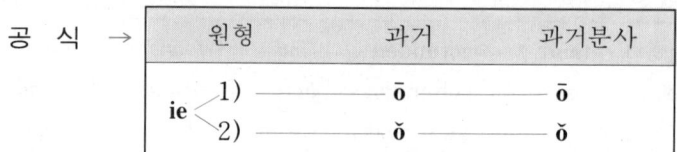

(1)   ie ——— ō ——— ō

원형의 어간모음 **-ie-** 가 과거에서 ō, 과거분사에서 ō 로 되는 동사

독 어				영 어		
원 형		과 거	과거분사	원 형	과 거	과거분사
biet-en	제공하다	bot	geboten	*bid*	*bade*	*bidden*
frier-en	얼다	fror	gefroren	*freeze*	*froze*	*frozen*
flieg-en	날다	flog	goflogen	*fly*	*flew*	*flown*
flieh-en	도망하다	floh	geflohen	*flee*	*fled*	*fled*
verlier-en	잃어버리다	verlor	verloren	*lose*	*lost*	*lost*
schieb-en	밀다	schob	geschoben	*shove*	*shoved*	*shoved*
zieh-en	끌다	zog	gezogen	*pull*	*pulled*	*pulled*

(2)   ie ——— ŏ ——— ŏ

원형의 어간모음 ie 가 과거에서 ŏ, 과거분사에서 ŏ 로 되는 동사

독 어				영 어		
원 형		과 거	과거분사	원 형	과 거	과거분사
schieß-en	쏘다	schoß	geschossen	*shoot*	*shot*	*shot*
fließ-en	흐르다	floß	geflossen	*flow*	*flowed*	*flowed*
genieß-en	즐기다	genoß	genossen	*enjoy*	*enjoyed*	*enjoyed*
schließ-en	닫다	schloß	geschlossen	*shut*	*shut*	*shut*
gieß-en	부어넣다	goß	gegossen	*pour*	*poured*	*poured*
kriech-en	기어가다	kroch	gekrochen	*creep*	*crept*	*crept*
riech-en	냄새맡다	roch	gerochen	*smell*	*smelled*	*smelled*

§ 39. 혼합변화 동사(Gemischte und unregelmäßige Verben)

과거, 과거분사에서 **어간모음이 변하고**, 또한 과거에서는 **-te**를 붙이고, 과거분사에서는 앞에 **ge-**를, 끝에 **-t**를 붙이는 동사를 혼합변화 동사라 한다.

공 식 →

원 형	과 거	과거분사
——en	——※—te	ge——※——t

즉, 과거, 과거분사에서 어간모음이 변하는 점은 강변화를 닮고, 과거에 **-te**, 과거분사에 **-t**를 붙이는 점은 약변화를 닮았기에 **혼합변화**라 한다 (**20개**).

혼합변화 동사는 다시 다음 두 가지로 나눈다.

(1) 규칙적인 것
어간이 **-enn**으로 된 동사가 여기에 속한다.

독 어			영 어		
원 형	과 거	과거분사	원 형	과 거	과거분사
brenn-en 불타다	brannte	gebrannt	*burn*	*burnt*	*burnt*
kenn-en 알다	kannte	gekannt	*know*	*knew*	*known*
nenn-en 이름 부르다	nannte	genannt	*name*	*named*	*named*
renn-en 뛰다	rannte	gerannt	*run*	*ran*	*run*
send-en* 보내다	sandte	gesandt	*send*	*sent*	*sent*
wend-en* 돌리다	wandte	gewandt	*turn*	*turned*	*turned*

[주의] send-en과 wend-en은 약변화를 하기도 한다. 어떤 변화를 하든 의미의 차이는 없다.

원 형	과 거	과거분사
1) send-en	sendete	gesendet
2) wend-en	wendete	gewendet

(2) 불규칙적인 것
혼합변화 동사 중에는 과거, 과거분사에서 불규칙으로 변하는 것도 약간 있다.

Abschnitt 8. 동사의 변화

마치 영어의

| bring | brought | brought |
| buy | bought | bought |

같이 모음, 자음이 다 바뀐다.

독 어				영 어		
원 형		과 거	과거분사	원 형	과 거	과거분사
bring-en	가져오다	brachte	gebracht	*bring*	*brought*	*brought*
denk-en	생각하다	dachte	gedacht	*think*	*thought*	*thought*
wiss-en	알다	wußte	gewußt	*know*	*knew*	*known*
geh-en	가다	ging	gegangen	*go*	*went*	*gone*
komm-en	오다	kam	gekommen	*come*	*came*	*come*
bitt-en	간청하다	bat	gebeten	*beg*	*begged*	*begged*
tu-n	하다	tat	getan	*do*	*did*	*done*
steh-en	서다	stand	gestanden	*stand*	*stood*	*stood*
hab-en	가지다	hatte	gehabt	*have*	*had*	*had*
sei-n	~이다	war	gewesen	*be*	—	*been*
werd-en	~되다	wurde	geworden	*become*	*became*	*become*

§ 40. 동사의 과거 인칭변화

영어에서는 동사의 과거형이 주어의 인칭에 따라 변하는 일이 없다.

독일어에서는 동사의 **과거형도** 현재형과 마찬가지로 인칭에 따라 **변한다**.

동사의 **과거 인칭변화**는 과거형에 현재 인칭변화의 어미를 그대로 붙인다. 단, 단수 1인칭과 3인칭만 그대로 둔다.

수 \ 변화	과거 인칭변화	현재 인칭변화
단수	ich ___과거형___ du _____st er/sie/es } ------	ich ___어간___ e du _____st er/sie/es } _____t
복수	wir _____en ihr _____t sie _____en (Sie) _____en	wir _____en ihr _____t sie _____en (Sie) _____en

§ 40. 동사의 과거 인칭변화   115

원 형 과 거 과거분사	machen **machte** gemacht	helfen **half** geholfen	bringen **brachte** gebracht	sein **war** gewesen
ich du er sie es	machte machtest machte	half halfst half	brachte brachtest brachte	war warst war
wir ihr sie (Sie)	machten machtet machten machten	halfen halft halfen halfen	brachten brachtet brachten brachten	waren wart waren waren
영 어	*make* *made* *made*	*help* *helped* *helped*	*bring* *brought* *brought*	*be* — *been*
국 어	만들다	돕다	가져 오다	~이다

---

89. Früher **hatte** der Dichter keinen Fernsehapparat, aber jetzt hat er zwei Fernsehapparate.

Formerly the poet didn't have a television set, but now he has two television sets.

《역》 그 시인은 전에 텔레비전이 없었는데 지금은 두 대를 갖고 있다.

[해설] **früher** 〔부〕 — (*formerly*, 전에). hatte<haben, hatte, gehabt. der **Dichter** — (*poet*, 시인). 부사가 문장 앞에 있으므로 도치. der **Fernsehapparat** — (*television*, 텔레비전). **fern** (*far*, 먼) + **seh**(sehen 동사의 어간) + der **Apparat**(*apparatus*, 기구). 강변 2식.

---

90. Am Sonntag **schickte** ich dir eine Kamera. Jetzt hast du sie zu Hause?

On Sunday I sent you a camera. Now do you have it at home?

《역》 일요일에 나는 너에게 카메라를 보냈어. 지금 그것을 집에 갖고 있니?

[해설] **am** — an dem 의 축소형. 요일에는 전치사 an 을 쓴다. schickte<schicken, **schickte**, geschickt — (*send*, 보내다). die **Kamera** — (*camera*, 사진기). 불규칙 변화. 복수는 -s. **zu Hause** — (*at home*, 집에).

91. Der Musiker **fuhr** mit dem Auto in die Stadt und **hielt** vor einem Restaurant. Er **war** sehr hungrig und durstig.
The musician went to the town by car and stopped before a restaurant. He was very hungry and thirsty.

《역》 그 음악가는 차를 타고 시내로 가서 어느 음식점 앞에 멈추었다. 그는 몹시 배가 고프고 목말랐다.

【해설】 der **Musiker** — (*musician*, 음악가). **fuhr**<fahren, **fuhr**, gefahren. **mit dem Auto** — (*by car*, 차로). in은 3·4격 전치사. 여기서는 방향을 나타내므로 4격. **hielt**<halten, **hielt**, gehalten — (*stop*, 멈추다). **vor** 전 — (*before*, ~ 앞에). 3·4격 전치사. **war**<sein, **war**, gewesen. **hungrig** 형 — (*hungry*, 배고픈). **durstig** 형 — (*thirsty*, 목마른).

92. Gestern **war** es sehr schön. Wir **machten** einen Ausflug in den Wald.
Yesterday it was very beautiful. We went for an outing to the forest.

《역》 어제는 날씨가 매우 좋았다. 우리는 숲으로 소풍을 갔다.

【해설】 **gestern** 부 — (*yesterday*, 어제). **es** — 날씨를 표현할 때는 주어 es를 쓴다. **schön** 형 — (*beautiful*, 아름다운). **machten**<machen, machte, gemacht. 복수 1인칭이므로 인칭어미는 -n. der **Ausflug** — (*outing*, 소풍). 강변 2식. 복수 -ü-. **einen Ausflug machen** — 소풍가다. der **Wald** — (*forest*, 숲). 3·4격 전치사 in은 방향을 나타내므로 4격.

§ 41. zu + 동사의 원형(Infinitiv)

영어의 *to* + *Root*는 독일어에서 **zu** + **Infinitiv**(동사의 원형)로 된다.

$$\boxed{\text{zu + Infinitiv}} = \boxed{\text{to + Root}}$$

【1】 zu + Infinitiv(동사의 원형)

영어에서 *to-Root*의 목적어, 보어, 부사 등은 언제나 그 뒤에 오나, 독일어에서는 **zu**의 앞에 두고, 또한 그 앞에는 Komma(*comma*)를 찍는다.

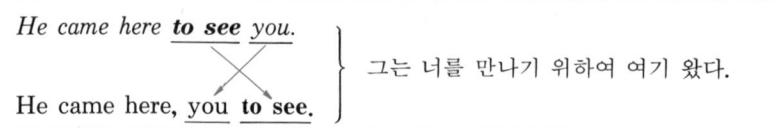

He came here **to see** you.
He came here, you **to see**.
} 그는 너를 만나기 위하여 여기 왔다.

93. Es ist schwer für die Ausländer, Deutsch gut **zu sprechen**.
It is difficult for the foreigners to speak German well.

§ 41. zu+동사의 원형   117

《역》 독일어를 잘 말한다는 것은 외국인들에게는 어려운 일이다.
해설 영어에서 it 가 가주어이고 to-Root 가 진주어이듯이, 독일어에서도 es 는 가주어 zu-Infinitiv가 진주어. **schwer** 형 — (*heavy, difficult*, 무거운, 어려운). **für** 전 — (*for*, ~에게는). 4격 전치사. der **Ausländer** — (*foreigner*, 외국인). 강변 1식. 여기서는 복수 4격. **gut** 형 — (*good*, 좋은). 여기서는 부사. **sprechen, sprach, gesprochen** — (*speak*, 말하다).

94. Er hat keine Zeit, mit ihr ins Theater **zu gehen**.
He has no time to go to the theater with her.

《역》 그는 그 여자와 극장에 갈 시간이 없다.
해설 영어에서 to-Root 이하가 time을 수식하듯이, 독일어에서도 zu-Infinitiv는 Zeit를 수식하는 형용사구. 영어와 어순을 비교하자. **mit** 전 — (*with*, ~와 함께). 3격 전치사. **ihr** — sie의 3격. das **Theater** — (*theater*, 극장). **gehen, ging, gegangen**.

【2】un ~ zu-Infinitiv

특히 「~하기 위하여」의 의미를 나타낼 때 영어에서는 *in order to* + *Root*, 독일어에서는 **um ~ zu-Infinitiv**로 된다.

$$\boxed{\text{um} \sim \text{zu-Infinitiv}} = \boxed{\text{in order to} + \text{Root}}$$

이 때 목적어, 보어, 부사 등은 **um**과 **zu** 사이에 두고, **Komma**는 **um** 앞에 온다.

95. Der Neffe spart Geld, **um** ein Auto **zu kaufen**.
The nephew is saving money in order to buy a car.

《역》 조카는 차를 한 대 사려고 돈을 모으고 있다.
해설 der **Neffe** — (*nephew*, 조카). 약변화. **sparen, sparte, gespart** — (*save*, 저축하다). **um ~ zu ~** — (*in order to*, ~하기 위하여). **kaufen, kaufte gekauft** — (*buy*, 사다).

96. Wir leben nicht, **um zu essen**, sondern wir essen, **um zu leben**.
We live not to eat, but we eat to live.

《역》 우리는 먹기 위하여 사는 것이 아니라, 살기 위하여 먹는다.
해설 **leben lebte, gelebt** — (*live*, 살다). **essen, aß, gegessen** — (*eat*, 먹다). essen 과 leben 은 목적어나 부사가 없기 때문에 um ~ zu를 같이 연결시킨다.

Abschnitt 8. 동사의 변화

연 습 문 제

[1] 다음 문장에서 현재형은 과거로 과거형은 현재로 고치시오.
  1. Es war Sonntag. Ein Briefträger brachte uns ein Paket.
  2. Es ist nicht so leicht, den Brief zu schreiben.
  3. Sie gingen nach Deutschland, um Philosophie zu studieren.
  4. „Ich habe einen Fernsehapparat und ein Klavier." sagt sie.
  5. Der Deutsche kam mit dem Auto in die Stadt.
  6. Er nimmt den Hut von dem Bügel, und steht wieder an dem Fenster.
  7. Wir sprechen immer Deutsch und lernen sehr viel Deutsch.
  8. Ein Bettler stand vor der Tür des Hauses und weinte bitterlich.
  9. Ein Krankenwagen bringt den Jungen ins Krankenhaus.

[2] 주어진 동사의 과거형을 _____ 에 넣어서 다음 문장을 완성하시오.
  1. Im Frühling _____ die Planzen schnell. (wachsen)
  2. Das Flugzeug _____ über den Ozean. (fliegen)
  3. Er _____ eine Wohnung in Frankfurt. (suchen)
  4. Wir _____ auf der Terrasse. (bleiben)
  5. Der Gast _____ gern eine Tasse Kaffee. (trinken)
  6. Der Bach _____ sehr schnell. (fließen)
  7. Er _____ mich nicht mehr. (kennen)
  8. Von der Sache _____ ich nichts. (wissen)
  9. Wir _____ damals, um zu leben. (essen)

해답

[1] ① Es ist Sonntag. Ein Briefträger bringt uns ein Paket.
  ② Es war nicht so leicht, den Brief zu schreiben.
  ③ Sie gehen nach Deutschland, um Philosophie zu studieren.
  ④ „Ich hatte einen Fernsehapparat und ein Klavier." sagte sie.
  ⑤ Der Deutsche kommt mit dem Auto in die Stadt.
  ⑥ Er nahm den Hut von dem Bügel, und stand wieder an dem Fenster.
  ⑦ Wir sprachen immer Deutsch und lernten sehr viel Deutsch.
  ⑧ Ein Bettler steht vor der Tür des Hauses und weint bitterlich.
  ⑨ Ein Krankenwagen brachte den Jungen ins Krankenhaus.
[2] ① wuchsen ② flog ③ suchte ④ blieben ⑤ trank ⑥ floß ⑦ kannte
  ⑧ wußte ⑨ aßen

해 설

[1] ① 일요일이었다. 우체부가 우리에게 한 꾸러미의 소포를 가져다 주었다.
② 편지를 쓴다는 것은 그렇게 쉬운 일이 아니다.
③ 그들은 철학을 공부하기 위하여 독일로 갔다.
④ "나는 텔레비전과 피아노를 가지고 있다."라고 그녀는 말한다.
⑤ 그 독일인은 자동차를 타고 그 도시로 왔다.
⑥ 그는 옷걸이에서 모자를 빼내어 들고 창가에 다시 서 있다.
⑦ 우리는 항상 독일어를 말하며, 매우 많이 독일어를 배운다.
⑧ 한 거지가 집 문 앞에 서서 비통하게 울었다.
⑨ 병원차 한 대가 그 젊은이를 병원으로 데려간다.

1 der **Briefträger** — (*postman*, 우체부). 강변 1식. **brachte** <**bringen, brachte, gebracht** — (*bring*, 가져오다). 2 **leicht** 형 — (*easy*, 쉬운). **schreiben** < **schreiben, schrieb, geschrieben** — (*write*, 쓰다). 3 **gingen** < **gehen, ging, gegangen** — (*go*, 가다). 동사의 어미가 -ieren 으로 끝나면 약변화하고, 과거분사에서 ge- 를 생략. 4 der **Fernsehapparat** — (*TV*, 텔레비전). 강변 2식. das **Klavier** — (*piano*, 피아노). 5 **kam** < **kommen, kam, gekommen** — (*come*, 오다). **in** 은 방향을 나타내는 4격 전치사. 6 **nimmt** < **nehmen, nahm, genommen** — (*take*, 쥐다). der **Hut** — (*hat*, 모자). 강변 2식. der **Bügel** — (*hook*, 옷걸이). 강변 1식. **steht** < **stehen, stand, gestanden** — (*stand*, 서 있다). **an** 는 장소를 나타내므로 3격 전치사. 7 **sprechen** < **sprechen, sprach, gesprochen** — (*speak*, 말하다). **immer** 부 — (*always*, 항상). **lernen** — (*learn*, 배우다). 8 der **Bettler** — (*beggar*, 거지). 강변 1식. **weinte** < **weinen, weinte, geweint** — (*weep*, 울다). 약변. **bitterlich** 형 — (*bitter*, 비통한). 9 der **Krankenwagen** — (*ambulance*, 병원차). 강변 1식.

[2] ① 봄에 식물들은 빨리 자랐다.
② 그 비행기는 대양 위로 날아갔다.
③ 그는 프랑크푸르트에서 집을 구하고 있었다.
④ 우리는 테라스에 있었다.
⑤ 그 손님은 기꺼이 커피를 한 잔 마셨다.
⑥ 그 작은 시내는 매우 빨리 흘렀다.
⑦ 그는 나를 더 이상 알지 못했다.
⑧ 그 일에 대해서 나는 아무것도 몰랐다.
⑨ 우리는 그 당시 살기 위해 먹었다.

1 der **Frühling** — (*spring*, 봄). 강변 2식. die **Pflanze** — (*plant*, 식물). 약변. **wachsen** < **wachsen, wuchs, gewachsen** — (*grow*, 성장하다). 2 das **Flugzeug** — (*airplane*, 비행기). 강변 2식. der **Ozean** — (*ocean*, 대양). 강변 2식. **fliegen** < **fliegen, flog, geflogen** — (*fly*, 날다). 3 **suchen** — (*search*, 찾다). 4 die **Terrasse** — (*terrace*, 테라스). 약변. **bleiben** < **bleiben, blieb, geblieben** — (*stay*, 머무르다). 5 die **Tasse** — (*cup*, 컵). **trinken** < **trinken, trank, getrunken** — (*drink*, 마시다). 6 der **Bach** — (*stream*, 시냇물). 8 die **Sache** — (*thing*, 일). 약변. **wissen** < **wissen, wußte, gewußt** — (*know*, 알다). 9 **damals** 부 — (*then*, 그 때에). **leben** — (*live*, 살다). **essen** < **essen, aß, gegessen**.

Lesestück 8

Ein Mißverständnis

　Ein Franzose machte einmal mit dem Auto eine Reise durch Österreich. Er fuhr nicht nur die Hauptstraßen entlang, sondern auch die Nebenstraßen.

　In den Dörfern beobachtete er das Leben der Menschen, und sah das Vieh — Pferde, Kühe und Schafe — auf den Wiesen. Die Bauern arbeiteten auf den
5 Feldern und fuhren mit den Wagen die Ernte nach Hause. Das Wetter war schön und die Luft war warm. Plötzlich kamen die Wolken aus dem Westen, und es regnete, blizte und donnerte. Der Franzose kam mit dem Auto in ein Dorf und hielt vor einem Gasthaus. Es war gerade Mittagszeit.

　Er trat in das Gasthaus. Es war klein, aber gemütlich. Der Gast saß an
10 einem Tisch in der Ecke der Gaststube und bestellte ein Mittagessen. Aber der Wirt verstand nicht Französisch. Das war für den Franzosen sehr unangenehm. Plötzlich hatte er einen Gedanken. Er nahm einen Bleistift und zeichnete auf ein Papier einen Pilz, denn er hatte gerade Appetit auf Pilze. Der Wirt sah die Zeichnung, nickte mit dem Kopf und ging aus der Gaststube.
15 　Nach einer Weile brachte der Wirt keinen Teller mit Pilzen, sondern einen Regenschirm.

---

das **Mißverständnis** — (*misunderstand*, 오해). ① der **Franzose** — (*Frenchman*, 프랑스인). **einmal** 부 — (*once*, 한때). die **Reise** — (*journey*, 여행). **Österreich** — (*Austria*, 오스트리아). ② die **Hauptstraße** — (*main road*, 큰길). **entlang** — (*along*, ~에 따라서). die **Nebenstraße** — (*side-road*, 옆길). ③ das **Dorf** — (*village*, 마을). **beobachten** — (*observe*, 관찰하다). das **Vieh** — (*cattle*, 가축). ④ das **Pferd** — (*horse*, 말). die **Kuh** — (*cow*, 소). das **Schaf** — (*sheep*, 양). die **Wiese** — (*meadow*, 목장, 풀밭). auf den Wiesen은 복수 3격.「위치」를 나타냄. der **Bauer** — (*farmer*, 농부). ⑤ das **Feld** — (*field*, 들). der **Wagen** — (*vehicle*, 마차). die **Ernte** — (*earn*, 수확). das **Wetter** — (*weather*, 일기). ⑥ **schön** 형 — (*beautiful*, 아름다운). die **Luft** — (*air*, 공기). **warm** 형 — (*warm*, 따뜻한). **plötzlich** 형 — (*sudden*, 갑작스런). die **Wolke** — (*cloud*, 구름). der **Westen** — (*west*, 서쪽). **regnen** — (*rain*, 비 오다). ⑦ **es** — (*it*가 영어에서 날씨를 나타내듯 독일어에서 es

오 해

한 프랑스인이 한때 자동차를 타고 오스트리아로 여행을 했다. 그는 큰길을 따라서 갔을 뿐만 아니라 샛길로도 차를 타고 갔다.

마을에서 그는 사람들의 생활을 관찰했고, 또한 풀밭에서 말, 소, 양 등의 가축을 보았다. 농부들은 들에서 일하고, 수레로 농작물을 집으로 실어갔다. 날씨는 좋았고, 공기는 따뜻했다. 갑자기 구름이 서쪽에서 와서 비가 내리고 번개치며 천둥이 일었다. 그 프랑스인은 자동차로 한 마을에 와서, 어떤 음식점 앞에서 멈추었다. 때는 바로 점심 때였다.

그는 그 음식점으로 걸어 들어갔다. 음식점은 작았지만 마음에 들었다. 그 손님은 객실의 구석에 있는 식탁에 앉아서 점심 식사를 주문했다. 그러나 그 주인은 프랑스어를 알지 못했다. 그것이 그 프랑스인에게는 대단히 불편했다. 갑자기 그는 한 생각을 해냈다. 그는 연필을 쥐고 종이 위에 하나의 버섯을 그렸다. 왜냐하면, 그는 바로 버섯을 먹고 싶었기 때문이었다. 그 주인은 그 그림을 보고 머리를 끄덕이며 객실 밖으로 나갔다.

잠시 후에 그 주인은 버섯을 담은 접시를 가져온 것이 아니라 우산을 가져 왔다.

가 날씨를 나타냄). **blitzen** — (*lighten*, 번개치다). **donnern** — (*thunder*, 천둥치다). ⑧ **halten** — (*stop*, 멈추다). **das Gasthaus** — (*restaurant*, 음식점). **die Mittagszeit** — (*lunchtime*, 점심 시간). ⑨ **treten** — (*tread*, 걷다). **gemütlich** 형 — (*cheerful*, 마음에 드는). **sitzen** — (*sit*, 앉아 있다). ⑩ **die Ecke** — (*corner*, 구석). **die Gaststube** — (*guest's room*, 객실). **bestellen** — (*order*, 주문하다). **das Mittagessen** — (*lunch*, 점심). **der Wirt** — (*host*, 음식점 주인). ⑪ **das Französisch** — (*French*, 프랑스어). **unangenehm** 형 — (*unpleasant*, 불편한). ⑫ **der Gedanke** — (*thought*, 생각). **zeichnen** — (*draw*, 그리다). ⑬ **das Papier** — (*paper*, 종이). **der Pilz** — (*mushroom*, 버섯). **der Appetit** — (*appetite*, 식욕). **Appetit auf etw. haben** 「～을 먹고 싶어하다」 ⑭ **die Zeichnung** — (*drawing*, 그림). **nicken** — (*nod*, 끄덕이다). **der Kopf** — (*head*, 머리). **gehen** — (*go*, 가다). ⑮ **die Weile** — (*while*, 잠시). **bringen** — (*bring*, 가져오다). ⑯ **der Regenschirm** — (*umbrella*, 우산).

Abschnitt 9.

형용사 변화 · 지시대명사(dieser, jener)

§ 42. 형용사 변화(Adjektivdeklination)

영어에서는 형용사가 어떤 방법으로 쓰이든지 형용사가 변하는 일이 없다. 그러나 독일어에서는 **형용사도 명사와 마찬가지로 어미 변화**를 할 때가 있다.

```
1) 형용사 뒤에 명사가 없을 때   →형용사 + 명 사
                                     └→변하지 않는다.
2) 형용사 뒤에 명사가 있을 때   →형용사 + 명 사
                                     └→변화한다.
```

【1】 형용사 뒤에 명사가 없을 때 :

형용사 뒤에 명사없이 쓰일 때, 그 형용사는 변하지 않는다.

```
Das Leben ist kurz ; die Kunst ist lang.
              └→변화 없음        └→변화 없음
Life is short ; art is long.
```

《역》 인생은 짧고, 예술은 길다.

해설 das Leben — (*life*, 인생). 강변 1식. kurz 형 — (*short*, 짧은). 뒤에 명사가 없으니 변하지 않는다. die Kunst — (*art*, 예술). 강변 2식. 복수 -ü-. lang 형 — (*long*, 긴). 뒤에 명사가 없으니 변하지 않는다.

【2】 형용사 뒤에 명사가 있을 때 :

형용사 뒤에 명사가 있을 때, 즉 **형용사＋명사**일 때 그 **형용사**는 언제나 변화한다.

```
Er ist ein schlau  Mann.
              └→변화한다
He is a sly man.
```

그는 간교한 사람이다.

해설 schlau 형 — (*sly*, 간교한). 뒤에 명사(Mann)가 있으니 변화한다.

§ 43. 형용사의 강변화(Starke Deklination der Adjektive)

| ~~관사~~ + 형용사 + 명사 | 일 때 :

형용사 앞에 **관사**(정관사, 또는 부정관사)가 없을 때 그 형용사는 아래와 같이 변한다. 이 변화를 형용사의 **강변화**라 한다.

【1】변 화

수\격\성	단 수			복 수
	남성	여성	중성	남·여·중
1.	-er	-e	-es[1]	-e
2.	-es(**en**)[2]	-er	-es(**en**)[2]	-er
3.	-em	-er	-em	-en
4.	-en	-e	-es[1]	-e

주의 1) 전체의 변화가 정관사 변화와 같으나, 중성 1격, 4격이 **-es**.
2) 남성과 중성 2격에서 **-es**로 될 때와 **-en**으로 될 때가 있다.

【2】변화의 방법

형용사가 강변화를 할 때에는 정관사를 붙일 때와 마찬가지로 뒤에 있는 명사의 ①성과 ②격에 맞추어 어미를 붙인다.

1) 남성명사일 때 :	2) 여성명사일 때 :	3) 중성명사일 때 :
형용사 klein	형용사 weiß	형용사 alt
명 사 Knabe	명 사 Bluse	명 사 Haus

수\격	성	남 성		여 성		중 성	
단수	1.	kleiner	Knabe	weiße	Bluse	altes	Haus
	2.	kleines*	Knaben	weißer	Bluse	alten*	Hauses
	3.	kleinem	Knaben	weißer	Bluse	altem	Hause
	4.	kleinen	Knaben	weiße	Bluse	altes	Haus
복수	1.	kleine	Knaben	weiße	Blusen	alte	Häuser
	2.	kleiner	Knaben	weißer	Blusen	alter	Häuser
	3.	kleinen	Knaben	weißen	Blusen	alten	Häusern
	4.	kleine	Knaben	weiße	Blusen	alte	Häuser

[3] 남성 2격과 중성 2격에 -es? 또는 -en?

형용사 뒤에 명사가 **남성**, 또는 **중성** 명사로서 그의 단수 2격이 **-s** 또는 **-es**일 때, 그 형용사에는 **-en**을 붙인다.

만일 명사의 어미가 -s, 또는 -es가 아닐 때 형용사에는 **-es**를 붙인다.

따라서 실제 여기 해당하는 예는 드물다.

> 1) Wegen stark**es** Regens blieben wir zu Hause. (×)
> Wegen stark**en** Regens blieben wir zu Hause. (○)
> *Because of heavy rain we stayed at home.*

《역》 심한 비 때문에 우리는 집에 머물렀다.

해설 wegen 전 — (*because of*, ~ 때문에). 2격 전치사. **stark** 형 — (*strong, heavy*, 강한). der **Regen** — (*rain*, 비). 단수 2격, -s. stark 앞에 관사가 없으므로 형용사 강변화. 뒤에 Regens가 2격으로 -s가 붙었으므로 정관사 본래의 -es가 아니라 -en을 붙여야 한다. **blieben**<bleiben, blieb, geblieben — (*stay*, 머무르다). **zu Hause** — (*at home*, 집에).

> 2) Während letzt**en** Urlaubs war er in Italien. (○)
> Während letzt**es** Urlaubs war er in Italien. (×)
> *During the last vacation he was in Italy.*

《역》 지난 휴가 동안 그는 이탈리아에 있었다.

해설 während 전 — (*during*, ~ 동안). 2격 전치사. **letzt** 형 — (*last*, 지난번의). das **Urlaub** — (*vacation*, 휴가). 강변 2식. letzt 앞에 관사가 없으므로 형용사 강변화. 뒤에 Urlaubs가 2격으로 -s가 붙었으므로 정관사 중성 2격의 -es가 아니라 -en을 붙여야 한다. **war**<sein, war, gewesen.

> **97.** Der Knabe liebt braune Schokolade und süß**en** Kuchen.
> *The boy likes brown chocolate and sweet cake.*

《역》 그 소년은 갈색 초콜렛과 단 과자를 좋아한다.

해설 **braun** 형 — (*brown*, 갈색의). die **Schokolade** — (*chocolate*, 초콜렛). 약변. Schokolade가 여성 4격, 따라서 braun에는 -e가 붙는다. der **Kuchen** — (*cake*, 과자). 강변 1식. **süß** 형 — (*sweet*, 달콤한). Kuchen이 남성 4격, süß 에는 -en이 붙는다.

> **98.** Die Taschen armer Menschen sind nicht immer leer.
> *The pockets of poor men are not always empty.*

《역》 가난한 사람의 호주머니가 언제나 비어 있는 것은 아니다.

해설 die **Tasche** — (*pocket*, 호주머니). 약변. **arm** 형 — (*poor*, 가난한). 뒤에 Menschen

이 복수 2격이니 강변화 복수 2격 -er가 붙는다. leer 형 — (*empty*, 비어 있는).

> **99.** Das Trinken stark**en** Kaffees und das Rauchen schlecht**er** Zigaretten sind der Gesundheit schädlich.
> *The drinking of strong coffee and the smoking of bad cigarettes are injurious to health.*

《역》 진한 커피를 마시고 나쁜 담배를 피우는 것은 건강에 해롭다.

해설 das **Trinken** — (*drinking*, 마시는 것). der **Kaffee** — (*coffee*, 커피). 단수 2격에 -s, 따라서 stark는 형용사 강변화. 남성 2격에서는 -en. das **Rauchen** — (*smoking*, 담배피우는 것). **schlecht** 형 — (*bad*, 나쁜). die **Zigarette**가 복수 2격이니 schlecht-는 강변화 복수 2격의 -er. **schädlich** 형 — (*injurious*, 해로운).

> **100.** Im Sommer kommen viel**e** ausländisch**e** Touristen nach Deutschland.
> *In summer many foreign tourists come to Germany.*

《역》 여름에는 많은 외국인 관광객들이 독일에 온다.

해설 **ausländisch** 형 — (*foreign*, 외국의). 뒤의 Touristen이 복수 1격이므로 형용사 강변화 복수 1격의 -e가 붙는다. der **Tourist** — (*tourist*, 관광객). 약변.

§ 44. 형용사의 약변화(Schwache Deklination der Adjektive)

| 정관사 + 형용사 + 명사 | 일 때 :

형용사 앞에 정관사가 있을 때, 형용사는 아래와 같이 변한다. 이 변화를 형용사의 **약변화**라 한다.

[1] 변 화

격 \ 수·성	단수 남성	단수 여성	단수 중성	복수 남·여·중
1.	-e	-e	-e	-en
2.	-en	-en	-en	-en
3.	-en	-en	-en	-en
4.	-en	-e	-e	-en

주의 남성, 여성, 중성의 1격과 여성, 중성의 4격만 -e이다.

Abschnitt 9. 형용사 변화 · 지시대명사

【2】변화의 방법

형용사가 약변화를 할 때에도 뒤에 있는 명사의 성과 격에 맞추어 어미를 붙인다.

1) 남성명사일 때 :	2) 여성명사일 때 :	3) 중성명사일 때 :
정관사 der	정관사 die	정관사 das
형용사 grün	형용사 blau	형용사 rot
명 사 Baum	명 사 Blume	명 사 Kleid

수 \ 격 \ 성		남 성	여 성	중 성
단 수	1.	der grüne Baum	die blaue Blume	das rote Kleid
	2.	des grünen Baums	der blauen Blume	des roten Kleides
	3.	dem grünen Baum	der blauen Blume	dem roten Kleid
	4.	den grünen Baum	die blaue Blume	das rote Kleid
복 수	1.	die grünen Bäume	die blauen Blumen	die roten Kleider
	2.	der grünen Bäume	der blauen Blumen	der roten Kleider
	3.	den grünen Bäumen	den blauen Blumen	den roten Kleidern
	4.	die grünen Bäume	die blauen Blumen	die roten Kleider

---

101. **Das** große Haus **des** reichen Mannes hat viele Zimmer.
The big house of the rich man has many rooms.

《역》그 돈 많은 남자의 커다란 집은 많은 방을 가지고 있다.
해설 das Haus 가 주어이니 groß 는 약변화. 중성 1 격의 -e. reich 에는 des Mannes 가 2 격이니 약변화. 남성 2 격의 -en. **viel** 형 — (*many*, 많은). Zimmer 가 복수 4 격이고, 앞에 관사가 없으니 viel 은 강변화. 복수 4 격의 -e.

---

102. Der Polizist stand vor **dem** hohen Gebäude mit **dem** schwarzen Hund.
The policeman stood in front of the high building with the black dog.

《역》그 경찰관은 검은 개를 데리고 높은 빌딩 앞에 서 있었다.
해설 der **Polizist** — (*policeman*, 경찰관). 약변. **stand**<stehen, **stand**, gestanden — (*stand*,

서 있다). **vor** 〔전〕 — (*in front of*, ~ 앞에). 3·4격 전치사. **hoch** 〔형〕 — (*high*, 높은). das **Gebäude** — (*building*, 건물). vor의 목적어로서 3격이므로 hoch 뒤에는 -en을 붙여야 한다. 이 때 주의할 것은 형용사 **hoch**는 뒤에 모음이 붙으면 -c-가 탈락한다. hochen이 아니라 **hohen**. der Hund는 전치사의 목적어로서 3격이니 schwarz에는 어미 -en.

---

103. Die junge Prinzessin des alten Königes liebt grüne Schuhe.
The young princess of the old king likes green shoes.

《역》 그 늙은 왕의 젊은 공주는 녹색 신발을 좋아한다.

〔해설〕 die **Prinzessin** — (*princess*, 공주). 약변. 복수는 -nen. jung은 앞에 정관사가 있으므로 약변화. 여성 1격의 -e. des Königes는 2격. alt 앞에 정관사가 있으므로 약변화이고, 남성 2격의 -en을 붙인다. **grün** 〔형〕 — (*green*, 푸른). der **Schuh** — (*shoe*, 신). 강변 2 식. 여기서는 복수 4격. grün은 앞에 관사가 없으므로 강변화. 복수 4격의 -e.

---

104. Die weiße Tasche der schönen Dame lag auf dem roten Stuhl.
The white bag of the beautiful lady lay on the red chair.

《역》 그 아름다운 숙녀의 흰 가방이 붉은 걸상 위에 놓여 있었다.

〔해설〕 die **Tasche** — (*bag*, 가방). **weiß** 〔형〕 — (*white*, 흰). 앞에 정관사가 있으니 약변화. 여성 1격의 -e. **lag**<**liegen, lag, gelegen** — (*lie*, 놓여 있다). die **Dame** — (*lady*, 숙녀). schön도 앞에 정관사가 있으니 약변화. 여성 2격의 -en. **auf** 〔전〕 — (*on*, ~ 위에). 3·4격 전치사. rot 앞에 정관사가 있으니 약변화, 남성 3격의 -en.

§ 45. 형용사의 혼합변화(Gemischte Deklination der Adjektive)

| 부정관사 + 형용사 + 명사 | 일 때 :

형용사 앞에 부정관사가 있을 때, 이 때의 변화를 형용사의 **혼합변화**라 한다.

【1】 변 화

격 \ 수성	단수 남성	단수 여성	단수 중성	복수 남·여·중
1.	–er	–e	–es	없음
2.	–en	–en	–en	
3.	–en	–en	–en	
4.	–en	–e	–es	

Abschnitt 9. 형용사 변화 · 지시대명사

[주의] 1) 1격, 4격이 정관사의 변화, 즉 강변화이고, 2격, 3격에 -en 이 붙으니 약변화이기에 이것을 혼합변화라 한다.
2) 혼합변화는 **부정관사** + **형용사** + **명사**일 때의 변화이니, 명사가 단수라야만 부정관사를 붙이지, 명사가 복수일 때는 부정관사를 붙일 수 없다. 따라서 혼합변화에는 복수형이 없다.
영어에서도 명사가 복수일 때에는 부정관사를 못 붙이지 않는가.

> 1) *My brother has **a** good **watch**.* (○)
> 나의 형은 좋은 시계를 가지고 있다.
> 2) *My father has **a** good **watches**.* (×)
> 나의 아버지는 좋은 시계들을 가지고 있다.

【2】 변화의 방법

형용사가 혼합변화를 할 때에도 강변화나 약변화와 마찬가지로 뒤에 있는 명사의 성과 격에 맞추어 어미를 붙인다.

1) 남성명사일 때:	2) 여성명사일 때:	3) 중성명사일 때:
부정관사 ein	부정관사 eine	부정관사 ein
형 용 사 stark	형 용 사 arm	형 용 사 leer
명 사 Mann	명 사 Frau	명 사 Zimmer

수\격		남 성	여 성	중 성
단수	1.	ein starker Mann	eine arme Frau	ein leeres Zimmer
	2.	eines starken Mannes	einer armen Frau	eines leeren Zimmers
	3.	einem starken Mann	einer armen Frau	einem leeren Zimmer
	4.	einen starken Mann	eine arme Frau	ein leeres Zimmer
복수		없 음		

105. Deutschland ist **ein** schönes und großes Land in Europa.
Germany is a beautiful and big country in Europe.

《역》 독일은 유럽에 있는 아름답고 큰 국가이다.

[해설] **Deutschland** — (*Germany*, 독일). 단수 2격, -s. schön 과 groß 는 앞에 ein 이 있으니 혼합변화. 중성 1격의 -es. das **Land** — (*country*, 국가). 강변 3식. das **Europa** —

(*Europe*, 유럽).

---

106. Ein gutes Buch ist auch nicht immer **ein** interessantes Buch ; interessante Bücher sind auch nicht immer gut.

A good book is also not always an interesting book ; interesting books are also not always good.

《역》 좋은 책이란 또한 반드시 재미있는 책은 아니다. 재미있는 책이 또한 반드시 좋은 것은 아니다.

해설 gut 앞에 ein이 있으므로 혼합변화, 중성 1격, -es. **auch** 튄 — (*also*, 또한). **immer** 튄 — (*always*, 언제나).

nicht immer *not always*	반드시 ~은 아니다

interessant 형 — (*interesting*, 재미있는). 앞에 ein이 있으므로 혼합변화, 중성 1격, -es. Bücher가 복수 1격이고 interessant는 관사가 없으니 강변화, 복수 1격, -e.

---

107. Eines Tages bekam der arme Kellner **einen** langen Brief von einer reichen Frau.

One day the poor waiter received a long letter from a rich woman.

《역》 어느 날 그 가난한 웨이터는 돈 많은 부인으로부터 긴 편지를 받았다.

해설 **Eines Tages** — (*one day*, 어느 날). 2격 명사가 부사로 쓰이기도 한다. **bekam** < bekommen, bekam, bekommen — (*receive*, 받다). der **Kellner** — (*waiter*, 웨이터). arm은 앞에 정관사가 있으니 약변화. 남성 1격에서 -e. der **Brief** — (*letter*, 편지). 강변 2식. lang은 앞에 부정관사가 있으니 혼합변화. 남성 4격에서 -en. **von** 전 — (*from*, ~로부터). 3격 전치사. reich는 앞에 부정관사가 있으니 혼합변화. 여성 3격에서 -en.

---

108. Der kleine Schüler legte **eine** schwere Tasche und **ein** dickes Wörterbuch auf den runden Tisch.

The little pupil put a heavy bag and a thick dictionary on the round table.

《역》 그 작은 학생은 무거운 가방과 두꺼운 사전을 둥근 책상 위에 놓았다.

해설 klein은 앞에 정관사가 있으므로 약변화. 남성 1격에서 -e. **legte** < legen, legte, gelegt — (*put*, 놓다). **schwer** 형 — (*heavy*, 무거운). 앞에 부정관사가 있으니 혼합변화. 여성 4격에서 -e. **dick** 형 — (*thick*, 두꺼운). 앞에 부정관사가 있으니 혼합변화. 중성 4격에서 -es. **auf**는 3·4격 전치사. 여기서는 가방과 사전을 놓는 방향을 나타내니 4격. **rund** 형 — (*round*, 둥근). 앞에 정관사가 있으니 약변화. 남성 4격에서 -en. das **Wörterbuch** — (*dictionary*, 사전). 강변 3식.

130 Abschnitt 9. 형용사 변화·지시대명사

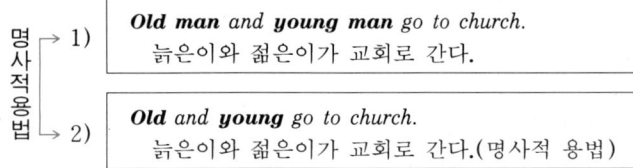

§ 46. 형용사의 명사적 용법

형용사는 첫글자만 대문자로 하여 명사로도 사용한다. 이것을 형용사의 **명사적 용법**이라 한다.

영어에서도 형용사가 명사로도 쓰인다.

명사적 용법 →
1) **Old man** and **young man** go to church.
   늙은이와 젊은이가 교회로 간다.
2) **Old** and **young** go to church.
   늙은이와 젊은이가 교회로 간다. (명사적 용법)

【1】변 화

형용사가 명사로 쓰이더라도 원래 그것이 형용사이니 일반 형용사와 마찬가지로 1) 강변화, 2) 약변화, 3) 혼합변화를 한다.

즉, 앞에
관사가 없으면	→	강변화
정관사가 있으면	→	약변화
부정관사가 있으면	→	혼합변화
를 한다.

【2】형용사의 명사적 용법이 나타내는 뜻

남성변화 → 남자를 가리킨다.
여성변화 → 여자를 가리킨다.
복수변화 → 사람(남자 또는 여자)의 복수를 가리킨다.
중성변화 → 추상적인 것, 또는 사물을 가리킨다.

109. Gestern besuchten mich **ein Alter** und **eine Alte**.
Yesterday an old man and an old woman visited me.

《역》 어제 한 노인과 노파가 나를 찾아왔다.

해설 gestern 〔부〕 — (*yesterday*, 어제). alt 는 명사적 용법으로 대문자. 앞에 ein 이 있으니 혼합변화. 남성 1격의 어미 -er 가 붙는다. 「늙은 남자」. 또 앞에 eine 가 있으니 혼합변

화. 여성 1격의 어미 -e가 붙는다.「늙은 여자」. **besuchen, besuchte, besucht** — (*visit*, 방문하다). 어순에 주의 : gestern이 앞에 왔으니 도치법. 명사가 주어일 때 도치법에서는 목적어로 된 인칭대명사는 그 앞에 온다.

---

110. Die Kranken brauchen immer die Hilfe des Arztes.
The sick persons always need the help of the doctor.

《역》 병든 사람들은 항상 의사의 도움이 필요하다.
해설 krank는 대문자로 명사적 용법. die는 복수 1격.따라서 krank는 약변화. 복수 1격에서 어미 -en.「환자들」. **brauchen** — (*need*, 필요하다). die **Hilfe** — (*help*, 도움). 약변.

---

111. Eine Deutsche liebt mich sehr, und ich liebe sie auch.
A German woman loves me very much, and I love her too.

《역》 한 독일 여자가 나를 몹시 사랑한다. 나도 그 여자를 사랑한다.
해설 **deutsch** 형 — (*German*, 독일의). 명사적 용법으로 die는 여성 1격. 따라서 deutsch는 약변화, 여성 1격의 -e를 붙인다.「독일 여자」. **auch** 부 — (*too*, ~도).

---

112. Das Schöne ist lieblich, und das Wahre ist ewig.
Beauty is lovely, and truth is eternal.

《역》 미는 사랑스럽고, 진리는 영원하다.
해설 schön은 대문자로 명사적 용법. das가 있으니 약변화 중성 1격의 -e를 붙인다. 중성 변화이므로 추상명사. 즉, das **Schöne** — (*beauty*, 아름다움, 미). **lieblich** 형 — (*lovely*, 사랑스러운). **wahr** 형 — (*true*, 참다운). 대문자로 명사적 용법. 앞에 das가 있으니 약변화, 중성 1격의 -e를 붙인다. 중성 변화이니 추상명사. 즉, das **Wahre** — (*truth*, 참됨, 진리). **ewig** 형 — (*eternal*, 영원한).

§ 47. 부정대명사 + 형용사

일정치 않은 사물을 가리키는 대명사를 부정대명사라 한다.
즉, 영어의 *something, anything, nothing* 등이다. 독일어의 부정대명사를 한두 개 적어 보면,

독 어	영 어	국 어
etwas	something	어떤 것
nichts	nothing	아무것도 ~ 않다

【1】 etwas와 nichts의 특징

영어에서 *something, nothing*은 형용사를 그 앞에 둘 수 없고, 반드시 뒤에 두어야 한다.

(1)
I have **good** something. (×)	나는 좋은 어떤 것을 가지고
I have something **good**. (○)	있다.

(2)
He has **cold** nothing. (×)	그는 찬 것을 가지고 있지
He has nothing **cold**. (○)	않다.

독일어에서도 **etwas, nichts**는 형용사를 그 앞에 둘 수 없고, 언제나 뒤에 두어야 한다. 이 때 주의할 것은,

> 1) 형용사의 첫글자를 대문자로 하고,
> 2) 그 형용사는 강변화, 중성의 **es**를 받는다.

[주의] 영어의 *something, nothing*이나, 독일어의 etwas, nichts는 사물을 가리키지, 사람을 가리킬 수 없다. 따라서 **부정대명사 + 형용사**일 때, 이 형용사는 일종의 명사적 용법이 되므로, 1) 첫글자는 대문자로 쓰며, 2) 앞에 관사가 없기에 강변화, 중성변화를 한다.

etwas와 nichts의 2격과 3격은 실제로는 거의 쓰이지 않고, 1격과 4격만이 주로 쓰인다.

【2】 etwas와 nichts의 변화

격	something good 좋은 것	nothing new 새로운 것은 ~ 아니다
1.	etwas Gutes	nichts Neues
2.	etwas Gutes	nichts Neues
3.	etwas Gutem	nichts Neuem
4.	etwas Gutes	nichts Neues

---

113. Etwas **Wahres** war nötig, und das war sehr wichtig.
Something true was necessary and it was very important.

《역》 참된 것이 필요했다. 그리고 그것이 아주 중요했다.
[해설] etwas가 주어이니 wahr는 대문자로 강변화. 중성 1격의 -es를 붙인다. sein, **war**, gewesen. **nötig** 형 — (*necessary*, 필요한). **wichtig** 형 — (*important*, 중요한).

114. Heute gibt es nichts **Neues** in der Zeitung.
Today there is nothing new in the newspaper.

《역》 오늘 신문에는 새로운 기사가 없다.

해설 **es gibt** + 4격 — (*there is*, ~가 있다). nichts 는 4격. neu 는 대문자로 강변화. 중성 4격의 -es 를 붙인다. **in** 전 — 3·4격 전치사. 여기서는 3격.

§ 48. 지시대명사(Demonstrativpronomen) — **dieser, jener**

사람, 또는 사물을 지적할 때 쓰이는 대명사를 지시대명사라 한다. 영어에서 *this* 와 *that* 란 지시대명사가 있듯이 독일어에서는 **dieser** 와 **jener** 가 있다.

| dieser | this | 이것 |
| jener | that | 저것 |

[1] dieser 와 jener 의 성격

영어의 *this* 와 *that* 나 마찬가지로 **dieser** 와 **jener** 도 뒤에 명사를 붙여서 쓸 때도 있고, 명사 없이 쓸 때도 있다.

| **This** grape is sweet. 이 포도는 달다. | *this* 뒤에 명사 *grape* 를 두었다. |
| **That** is his new car. 저것은 그 사람의 새 차이다. | *that* 뒤에 명사 없이 쓰였다. |

[2] dieser 와 jener 의 변화

지시대명사 **dieser** 와 **jener** 는 **dies-** 와 **jen-** 을 어간으로 하여 정관사의 변화를 한다. 즉, 형용사의 강변화를 한다.

수\격	단 수			복 수
	남성	여성	중성	남·여·중
1.	dieser	diese	dieses	diese
2.	dieses	dieser	dieses	dieser
3.	diesem	dieser	diesem	diesen
4.	diesen	diese	dieses	diese

주의 중성 1격과 4격에 **-es** 가 붙으니 주의하자.

134 Abschnitt 9. 형용사 변화・지시대명사

jener의 변화도 **jen-**을 어간으로 하여 **dies-**와 같은 변화를 한다.

---

115. Dieser Knabe ist der Sohn des berühmten Dichters.
This boy is the son of the famous poet.

《역》 이 소년은 그 유명한 시인의 아들이다.

해설 **dies-**는 뒤에 Knabe가 1) 남성이고, 2) 주어이기에, 정관사 남성 1격의 **-er**가 붙는다. der **Sohn** — (*son*, 아들). 강변 2식. 복수. -ö-. der **Dichter** — (*poet*, 시인). 강변 1식. **berühmt** 휑 — (*famous*, 유명한). 어미 -en은 약변화 남성 2격.

---

116. Die junge Frau steckte einige Blumen in **jene** Vase.
The young woman put some flowers in that vase.

《역》 그 젊은 부인은 꽃 몇 송이를 저 꽃병에 꽂았다.

해설 **jung** 휑 — 어미 -e는 약변화, 여성 1격. **steckte**＜stecken, steckte, gesteckt — (*put*, 꽂다). **einig** 휑 — (*some*, 몇 개의). 강변화. 복수 4격이므로 어미 -e가 붙었다. die **Vase** — (*vase*, 꽃병). 운동의 방향을 나타내므로 jen-에는 정관사 여성 4격의 어미 -e가 붙는다.

---

117. Dieses Ehepaar hatte zwar viel Geld, aber es war nicht glücklich.
This married couple certainly had much money, but they were not happy.

《역》 이 부부는 분명 돈은 많았지만 행복하지 않았다.

해설 das **Ehepaar** — (*married couple*, 부부). die **Ehe** (*marriage*, 결혼) ＋ das **Paar** (*couple*, 쌍). **hatte**＜haben, hatte, gehabt. **zwar** 뷔 — (*certainly*, 확실히). **viel** 뷔 — (*much*, 많이). **glücklich** 휑 — (*happy*, 행복한).

---

§ 49. 지시대명사 ＋ 형용사

dieser와 **jener**가 정관사의 변화를 하니 뒤에 형용사가 있을 때, 즉 **지시대명사 ＋ 형용사 ＋ 명사**일 때에는 그 형용사는 앞에 정관사가 있을 때와 같이 **형용사의 약변화**를 한다.

따라서 형용사의 약변화는 다음 두 가지 경우에 있게 된다.

```
1) 정관사           ┐
                   ├ ＋ 형용사 ──┐
2) dieser 또는 jener┘            └→ 약변화
```

§ 49. 지시대명사+형용사   135

> 118. **Jener** hungrige Fuchs geht langsam durch den Wald.
> *That hungry fox is going slowly through the woods.*

《역》 저 배고픈 여우는 천천히 숲을 지나간다.

해설 **hungrig** 형 — (*hungry*, 배고픈). der **Fuchs** — (*fox*, 여우). 강변 2식. 복수, -ü-. Fuchs가 1격이니 jen-은 정관사, 남성 1격의 -er를 받고, hungrig는 약변, 남성 1격의 -e를 받는다. **durch** 전 — (*through*, ~를 통하여). 4격 전치사. **langsam** 형 — (*slow*, 느린). 여기서는 부사. der **Wald** — (*woods*, 숲). 강변 3식. 복수 -ä-.

> 119. Meine Freundin brachte mir **dieses** kleine Paket.
> *My girl-friend brought me this little packet.*

《역》 나의 여자 친구가 이 작은 소포를 나에게 가져왔다.

해설 **meine**<mein — (*my*, 나의). 소유대명사 여성 1격 어미 -e가 붙었음. **brachte**< bringen, **brachte**, gebracht. das **Paket** —(*packet*, 소포). 강변 2식. 여기서 4격이므로 dies는 정관사 중성 4격의 -es. 따라서 klein은 약변, 중성 4격에서 -e가 붙게 된다.

연 습 문 제

[1] 다음 _____ 에 알맞은 형용사의 어미를 넣으시오.
  1. Das groß___ Haus des reich___ Mannes hat viel___ Fenster.
  2. Lieben Sie klassisch___ Musik oder modern___ Musik?
  3. Ein Mann aus Deutschland ist ein Deutsch___ ; eine Frau aus Deutschland ist eine Deutsch___ .
  4. Einstein ist ein berühmt___ deutsch___ Physiker.
  5. Der hungrig___ Student ging in ein Restaurant mit dem arm___ Freund.
  6. Die Alt___ lieben die Klein___ und die Jung___ .
  7. Der kalt___ Winter geht und der warm___ Frühling kommt.
  8. An der gelb___ Wand war eine groß___ Karte von Deutschland.
  9. Das klein___ Mädchen hatte ein schwer___ Wörterbuch und ein dick___ Bilderbuch.
  10. Der gut___ Mensch ist freundlich zu all___ Menschen.

[2] 다음 문장에서 _____ 에 적당한 어미를 붙이시오.
  1. Gibst du mir den Apfel da? Den Groß___ oder den Klein___ ?
  2. Wegen schlecht___ Wetter___ kommt er nicht.
  3. Etwas Ähnlich___ sah ich schon einmal.
  4. Er weiß auch nichts Gut___ .
  5. Dies___ hoh___ Baum steht hinter dem groß___ Haus.
  6. Der grün___ Salat und die frisch___ Gurke schmecken gut.
  7. Was kosten jen___ Dahlien dort?
  8. Das ist das Haus des alt___ Mann___ .
  9. Dies___ klein___ Schüler schreibt mit einem gelb___ Bleistift.
  10. Ich hörte etwas Interessant___ von ihm.

해답

[1] ① e, en, e ② e, e ③ er, e ④ er, er ⑤ e, en ⑥ en, en, en ⑦ e, e ⑧ en, e ⑨ e, es, es ⑩ e, en

[2] ① en, en ② en, s ③ es ④ es ⑤ er, e, en ⑥ e, e ⑦ e ⑧ en, es ⑨ er, e, en ⑩ es

연습 문제   137

해 설

[1] ① 그 돈 많은 남자의 커다란 집에는 창문이 많다.
② 당신은 고전 음악을 좋아하십니까, 또는 현대 음악을 좋아하십니까?
③ 독일 출신의 남자는 독일 남자이고, 독일 출신의 여자는 독일 여자이다.
④ 아인슈타인은 유명한 독일 물리학자이다.
⑤ 그 배고픈 학생은 가난한 친구와 함께 식당으로 들어갔다.
⑥ 노인들은 어린이들과 젊은이들을 사랑한다.
⑦ 추운 겨울은 가고 따뜻한 봄이 온다.
⑧ 그 노란 벽에 독일의 큰 지도가 있었다.
⑨ 그 어린 소녀는 무거운 사전 한 권과 두꺼운 그림책 한 권을 가지고 있었다.
⑩ 선량한 사람은 모든 사람에게 친절하다.

① der **Mann**—(*man*, 남자). 강변 3식. 단수 2격에서 -es 어미가 붙으므로 그 앞에 형용사는 -en 어미를 붙인다. ② **klassisch** 형—(*classical*, 고전의). **modern** 형—(*modern*, 현대의). ④ **berühmt** 형—(*famous*, 유명한). der **Physiker**—(*physicist*, 물리학자). ⑤ **hungrig** 형—(*hungry*, 배고픈). 정관사가 있으므로 약변. **arm** 형—(*poor*, 가난한). 정관사가 있으므로 약변. ⑥ **die Alten**—형용사의 명사적 용법 복수 1격. die Kleinen, die Jungen도 형용사의 명사적 용법. 복수 4격. ⑦ **kalt** 형—(*cold*, 추운). ⑧ **gelb** 형—(*yellow*, 노란). die **Wand**—(*wall*, 벽). 강변 2식. die **Karte**—(*map*, 지도).

[2] ① 내게 거기 있는 그 사과를 주겠니? 큰 것을 줄까, 작은 것을 줄까?
② 나쁜 날씨 때문에 그는 오지 않는다.
③ 나는 이미 그 비슷한 어떤 것을 본 적이 있다.
④ 그도 역시 좋은 것은 아무 것도 모르고 있다.
⑤ 그 큰 나무는 그 큰 집 뒤에 있다.
⑥ 푸른 샐러드와 신선한 오이는 맛이 좋다.
⑦ 저기 있는 저 달리아는 값이 얼마입니까?
⑧ 그것은 그 노인의 집이다.
⑨ 그 어린 학생은 노란 연필로 쓴다.
⑩ 나는 그에 관해서 흥미있는 어떤 것을 들었다.

① **da** 부—(*there*, 저기). ② **schlecht** 형—(*bad*, 나쁜). das **Wetter**—(*weather*, 일기, 날씨). 단수 2격에서 -s가 붙으므로 형용사의 어미는 -en 붙임. ③ **ähnlich** 형—(*similar*, 유사한). 여기서 ähnlich 는 명사적으로 쓰인 것. 앞의 etwas 와 함께 쓰여 중성변화. **einmal** 부—(*once*, 한때). ④ gut은 nichts 와 함께 쓰인 명사적 용법. ⑥ **grün** 형—(*green*, 초록색의). der **Salat**—(*salad*, 샐러드). 강변 2식. **frisch** 형—(*fresh*, 신선한). die **Gurke**—(*cucumber*, 오이). 약변. **schmecken**—(*taste*, 맛이 나다). ⑦ **kosten**—(*cost*, ~ 값이 얼마이다). **jener**—(*that*, 저것). ⑩ **interessant** 형—(*interesting*, 재미나는). 부정대명사 etwas 뒤에서 명사적 용법.

Lesestück 9

Frische Fische

Herr Meier ißt sehr gern Fisch. Er ißt für sein Leben gern Fisch !
Aber er ißt nur den frischen Fisch.
Eines Tages fährt er um die Mittagszeit an einem schönen See entlang.
Am Gasthaus des nächsten Ortes sieht er eine große Tafel: „Frische Fische".
5 Er geht sofort ins Gasthaus und bestellt eine Portion.
Es dauert nicht lange, da bringt die Kellnerin das Essen : Zwei große gebratene Fische.
Herr Meier betrachtet diese Fische von allen Seiten. Und er murmelt etwas.
Die Kellnerin merkt es. Schließlich fragt sie :
10 „Fehlt noch etwas? Brauchen Sie vielleicht Salz?"
„Nein, danke", antwortet Herr Meier und murmelt wieder etwas.
„Aber warum essen Sie denn nicht?" fragt die Kellnerin.
Herr Meier sagt, „Mein Onkel ertrank vor acht Tagen hier in dem See, und da frage ich die Fische, ob sie vielleicht etwas von ihm wissen."
15 „Wie interessant !" sagt die Kellnerin ironisch.
Sie denkt, daß der Gast verrückt ist.
Sie lacht und fragt : „Was sagen denn diese Fische?"
„Ach, eigentlich nichts Vieles", sagt er. „Sie antworten, sie sahen ihn nicht mehr, denn sie liegen schon seit zehn Tagen in der Küche."

---

frisch 형 — (*fresh*, 신선한). **der Fisch** — (*fish*, 생선). [1] **das Leben** — (*life*, 삶, 생활). sein 은 소유대명사로 영어의 *his* 에 해당함. [3] **der See** — (*lake*, 호수). [4] **nächst** 형 — (*next*, 다음의). **der Ort** — (*place*, 장소). [5] **sofort** 부 — (*immediately*, 즉시). die **Portion** — (*portion*, 몫). [6] **dauern** — (*continue*, 계속하다). **lange** 부 — (*long time*, 오랫동안). die **Kellnerin** — (*waitress*, 여급). **gebraten** 형 — (*roast*, 구운). [8] **betrachten** — (*look at*, 살펴보다). die **Seite** — (*side*, 쪽). **murmeln** — (*murmur*, 중얼거리다). [9]

신선한 생선

　마이어 씨는 생선을 즐겨 먹는다. 그는 그의 생활을 위해 생선을 즐겨 먹는다!
그러나 그는 단지 신선한 생선만을 먹는다.
　어느 날 그는 점심 때쯤에 아름다운 호수를 따라 차를 몰고 간다. 그는 가장 가까운 곳의 음식점에 있는 큰 간판을 본다 : "신선한 생선". 그는 곧장 그 음식점에 들어가서 일인분을 주문한다. 오래지 않아, 여급은 그 음식을 가져 온다 : 두 마리의 커다란 생선 구이.
　마이어 씨는 요모조모로 그 생선을 관찰한다. 그리고 그는 무엇인가를 중얼거린다.
　여급은 그것을 알아차린다. 마침내 그녀가 묻는다.
　"뭐가 부족하십니까? 혹시 소금이 필요하신가요?"
　"아닙니다." 마이어 씨는 대답하고서 다시 무엇인가를 중얼거린다.
　"그런데 왜 잡수시지 않으십니까?" 여급이 묻는다.
　마이어 씨는 다음과 같이 말한다. "나의 아저씨가 일주일 전에 이 호수에서 익사했어요. 그래서 나는 고기들에게 혹시 그에 관해서 무엇인가 알고 있지나 않은지 물어보는 중입니다."
　"재미있군요!" 여급은 빈정대며 말한다.
　그녀는 그 손님이 미쳤다고 생각한다.
　그녀는 웃으며 묻는다. "도대체 고기들이 무어라 말합니까?"
　"오, 실제로 많은 것을 말하지는 않아요."라고 그가 말한다.
　"그들은 이미 2주일 전부터 이 주방에 있었기 때문에 그를 보지 못했다고 대답하는군요."

---

merken — (*notice*, 알아채다). ⑩ **fehlen** — (*lack*, 부족하다). **noch** 뷔 — (*still*, 아직). **vielleicht** 뷔 — (*perhaps*, 아마도). ⑬ **ertrinken** — (*drown*, 익사하다). ⑭ **wissen** — (*know*, 알다). ⑮ **interessant** 형 — (*interesting*, 재미있는). **ironisch** 형 — (*ironical*, 빈정대는, 역설적인). **denken** — (*think*, 생각하다). 자동사, 타동사로도 쓰임. 여기서는 daß 종속절을 받는 타동사. daß는 영어에서 that 가 목적절을 취하는 것과 같음. 동사는 절의 맨 끝에 온다. **verrückt** 형 — (*mad*, 미친). ⑰ **lachen** — (*laugh*, 웃다). ⑱ **eigentlich** 형 — (*actual*, 실제의). ⑲ **liegen** — (*lie*, 놓여 있다).

Abschnitt 10.

소유대명사 · kein · 배어법〔Ⅱ〕

§ 50. 소유대명사(Possessivpronomen)

영어의 인칭 대명사의 소유격 *my*(나의), *your*(너의), *his*(그 사람의) 등을 독일어에서는 **소유대명사**라 한다.

【1】종 류

독일어의 소유대명사는 다음과 같다.

인칭 수	1 인 칭	2 인 칭		3 인 칭		
		친 칭	존 칭	남 성	여 성	중 성
단수	mein (*my*) 나의	dein (*your*) 너의	Ihr (*your*) 당신의	sein (*his*) 그 사람의	ihr (*her*) 그 여자의	sein (*its*) 그것의
복수	unser (*our*) 우리들의	euer (*your*) 너희들의	Ihr (*your*) 당신들의	ihr (*their*) 그들의		

〖주의〗 존칭은 복수 3인칭과 같고 첫글자만 대문자로 된다.

【2】변 화

　mein(나의), **dein**(너의) 등 소유대명사의 뒤에는 명사가 와야 한다. 따라서 소유대명사는 일종의 **형용사**이기에 일반 형용사와 마찬가지로 변화한다.

> 1) 뒤의 명사가 **단수**일 때 → **부정관사**의 변화를 한다.
> 2) 뒤의 명사가 **복수**일 때 → **정관사**의 **복수** 변화를 한다.

결국 소유대명사는 뒤의 명사가 단수, 복수일 때 다음과 같이 변한다.

격＼성	남성	여성	중성	복 수
1.	———	———e	———	———e
2.	———es	———er	———es	———er
3.	———em	———er	———em	———en
4.	———en	———e	———	———e

§ 50. 소유대명사

[주의] 1) 일반 형용사변화와 마찬가지로 소유대명사도 1) 뒤에 명사의 성과 2) 격에 맞추어 어미를 붙인다.
2) 소유대명사는 뒤의 명사가 복수일 때 부정관사의 복수 변화를 해야 하나, 부정관사에는 복수가 없기 때문에 **정관사의 복수**로 변한다.

【3】 변화의 예

(1) **mein** ― (*my*, 나의)

성 격	남 성	여 성	중 성	복 수
1.	mein Arm	meine Kamera	mein Auto	meine Haare
2.	meines Armes	meiner Kamera	meines Autos	meiner Haare
3.	meinem Arme	meiner Kamera	meinem Auto	meinen Haaren
4.	meinen Arm	meine Kamera	mein Auto	meine Haare

(2) **ihr** ― (*her*, 그 여자의)

성 격	남 성	여 성	중 성	복 수
1.	ihr Sohn	ihre Hand	ihr Buch	ihre Schuhe
2.	ihres Sohnes	ihrer Hand	ihres Buches	ihrer Schuhe
3.	ihrem Sohne	ihrer Hand	ihrem Buche	ihren Schuhen
4.	ihren Sohn	ihre Hand	ihr Buch	ihre Schuhe

(3) **unser** ― (*our*, 우리들의)

성 격	남 성	여 성	중 성	복 수
1.	unser Ball	unsere Stadt	unser Dorf	unsere Hefte
2.	unseres Balls	unserer Stadt	unseres Dorfes	unserer Hefte
3.	unserem Balle	unserer Stadt	unserem Dorfe	unseren Heften
4.	unseren Ball	unsere Stadt	unser Dorf	unsere Hefte

▶ **unser, euer 가 변화할 때** ◀

unser, euer 가 변화할 때에는 발음상 그 **-er** 의 (e)는 생략할 수도 있다.

〔예〕① **uns(e)res Vaters** (*of our father*, 우리들의 아버지의)
　　② **eu(e)rem Lehrer** (*to your teacher*, 너희들의 선생에게)

142 Abschnitt 10. 소유대명사 · kein · 배어법〔Ⅱ〕

> **120. Mein** Vater und **deine** Tante lehren Deutsch in **unser*er*** Schule.
> *My father and your aunt teach German in our school.*

《역》 나의 아버지와 너의 아주머니는 우리 학교에서 독일어를 가르친다.
【해설】 mein 뒤에 Vater가 남성 1격이니, 부정관사 남성 1격의 어미를 붙여야 하는데, 기본형 ein 외에 아무것도 붙는 것이 없으니 mein도 어미가 없다. dein은 Tante가 여성 1격이니, 부정관사 여성 1격의 -e를 붙인다. **lehren, lehrte, gelehrt** ― (*teach*, 가르치다). unser는 Schule가 여성 3격이니, 부정관사 여성 3격의 -er를 붙인다.

> **121.** Sie ist **unser*e*** Tante. Ich bin **ihr** Neffe, und **mein*e*** Schwester ist **ihr*e*** Nichte.
> *She is our aunt. I am her nephew, and my sister is her niece.*

《역》 그녀는 우리의 아주머니다. 나는 그녀의 조카이고, 내 여동생은 그녀의 조카딸이다.
【해설】 unser는 뒤에 Tante가 여성 1격이니, 부정관사 여성 1격의 어미 -e가 붙는다. der **Neffe** ― (*nephew*, 조카). ihr Neffe가 남성 1격이기에 ihr는 부정관사 남성 1격형이어야 하니 어미가 없다. meine의 -e는 Schwester가 여성 1격이니, 부정관사 여성 1격 -e가 붙는다. die **Nichte** ― (*niece*, 조카 딸). 약변. ihre의 -e도 Nichte가 여성 1격이니, 부정관사 여성 1격 -e가 붙는다.

> **122.** Die Schwester **Ihr*es*** Freundes gab **Ihr*er*** Tochter Schokolade.
> *The sister of your friend gave chocolate to your daughter.*

《역》 당신 친구의 여동생이 당신의 딸에게 초콜렛을 주었습니다.
【해설】 Ihr는 뒤에 Freund가 2격이므로 부정관사 남성 2격의 -es를 붙인다. **gab**<geben, **gab, gegeben.** Ihrer Tochter는 Tochter가 간접목적어로서 3격이니 Ihr에 부정관사 여성 3격의 -er를 붙인 것. die **Schokolade** ― (*chocolate*, 초콜렛).

> **123. Mein*e*** Gäste sprechen mit **ihr*en*** Frauen im Eßzimmer.
> *My guests are speaking with their wives in the dining-room.*

《역》 나의 손님들은 식당에서 그들의 아내들과 담소하고 있다.
【해설】 der **Gast** ― (*guest*, 손님). 강변 2식. Gäste가 복수 1격이니 mein에는 정관사 복수 1격의 -e를 붙인다. **sprechen** ― (*speak*, 말하다). **mit** 전 ― (*with*, ~와 함께). 3격 전치사. **ihren Frauen** ― 소유대명사는 여성 3인칭, 복수 3인칭의 형태가 같다. 여기서는 Frauen이 복수이므로 논리상 복수 3인칭의 것으로 보아야 한다. 즉, 손님들이 자기 부인들과 이야기하고 있는 의미로 해석된다. ihr에는 정관사 복수 3격의 -en을 붙인 것임. das **Eßzimmer** ― (*dining-room*, 식당). essen동사의 어간에 das Zimmer가 결합된 형태.

§ 51. 소유대명사 + 형용사

*my **little** doll, your **beautiful** rose* 등에서 *my, your* 뒤에 형용사가 올 수 있듯이, 독일어에서도 mein, dein, sein 뒤에 **형용사**를 둘 수 있다.

【1】 명사가 단수일 때

　　소유대명사는 뒤의 명사가 단수일 때 부정관사의 변화를 하니, **부정관사 + 형용사 + 명사**일 때와 마찬가지로 **소유대명사 + 형용사 + 명사**일 때에도 그 형용사는 **혼합변화**를 한다.

변　화

성＼격	남　　　성	여　　　성	중　　　성
1.	mein　guter Sohn	deine　alte　Tante	sein　kluges Kind
2.	meines　guten Sohnes	deiner　alten　Tante	seines klugen Kindes
3.	meinem guten Sohne	deiner　alten　Tante	seinem klugen Kinde
4.	meinen guten Sohn	deine　alte　Tante	sein　kluges Kind

---

124. Gestern schrieb er **sein*em*** vertrauten Freunde einen langen Brief mit **mein*em*** neuen Kugelschreiber.

　　Yesterday he wrote his intimate friend a long letter with my new ball pen.

《역》 어제 그는 나의 새 볼펜을 가지고 그의 절친한 친구에게 긴 편지를 썼다.

해설 gestern 부 — (*yesterday*, 어제). schreiben, schrieb, geschrieben. sein 은 Freund 가 3격이니, 부정관사, 남성 3격의 어미 -em 을 받는다. 따라서 vertraut 는 혼합변, 남성 3격의 -en 을 붙인다. vertraut 형 — (*intimate*, 절친한). lang 형 — (*long*, 긴). einen 의 있으니 혼합변. 남성 4격. der **Kugelschreiber** — (*ball pen*, 볼펜). 3격이니 meinem 의 -em 은 부정관사 남성 3격의 -em. 따라서 neuen 의 -en 은 혼합변, 남성 3격의 -en.

---

125. Sein schwarzer Bleistift liegt auf **mein*em*** braunen Tische.

　　His black pencil lies on my brown desk.

《역》 그의 까만 연필은 나의 갈색의 책상 위에 놓여 있다.

해설 schwarz 형 — (*black*, 까만). sein 은 Bleistift 가 남성 1격이니, 붙을 어미가 없다. 그러나 schwarz 는 혼합변, 남성 1격의 -er 를 받는다. liegen, lag, gelegen — (*lie*, 놓여 있다). der Tisch 가 3격이니 mein 은 부정관사, 남성 3격의 -em 을 받는다. 또한 braun 도 혼합변, 남성 3격의 -en 을 받는다.

> **126.** Im großen Garten **ihres** reichen Vetters gibt es viele Bäume.
> *In the big garden of her rich cousin there are many trees.*

《역》 그녀의 돈 많은 사촌의 넓은 정원에는 나무가 많다.

해설 der Garten은 3격. groß는 앞에 im이 있으니 형용사 약변, 남성 3격의 -en. der Vetter — (*cousin*, 사촌). 혼합변. ihres의 es는 부정관사 남성 2격. 따라서 reich는 혼합변, 남성 2격의 -en을 받는다. **es gibt+4격** — (~가 있다). Bäume는 복수 4격. viel은 앞에 관사가 없으니 강변, 복수 4격의 -e를 받는다.

[2] 명사가 복수일 때

소유대명사는 뒤에 명사가 복수일 때에는 정관사 복수 변화를 하니, **정관사 + 형용사 + 명사**일 때나 마찬가지로 형용사는 **약변화, 복수 변화**를 한다.

변 화

성 격	남 성	여 성	중 성
1.	meine guten Söhne	deine alten Tanten	seine klugen Kinder
2.	meiner guten Söhne	deiner alten Tanten	seiner klugen Kinder
3.	meinen guten Söhnen	deinen alten Tanten	seinen klugen Kindern
4.	meine guten Söhne	deine alten Tanten	seine klugen Kinder

> **127. Seine** alten Freunde wohnen jetzt in der Heimat mit **ihren** Eltern.
> *His old friends now live in the hometown with their parents.*

《역》 그의 옛 친구들은 지금 그들의 양친과 함께 고향에서 살고 있다.

해설 Freunde가 복수 1격이니, sein은 정관사, 복수 1격의 -e를 받는다. 따라서 alt는 약변. 복수 1격의 -en을 붙인다. **wohnen** — (*live, reside*, 살다). die **Heimat** — (*hometown*, 고향). 약변. die **Eltern** — (*parents*, 양친). 복수로만 쓰이니 성도, 변화도 없다. mit는 3격 전치사. 따라서 ihr(*their*, 그들의)는 정관사, 복수 3격의 -en을 받는다.

> **128. Deine** schönen Schwestern fahren in die Stadt mit **meinen** neuen Freunden.
> *Your beautiful sisters are driving to the town with my new friends.*

《역》 너의 아름다운 여동생들이 나의 새 친구들과 함께 시내로 차를 타고 간다.

해설 dein은 Schwester가 복수이니 정관사 복수 1격의 -e를 받고, 따라서 schön은 형용사 약변화, 복수 1격의 -en을 붙인다. mein은 Freunden이 복수 3격이니 정관사 복수 3격의 -en을 받는다. 따라서 neu는 형용사 약변, 복수 3격의 -en을 붙인다.

§ 52. 소유대명사의 명사적 용법

형용사 뒤에 명사를 생략하고 형용사를 명사적으로 쓰듯이, 소유대명사도 일종의 형용사이기에 뒤에 **명사를 생략**하고 「나의 것」,「너의 것」 등으로 명사적으로 쓸 수 있다. 이것을 소유대명사의 **명사적 용법**이라 한다.

영어에서도 *my, your, his* 등의 뒤에 명사를 생략하여 쓸 때에는 다음과 같이 그 형태도 달라진다.

형용사적 용법	*my ~* (나의 ~)	*your ~* (너의 ~)	*his ~* (그 남자의 ~)	*her ~* (그 여자의 ~)	*its ~* (그것의 ~)
	our ~ (우리들의)	*your ~* (너희들의 ~)	*their ~* (그들의)		
명사적 용법	***mine*** (나의 것)	***yours*** (너의 것)	***his*** (그 남자의 것)	***hers*** (그 여자의 것)	***its*** (그의 것)
	ours (우리들의 것)	***yours*** (너희들의 것)	***theirs*** (그들의 것)		

독일어에서 소유대명사를 명사적으로 사용할 때에는 두 가지 방법이 있다.

【1】 소유대명사를 변화시키지 않고 명사적으로 사용할 때

주어가 명사일 때, 보어에는 소유대명사를 변화 없이 명사적으로 사용한다.

---

129. Dieser kleine Spiegel ist **mein (dein, sein, unser).**

This small mirror is mine (yours, his, ours).

《역》 이 작은 거울은 내 것(너의 것, 그의 것, 우리의 것)이다.

해설 der **Spiegel** — (*mirror*, 거울). klein 앞에 지시대명사가 있으니 형용사 약변, 남성 1격의 -e가 붙는다. **mein**(dein, sein, unser)은 보어이니 명사적 용법에서 변화하지 않는다.

---

130. Das elegante Kostüm ist **ihr (mein, dein, sein).**

The elegant costume is hers (mine, yours, his).

《역》 그 우아한 의상은 그 여자의 것이다.

해설 das **Kostüm** — (*costume*, 복장). 강변 2식. elegant 혱 — (*elegant*, 우아한). 앞에 das가 있으니 형용사 약변. 중성 1격에서 -e가 붙는다. ihr (mein, dein, sein)가 보어이니 명사적 용법에서 변하지 않는다.

【2】 소유대명사를 변화시켜서 명사적으로 사용할 때

이 때의 소유대명사는 다음 세 가지 형태로 사용한다.

> 1) 소유대명사를 **정관사의 변화**로 사용하거나,
> 2) **정관사 + 소유대명사** 를 사용하거나,
>   ↳ 이 때 형용사의 약변화를 한다.
> 3) **정관사 + 소유대명사 + ig** 를 사용한다.
>   ↳ 이 때 형용사의 약변화를 한다.

앞에 정관사가 있으니

주어가 확실한 **성, 수**를 나타내는 명사가 아닐 때, 또는 앞에 나온 명사를 다시 받을 때에는 소유대명사는 위의 3형식으로 사용한다. 모두 의미의 차이는 없다.

(1) 제 1 의 방법 :
소유대명사를 정관사의 변화를 시킨다.

격 \ 수성	단 수 남 성	여 성	중 성	복 수 남·여·중
1.	meiner	meine	meines	meine
2.	meines	meiner	meines	meiner
3.	meinem	meiner	meinem	meinen
4.	meinen	meine	meines	meine

(2) 제 2 의 방법 :
앞에 정관사를 두고 소유대명사는 약변화를 시킨다.

격 \ 수성	단 수 남 성	여 성	중 성	복 수 남·여·중
1.	der meine	die meine	das meine	die meinen
2.	des meinen	der meinen	des meinen	der meinen
3.	dem meinen	der meinen	dem meinen	den meinen
4.	den meinen	die meine	das meine	die meinen

(3) 제 3 의 방법 :
앞에 정관사를 두고 **소유대명사 + ig** 는 약변화를 시킨다.

§ 52. 소유대명사의 명사적 용법

수격성	단 수			복 수
	남 성	여 성	중 성	남·여·중
1.	der mein*ige*	die mein*ige*	das mein*ige*	die mein*igen*
2.	des mein*igen*	der mein*igen*	des mein*igen*	der mein*igen*
3.	dem mein*igen*	der mein*igen*	dem mein*igen*	den mein*igen*
4.	den mein*igen*	die mein*ige*	das mein*ige*	die mein*igen*

명사적 용법에서 「정관사+소유대명사+ig~」는

> 1) 중성 변화일 때 → 의무, 재산
> 2) 복수 변화일 때 → 가족, 부하
> 를 나타낸다.

131. Hier ist ein interessantes Buch. Das ist $\begin{cases} \text{meines.} \\ \text{das meine} \\ \text{das mein}ige. \end{cases}$

Here is an interesting book. It is mine.

《역》 여기에 재미있는 책이 한 권 있다. 그것은 나의 것이다.

해설 interessant 형 — (*interesting*, 재미있는). das 에는 두 가지 뜻이 있다.

> 1) 뒤에 명사가 있을 때——중성 정관사
> 2) 뒤에 명사가 없을 때——지시대명사(*it, that*, 그것, 저것)

meines 는 제 1 의 방법으로 Buch 가 생략되었으니, 정관사, 중성 어미 -es 를 붙인다. das meine 는 제 2 의 방법으로 역시 Buch 가 생략되었으니, 정관사 das 가 붙고, 형용사 약변화를 받는다. das meinige 는 제 3 의 방법으로 mein 에 -ig 를 붙여서 약변, 중성 1 격의 -e 를 붙인다.

132. Meine Aufgabe ist sehr leicht, aber die **dein**(***ig***)**e** ist zu schwer.
My homework is very easy, but yours is too difficult.

《역》 나의 숙제는 매우 쉬우나, 너의 것은 너무 어렵다.

해설 die **Aufgabe** — (*homework*, 숙제). 약변. **leicht** 형 — (*light, easy*, 가벼운, 쉬운). die deine 나 die deinige 는 뒤에 Aufgabe 가 생략되었다. 따라서 정관사 die 를 붙이고, dein 은 형용사 약변, 여성 1 격의 -e 를 붙이든가, 또는 -ig 를 붙이고, 다시 약변, 여성 1 격의 -e 를 붙인다. **schwer** 형 — (*heavy, difficult*, 무거운, 어려운).

148　Abschnitt 10. 소유대명사・kein・배어법〔Ⅱ〕

---

133. Dort ist das Zimmer meines Bruders, und das **mein(*ig*)e** (mein Zimmer) liegt gegenüber dem **sein(*ig*)en** (seinem Zimmer).
There is my brother's room, and my room is opposite to his.

《역》 저기에 내 형의 방이 있다. 내 방은 그 맞은편에 있다.

해설 dort 뛰 — (*there*, 저기). Bruder가 2격이니 mein도 부정관사 남성 2격의 -es를 받는다. das meine 나 das meinige 는 명사적 용법으로「내 것」이란 뜻이다. Zimmer를 생략하면서 정관사 das를 두고 mein에 약변화, 중성 1격의 -e를 붙이든가, -ig를 붙이고 다시 약변, 중성 1격의 -e를 붙인다. **liegen, lag, gelegen** — (*lie*, 놓여 있다). **gegenüber** 전 — (*opposite*, 반대쪽에). 3격 전치사. dem seinen, dem seinigen도 뒤에 Zimmer를 생략하고 형용사 약변, 중성 3격의 -en를 붙인 것.

§ 53. kein → nicht ein

영어에서 형용사 **no**~가 독일어에서 **kein**~이다.
부정을 나타내는 kein은 소유대명사(mein, dein, sein… 등)처럼 변한다.

【1】 kein + 명사

1) kein 뒤에 **단수 명사**가 올 때——부정관사의 변화를 하고,
2) kein 뒤에 **복수 명사**가 올 때——정관사의 복수 변화를 한다.

---

134. Heute haben wir **keine** Schule wegen des Feiertages.
We have no school today because of the holiday.

《역》 오늘 휴일이기 때문에 우리들은 수업이 없다.

해설 heute 뛰 — (*today*, 오늘). Schule 는 「학교」란 말이나, 여기서는 「수업」. 영어의 *school* 도 두 가지 의미로 쓰인다. Schule가 여성 4격이니 kein에도 부정관사, 여성 4격의 -e. der **Feiertag** — (*holiday*, 축제일, 공휴일). 강변 2식.

---

135. Die Malerin hat **keine** Familie. Sie wohnt allein und einsam.
The woman painter has no family. She lives alone and lonely.

《역》 그 여류 화가는 가족이 없다. 그녀는 혼자서 고독하게 살고 있다.

해설 die **Malerin** — (*woman painter*, 여류 화가). die **Familie** — (*family*, 가족). 약변. 4격이니 kein에 -e가 붙는다. **allein** 형 — (*alone*, 외로운). **einsam** 형 — (*lonely*, 고독한).

【2】 kein + 형용사

> 1) **kein** + 형용사 + 단수 명사일 때 :
>   kein이 부정관사로 변하니, 형용사는 혼합변화를 한다.
> 2) **kein** + 형용사 + 복수 명사일 때 :
>   kein이 정관사의 복수로 변하니, 형용사는 약변화 복수로 된다.

> *136.* Herr Schmidt war **kein** kluger Mann, aber er hatte viel Humor.
> *Mr. Schmidt was not a clever man, but he had much humor.*

《역》 슈미트 씨는 영리한 사람은 아니었다. 그러나 유머는 많이 있었다.
해설 Mann이 1격. 따라서 kein은 부정관사, 남성 1격으로 어미가 없다. 그러나 klug는 형용사 혼합변, 남성 1격의 -er가 붙는다. **klug** 형 — (*clever*, 영리한). der **Humor** — (*humor*, 유머). 단수 2격 -s. 복수 -es.

> *137.* Der Bauer trinkt **kein*en*** guten Wein, sondern Bier.
> *The farmer is not drinking good wine but beer.*

《역》 그 농부는 좋은 포도주를 마시지 않고, 맥주를 마신다.
해설 der **Bauer** — (*farmer*, 농부). 혼합변. **trinken** — (*drink*, 마시다). der **Wein** — (*wine*, 포도주). 강변 2식. 단수 4격이니 kein은 부정관사, 남성 4격의 -en을 받고, gut도 혼합변, 남성 4격의 -en을 받는다. das **Bier** — (*beer*, 맥주). 강변 2식.

> *138.* Heute gibt es **kein*e*** frischen Früchte im Supermarkt.
> *Today there are no fresh fruits in the supermarket.*

《역》 오늘 슈퍼마켓에는 신선한 과일이 없다.
해설 die **Frucht** — (*fruit*, 과일). 강변 2식. **frisch** 형 — (*fresh*, 신선한). Frucht가 복수이니 kein에는 정관사 복수 4격의 -e가 붙는다. 따라서 frisch는 형용사 약변, 복수 4격의 -en을 받는다. der **Supermarkt** — (*supermarket*, 슈퍼마켓). 강변 2식. **es gibt** + 4격 — (*there is~*, ~이 있다).

§ 54. 배어법(Wortstellung) 〔Ⅱ〕—후치법

독일어의 문장구성에서 **동사의 위치**는 다음 3 방법이 있다.

Abschnitt 10. 소유대명사 · kein · 배어법 [Ⅱ]

3 방법	순 서	문장의 종류
정 치 법	주어＋동사＋…………………	단문, 또는 주절 안에서
도 치 법	다른 요소＋동사＋주어＋……	
후 치 법	종속접속사＋주어＋…＋동사,	종속절 안에서

【1】 종속 접속사의 종류

종속접속사라 함은 종속절을 이루는 접속사를 말한다.
독일어에서 쓰이는 종속접속사를 아래에 들어 보자.

weil	because	～때문에	**obgleich**	although	～불구하고
wenn	if	～하면	**während**	while	～동안에
als	when	～할 때	**bis**	until, till	～까지
daß	that	～하다는 것	**sobald**	as soon as	～하자마자
nachdem	after	～후에	**wie**	as	～처럼
ob	whether	～인지 아닌지	기타 모든 관계대명사와 의문사		

【2】 후치법(Endstellung)

공 식 →   종속접속사 ＋ 주어 ＋ …… ＋ 동사,

종속절 안의 동사는 그 종속절의 맨 끝에 둔다. 이것을 **후치법**이라 한다.
독일어에서는 **주절**과 **종속절** 사이에 반드시 Komma를 친다.
영어에서 종속절을 예로 들고, 이것이 독일어일 때 그 동사가 있게 될 위치를 표시하면 아래와 같다.

> 1) He is absent, **because** he **is** sick ☐.
>   그는 몸이 아프기 때문에 결석이다.

> 2) It is true **that** Columbus **discovered** America ☐ .
>   콜럼버스가 미국을 발견했다는 것은 사실이다.

> *139.* Heute ist er abwesend, **weil** er krank **ist**.
>   Today he is absent, because he is sick.

§ 54. 배어법 〔Ⅱ〕– 후치법   151

《역》 그 사람은 몸이 아프기 때문에 오늘 결석이다.
해설 heute가 앞에 있으니, 주절은 도치법이 된다. **abwesend** 형 ― (*absent*, 결석한). **weil** 접 ― (*because*, ～때문에). 이하 종속절이니 동사는 후치법이 된다. **krank** 형 ― (*sick*, 병든).

---

140. Ich weiß, **daß** der Nachbar ein reicher Mann **ist**.
I know that the neighbour is a rich man.

《역》 나는 그 이웃 사람이 돈 많은 사람이란 것을 알고 있다.
해설 **weiß** < **wissen**, wußte, gewußt ― (*know*, 알다). weiß ― wissen의 현재 단수 3인칭 변화. **daß** 접 ― (*that*, ～이란 것). **daß**와 **das**를 잘 구별짓도록 하자. das는 정관사이고, daß는 이하를 명사절(*noun clause*)로 만드는 접속사로서, 영어의 *that*에 해당한다. 물론 종속절이니 동사는 후치법이 된다.

---

141. **Wenn** Sie Zeit **haben**, zeige ich Ihnen mein neues Büro.
If you have time, I will show you my new office.

《역》 시간이 있으시다면 저의 새 사무실을 보여 드리지요.
해설 **wenn** 접 ― (*if*, ～하면). wenn은 종속접속사. 이하 종속절이니 동사는 후치법이다. 부사절이 앞에 왔으니 주절은 도치법. **zeigen**, zeigte, gezeigt ― (*show*, 보여 주다). Ihnen은 3격으로 간접목적어. das **Büro** ― (*office*, 사무실). 복수는 -s. 중성 4격이니 소유대명사 mein에는 어미가 붙지 않고, neu는 형용사 혼합변, 중성 4격의 -es가 붙는다.

---

142. Ich weiß, **wo** die Touristen **sind**. Sie stehen vor dem alten Rathaus.
I know where the tourists are. They are standing in front of the old city hall.

《역》 나는 관광객들이 어디 있는지 압니다. 그들은 오래 된 시청 건물 앞에 서 있습니다.
해설 **wo** 의 ― (*where*, 어디에). 이하는 종속절이니 후치법. weiß의 목적어. der **Tourist** ― (*tourist*, 관광객). 약변. **vor** 전 ― (*in front of*, ～앞에). 3격 전치사. das **Rathaus** ― (*city hall*, 시청). 강변 3식. 위치를 나타내니 정관사는 dem, alt는 형용사 약변, 중성 3격의 -en이 붙는다.

Abschnitt 10. 소유대명사 · kein · 배어법 [Ⅱ]

연 습 문 제

[1] 다음 ──── 에 적당한 어미를 넣으시오.
1. Mein Freund hat ihr──── Feder und ihr──── Bleistift.
2. Er schreibt sein──── Aufgabe in jen──── weiß──── Heft.
3. Euer──── Großmutter ist alt, aber sie ist sehr gesund.
4. Ich bin mit dein──── Hilfe zufrieden.
5. Wir besuchen oft zusammen unser──── jung──── Lehrer.
6. Unser──── fleißig──── Nachbarn wünschen kein──── Wein.
7. Mein Gast spricht mit sein──── Frau.
8. „Wo ist mein──── dick──── Buch?" fragt sie.
9. Der Lehrer hat viele Dinge in sein──── groß──── Zimmer.

[2] 다음 주어진 접속사를 사용하여 한 문장으로 만드시오.
1. Ich bleibe zu Hause. Das Wetter ist schlecht. (weil)
2. Du kommst nicht bald. Du bekommst nichts mehr. (wenn)
3. Inge kam nicht. Ich ging allein ins Kino. (als)
4. Fritz hofft es. Er ist bald mit der Arbeit fertig. (daß)
5. Sie weiß es nicht. Was macht er? (was)
6. Ich gehe zum Arzt. Ich bin krank. (weil)
7. Ich verließ gestern das Haus. Ich traf vor der Tür einen Mann. (als)
8. Wir wissen es nicht. Er kauft die Sachen. (ob)
9. Der Schüler arbeitet viel. Die Lehrerin sieht es. (daß)

해답

[1] ① -e, -en ② -e, -es, -e ③ -e ④ -er ⑤ en, -en ⑥ -e, -en, -en ⑦ -er
    ⑧ -, -es ⑨ -em, -en
[2] ① Ich bleibe zu Hause, weil das Wetter schlecht ist.
    ② Wenn du nicht bald kommst, bekommst du nichts mehr.
    ③ Als Inge nicht kam, ging ich allein ins Kino.
    ④ Fritz hofft, daß er bald mit der Arbeit fertig ist.
    ⑤ Sie weiß nicht, was er macht.
    ⑥ Ich gehe zum Arzt, weil ich krank bin.
    ⑦ Als ich gestern das Haus verließ, traf ich vor der Tür einen Mann.
    ⑧ Wir wissen nicht, ob er die Sachen kauft.
    ⑨ Die Lehrerin sieht, daß der Schüler viel arbeitet.

해 설

[1] ① 나의 친구는 그 여자의 만년필과 연필을 가지고 있다.
② 그는 그의 숙제를 그 흰 노트에 쓰고 있다.
③ 너희들의 할머니는 늙었으나, 대단히 건강하다.
④ 나는 네 도움에 만족한다.
⑤ 우리들은 종종 함께 우리의 젊은 선생님을 방문한다.
⑥ 우리들의 부지런한 이웃 사람들은 포도주를 원치 않는다.
⑦ 나의 손님은 그의 부인과 이야기하고 있다.
⑧ "내 두꺼운 책은 어디 있지?"라고 그녀가 묻는다.
⑨ 그 선생님은 그의 큰 방에 많은 물건을 가지고 있다.

[1] Feder 와 Bleistift 는 4격이니 소유대명사 ihr 는 각각 부정관사의 -e, -en. [2] jen- 은 정관사 중성 4격의 -es 가 붙으니 weiß 도 약변. 중성 4격의 -e 가 붙음. [3] Groß- mutter 는 1격이므로 euer 에 여성 1격 어미 -e 가 붙음. [4] dein 앞에 mit 가 3격 전치사이므로, 여성 3격 어미 -er. [5] Lehrer 는 남성 4격. 소유대명사 unser 가 부정관사의 변화를 하니 -en 이 붙고, jung 은 앞에 부정관사가 있으니 혼합변화. [6] Nachbarn 이 복수 1격이니, unser 는 정관사 복수 1격의 -e, fleißig 는 약변화 복수 1격 -en. [7] 소유대명사 sein 은 여성 부정관사 어미 3격의 -er. [8] mein 은 Buch 가 중성 1격이므로 어미가 없음. dick [형] — (thick, 두툼한). mein 이 부정관사 변화를 함으로 혼합변화. 중성 1격의 -es 가 붙음. [9] viel 은 앞에 관사가 없으니, 강변.

[2] ① 나는 집에 있다. 날씨가 나쁘다.
② 너는 곧 오지 않는다. 너는 아무것도 얻지 못한다.
③ 잉에는 오지 않았다. 나는 혼자 영화관으로 갔다.
④ 프리츠는 그것을 기대한다. 그는 곧 일을 끝낸다.
⑤ 그녀는 그것을 모른다. 그가 무엇을 하는가?
⑥ 나는 의사에게로 간다. 나는 아프다.
⑦ 나는 어제 집을 나섰다. 나는 문 앞에서 어떤 남자를 만났다.
⑧ 우리는 그것을 모른다. 그는 그 물건들을 산다.
⑨ 그 학생은 공부를 많이 한다. 그 여선생님은 그것을 알고 있다.

[1] das Wetter — (weather, 날씨). 강변 1식. weil [접] — (because, ~때문에). 이하는 종속절이 되므로 동사는 후치. [2] wenn [접] — (if, ~하면). [3] allein [부] — (alone, 혼자서). als [접] — (when, ~했을 때). 과거의 1회적인 일에 사용. 과거의 반복된 일이나, 현재 일에는 wenn 을 사용. [4] hoffen — (hope, 원하다). mit et. fertig sein — ~을 마치다. daß [접] — (that, ~하다는 것). [5] 모든 의문사는 접속사로 사용할 수 있으므로 거듭 was 를 첨가할 필요없다. [7] verließ < verlassen, verließ, verlassen — (leave, 떠나다). traf < treffen, traf, getroffen — (meet, 만나다). der Mann — (man, 남자). 강변 3식. [8] die Sache — (thing, 사물). ob [접] — (whether, ~인지 아닌지).

Lesestück 10

Der Taschendieb

Ein Kaufmann machte einmal eine Reise. Er kam in eine Kleinstadt. In einem Hotel mietete er ein Zimmer und ging dann in die Wohnung seines Freundes. Die Freunde saßen lange zusammen und erzählten. Spät in der Nacht ging der Kaufmann in sein Hotel zurück. Die Straßen der Stadt waren sehr dunkel, und
5 er fand nur schwer seinen Weg. Niemand war auf der Straße. Plötzlich hörte er Schritte. Ein Mann kam eilig um die Ecke einer Seitenstraße und stieß mit dem Kaufmann zusammen. Der Mann sagte eine Entschuldigung und eilte weiter. Der Kaufmann blieb stehen. „Wieviel Uhr ist es schon?" dachte er. Er griff in die Tasche seiner Jacke, aber er fand die Uhr nicht. Auch die Taschen
10 seiner Weste waren leer. Schnell lief er dem Mann nach, faßte ihn am Mantel und rief : „Geben Sie mir sofort die Uhr !" Der Mann erschrak sehr, denn die Stimme des Kaufmanns klang zornig. Er gab ihm die Uhr und der Kaufmann ging zufrieden weiter.

Im Hotel ging er sofort in sein Zimmer und machte Licht. Da sah er auf dem
15 Nachttisch neben seinem Bett eine Uhr. Er griff in seine Tasche und fand — die Uhr des Mannes ! „Mein Gott !" sagte der Kaufmann, „Ich bin ja ein Taschendieb und nicht dieser Mann !"

In dieser Nacht schlief der Kaufmann sehr schlecht. Am Morgen brachte er die Uhr zur Polizei. Diese fand den Besitzer der Uhr schnell und gab sie ihm
20 zurück.

---

der **Taschendieb** — (*pickpocket*, 소매치기). [1] der **Kaufmann** — (*merchant*, 상인). [2] **mieten** — (*rent*, 빌리다). [3] **saßen**＜**sitzen, saß**, gesessen — (*sit*, 앉다). **spät** 형 — (*late*, 늦은). [4] **zurückgehen** — (*go back*, 돌아오다). die **Straße** — (*street*, 한길). **dunkel** 형 — (*dark*, 어두운). [5] **niemand** — (*nobody*, 아무도 ～ 않다). **hören** — (*hear*, 듣다). [6] der **Schritt** — (*step*, 걸음). **eilig** 형 — (*hurried*, 서두르는). die **Seitenstraße** — (*side-street*, 옆길). **stieß**＜**stoßen, stieß**, gestoßen — (*stab*, 찌르다). **zusammenstoßen** — (*collide with*, 충돌하다). [7] die **Entschuldigung** — (*excuse*, 사과). **eilen** — (*hasten*, 서두르다). [9] **greifen** — (*grasp*, 잡다). **greifen in** — (*dip into*, ～ 속에 손을 넣다). die **Jacke** — (*jacket*,

소매치기

　어느 상인이 언젠가 여행을 했다. 그는 어느 조그만 도시로 갔다. 호텔에서 그는 방을 하나 빌리고 나서, 그의 친구의 집으로 갔다.
　그 친구들은 오랫동안 함께 앉아서 이야기했다. 밤 늦게 그 상인은 그의 호텔로 돌아갔다. 그 도시의 길들은 아주 컴컴했고, 그는 간신히 그의 길을 찾았다. 길에는 아무도 없었다. 갑자기 그는 발자국 소리를 들었다. 한 남자가 급히 샛길 모퉁이를 돌아와서 그 상인과 부딪쳤다. 그 남자는 사과하고 계속해서 급히 갔다.
　그 상인은 그대로 서 있었다. "벌써 몇시가 됐지?" 하고 그는 생각했다. 그는 그의 웃저고리 주머니에 손을 찔러넣었다. 그러나 시계를 발견하지 못했다. 조끼의 호주머니들도 비어 있었다. 빨리 그는 그 남자에게로 달려가서, 그의 외투를 붙잡고 "나에게 즉시 시계를 주시오."라고 외쳤다. 그 남자는 대단히 놀랐다. 왜냐하면, 그 상인의 음성이 화나서 울렸기 때문이었다. 그는 그 남자에게 시계를 주었고, 그 상인은 만족해서 계속 갔다.
　호텔에서 그는 즉시 그의 방으로 가서 불을 켰다. 그 때 그는 그의 침대 옆에 있는 탁자 위에서 시계를 보았다. 그는 그의 호주머니에 손을 찔러넣고 그 남자의 시계를 발견했다. "오오, 맙소사! 내가 바로 소매치기구나. 그 사람이 아니고."라고 그 상인은 말했다.
　이날 밤에 그 상인은 전혀 잠을 이루지 못했다. 아침에 그는 그 시계를 경찰에 가지고 갔다. 경찰은 그 시계의 소유자를 빨리 찾아서, 그것을 그에게 돌려주었다.

재킷). die **Tasche** — (*pocket*, 호주머니). ⑩ die **Weste** — (*waistcoat*, 조끼). **leer** 형 — (*empty*, 텅 비어 있는). **laufen** — (*run*, 달리다). **fassen** — (*grasp*, 붙잡다). der **Mantel** — (*overcoat*, 외투). ⑪ **rufen** — (*call*, 부르다). **erschrecken** — (*be frightened*, ~에 놀라다). ⑫ die **Stimme** — (*voice*, 목소리). **klingen** — (*sound*, 울리다). **zornig** 형 — (*angry*, 화난). ⑬ **zufrieden** 형 — (*satisfied*, 만족한). ⑭ das **Licht** — (*light*, 빛). ⑮ der **Nachttisch** — (*bedside table*, 침실 탁자). **neben** 전 — (*beside*, 옆에). ⑯ **Gott** — (*god*, 신). ⑱ **schlafen** — (*sleep*, 잠자다). **schlecht** 형 — (*bad*, 나쁜). ⑲ die **Polizei** — (*police*, 경찰). **dies** — (*this*, 이것). der **Besitzer** — (*owner*, 소유자).

Abschnitt 11.

완료형과 미래형

§ 55. 정동사와 제 2, 제 3 동사

한 문장 안에 동사의 성격을 띤 것이 두 개 이상 있을 때, 이것을 차례로 **정동사**(또는 제 1 동사), 제 **2** 동사, 제 **3** 동사라 하겠다.

    *You **will have bought** the house.*   너는 그 집을 사 버릴 것이다.
          정동사 제 2 동사 제 3 동사

이들 동사의 배어법을 영어의 문장으로 설명하여 보자.

【1】정동사(또는 제 1 동사)

주어의 인칭에 따라서 어미변화를 하는 동사를 **정동사**(또는 제 **1** 동사)라 한다. 정동사는 주어의 다음에 온다.

    *He **writes** a letter.*   그는 편지를 쓴다.
    *He **has** written a letter.*   그는 편지를 썼다.
    *He **will** write a letter.*   그는 편지를 쓸 것이다.

【2】제 2 동사와 제 3 동사

정동사 외에 제 2, 제 3 동사가 있을 때에는 영어와 순서가 달라진다.

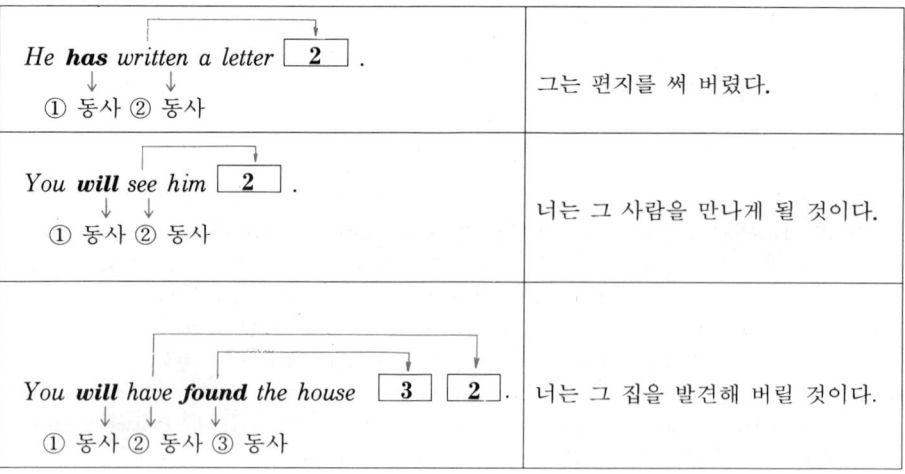

§ 56. 완료형에서 haben? 또는 sein?

제 2 동사는 언제나 그 문장의 끝에 둔다. 제 3 동사는 끝에서 둘째 번, 즉 제 2 동사의 바로 앞에 둔다.

【3】 완료형과 미래형

영어와 마찬가지로 독일어에도 현재, 과거, 미래, 현재완료, 과거완료, 미래완료의 6시제가 있다.

공 식:

현재완료	과거완료	미 래	미래완료
haben sein } +과거분사	hatte war } +과거분사	werden + 원형	werden + 완료형
have + p.p.	had + p.p.	will shall } + Root	will shall } + 완료형

§ 56. 완료형에서 haben? 또는 sein?

영어에서는 완료형에 *have* + *p.p.* 로 되나, 독일어에서는 그 동사의 성질에 따라 **haben** + **p.p.** 로 될 때와 **sein** + **p.p.** 로 될 때가 있다.

【1】 sein 을 요구하는 동사

자동사 중에서 다음의 조건에 해당하는 동사는 완료형에서 sein 을 사용한다.

(1) 자동사 중에서 장소의 이동을 나타내는 동사

독 어			영 어		
원 형	과 거	과거분사	원 형	과 거	과거분사
gehen 가다	ging	gegangen	*go*	*went*	*gone*
kommen 오다	kam	gekommen	*come*	*came*	*come*
steigen 기어오르다	stieg	gestiegen	*climb*	*climbed*	*climbed*
fallen 떨어지다	fiel	gefallen	*fall*	*fell*	*fallen*
schwimmen 헤엄치다	schwamm	geschwommen	*swim*	*swam*	*swum*
reisen 여행하다	reiste	gereist	*travel*	*traveled*	*traveled*
fliehen 도망하다	floh	geflohen	*flee*	*fled*	*fled*
fliegen 날다	flog	geflogen	*fly*	*flew*	*flown*
fahren 타고 가다	fuhr	gefahren	*ride*	*rode*	*ridden*

Abschnitt 11. 완료형과 미래형

> **143.** Die liebliche Nichte des Schneiders **ist** hier **gekommen**.
> *The lovely niece of the tailor has come here.*

《역》 그 재단사의 사랑스러운 조카딸이 여기 왔다.
해설 **lieblich** 형 — (*lovely*, 사랑스러운). die **Nichte** — (*niece*, 조카딸). 약변. der **Schneider** — (*tailor*, 재단사). 강변 1식. **kommen, kam, gekommen** — (*come*, 오다). 자동사로서 장소의 이동을 나타내니, 완료형에서 sein 을 사용해야 한다.

> **144.** Mein Bruder **war** nach Deutschland mit seiner Frau **gegangen**, als ich noch jung war.
> *My brother had gone to Germany with his wife when I was still young.*

《역》 나의 형은 내가 아직 어렸을 때 그의 아내와 함께 독일로 갔다.
해설 **gehen** 은 장소의 이동을 나타내는 자동사이니, 완료형에서 sein + p.p.로 된다. die **Frau** — (*wife*, 부인). 약변. Frau가 3격이니 seiner 의 -er 는 부정관사 여성 3격의 -er. **als** 접 — (*when*, ~때). 이하 종속절이니 동사는 후치법. **noch** 부 — (*still*, 아직).

(2) 자동사 중에서 상태의 변화를 나타내는 동사

독	어			영	어	
원 형		과 거	과거분사	원 형	과 거	과거분사
sterben	죽다	starb	gestorben	*die*	*died*	*died*
wachsen	성장하다	wuchs	gewachsen	*grow*	*grew*	*grown*
genesen	낫다	genas	genesen	*recover*	*recovered*	*recovered*
sinken	가라앉다	sank	gesunken	*sink*	*sank*	*sunk*
schmelzen	녹다	schmolz	geschmolzen	*melt*	*melted*	*melted*
verderben	썩다	verdarb	verdorben	*corrupt*	*corrupted*	*corrupted*

> **145.** Das Eis **ist** im heißen Wasser schnell **geschmolzen**.
> *The ice has melted quickly in the hot water.*

《역》 얼음은 뜨거운 물 속에서 빨리 녹아 버렸다.
해설 das **Eis** — (*ice*, 얼음). 단수 2격 -es. **im** — in dem 의 축소형. **heiß** 형 — (*hot*, 뜨거운). das **Wasser** — (*water*, 물). 강변 1식. **schmelzen, schmolz, geschmolzen** — (*melt*, 녹다). 상태의 변화를 나타내는 자동사이니, 완료형에서 sein + p.p.

§ 56. 완료형에서 haben? 또는 sein?

> **146.** Die arme Witwe **war** gestern im Krankenhaus **gestorben**, als ich sie besuchte.
>
> *The poor widow had died yesterday in the hospital when I visited her.*

《역》 그 가난한 과부는 내가 어제 그녀를 방문했을 때 병원에서 죽었다.

해설 die **Witwe** — (*widow*, 과부). 약변. arm은 앞에 die가 있으니 형용사 약변, 여성 1격에서 -e. das **Krankenhaus** — (*hospital*, 병원). 강변 3식. **sterben, starb, gestorben** — (*die*, 죽다). 상태의 변화를 나타내는 자동사이니 완료형에서 sein + p.p. **besuchen, besuchte, besucht** — (*visit*, 방문하다).

(3) 다음의 **자동사**도 완료형에서 **sein**을 사용한다.
  1) sein, werden, bleiben

독	어			영	어	
원 형		과 거	과거분사	원 형	과 거	과거분사
sein	～이다	war	gewesen	*be*	*was*	*been*
werden	～으로 되다	wurde	geworden	*become*	*became*	*become*
bleiben	머무르다	blieb	geblieben	*stay*	*stayed*	*stayed*

> **147.** Wo **sind** Sie während letzter Ferien **gewesen**?
>
> *Where have you been during the last vacation?*

《역》 지난 방학 동안 당신은 어디에 계셨습니까?

해설 **wo** 의 — (*where*, 어디에). **während** 전 — (*during*, ～동안). 2격 전치사. **letzt** 형 — (*last*, 지난). die **Ferien** — (*vacation*, 방학). 원래 복수명사. 여기서 복수 2격. 따라서 letzt 에는 형용사 강변, 복수 2격 -er가 붙었다. sein 동사의 완료형에는 sein을 사용한다.

> **148.** Alle Kinder **waren** zu Hause **geblieben**, als ihre Mutter von dem Markt kam.
>
> *All the children had stayed at home when their mother came from the market.*

《역》 어머니가 시장에서 왔을 때 모든 아이들이 집에 머물러 있었다.

Abschnitt 11. 완료형과 미래형

[해설] alle는 all의 형용사 강변화, 복수 1격형. **bleiben, blieb, geblieben** — (*stay*, 머무르다). bleiben의 완료형은 sein + p.p. von 전 — (*from*, ~로부터). 3격 전치사. **der Markt** — (*market*, 시장). 강변 2식. 복수에서 -ä-. **kommen, kam, gekommen** — (*come*, 오다).

2) **gelingen, folgen, begegnen**——(3격 동사)

이들 동사는 언제나 뒤에 **3격 명사**만을 사용한다.

독	어			영	어	
원 형		과 거	과거분사	원 형	과 거	과거분사
gelingen	성공하다	gelang	gelungen	*succeed*	*succeeded*	*succeeded*
folgen	따르다	folgte	gefolgt	*follow*	*followed*	*followed*
begegnen	만나다	begegnete	begegnet	*meet*	*met*	*met*

---

149. Im Park **sind** wir unserem alten Lehrer **begegnet**.
In the park we have met with our old teacher.

《역》 공원에서 우리는 우리의 옛 스승을 우연히 만났다.

[해설] der Park — (*park*, 공원). 강변 2식. **begegnen, begegnete, begegnet** — (*meet with*, 우연히 만나다). 완료형에는 sein + p.p.로 된다. begegnen은 반드시 3격 명사를 사용하니, Lehrer는 3격.

---

150. Jenes schöne Fräulein **ist** seinem Bruder **gefolgt**.
That beautiful girl has followed her brother.

《역》 저 아름다운 아가씨는 그의 오빠를 따랐다.

[해설] jen — (*that*, 저). 지시대명사. 정관사의 변화. das Fräulein — (*unmarried girl*, 처녀). 강변 1식. **folgen, folgte, gefolgt** — (*follow*, 따르다). 자동사로서 완료형에는 sein + p.p. folgen은 「~에 따르다」라고 할 때, 뒤에는 반드시 3격 명사를 사용한다.

[2] haben을 요구하는 동사

다음의 조건에 해당하는 동사는 완료형에서 **haben**을 사용한다.

⑴ 모든 타동사 — (100%)

---

151. Auf dem Wege nach Hause **habe** ich einen jungen Zwerg **gesehen**.
On the way home I have seen a young dwarf.

§ 56. 완료형에서 haben? 또는 sein?   161

《역》집으로 가는 도중에 나는 어린 난쟁이를 보았다.
해설 der **Weg** — (*way*, 길). 강변 2식. **auf dem Wege nach Hause** — (*on the way home*, 집으로 가는 도중에). **sehen, sah, gesehen** — (*see*, 보다). 타동사이니, 완료형에는 haben + p.p.로 된다. der **Zwerg** — (*dwarf*, 난쟁이). 강변 2식.

---

152. Bevor der Reisende Amerika verließ, **hatte** er seinem Sohn ein gutes Geschenk **geschickt.**
Before the traveler left America, he had sent his son a good present.

《역》그 여행객은 미국을 떠나기 전에 그의 아들에게 좋은 선물을 보냈다.
해설 **bevor** 접 — (*before*, ~하기 전에). 이하 종속절이니 동사는 후치법. der **Reisende** — (*traveler*, 여행객). 약변. **verlassen, verließ, verlassen** — (*leave*, 떠나다). 4격 동사. das **Geschenk** — (*present*, 선물). 강변 2식. **schicken, schickte, geschickt** — (*send*, 보내다). 타동사이니 완료형에서 haben + p.p.

(2) 자동사 중에서 **sein**을 쓰지 않는 자동사(100%)
  1) 장소의 이동, 2) 상태의 변화, 3) sein, werden, bleiben 등을 제외한 나머지 자동사는 **haben**을 사용한다.

---

153. Der hungrige Bettler **hat** auf der Bank **geschlafen,** denn er war ganz müde.
The hungry beggar has slept on the bench, because he was very tired.

《역》그 배고픈 거지는 아주 피로했기 때문에, 벤치 위에서 잠을 잤다.
해설 die **Bank** — (*bench*, 벤치). 강변 2식. **schlafen, schlief, geschlafen** — (*sleep*, 잠자다). 자동사이기는 하나, ① 장소의 이동도 아니고, ② 상태의 변화도 아니니, 완료형에는 haben + p.p.로 된다. **denn** 접 — (*for*, 왜냐하면). 등위접속사. **ganz** 부 — (*quite*, 아주). **müde** 형 — (*tired*, 피곤한).

---

154. Die blonde Dame **hat** vor dem Kino lange **gestanden.**
The blond lady stood in front of the movie house for a long time.

《역》금발의 숙녀는 영화관 앞에 오랫동안 서 있었다.
해설 **blond** 형 — (*blond*, 금발의). die **Dame** — (*lady*, 숙녀). 약변. **lange** 부 — (*for a long time*, 오랫동안). ① lange는 주로「시간」을 나타낼 때 쓰이고, ② lang은「길이」를 나타낼 때 쓰인다. das **Kino** — (*movie house*, 영화관). 불규칙 변화. 복수에서 -s. **stehen, stand, gestanden** — (*stand*,-서 있다). 자동사이나 ① 장소의 이동도 아니고, ② 상태의 변화도 아니므로 완료형에는 haben + p.p.로 된다.

§ 57. 미래형(Futur)

공 식 → | werden + 동사의 원형 | = will / shall } + Root

155. Am nächsten Sonntag **wird** er Sie mit seiner Frau **besuchen**.
Next Sunday he will visit you with his wife.

《역》 다음 일요일에 그는 아내와 함께 당신을 방문할 것입니다.

[해설] **nächst** 형 — (*next*, 다음의). der **Sonntag** — (*Sunday*, 일요일). 강변 2식. 요일에는 독일어에서 am을 쓴다. seiner의 -er는 부정관사 여성 3격의 변화. Frau가 여성 3격이니. **besuchen, besuchte, besucht** — (*visit*, 방문하다).

156. Wenn Sie nach Deutschland kommen, **werde** ich Ihnen mein neues Auto **zeigen**.
If you come to Germany, I will show you my new car.

《역》 당신이 독일에 오시면, 나는 당신에게 나의 새 자동차를 보여 드리겠습니다.

[해설] **wenn** 접 — (*if*, 만일 ~하면). 이하 종속절이니 동사는 후치법. das **Auto** — (*car*, *auto*, 자동차). 여기서 4격이니 소유대명사 mein은 부정관사, 중성 4격형. 따라서 neu는 형용사 혼합변, 중성 4격의 -es가 붙는다. **zeigen, zeigte, gezeigt** — (*show*, 보여 주다).

§ 58. 미래완료형(Futur Perfekt)

공 식 → | werden + 완료형 { 과거분사 + sein / haben }

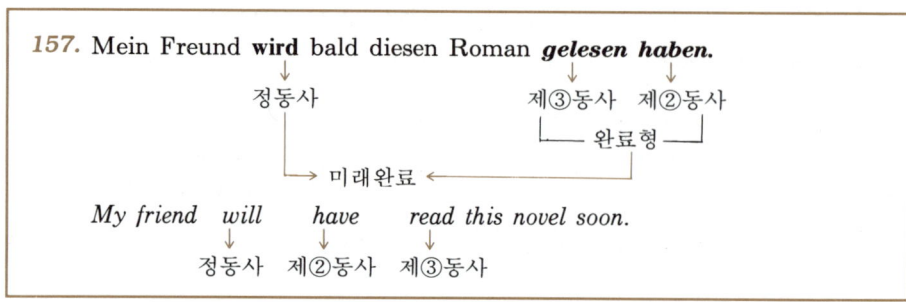

157. Mein Freund **wird** bald diesen Roman *gelesen haben*.

《역》 나의 친구는 곧 이 소설을 읽어 버릴 것이다.
해설 bald 부 — (*soon*, 곧). der Roman — (*novel*, 소설). 강변 2식. dies 는 정관사 변화를 하고 Roman 이 4격이기에 정관사, 남성 4격의 -en 이 붙는다. lesen, las, gelesen — (*read*, 읽다). 타동사이니 완료형에서 haben+p.p.

> **158.** Herr Meier **wird** ein berühmter Professor *geworden sein.*
> *Mr. Meier will have become a famous professor.*

《역》 마이어 씨는 유명한 교수가 돼 버릴 것이다.
해설 berühmt 형 — (*famous*, 유명한). 앞에 ein 이 있으니 혼합변. 남성 1격의 -er 이 붙는다. werden 의 완료형에는 sein + p.p. 따라서 geworden sein 은 werden 의 완료형. 정동사 wird 와 합쳐서 미래완료형이다.

> **159.** In fünf Tagen **wird** diese langweilige Seefahrt *geendet haben.*
> *In five days this boring sea voyage will have finished.*

《역》 닷새가 지나면 이 지루한 항해는 끝나버릴 것이다.
해설 in 전 — 시간적 의미에서 전치사 in 은 시간의 경과를 나타냄. 이 때 3격. langweilig 형 — (*boring*, 지루한). die Seefahrt — (*sea voyage*, 항해). 약변. enden, endete, geendet — (*finish*, 끝나다). 자동사. 완료형에서 haben + p.p.

§ 59. 영어와 독일어의 현재완료의 비교

현재완료는 ① 과거에 있었던 **동작**과 동시에 ② 현재의 **상태**를 표시한다.
영어와 독일어에서 이 양자 중에 어느 쪽에 더 **중점**을 두느냐, 즉 과거에 있었던 **동작**에 무게를 두느냐, 아니면 현재의 **상태**에 무게를 두느냐는 것이 다르다.

[1] 영어와 독일어의 현재완료의 차이

영 어	독 어
① 현재의 **상태**를 나타내는 것이 주목적이고, 겸하여 ② **과거의 동작**까지를 암시한다.	① 과거에 있었던 **동작**을 나타내는 것이 주목적이고, 겸하여 ② 현재의 **상태**까지를 암시한다.
주목적이 현재의 상태를 나타내는 데 있으니, 과거를 의미하는 부사를 쓸 수 없다.	주목적이 과거에 있었던 동작을 나타내는 데 있으니, 과거 어느 때라는 것을 나타내는 부사를 쓸수록 좋다.
영어는 **현재완료**에 해당한다.	독일어는 **현재완료**에 해당한다.

Abschnitt 11. 완료형과 미래형

1)

영 어	독 어
나는 어제 그 사람을 방문했다.	
1) *I have visited him yesterday.* × 2) *I visited him yesterday.* ○	**Gestern** habe ich ihn besucht.
현재의 상태를 나타내는 것이 주목적인데, *yesterday*가 있으니 현재완료형은 못 쓰고 과거형을 써야 한다.	과거에 있었던 동작을 나타내는 데 주목적이 있으니, gestern이 있더라도 현재완료형을 쓸 수 있다.

[주의] 1) 영어에서 현재완료는 과거에 있었던 동작은 별로 문제시하지 않고 **현재의 상태에 중점을 둔다.** 만일 과거에 일어난 시간까지를 표시하여 「언제 ~였다」고 하면, 과거에 있었던 동작을 중요시하는 결과가 되기 때문에, 현재완료를 쓰는 본의에 어긋난다.
　따라서 영어에서는 이 때 단순히 과거형을 써야 한다.
2) 독일어에서는 현재완료가 과거에 있었던 동작에 중심을 두니, 「과거 어느 때」라는 시간까지를 표시하면 더욱 좋다.

2)

영 어	독 어
나의 사촌은 며칠 전에 여기 왔다.	
1) *My cousin has come here a few days ago.* × 2) *My cousin came here a few days ago.* ○	Mein Vetter ist hier **vor einigen Tagen** gekommen.
현재의 상태 표시에 주목적이 있는데, *a few days ago*(며칠 전)가 있으니 현재완료형은 쓸 수 없다.	과거의 동작 표시에 주목적이 있으니 vor einigen Tagen(며칠 전)이 있을수록 더욱 좋다.

[해설] **einig** 혱 — (*few, several*, 몇몇의). 어미 -en은 형용사 강변, 복수 3격에서 왔다. **kommen, kam, gekommen.** 장소의 이동을 나타내는 자동사이니, sein + p.p.

【2】 운동의 출발을 나타내는 동사와 영·독 간의 현재완료의 비교

| gehen | 가다 | ging | gegangen | go | went | gone |
| fahren | 타고 가다 | fuhr | gefahren | ride | rode | ridden |

영·독간의 현재완료의 비교:
　영어에서 1인칭, 2인칭에는 운동의 출발을 나타내는 동사는 현재완료형을 쓸

수 없다. 그러나 독일어에서는 가능하다.

영 어	독 어
주목적 : 현재의 상태	주목적 : 과거의 동작
I have gone to America. ✕ 주목적이 현재의 상태에 있으니, 「미국에 갔다」고 하면 「내가 지금 미국에 가 있다」는 말이 되는데, 어떻게 한국에서 이런 말을 할 수 있겠는가? 이 때 다음 중의 하나를 사용해야 한다. 1) *I have been* to America. 　미국에 갔다 왔다. 　(왕복) 2) *I have been* in America. 　미국에 가 있은 일이 있다. (경험)	**Ich bin** nach America **gegangen.** ○ 미국에 갔다는 과거의 동작을 나타내는 것이 주목적이니 O.K. (경험) 이 완료형의 의미 : 「나는 전에 미국에 갔다. 그런데 지금은 여기 있다.」 *I have been to America.* (왕복)에 해당한다.

§ 60. 사전을 찾는 방법〔Ⅱ〕—동사

어떠한 사전에든지 동사는 반드시 원형(Infinitiv, *Root*)만이 실려 있다. 가령 **fallen**을 찾아보자. 다음과 같이 나타나 있다.

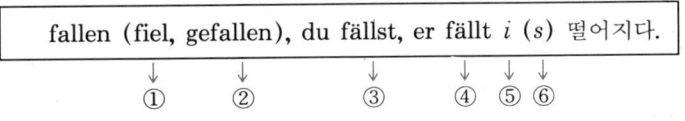

①은 과거형이다. (fiel)
②는 과거분사형이다. (gefallen)

따라서 **fallen**은 강변화 동사임을 알 수 있다. 그러면 강변화 동사는 현재 인칭변화에서 어간모음이 다음과 같이 변한다는 것을 잊어서는 안 된다.

어간모음	단수 2인칭, 3인칭에서 변하는 모습
어간모음 **a**	→ ä 로
어간모음 **ē**	→ ie 로
어간모음 **ĕ**	→ i 로
어간모음 **o**	→ ö 로

166 Abschnitt 11. 완료형과 미래형

③은 du fällst로 되니 강변화 동사이기에 어간모음 -a-가 단수 2인칭에서 -ä-로 됨을 나타낸다.

④는 er fällt로 되니 역시 어간모음 -a-가 단수 3인칭에서 -ä-로 됨을 나타낸다.

⑤는 자동사, 타동사의 구별이다. 기호는 영어와 마찬가지로 *i*는 자동사, *t*는 타동사를 의미한다. 이들 기호는 다음의 약자다.

독 어	영 어	약 자
Intransitiv　(자동사)	*Intransitive*	*i.*
Transitiv　(타동사)	*Transitive*	*t.*

여기서 *i*로 표시된 자동사는 그 용법을 잘 조사해 보아야 한다. 왜냐하면, 자동사 중에는 반드시 어떤 격의 명사를 보족어로 가지는 것도 있기 때문이다.

이제 **gedenken**(*think of*, ~을 생각하다, 2격명사 사용)을 찾아보자.

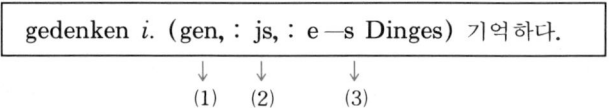

여기서 gen. js. 또는 e—s Dinges는 2격명사를 표시한다.

⑴ **gen.**은 Genitiv(2격)의 약자이다. 즉, gedenken은 자동사로서 2격명사를 받아야 한다는 표시이다.

⑵ **js.**는 「사람」을 나타내는 부정대명사(어떤 사람)의 2격의 약자이다. 이것의 1, 2, 3, 4격의 변화는 아래와 같다.

격	원 어	약 자	
1격	jemand	─	
2격	jemandes	**js.**	어떤 사람의
3격	jemandem	**jm.**	어떤 사람에게
4격	jemanden	**jn.**	어떤 사람을

따라서 gedenken 동사 뒤에는「사람」을 가리키는 명사를 2격형으로 써야 한다.

⑶ e—s Dinges는 eines Dinges의 약자임을 알 수 있을 것이다. 원래 das **Ding** (*thing*, 물건, 사물). 강변 2식.「물건」이란 의미이니 eines Dinges로 되었기 때문에 gedenken 동사 뒤에는「사물」을 가리키는 명사를 2격형으로 써야

한다는 의미이다.

기타 **helfen** (*help*, 돕다), **folgen** (*follow*, 따르다), **gehören** (*belong*, ~에 속하다) 등 동사를 찾으면서 눈에 익혀 두자.

사전에 흔히 쓰이는 약자로는 또한 et. 또는 etw.도 있다. 이것은 부정대명사 **etwas** (*something*, 어떤 것)의 약자이다.

이와 같은 약자나 기호는 각각 사전마다 다소 틀리는 수도 있으니 각자 가지고 있는 사전의 첫 *page*에 나타나는 「약어해」를 자세히 보지 않으면 안 된다.

⑥은 완료형을 만들 때 sein을 쓸 것인가, 또는 haben을 쓸 것인가를 표시한 것이다.

즉, (s)는 sein을 사용한다는 표시이고,
(h)는 haben을 사용한다는 표시이다.

그러나 대개 사전에는 동사 중에서 완료형에 sein을 쓰는 동사는 반드시 (s)로 기록되어 있으나, haben을 쓰는 동사에는 (s)나 (h) 등 아무런 기호도 없다. 따라서 이런 동사는 완료형에서 언제나 haben을 사용해야 한다. 완료형에서 타동사는 모두 haben을 사용하고, 자동사 중에도 극히 일부분을 제외하고는 haben을 사용하기 때문에 사실상 sein을 사용하는 동사는 그다지 많지 않으니, 사전에는 이 sein을 쓰는 동사에만 대개 (s)를 붙여 놓는다.

끝으로, **sagen** 동사를 찾아보자.

> sagen *t. u. i.*   말하다.

로 나타나 있다.

즉, sagen에는 과거, 과거분사의 변화(①, ②)도 기재되어 있지 않고, 또한 단수 2인칭, 3인칭의 현재변화(③, ④)도 나타나 있지 않다.

이와 같이 ①, ②가 없는 동사는 약변화 동사를 의미한다. 다시 말하면 ①, ②가 기록되어 있지 않은 동사는 모두 약변화를 한다.

또한 설령 ①, ②는 적혀 있더라도 (강변화 동사와 혼합변화 동사) ③, ④가 없는 동사는 단수 2인칭, 3인칭의 현재변화에서 어간모음이 변하지 않는 것을 의미한다.

sagen에 나타나는 ***t. u. i.***는 타동사로도 쓰이고 자동사로도 쓰인다는 약자이다.

> ***t.u.i.***=Transitiv und Intransitv
> 　타동사　　　　자동사

연 습 문 제

[1] 다음 문장을 현재완료형으로 고치시오.
  1. Der arme Mann starb gestern.
  2. Ich bitte meine Mutter um Rat.
  3. Er folgt ihr bis vor die Haustür.
  4. Abends schläft der Kranke sehr gut.
  5. Sie schwimmen über den Fluß.
  6. Du steigst auf den Berg fleißig.
  7. Es regnet den ganzen Tag.

[2] 다음 문장을 현재는 미래로, 과거는 과거완료로 고치시오.
  1. Er war den ganzen Tag zu Hause.
  2. Fritz studiert Medizin in Heidelberg.
  3. Giesela fuhr mit dem Fahrrad zur Universität.
  4. Wir sahen die Bilder von der Stadt.
  5. Er schreibt an sie einen langen Brief.
  6. Frau Bauer wartete auf ihn vor dem Kino.
  7. Nimmst du den Schnellzug?

해답

[1] ① Der arme Mann ist gestern gestorben.
  ② Ich habe meine Mutter um Rat gebeten.
  ③ Er ist ihr bis vor die Haustür gefolgt.
  ④ Abends hat der Kranke sehr gut geschlafen.
  ⑤ Sie sind über den Fluß geschwommen.
  ⑥ Du bist auf den Berg fleißig gestiegen.
  ⑦ Es hat den ganzen Tag geregnet.

[2] ① Er war den ganzen Tag zu Hause gewesen.
  ② Fritz wird Medizin in Heidelberg studieren.
  ③ Giesela war mit dem Fahrrad zur Universität gefahren.
  ④ Wir hatten die Bilder von der Stadt gesehen.
  ⑤ Er wird an sie einen langen Brief schreiben.
  ⑥ Frau Bauer hatte auf ihn vor dem Kino gewartet
  ⑦ Wirst du den Schnellzug nehmen?

해 설

[1] ① 그 가난한 남자는 어제 죽었다.
② 나는 어머니에게 충고를 요청한다.
③ 그는 그녀를 문 앞까지 따라간다.
④ 저녁에 그 환자는 매우 잘 잔다.
⑤ 그들은 강을 헤엄쳐 간다.
⑥ 너는 산을 부지런히 오르고 있다.
⑦ 온 종일 비가 온다.

[1] **starb** < sterben, **starb**, gestorben — (*die*, 죽다). 상태의 변화를 나타내므로 현재완료에서 sein 과 결합. [2] **bitte** < **bitten**, bat, gebeten — (*beg*, 간청하다). 타동사이므로 현재완료에서 haben 과 결합. der Rat — (*advise*, 충고). 강변 2식. [3] **folgen** — (*follow*, 따르다). 자동사로서 완료형에서 sein 과 결합하고, 3격 명사를 동반. die **Haustür** — (*front-door*, 현관문). 약변. [4] **schläft** < **schlafen**, schlief, geschlafen — (*sleep*, 잠자다). haben 과 결합. der **Kranke** — (*patient*, 환자). 형용사 krank 의 명사적 용법. [5] **schwimmen** < **schwimmen**, schwamm, geschwommen — (*swim*, 헤엄치다). 동작을 나타내므로 현재완료에서 sein 과 결합. [6] **steigst** < **steigen**, stieg, gestiegen — (*climb*, 기어오르다). 동작을 나타내므로 현재완료에서 sein 과 결합. [7] **regnet** < **regnen**, regnete, geregnet — (*rain*, 비가 오다). 비인칭동사는 완료형에서 haben 과 결합.

[2] ① 그는 온종일 집에 있었다.
② 프리츠는 하이델베르크에서 의학을 공부한다.
③ 기젤라는 자전거를 타고 대학교에 갔다.
④ 우리는 그 도시에 대한 그림들을 보았다.
⑤ 그는 그녀에게 긴 편지를 쓴다.
⑥ 바우어 부인은 영화관 앞에서 그를 기다렸다.
⑦ 너는 그 급행 열차를 타니?

[1] **war** < sein, **war**, gewesen — (*be*, ~ 있다). [2] **studiert** < **studieren**, studierte, studiert — (*study*, 공부하다). die **Medizin** — (*medicine*, 의학). 약변. [3] **fuhr** < fahren, **fuhr**, gefahren — (*ride*, 타고 가다). [5] **schreibt** < **schreiben**, schrieb, geschrieben — (*write*, 쓰다). [6] **wartete** < warten, **wartete**, gewartet — (*wait*, 기다리다). auf 전치사 동반. das **Kino** — (*movie house*, 영화관). 불규칙변화, 복수 -s. [7] **nimmst** < **nehmen**, nahm, genommen — (*take*, 이용하다, 잡다). der **Schnellzug** — (*express train*, 급행 열차). 강변 2식.

Lesestück 11

Friedrich der Große und der Müller.

Der König Friedrich der Große wohnte gern in seinem neuen Schloß bei Potzdam. Er hatte die Pläne des Gebäudes und der Anlagen selbst gezeichnet und wollte hier in der einsamen Natur „ohne Sorgen" sein. Aber der Lärm einer nahen Windmühle störte ihn bei der Arbeit. Er rief den Müller und sagte zu ihm : „Deine Mühle stört mich ; Ich werde sie kaufen. Wieviel forderst du dafür?"

Der Müller versagte, die Mühle zu verkaufen, und antwortete : „Ich habe die Mühle von meinen Vorfahren geerbt. Sie ist von meinem Urgroßvater erbaut worden ; mein Großvater und mein Vater haben darin gelebt und sind hier gestorben, und ich denke, mein Sohn wird sie nach meinem Tode von mir erben. Ich kann und will sie nicht verkaufen." Mit dieser Antwort war der König nicht zufrieden, und er drohte dem Müller : „Du wirst dennoch die Mühle verkaufen ! Man wird dir den Wert deines Eigentums bezahlen, und du wirst das Gebäude verlassen. Niemand kann dir helfen ! " Aber der Müller war nicht furchtsam und erwiderte : „Mein Recht wird mir helfen. Zum Glück gibt es in Berlin ein Gericht, und die Richter werden mich schützen⋯auch gegen den König !"

Diese mutige Antwort hatte den König tief bewegt, und er bemerkte, daß der Müller recht hatte. Er erlaubte ihm, die Mühle zu behalten. Diese Mühle ist noch heute zu sehen. Sie ist ein Zeichen für die strenge Gerechtigkeitsliebe des Königes.

---

der **Müller** — (*miller*, 방앗간 주인). ① **neu** 형 — (*new*, 새로운). das **Schloß** — (*palace*, 성). ② der **Plan** — (*plan*, 계획). das **Gebäude** — (*building*, 건물). die **Anlage** — (*installation*, 설비). ③ **wollen** — (*will*, ~하고 싶다). **einsam** 형 — (*lonesome*, 고독한). die **Natur** — (*nature*, 자연). **ohne** 전 — (*without*, ~ 없이). die **Sorge** — (*care*, 염려). der **Lärm** — (*noise*, 소음). ④ **nah** 형 — (*near*, 가까운). die **Windmühle** — (*windmill*, 풍차). **stören** — (*disturb*, 방해하다). ⑤ **wieviel** 부 — (*how much*, 얼마 ~). **fordern** — (*demand*, 요구하다). ⑦ **versagen** — (*refuse*, 거절하다). **verkaufen** — (*sell*, 팔다). ⑧ der **Vorfahr** — (*forefather*, 조상). **erben** — (*inherit*, 상속하다). der **Urgroßvater** — (*greatgrandfather*, 증조부). ⑩ **sterben** — (*die*, 죽다). der **Tod** — (*death*, 죽음). ⑫ **drohen** — (*threaten*,

Lesestück 11. *171*

프리드리히 대왕과 방앗간 주인

　프리드리히 대왕은 포츠담 근처에 있는 그의 새 성에서 즐겨 살았다. 그는 건물과 시설물의 설계도를 스스로 그렸고 고요한 자연 속에서 '아무 걱정 없이' 지내고자 했다. 그러나 일을 할 때 근처에 있는 풍차 소리가 그를 방해했다. 그는 방앗간 주인을 불러서 그에게 말했다.
　"네 방앗간이 나를 방해한다. 나는 그것을 살 것이다. 얼마를 요구하겠는가?"
　그 방앗간 주인은 풍차를 팔기를 거부했다. 그리고 대답했다. "나는 나의 조상들에게서 그 방앗간을 상속받았습니다. 그것은 나의 증조부에 의해 세워졌습니다. 나의 할아버지와 나의 아버지는 이곳에서 사셨고, 여기서 돌아가셨습니다. 그리고 나는 내 죽은 후에 내 아들이 그것을 물려받을 것이라 생각합니다. 나는 그것을 팔 수 없으며, 팔고자 하지 않습니다."
이 대답이 왕을 불쾌하게 했으므로, 그는 방앗간 주인을 위협했다. "그러나 너는 그 방앗간을 팔게 될 것이다! 사람들이 네게 네 소유물의 가격을 지불할 것이다. 그러면 너는 그 건물을 떠나게 될 것이다. 아무도 너를 도울 수 없을 것이다." 그러나 그 방앗간 주인은 두려움 없이 다음과 같이 대답했다.
　"나의 권리가 나를 도울 것입니다. 다행히 베를린에는 법정이 있으니, 재판관이 나를 보호할 것입니다. 역시 왕에 대해서도!"
　이 용감한 대답이 왕을 깊이 감동시켰고, 그는 그 방앗간 주인이 옳다는 것을 알았다. 왕은 그에게 방앗간을 지키도록 허락했다. 이 방앗간은 오늘날에도 볼 수 있다. 그것은 왕의 엄격한 정의에 대한 사랑의 표시이다.

위협하다). **dennoch** 튀 — (*however*, 하여튼). ⑬ **der Wert** — (*worth*, 가치). **das Eigentum** — (*property*, 재산). **bezahlen** — (*pay*, 지불하다). ⑭ **verlassen** — (*leave*, 떠나다). **helfen** — (*help*, 돕다). ⑮ **furchtsam** 형 — (*timid*, 겁 많은). **erwidern** — (*reply*, 대답하다). **das Recht** — (*right*, 권리). **das Glück** — (*happiness*, 행복). ⑯ **das Gericht** — (*court of justice*, 재판소). **der Richter** — (*judge*, 재판관). **schützen** — (*protect*, 보호하다). ⑰ **gegen** 전 — (*against*, ~대항하여). ⑱ **mutig** 형 — (*brave*, 용감한). **tief** 형 — (*deep*, 깊은). **bewegen** — (*move*, 감동시키다). **bemerken** — (*notice*, 깨닫다). ⑲ **recht** 형 — (*right*, 올바른). **erlauben** — (*allow*, 허락하다). **behalten** — (*keep*, 지키다). ⑳ **das Zeichen** — (*sign*, 표시). **streng** 형 — (*strict*, 엄격한).

Abschnitt 12.

수동형과 명령문

§ 61. 수 동 형(Passiv)

영어의 수동형은 **be** + 과거분사이나 독일어는 **werden** + 과거분사이다.

영어에서는 능동문의 동작자(즉, 주어)가 수동형에서 **by** + 명사로 되나 독일어에서는 **von** + 3격이 된다.

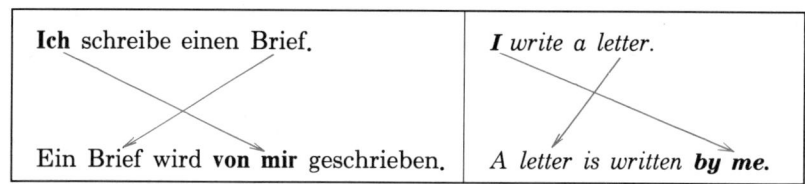

【1】 수동형의 현재와 과거

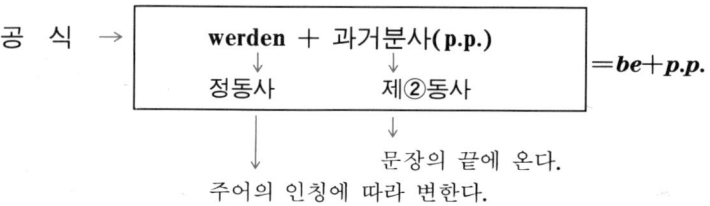

werden+p.p.가 수동형이니

```
1) 정동사 werden 을 현재로 하면  → 현재수동형
2) 정동사 werden 을 과거로 하면  → 과거수동형
```

---

160. Der große Politiker **wird** von allen Staatsbürgern **geehrt**.

The great statesman is respected by all citizens.

《역》 그 위대한 정치가는 모든 국민들에게 존경을 받는다.

해설 der **Politiker** — (*statesman*, 정치가). 강변 1식. allen 의 -en 은 형용사 강변, 복수 3격. Staatsbürgern 이 복수 3격이니, der **Staatsbürger** — (*citizen*, 시민, 국민). 강변 1식. der **Staat**(*state*, 국가) + s + der **Bürger**(*citizen*, 시민). **ehren, ehrte, geehrt** — (*respect*, 존경하다).

> **161.** Dieser Roman **wurde** von einem unbekannten Dichter **geschrieben**.
> *This novel was written by an unknown Poet.*

《역》 이 소설은 한 무명 시인에 의해 씌어졌다.

[해설] **dies** — (*this*, 이것). 지시대명사. 정관사의 변화를 한다. Roman이 남성 1격이니 정관사 남성 1격의 -er가 붙어서 dieser. **unbekannt** 형 — (*unknown*, 알려지지 않은). 형용사 약변. 남성 3격에서 어미 -en. **wurde…geschrieben** — 과거 수동형. **der Dichter** — (*poet*, 시인). 강변 1식. **schreiben, schrieb, geschrieben** — (*write*, 쓰다).

【2】 완료 수동형
공 식

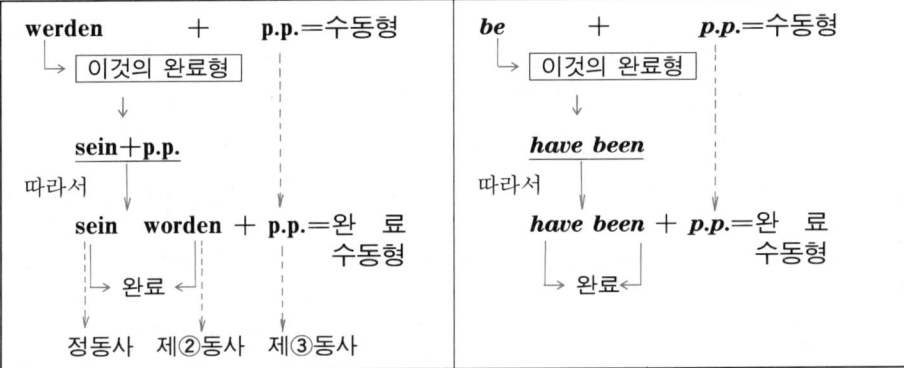

[주의] werden의 과거분사는 원래 geworden이나 완료 수동형에서만은 ge-를 뺀 **worden**을 사용한다.

> **162.** Das Lied **ist** von einem populären Sänger **gesungen worden**.
> *The song has been sung by a popular singer.*

《역》 그 노래는 한 대중 가수에 의하여 불리어졌다.

[해설] **das Lied** — (*song*, 노래). 강변 3식. **populär** 형 — (*popular*, 인기 있는). **der Sänger** — (*singer*, 가수). 강변 1식. **singen, sang, gesungen** — (*sing*, 노래하다). **ist…gesungen worden** 현재완료 수동형.

> **163.** Jenes eiserne Tor **war** schon von dem Wächter **geschlossen worden**.
> *That iron gate had already been shut by the watchman.*

《역》 저 철문은 벌써 경비원에 의하여 닫혀졌었다.

[해설] **eisern** 형 — (*iron*, 철로 된). **das Tor** — (*gate*, 문). 강변 '2식. **der Wächter** —

174   Abschnitt 12. 수동형과 명령문

(*watchman*, 경비원). 강변 1식. **schließen, schloß, geschlossen** — (*shut*, 닫다). **war··· geschlossen worden** 과거완료 수동형.

【3】미래 수동형
  공   식

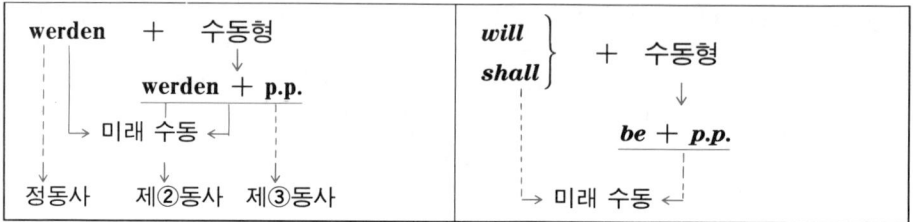

164. **Der schlaue Diener wird** von seinem Herrn **vertrieben werden.**
     The sly servant will be expelled by his master.

《역》 그 간교한 하인은 자기 주인에게서 쫓겨나게 될 것이다.

〔해설〕 der **Diener** — (*servant*, 하인). 강변 1식. **schlau** 혱 — (*sly*, 간교한). der **Herr** — (*master*, 주인). 「신사」, 「~ 씨」 외에 「주인」이라는 뜻도 있다. 불규칙변화. 단수 2, 3, 4격에서 -n이 붙는다. **vertreiben, vertrieb, vertrieben** — (*expel*, 쫓아내다).

165. **Dieser großartige Plan wird** sicher von der jungen Generation **erfüllt werden.**
     This great plan will certainly be achieved by the young generation.

《역》 이 거대한 계획은 젊은 세대에 의해 분명히 성취될 것이다.

〔해설〕 **großartig** 혱 — (*great*, 거대한). der **Plan** — (*plan*, 계획). 강변 2식. **sicher** 뷔 — (*certainly*, 확실히). die **Generation** — (*generation*, 세대). **erfüllen, erfüllte, erfüllt** — (*achieve*, 성취하다).

【4】미래완료 수동형
  공   식

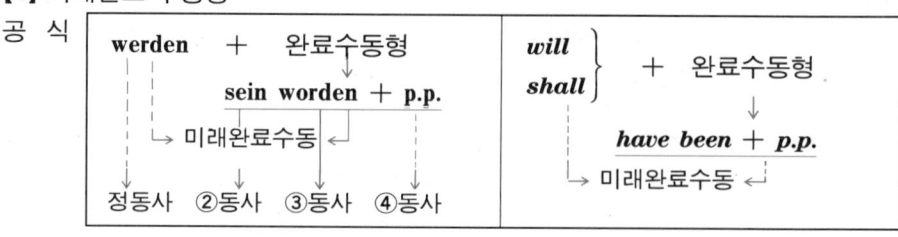

〔주의〕 완료수동형에서 werden의 과거분사는 geworden의 ge-를 뺀 worden을 사용한다.

§ 62. 능동문을 수동문으로 만드는 방법   175

> **166.** Der Löwe **wird** von dem Jäger **geschossen worden sein.**
> *The lion will have been shot by the hunter.*

《역》 그 사자는 사냥꾼에게 총을 맞고야 말 것이다.
해설 der **Löwe** — (*lion*, 사자). 약변. der **Jäger** — (*hunter*, 사냥꾼). 강변 1식. **schießen, schoß, geschossen** — (*shoot*, 쏘다, 사살하다).

> **167.** Diese Kuchen **werden** von Ihrem Sohn **gegessen worden sein.**
> *These cakes will have been eaten by your son.*

《역》 이 과자들은 댁의 아드님에 의해 다 먹어 없어지고 말 것입니다.
해설 der **Kuchen** — (*cake*, 과자). 강변 1식. **essen, aß, gegessen** — (*eat*, 먹다).

§ 62. 능동문을 수동문으로 만드는 방법

능동문을 수동문으로 만들 때에는

> 1) 능동문의 목적어(즉 4격 명사)를 주어(1격)로 하고,
> 2) 능동문의 주어는 다음의 요령에 따른다.

공 식

독 어	영 어
1) **von** + 3격 → 수동의 동작자(사람, 또는 사물)	by ~
2) **durch** + 4격 → 원인, 또는 간접수단, 즉 매개자	through ~
3) **mit** + 3격 → 도구, 또는 재료	with ~

[1] von + 3격 명사

수동의 동작자(사람, 또는 사물)를 나타낼 때 사용한다. 영어에서도 이때 **by**를 쓴다.

능 동	수 동
168. Der Hund beißt das Kind. *The dog bites the child.*	Das Kind wird **von dem Hund** gebissen. *The child is bitten by the dog.*

《역》 개가 어린아이를 문다.　　　어린아이는 개에게 물린다.
해설 **beißen, biß, gebissen** — (*bite, bit, bitten*, 물다).

Abschnitt 12. 수동형과 명령문

【2】durch + 4격 명사 : 원인, 또는 간접수단, 즉 매개자를 나타낼 때

1) 원 인

어떤 것이 원인이 되어 수동의 동작이 있게 될 때 그 원인을 나타내는 명사는 **durch**를 받는다. 영어에는 이 때 ***through***이나, ***by***로도 된다.

능 동	수 동
169. Ein großes Erdbeben hatte diese Stadt zerstört. *A big earthquake had destroyed this city*	Diese Stadt war **durch ein großes Erdbeben** zerstört worden. *This city had been destroyed by a big earthquake.*

《역》 큰 지진이 이 도시를 파괴했다.   이 도시는 큰 지진에 의해서 파괴되었다.

[해설] das Erdbeben — (*earthquake*, 지진). 강변 1식. die Erde — (*earth*, 지구). beben — (*quake, thrill*, 진동하다). zerstören, zerstörte, zerstört — (*destroy*, 파괴하다). war…zerstört worden—과거완료 수동형.

[주의] durch ein Erdbeben이라고 한 것은 지진이 원인이 되어 도시가 파괴되었기 때문이다.

2) 간접수단

간접 수단, 즉 매개자로서 어떤 수동의 동작이 있게 될 때 **durch**를 사용한다. 영어에는 이 때 ***through***나 ***by***로 된다.

능 동	수 동
170. Der Briefträger hat den Brief gebracht. *The postman has brought the letter.*	Der Brief ist **durch den Briefträger** gebracht worden. *The letter has been brought by the postman*

《역》 우체부가 편지를 가져왔다.   편지는 우체부에 의하여 가져와졌다.

[해설] bringen, brachte, gebracht — (*bring, brought, brought*, 가져오다). der Briefträger — (*postman*, 우체부). 강변 1식.

[주의] durch den Briefträger 라 한 것은 편지를 보내는 사람은 딴 사람이고, 편지가 전달된 것은 우체부가 간접 수단, 즉 매개자로 된 때문이다.

【3】mit + 3격 명사 : 직접적인 도구 또는 재료를 나타낼 때

어떤 것이 도구 또는 재료가 되어서 수동의 동작이 있게 될 때 그 도구나 재료로 되는 명사는 **mit** + 3격으로 된다. 영어에서도 이 때 ***with***.

능　　　동	수　　　동
171. Die schönen Blumen schmük-kten das Zimmer. *The beautiful flowers decorated the room.*	Das Zimmer wurde **mit den schönen Blumen** geschmückt. *The room was decorated with the beautiful flowers.*

《역》 아름다운 꽃이 그 방을 장식했다.　　그 방은 아름다운 꽃으로 장식되었다.

|해설| die **Blume** — (*flower*, 꽃). **schmücken schmückte, geschmückt** — (*decorate*, 장식하다). **wurde…geschmückt** — 과거 수동형. **ck** 가 분철시는 **k-k** 로 된다.
　　　mit den schönen Blumen 이라 한 것은 방이 장식된 데 있어서 꽃이 하나의 재료가 되었기 때문이다.

172. Das Buch wurde mir **von** meinem Freunde **durch** einen Boten geschickt, nicht **mit** der Post.
　　The book was sent to me by my friend through a messenger, not by mail.

《역》 그 책은 나에게 내 친구에 의해 우편을 이용하지 않고 심부름꾼을 통해서 보내졌다.

|해설| **von meinem Freund** — (*by my friend*, 내 친구에 의해). der **Bote** —(*messenger*, 심부름꾼). 약변. 수동의 동작자. **durch einen Boten** — (*through a messenger*, 심부름꾼을 통해서). 여기서 Bote 는 비록 사람이라도 간접 수단, 즉 매개자이기 때문에 durch 를 쓴 것이다. **mit der Post** — (*by mail*, 우편을 이용해서). mit 는 도구를 나타낸다.

§ 63. man 을 주어로 하는 능동문

능동문의 주어가 man 일 때 수동형에서는 man 을 생략한다.
　man = ***one, we, people***(막연한 사람)로 영어에서도 이것들이 주어일 때 수동문에서 *by one*(*us, people*)을 쓸 수 없다.

능　　　동	수　　　동
173. **Man** liebt immer die Kinder. *One always loves the children.*	Die Kinder werden immer geliebt. *The children are always loved.*

《역》 사람(우리)은 언제나 어린이를　　어린이는 언제나 사랑을 받는다.
　　사랑한다.

|해설| **man** — (*one, we, people*, 막연한 사람). 즉, 어느 특정한 사람이 아니다. 문법상 3인칭 단수로 된다. **immer** 뷔 — (*always*, 언제나).

능　　　　동	수　　　　동
174. **Man** öffnet das Museum um 9 Uhr. *One opens the museum at 9 o'clock.*	Das Museum **wird** um 9 Uhr **geöffnet**. *The museum is opened at 9 o'clock.*

《역》사람들은 9시에 박물관을 연다.　　박물관은 9시에 열린다.

[해설] das **Museum** — (*museum*, 박물관). 복수는 die Museen.

§ 64. 상태의 수동(Zustandspassiv)

수동형에는 1) 동작의 수동과, 2) 상태의 수동이 있다.

공　식

1) 동작의 수동　→ **werden** + p.p. → 「~되고 있다」.「~된다」는 동작의 진행.
　　　　　　　　　　　　　　　　영어의 수동형 진행의 뜻이다.
2) 상태의 수동　→ **sein** + 타동사의 p.p. → 「되어 있다」는 상태.
　　　　　　　　　　　　　　　　영어의 본래의 수동형이다.

상　태　의　수　동.	동　작　의　수　동
175. Der Dom **ist gebaut**. *The cathedral is built.*	Der Dom **wird gebaut**. *The cathedral is being built.*

《역》그 성당은 건축되어 있다.　　그 성당은 건축되고 있다.

[해설] **bauen, baute, gebaut** — (*build*, 건축하다). der **Dom** — (*cathedral*, 성당). 강변 2식. 복수는 die Dome.
1) ist gebaut 는 「건축되어져 있다」는 상태의 수동을 나타낸다.
2) wird gebaut 는 「건축되고 있다」, 즉 「건축되는 중에 있다」는 동작의 수동이다.

상　태　의　수　동	동　작　의　수　동
176. Alle Tore **sind geschlossen**. *All gates are closed.*	Alle Tore **werden geschlossen**. *All gates are being closed.*

《역》모든 문이 닫혀져 있다.　　모든 문이 닫혀지고 있다.

[해설] das **Tor** — (*gate*, 문). 강변 2식. **schließen schloß, geschlossen** — (*shut, close*, 닫다).
1) sind geschlossen 은 「닫혀져 있다」는 상태의 수동,
2) werden geschlossen 은 「닫혀지고 있다」는 동작의 수동.

§ 65. 자동사의 수동형

수동형은 원래 타동사라야만 한다.

능동문의 **목적어(4격)**가 수동문에서 **주어(1격)**로 되니, 자동사일 때에는 목적어 (4격명사)가 없으니 수동문에서 주어(1격)로 될 것이 없기 때문이다.

그러나 **독일어**는 **자동사**도 다음의 요령에 의하여 수동문을 만들 수 있다.

> 1) **es**를 주어로 하여 수동형을 만든다.
> 2) 도치법, 후치법에서는 **es**를 생략한다.
> 3) 능동문의 명사의 격은 수동문에 그대로 옮겨 놓는다.

177. (능) Eine nette Dame **half** dem Ausländer.
　　　　　A nice lady helped the foreigner.
　　　(수) Es **wurde** dem Ausländer von einer netten Dame **geholfen**.

《역》 어떤 상냥한 여인이 그 외국인을 도와 주었다.

[해설] **nett** 형 — (*nice*, 훌륭한, 상냥한). 형용사 약변. 여성 1격에서 어미 -e. **die Dame** — (*lady*, 숙녀). 약변. **helfen, half, geholfen** — (*help*, 돕다). 3격 동사. 능동문의 dem Ausländer는 수동문에서도 3격으로 그대로 옮겨진다.

178. (능) Der Schüler **wartete** auf seinen Freund.
　　　　　The pupil was waiting for his friend.
　　　(수) ① **Es wurde** von dem Schüler auf seinen Freund **gewartet**.
　　　　　② Von dem Schüler **wurde** auf seinen Freund **gewartet**.
　　　　　③ Auf seinen Freund **wurde** von dem Schüler **gewartet**.

《역》 그 학생은 자기 친구를 기다리고 있었다.

[해설] **warten, wartete, gewartet** — (*wait*, 기다리다).

> warten auf + 4격　} ～을 기다리다
> *wait for~*

[주의] der Schüler는 수동문에서 von dem Schüler로 되어야 한다. auf seinen Freund는 수동문에서도 그대로 옮겨져야 한다.
②는 von dem Schüler가 문두에 있으니 도치법. 따라서 **es**가 생략된다.
③은 auf seinen Freund가 문두에 있으니 도치법. 따라서 **es**가 생략된다. 즉, wurde 뒤에 있어야 할 es가 빠졌다.

§ 66. 명령(Imperativ)

영어는 2인칭의 주어가 1) 단수, 2) 복수, 3) 존칭이 다 같이 *you*이니, 그것의 명령형도 같다.

그러나 독일어에서는 2인칭의 주어가 1) 단수(du), 2) 복수(ihr), 3) 존칭(Sie)이 각각 다르니 그것의 명령형도 달라진다.

단수, 복수의 명령에는 주어를 쓰지 않는다.

【1】 일반동사의 명령

동사의 어간에 다음과 같은 어미를 붙이고, 감탄부호를 붙인다.

공 식 →

단수 2인칭	복수 2인칭	존 칭
____e !	____t ! ____et !	____en Sie !

[주의] 어간이 치음 -d, -t, -chn, -fn, -gn, -dm, -tm 일 때 복수 2인칭의 명령에서 -et를 붙인다. 즉, 복수 2인칭의 현재 인칭변화와 같다.

변화 분류	약 변 화		강 변 화	혼 합 변 화
원 형 과 거 과거분사	sag-en sag-te ge-sag-t	wart-en wart-*ete* ge-wart-*et*	schlaf-en schlief ge-schlaf-en	komm-en kam ge-komm-en
du (단) ihr (복) Sie (존)	sag-e ! sag-t ! sag-en Sie!	wart-e ! wart-*et* ! wart-en Sie !	schlaf-(e) ! schlaf-t ! schlaf-en Sie !	komm-(e) ! komm-t ! komm-en Sie !
영 어 국 어	*say* 말하다	*wait* 기다리다	*sleep* 잠자다	*come* 오다

[주의] 1) warten은 어간이 -t로 끝났으니 복수 2인칭에 -et를 붙인다.
2) 강변화, 혼합변화 동사는 단수·2인칭의 명령에 어미 -e를 빼기도 한다.

【2】 어간모음이 변하는 동사의 명령 : 강변화동사의 경우

현재인칭변화에서 단수 2인칭, 3인칭에서 어간모음 1) -ē-가 -ie-로, 2) -ĕ-가 -i-로 변하는 동사는 단수 2인칭의 명령에도 이와 똑같이 변한다. 이 때 명령의 어미 -e는 생략한다.

원 형	seh-en	sprech-en	geb-en	helf-en
과 거	sah	sprach	gab	half
과거분사	ge-seh-en	ge-sproch-en	ge-geb-en	ge-holf-en
du (단)	sieh !	sprich !	gib !	hilf !
ihr (복)	seh-t !	sprech-t !	geb-t !	helf-t !
Sie (존)	seh-en Sie !	sprech-en Sie !	geb-en Sie !	helf-en Sie !
영 어	see	speak	give	help
국 어	보다	말하다	주다	돕다

[주의] 현재 인칭변화에서 단수 2인칭, 3인칭에 강변화 동사의 어간모음 a → ä 로, o → ö 로 변하나, 단수 2인칭 명령에서는 변하지 않는다.

[3] sein 동사의 명령

sein 동사의 명령은 다음과 같이 특이한 형태를 취한다.

du (단)	sei !
ihr (복)	sei-d !
Sie (존)	sei-en Sie !

179. Komm hier ! Ich habe ein interessantes Buch für dich.
   Come here ! I have an interesting book for you.

《역》 이리 오너라 ! 나는 너를 위해 재미있는 책을 가지고 있다.

[해설] komm<kommen, kam, gekommen. 강변화 동사와 혼합변화 동사는 단수 2인칭의 명령에서 -e를 안 붙여도 좋다. interessant [형] — (*interesting*, 재미있는). 형용사 혼합변. 중성 4격에서 어미 -es. für [전] — (*for*, ~ 위하여).

180. Bitte, **zeigen Sie** mir Ihren goldnen Ring !
   Please, show me your golden ring !

《역》 아무쪼록 당신의 금반지를 나에게 보여 주시오 !

[해설] bitte [부] — (*please*, 아무쪼록). **zeigen, zeigte, gezeigt** — (*show*, 보이다). zeigen Sie 는 존칭의 명령. **golden** [형] — (*golden*, 금빛의). -el, -er, -en으로 끝난 형용사는 변화의 어미로 **-e**~가 붙게 될 때, -el, -er, -en의 (-e-)가 보통 떨어진다. der **Ring** — (*ring*, 반지). 강변 2식.

Abschnitt 12. 수동형과 명령문

> **181. Sei** ehrlich ! Dann wirst du bestimmt glücklich sein.
> *Be honest ! Then you will surely be happy.*

《역》 정직하라 ! 그러면 너는 확실히 행복해질 것이다.
해설 sei — sein 동사의 단수 2인칭 명령형. **ehrlich** 형 — (*honest*, 정직한). **bestimmt** 형 — (*certain*, 확실한). 여기서는 부사.

> **182.** Rosa, **vergiß** nicht, diese Arznei zweimal täglich zu nehmen !
> *Rosa, do not forget to take this medicine twice a day !*

《역》 로자, 이 약을 하루에 두 번씩 먹는 것을 잊지 말아라.
해설 vergessen, vergaß, vergessen — (*forget*, 잊다). 현재 인칭변화 단수 2인칭에서 어간 모음 -e- 가 -i-로 변하니, 명령형에서도 vergiß 로 된다. die **Arznei** — (*medicine*, 약). zweimal 부 — (*twice*, 두 번). **täglich** 형 — (*daily*, 날마다의). 여기서는 부사.

【4】복수 1인칭에 대한 명령

영어에서 **Let us~** ! (~합시다)와 같이 독일어에도 복수 1인칭에 대한 명령에는 다음 3가지가 있다.

(1) 도치법으로

> **183.** Was machen Sie heute abend ? **Gehen wir** ins Kino !
> *What are you doing tonight ? Let's go to the movies !*

《역》 오늘 저녁에 뭐 할 겁니까? 우리 영화 보러 갑시다.
해설 machen — (*make*, 만들다). 여기서는 「…하다」라는 뜻. 영어의 do 와 같은 의미이다. **heute abend** 부 — (*tonight*, 오늘 저녁, 오늘 밤). **Gehen wir** — 도치법으로 「~하자」라는 권유를 나타낸다. das **Kino** — (*movie*, 영화관).

(2) **Laß uns !, Laßt uns !** 로

> **184. Laß uns** zu Bett gehen !   **Laßt uns** nach Haus gehen !
> *Let's go to bed !*   *Let's go home !*

《역》 이제 잡시다 !(상대가 한 사람일 때)   집으로 가자 !(상대가 둘 이상일 때)
해설 lassen, ließ, gelassen — (*let*, ~하게 하다). 사역동사. 조동사와 마찬가지로 뒤에는 동사의 원형을 쓴다.

> Laß uns ! → lassen 의 du 의 명령형 → 즉, 상대가 혼자일 때
> Laßt uns ! → lassen 의 ihr 의 명령형 → 즉, 상대가 둘 이상일 때

(3) **Wollen wir !**

185. **Wollen wir** etwas Kaltes trinken ! Wir sind schrecklich durstig.
Let's drink something cold ! We are quite thirsty.

《역》뭐 좀 시원한 걸 마시자 ! 우리는 몹시 목마르군.

해설 **Wollen wir !** — (*let's~*, ~하자). **kalt** 형 — (*cold*, 찬). 부정대명사 **etwas** — (*something*, 어떤 것), **nichts** — (*nothing*, 아무것도 ~ 않다) 뒤의 형용사는

1) 첫글자 → 대문자
2) 변　화 → 언제나 -es (중성어미)를 붙인다.

schrecklich 부 — (*terribly, quite*, 아주). **durstig** 형 — (*thirsty*, 목마른).

연 습 문 제

[1] 다음 문장을 능동형은 수동형으로, 수동형은 능동형으로 고치시오.
1. Die Tasse ist von ihr zerbrochen worden.
2. Die Tante gab ihr das Bild.
3. Auf der Autobahn fährt man sehr schnell.
4. Während des Festes wurde bis spät in die Nacht getrunken.
5. Sein Vater hat ihm warme Kleider geschickt.
6. Ein Paket wird durch den Boten gebracht.
7. Die Lampe leuchtet dieses Zimmer.
8. Du wirst von ihm ein Narr genannt.
9. Die Wunde wurde von dem Arzt geheilt.
10. In Deutschland arbeitet man nicht am Sonntag in den Fabriken.

[2] 다음 문장 중에 틀린 것을 바르게 고치시오.
1. Meinen Freund wird von dir geholfen.
2. Die Tür wird von man geschlossen.
3. Trotz dem Versprechens kommt er nicht.
4. Der Brief wurde mit ihm selbst geschrieben.
5. Denken an deine Frau !
6. Sind Sie doch nicht so ungeduldig !
7. Du hältst mir für einen Dieb.
8. Lassen wir jetzt gehen !
9. Arbeitest fleißig !
10. Auf den Zug wurde es von ihm zwei Stunden gewartet.

해답

[1] ① Sie hat die Tasse zerbrochen. ② Das Bild wurde ihr von der Tante gegeben.
③ Auf der Autobahn wird sehr schnell gefahren.
④ Während des Festes trank man bis spät in die Nacht.
⑤ Warme Kleider sind ihm von seinem Vater geschickt worden.
⑥ Der Bote bringt ein Paket.
⑦ Dieses Zimmer wird mit der Lampe geleuchtet.
⑧ Er nennt dich einen Narren. ⑨ Der Arzt heilte die Wunde.
⑩ In Deutschland wird nicht am Sonntag in den Fabriken gearbeitet.

[2] ① Meinen Freund → Meinem Freund ② von man 생략 ③ Trotz dem → Trotz des ④ mit ihm → von ihm ⑤ Denken → Denk(e) ⑥ Sind Sie → Seien Sie
⑦ mir → mich ⑧ Laß uns jetzt gehen ! ⑨ Arbeit(e) fleißig ! ⑩ es 생략

연습 문제   *185*

[1] ① 그 찻잔은 그녀에 의해 깨어졌다.
② 그 아주머니는 그녀에게 그림을 주었다.
③ 고속 도로에서 사람들은 매우 빨리 달린다.
④ 축제 동안에 밤 늦게까지 마셨다.
⑤ 그의 아버지는 그에게 따뜻한 옷들을 보내 주었다.
⑥ 소포 하나가 사환을 통해서 전달된다.
⑦ 램프가 방을 비춘다.
⑧ 너는 그로부터 바보라고 불리고 있다.
⑨ 상처는 의사에 의해서 치료되었다.
⑩ 독일에서는 공장에서 일요일에 일하지 않는다.

① **zerbrochen**<**zerbrechen, zerbrach, zerbrochen** — (*break*, 깨다). ② **gab**<**geben, gab, gegeben** — (*give*, 주다). ③ **die Autobahn** — (*high-way*, 고속 도로). 약변. **fährt**<**fahren, fuhr, gefahren** — (*ride*, 차 타고 가다). ④ **das Fest** — (*festival*, 축제). 강변 2식. **getrunken**<**trinken, trank, getrunken** — (*drink*, 마시다).

⑦ **leuchtet**<**leuchten, leuchtete, geleuchtet** — (*light*, 비치다). Lampe는 도구이므로 mit. ⑧ **der Narr** — (*fool*, 바보). **genannt**< **nennen, nannte, genannt**—(*name*, ~라고 부르다). ⑨ **die Wunde** — (*wound*, 상처). 약변. **heilen** — (*heal*, 고치다). ⑩ **die Fabrik** — (*factory*, 공장). 약변.

[2] ① 내 친구가 너에 의해서 도움을 받는다.
② 그 문은 닫혀진다.
③ 약속에도 불구하고 그는 오지 않는다.
④ 그 편지는 그 자신에 의해 씌어졌다.
⑤ 자네의 부인을 생각하게나 !
⑥ 그렇게 조바심내지 마십시오 !
⑦ 너는 나를 도둑으로 간주하고 있다.
⑧ 우리 지금 갑시다 !
⑨ 열심히 공부해라 !
⑩ 그는 두 시간 동안 기차를 기다렸다.

① **geholfen**<**helfen, half, geholfen**—(*help*, 돕다). helfen 동사가 3격 명사를 동반. ② **geschlossen**<**schließen, schloß, geschlossen** — (*close*, 닫다). man이 있는 문장이 수동으로 될 경우 man은 생략. ③ **das Versprechen** — (*promise*, 약속). 강변 1식. ④ **geschrieben**<**schreiben, schrieb, geschrieben** — (*write*, 쓰다). mit는 재료와 도구를 나타낼 때 쓰인다. 여기서는 ihm이 행위자이므로 von을 써야 한다. ⑤ **denken, dachte, gedacht** — (*think*, 생각하다). ⑥ **ungeduldig** 혱 — (*impatient*, 참을성 없는). ⑦ **halten et⁴ für et⁴** — (~을 ~으로 간주하다.) ⑧ 복수 1인칭 명령을 강조하려면 lassen 동사와 uns를 사용. ⑨ 2인칭에 대한 명령은 「어간, 또는 어간 + e」. ⑩ 이 문장은 본래 Er wartete zwei Stunden auf den Zug.의 수동태, Es wurde von ihm zwei Stunden auf den Zug gewartet. 을 도치시켜서 es를 생략한 것.

Abschnitt 12. 수동형과 명령문

Lesestück 12

Eine Detektivgeschichte

In einer Hafenstadt war in einem Haus eine alte Frau getötet worden. Niemand hatte gesehen, daß jemand in das Haus ging oder es verließ. Nun wohnte ein deutscher Professor in dieser Stadt. Die Polizei bat ihn zu helfen, den Mörder zu finden.

Der Professor war gern bereit. Er ging in das Haus, ging die Treppe hinauf in das Zimmer der alten Frau und sah alles genau an. Dann kam er wieder zu der Polizei und sagte: „Meine Herren, die Frau ist von einem linkshändigen Matrosen getötet worden. Und der Mörder hat einen roten Schnurrbart. Der Mörder ist linkshändig.

Auf der rechten Seite der Treppe habe ich Talgtropfen gefunden. Also hat der Mann in der rechten Hand eine brennende Kerze getragen. Also hat er die Frau mit der linken Hand getötet. In dem Zimmer auf dem Boden fand ich zwei kurze rote Haare und diese Haare waren aus dem Schnurrbart des Mannes. Die Kerze war aus Talg, der nur in Sizilien gebraucht wird. Der Mann ist also aus Sizilien gekommen, und wahrscheinlich ist er ein Matrose aus Sizilien."

Nun suchte die Polizei in dem Hafen nach einem Schiff aus Sizilien. Und wirklich ein solches Schiff wurde gefunden.

Das Schiff ‚Donna Maria' war vor zwei Tagen aus Sizilien angekommen. Und auf dem Schiff war wirklich ein linkshändiger Matrose mit einem roten Schnurrbart. Und in seiner Tasche wurde eine Kerze gefunden. Der Talg war derselbe wie in dem Haus der alten Frau.

Der Matrose wurde gefangen genommen. Und er hatte wirklich die alte Frau getötet, weil er bei ihr Geld zu finden hoffte.

---

die **Detektivgeschichte** — (*a detective story*, 탐정 이야기). ① die **Hafenstadt** — (*seaport*, 항구 도시). **alt** 형 — (*old*, 늙은). **töten, tötete, getötet** — (*kill*, 죽이다). ② **jemand** — (*somebody*, 누군가). ③ der **Professor** — (*professor*, 교수). ④ der **Mörder** — (*murderer*, 살인자). ⑤ **bereit** 형 — (*ready*, 준비된). die **Treppe** — (*staircase*, 계단). **hinauf** 부 — (*upward*, 위쪽으로). ⑥ **genau** 형 — (*exact*, 정확한). **ansehen** — (*look at*, 살펴보다).

탐정 이야기

어느 항구 도시의 한 집에서 늙은 부인이 살해되었다. 누가 그 집에 들어가거나 떠나는 것을 본 이는 아무도 없었다. 그런데 이 도시에는 독일인 교수가 살고 있었다. 경찰은 그에게 살인범을 찾는 데 도와 달라고 부탁했다.

교수는 쾌히 응하였다. 그는 그 집으로 가서 계단을 올라가 그 늙은 부인의 방 안으로 들어가 모든 것을 자세히 살펴보았다. 그리고 나서 다시 경찰에게 와서 말했다.

"여러분, 그 부인은 왼손잡이 수부에 의해 살해되었습니다. 그 살인자는 붉은 수염을 갖고 있습니다. 살인자는 왼손잡이입니다.

계단 오른편에서 나는 촛농을 발견했습니다. 즉, 그 남자는 오른손에 타오르는 촛불을 들고 있었던 것이지요. 그러므로 그는 왼손으로 부인을 살해했습니다. 방바닥에서 나는 두 가닥의 짧고 붉은 털을 발견했는데, 이 털들이 그 남자의 콧수염에서 나온 것입니다. 그 초는 시실리 섬에서만 사용되는 수지로 만들어졌습니다. 그러니까 그 남자는 시실리 섬에서 왔으며, 아마도 시실리 출신의 수부일 것입니다."

그래서 경찰은 항구에서 시실리에서 온 배를 찾았다. 정말로 그와 같은 배가 발견되었다.

'돈나 마리아'호는 이틀 전 시실리에서 도착해 있었다. 그리고 배에는 정말로 붉은 콧수염을 가진 왼손잡이 수부가 있었다. 또 그의 가방에서 초가 발견되었다. 그 수지는 늙은 부인의 집에 있는 것과 동일한 것이었다.

수부는 체포되었다. 그리고 그는 그녀의 집에서 돈을 발견할 것을 기대했기 때문에 정말로 늙은 부인을 살해했던 것이다.

---

[7] **linkshändig** 형 — (*left-handed*, 왼손잡이의). [8] **der Matrose** — (*sailor*, 뱃사공). **rot** 형 — (*red*, 붉은). **der Schnurrbart** — (*moustache*, 콧수염). [10] **Talgtropfen** — (*tallow-drop*, 촛농). [11] **brennend** 형 — (*burning*, 타는). **die Kerze** — (*candle*, 양초). **tragen** — (*bear*, 가지다). [12] **der Boden** — (*ground*, 바닥). [13] **das Haar** — (*hair*, 머리털). [15] **wahrscheinlich** 부 — (*probably*, 아마도). [17] **suchen** — (*seek*, 찾다). **das Schiff** — (*ship*, 배). [18] **wirklich** 부 — (*actually*, 실제로). **solch** 형 — (*such*, 그러한). [19] **ankommen** — (*arrive*, 도착하다). [21] **derselbe** 형 — (*the same*, 똑같은). [23] **fangen** — (*catch*, 체포하다). [24] **weil** 접 — (*because*, ~ 때문에).

Abschnitt 13.

형용사의 비교급과 최상급

§ 67. 비교급과 최상급(Komparativ und Superativ)

영어에서 형용사에 원급, 비교급, 최상급이 있듯이, 독일어에도 원급, 비교급, 최상급의 3단계가 있다.

【1】 규칙변화

영어에서 형용사의 원급이 비교급, 최상급에서 대개 규칙적인 변화를 한다.

원 급	비 교 급	최 상 급
young 젊은	young*er*	young*est*
rich 돈 많은	rich*er*	rich*est*

독일에서도 대개 원급이 비교급, 최상급에서 규칙적인 변화를 한다.

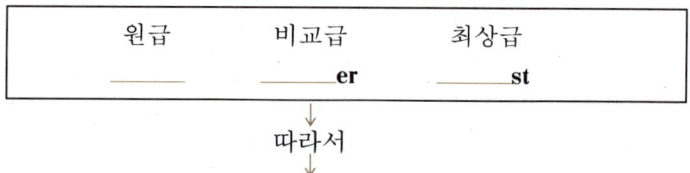

따라서

원 급	비 교 급	최 상 급	영	어
klein	kleiner	kleinst	*small*	작은
reich	reicher	reichst	*rich*	돈 많은
schön	schöner	schönst	*beautiful*	아름다운
billig	billiger	billigst	*cheap*	값싼
brav	braver	bravst	*brave*	용감한

【2】 규칙변화에서 주의할 점

(1) 원급의 어간모음이 **a, o, u**일 때는 비교급과 최상급에서 대개 **변모음** (Umlaut)한다. 1음절의 형용사가 특히 그렇다.

§ 67. 비교급과 최상급   189

원 급	비교급	최상급	영	어
jung	jünger	jüngst	young	젊은
stark	stärker	stärkst	strong	튼튼한
arm	ärmer	ärmst	poor	가난한
warm	wärmer	wärmst	warm	따뜻한
klug	klüger	klügst	clever	영리한
lang	länger	längst	long	기다란
schwach	schwächer	schwächst	weak	약한
krank	kränker	kränkst	sick	아픈

(2) 원급이 치음(Zahnlaut) **-t, -d, -s, -z, -ß, -sch** 로 끝난 것은 최상급에서 **-est**를 붙인다.

원 급	비교급	최상급	영	어
alt	älter	ältest	old	늙은
kalt	kälter	kältest	cold	추운
kurz	kürzer	kürzest	short	짧은
schwarz	schwärzer	schwärzest	black	까만
breit	breiter	breitest	broad	넓은
weit	weiter	weitest	wide	넓은
mild	milder	mildest	mild	온화한
heiß	heißer	heißest	hot	뜨거운
süß	süßer	süßest	sweet	달콤한
frisch	frischer	frischest	fresh	신선한

(3) 원급이 **-e**로 끝날 때에는 비교급에서 **-er**를 붙이지 않고, **-r**만 붙인다.

원 급	비교급	최상급	영	어
böse	böser	bösest	bad	나쁜
weise	weiser	weisest	wise	현명한

(4) 원급이 **-el, -er, -en**으로 끝난 것은 비교급에서 그 **-e**를 빼고 비교급의 어미 **-er**를 붙이기도 한다.

이 때 **a, o, u**가 Umlaut되는 일이 없다.

원 급	비교급	최상급	영	어
ed**el**	ed(**e**)ler	edelst	*noble*	고귀한
dunk**el**	dunk(**e**)ler	dunkelst	*dark*	어두운
heit**er**	heit(**e**)rer	heiterst	*bright*	밝은
gold**en**	gold(**e**)ner	goldenst	*golden*	금빛의

【3】 불규칙변화

영어에서 약간의 형용사는 비교급, 최상급에서 불규칙변화를 한다.

원 급		비교급	최상급
good	좋은	*better*	*best*
many	많은	*more*	*most*
little	작은	*less*	*least*

독일어에서도 다음 6개는 비교급과 최상급에서 불규칙변화를 한다.

원 급	비교급	최상급	영	어
groß	größer	größt	*big*	큰
gut	besser	best	*good, well*	좋은
hoch	höher	höchst	*high*	높은
nah	näher	nächst	*near*	가까운
viel	mehr	meist	*many, much*	많은
wenig*	weniger / minder	wenigst / mindest	*little*	적은

[주의] wenig는 규칙변화를 하기도 하고, 불규칙변화를 하기도 한다. 의미의 차이는 없다.

§ 68. 형용사 원급에 의한 비교

형용사 원급으로 비교를 나타낼 때 다음 두 가지가 있다.

【1】 A, B가 같은 정도일 때 :

두 개의 사물의 성질, 또는 상태가 같을 때에는 다음의 공식을 사용한다.

§ 68. 형용사 원급에 의한 비교

공 식 → | so + 원급 + wie |
　　　　| ↓　　 ↓　　 ↓ | = **as** + 원급 + **as**
　　　　| 그렇게 ～하다 ～만큼 |

---

186. Dieser Baum ist fast **so** hoch **wie** unser Haus.
This tree is almost as tall as our house.

《역》 이 나무는 거의 우리 집만큼 키가 크다.
해설 der **Baum** — (*tree*, 나무). 강변 2식. 복수는 -äu-. **fast** 부 — (*almost*, 거의). **so** 부 — (*so*, 그렇게). **wie** 접 — (*as*, ～만큼).

---

187. Seine junge Schwester spricht Deutsch **so** gut **wie** der Deutsche.
His young sister speaks German as well as the German.

《역》 그의 어린 여동생은 그 독일 사람만큼 독일어를 잘 말한다.
해설 소유대명사 seine 의 -e 는 부정관사 여성 1격. 따라서 junge 의 -e 는 혼합변. 여성 1격이다. **sprechen, sprach, gesprochen** — (*speak*, 말하다).

【2】 A, B가 같은 정도가 아닐 때 :
　두 개의 사물의 성질, 또는 상태가 같지 않을 때 다음의 공식을 사용한다.

공 식 → | **nicht** so + 원급 + wie |
　　　　| ↓　　 ↓　　　 ↓ | = **not so** + 원급 + **as**
　　　　| 아니다 그만큼～ ～만큼 |

---

188. Das Lesen ist nicht **so** interessant **wie** das Fernsehen.
Reading is not so interesting as television.

《역》 독서는 텔레비전만큼 재미있지 않다.
해설 das **Lesen** — (*reading*, 독서). lesen 동사의 원형이 그대로 명사화로 된 것. **interessant** 형 — (*interesting*, 재미있는). das **Fernsehen** — (*television*, 텔레비전).

---

189. Gewöhnlich ist der Herbst **nicht so** kalt **wie** der Winter.
Generally autumn is not so cold as winter.

《역》 대체로 가을은 겨울만큼은 춥지 않다.

해설 gewöhnlich 튀 — (*generally*, 대체로). der Herbst — (*autumn*, 가을). 강변 2식. kalt 형 — (*cold*, 추운). 영어는 춘, 하, 추, 동에 정관사를 붙이지 않으나 독일어는 붙인다.

§ 69. 형용사 비교급의 용법

【1】A가 B보다 우수할 때 :

두 개 중에서 한쪽이 다른 쪽보다 더 낫다는 것을 나타낼 때에는 비교급을 사용한다.

공 식 → | 비교급 + als | = 비교급 + *than*
         | ↓   ↓ |
         | 더 ~하다 ~보다 |

---

190. Mein kleiner Bruder ist zehn Jahre alt. Ich bin **älter als** mein Bruder. Ich bin jetzt zwölf Jahre alt.

  My little brother is ten years old. I am older than my brother. I am now twelve years old.

《역》 내 어린 남동생은 열 살이다. 나는 남동생보다 나이가 많다. 나는 지금 열두 살이다.

해설 mein은 Bruder가 남성 1격이니 어미가 붙지 않고, klein은 형용사 혼합변. 남성 1격에서 어미 -er. das Jahr — (*year*, 연). 강변 2식. Jahre는 복수 4격. 연령을 말할 때 「연수」는 4격형으로 부사로 쓰인다. alt를 수식하니. zehn Jahre alt — (*ten years old*, 열 살). zwölf — (*twelve*, 열둘).

---

191. Das Pferd im Stall ist **schwärzer als** der Vogel im Nest.

  The horse in the stall is blacker than the bird in the nest.

《역》 마구간에 있는 그 말은 새장에 있는 새보다 더 검다.

해설 das Pferd — (*horse*, 말). 강변 2식. der Stall — (*stall*, 마구간). 강변 2식. pl. -ä-. schwarz, schwärzer, schwärzest 형 — (*black*, 검은). das Nest — (*nest*, 새장). 강변 3식.

【2】A 라기보다는 B일 때 :

「~라기 보다는 오히려 ~이다」고 할 때에는 다음의 공식을 사용한다.

공 식 → | mehr + 원급 + als | = *more* / *rather* } +원급+*than*
         | ↓   ↓   ↓ |
         | 오히려 ~이다 보다는 |

192. Unsere Tante arbeitet täglich, aber sie ist faul **mehr als** fleißig.
Our aunt works everyday, but she is lazy rather than diligent.

《역》우리 아주머니는 날마다 일하나, 부지런하기보다는 오히려 게으른 편이다.

해설 viel, mehr, meist. täglich 형 — (*daily*, 날마다의). faul 형 — (*lazy*, 게으른). fleißig 형 — (*diligent*, 부지런한).

193. Gestern war der Verkäufer traurig **mehr als** ärgerlich.
Yesterday the salesman was more sad than angry.

《역》어제 그 판매원은 화났다기보다 오히려 슬퍼했다.

해설 der Verkäufer — (*salesman*, 판매원). 강변 1식. 원래 verkaufen — (*sell*, 팔다)의 어간으로 만든 명사. traurig 형 — (*sad*, 슬픈). ärgerlich 형 — (*angry*, 화난).

【3】A가 B보다 못할 때

두 개 중에서 한쪽이 다른 쪽보다 못할 때에는 다음의 공식을 사용한다.

공 식 → $\left.\begin{array}{c}\text{weniger}\\\text{minder}\end{array}\right\}$ + 원급 + als = *less* + 원급 + *than*

↓ ↓ ↓
덜 ~하다 보다도

194. Im Allgemeinen ist der Herbst **minder(weniger)** warm **als** der Frühling.
Generally autumn is less warm than spring.

《역》가을은 대개 봄보다도 덜 따뜻하다.

해설 der Herbst — (*autumn*, 가을). 강변 2식. allgemein 형 — (*general*, 일반적인). 여기서 명사적 용법이다. 중성변화. im Allgemeinen — (*generally*, 일반적으로). weniger 와 minder 는 weinig 의 비교급. warm 형 — (*warm*, 따뜻한). warm, wärmer, wärmst. der Frühling — (*spring*, 봄). 강변 2식.

195. Das Kamel trinkt **weniger(minder)** Wasser **als** der Walfisch.
The camel drinks less water than the whale.

《역》낙타는 고래보다도 물을 덜 마신다.

해설 das Kamel — (*camel*, 낙타). 강변 2식. trinken — (*drink*, 마시다). weniger 와 minder 는 wenig 의 비교급. das Wasser — (*water*, 물). der Walfisch — (*whale*, 고래).

【4】어떤 성질이 점점 높아갈 때 :
「점점 더 ~하다」고 할 때에는 다음의 공식을 사용한다.

$$\text{공 식} \rightarrow \left.\begin{array}{c}\textbf{immer}\\ \text{비교급}\end{array}\right\} + \text{비교급} \atop \downarrow \atop \text{더욱 더 ~ 하다} = \left.\begin{array}{c}\textit{still}\\ \text{비교급}\end{array}\right\} + \text{비교급}$$

196. Die Reichen werden **immer reicher** und die Armen **immer ärmer**.
The rich are becoming richer and richer, the poor poorer and poorer.

《역》 부자들은 점점 더 부자가 되고, 가난한 이들은 더 가난해진다.

해설 die **Reichen** — (*the rich*, 부자들). 형용사 reich 의 명사적 용법. 복수이니 「부자들」이라는 뜻. **werden** — (*become*, ~으로 되다). **immer** 및 — (*always*, 언제나). immer + 비교급 — 「더욱 ~하다, 점점 더 ~하다」. die **Armen** — (*the poor*, 가난한 사람들). 형용사 arm 의 명사적 용법. 복수.

197. Im Herbst wird die Nacht **kühler und kühler**(**immer kühler**).
In autumn the night is becoming still cooler.

《역》 가을에는 밤이 점점 더 차진다.

해설 die **Nacht** — (*night*, 밤). 강변 2식. 복수. -ä-. **kühler**<**kühl** 형 — (*cool*, 서늘한). 정도가 점점 높아질 때에는 ① 비교급을 겹쳐 쓰든가, ② immer + 비교급을 사용한다.

【5】 어떤 상태가 높아 감에 따라 다른 상태도 높아 갈 때 :
「~할 수록, 더 ~하다」고 할 때에는 다음의 공식을 사용한다.

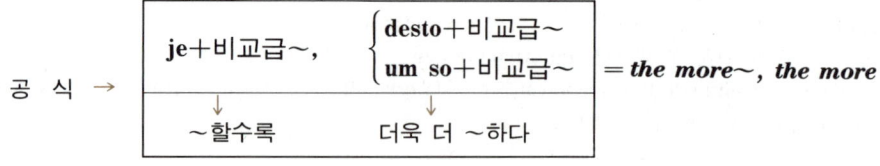

주의 1) **je** + 비교급의 문장은 종속절이다. 동사는 후치법.
2) **desto** + 비교급의 문장은 주절이 된다. 따라서 동사는 도치법.

198. **Je höher** wir steigen, **desto dünner** wird die Luft.
The higher we climb, the thinner the air becomes.

《역》 우리가 높이 올라가면 갈수록, 공기는 더욱 희박해진다.
해설 höher 는 hoch(*high*, 높은)의 비교급. hoch 는 비교급에서 **-e-** 가 빠진다. **dünn** 형 — (*thin, rare*, 얇은, 희박한). **wird**＜**werden** — (*become*, ～으로 되다). 3인칭 단수형. die Luft — (*air*, 공기). 강변 2식. 복수, -ü-.

---

199. **Je früher** du kommst, **um so mehr** Zeit haben wir.
The earlier you come, the more time we have.

《역》 네가 일찍 오면 올수록, 우리는 시간이 많아진다.
해설 früh 형 — (*early*, 이른). früher 는 비교급. 여기서는 kommst 를 수식하니 부사. um so, 또는 desto 이하는 주절이니 도치법.

§ 70. 형용사 최상급의 용법

[1] 같은 종류 중에서 최고의 상태를 나타낼 때 :

같은 종류 중에서 「가장 ～하다」고 할 때에는 다음의 공식을 사용한다.

공 식 → 　정관사(der, die, das)＋최상급　 ＝ *the* ＋ 최상급

[주의] 이 때의 최상급은 정관사가 앞에 있으니 형용사의 약변화를 한다.

---

200. Jener Schüler ist **der fleißigste** in unserer Schule.
That school-boy is the most diligent in our school.

《역》 저 학생은 우리 학교에서 가장 부지런하다.
해설 주어가 Schüler 이니 정관사는 남성 1격의 der. ist 의 보어이기에. **fleißigst** 는 앞에 der 가 있으니 약변, 남성 1격의 **-e** 를 붙인다. 어떤 장소에서 최고의 정도를 나타낼 때 그 장소는 **in**＋3격으로 된다.

---

201. Dieser Mann ist **der größte** ⎰ 1) aller Männer.
　　　　　　　　　　　　　　　　 ⎨ 2) von allen Männern.
　　　　　　　　　　　　　　　　 ⎱ 3) unter allen Männern.

This man is the greatest of all men.

《역》 이 남자는 모든 사람들 중에서 가장 위대하다.
해설 größt 는 groß 의 최상급. **groß, größer, größt**. 주어가 남성이니 der 를 사용한다. der größte 의 -e 는 약변, 남성 1격. 최상급에서 범위(～ 중에서)를 나타낼 때, 영어는 ***of*** (또는 ***among***)＋복수 명사로 되나, 독일어에서는 다음 3방법을 쓴다.

> 1) 복수 2격
> 2) von+복수 3격
> 3) unter+복수 3격

1) **aller Männer**→aller 는 앞에 관사가 없으니 강변, 복수 2격. Männer 는 복수 2격형.
2) **von allen Männern**→von 전 — (*from, of*, ~로부터, ~ 중에서). 뒤에는 3격. allen 은 all 의 강변, 복수 3격.
3) **unter allen Männern**→unter 전 — (*under*, ~ 밑에). 여기서 3격. allen 은 all 의 강변, 복수 3격.

【2】 자체 내에서 최고의 상태를 나타낼 때 :
다른 것과의 비교가 아니라 그 자체 내에서 어느 경우에 「가장 ~하다」고 할 때 다음의 공식을 사용한다. 영어는 이 때에도 *the*+최상급이다.

공 식 → | **am** + 최상급 + **en** | = *the*+최상급

[주의] am → an dem. 따라서 뒤에 최상급은 약변화, 3격 -en 을 받는다.

am + 최상급의 공식은 결국 다음의 경우에 쓰인다.

> 1) 한강은 인도교 밑이 가장 깊다.──한강의 깊이를 여기저기 재어보니 인도교 밑이 가장 깊다는 뜻이다.
> 즉, 다른 강과 비교하는 것이 아니므로, **am**+최상급이 된다.
> 만일 다른 강과 비교할 때라면 정관사+최상급이 된다.
> 2) 그 집은 아침에 가장 밝다.──그 집의 밝기를 아침, 낮, 오후에 걸쳐 조사해 보니, 아침에 가장 밝다는 뜻이다.
> 즉, 다른 집과 비교한 것이 아니므로 **am**+최상급이다.
> 만일 다른 집과 비교할 때라면 정관사+최상급이 된다.

다음 문장을 비교하면 잘 이해될 것이다.

202. 1) Der Garten ist **der schönste** von allen Gärten in diesem Dorf.
   2) Der Garten ist immer schön, aber im Frühling **am schönsten**.

《역》 1) 그 정원은 이 마을의 모든 정원들 중에서 가장 아름답다.
   2) 그 정원은 언제나 아름답다. 그러나 봄에 가장 아름답다.

[해설] 1)은 다른 여러 정원과 비교하여 가장 아름답다는 뜻이고,
   2)는 다른 정원과 비교하는 것이 아니라, 그 정원 자체 내의 아름다움이 봄에 최고라는 말이 된다.

§ 70. 형용사 최상급의 용법   197

> *203.* Jene Schüler arbeiten **am fleißigsten** vor der Prüfung.
> *Those pupils work most diligently before the examination.*

《역》 저 학생들은 시험을 앞두고 가장 열심히 공부한다.

해설 Schüler 가 복수이니 jene 의 -e 는 정관사 복수 1격형. **arbeiten** — (*work*, 일하다, 공부하다). die **Prüfung** — (*examination*, 시험). **fleißig** 형 — (*diligent*, 부지런한). fleißigst 는 앞에 am이 있으니 약변, 3격의 -en이 붙는다.

> *204.* Das ist der Bodensee. Hier ist der See **am tiefsten**.
> *That is the Bodenlake. The lake is the deepest here.*

《역》 이것이 보덴 호수입니다. 호수는 여기가 가장 깊습니다.

해설 der **See** — (*lake*, 호수). 혼합변. **Das** — 지시대명사(*this, that, it.*) der **Bodensee** — Deutschland 와 스위스 사이에 있는 호수 이름. **tief** 형 — (*deep*, 깊은). tiefst 는 am이 있으니 약변, 3격의 -en이 붙는다.

  주의 이 호수를 다른 호수와 비교하여 하는 말이 아니다. 만일 다른 호수와 비교한다면 der tiefste 로 된다.

【3】 A가 많은 것 중에서 가장 못할 때 :

  「가장 ~ 않다」고 할 때에는 다음의 공식을 사용한다.

  공 식 → $\left.\begin{array}{l}\text{am wenigsten}\\ \text{am mindesten}\end{array}\right\}$ + 원급 = ***the least*** + 원급

> *205.* Das Bild an der weißen Wand ist schön.
>
>   Das Bild an der weißen Wand ist $\left\{\begin{array}{l}\textit{weniger}\\ \textit{minder}\end{array}\right\}$ schön.
>
>   Das Bild an der weißen Wand ist **am** $\left\{\begin{array}{l}\textit{weinigsten}\\ \textit{mindesten}\end{array}\right\}$ schön.
>
> *The picture on the white wall is beautiful.*
> *The picture on the white wall is less beautiful.*
> *The picture on the white wall is the least beautiful.*

《역》 흰 벽에 있는 그 그림은 아름답다. 그 그림은 덜 아름답다. 그 그림은 가장 아름답지 않다.

해설 das **Bild** — (*picture*, 그림). 강변 3식. am 은 an dem 의 축소형이니 wenigst 나 mindest 는 약변, 3격의 -en 을 붙인다.

> **206.** Die Früchte sind frisch.
>
> Die Früchte sind $\begin{Bmatrix} \textit{weniger} \\ \textit{minder} \end{Bmatrix}$ frisch.
>
> Die Früchte sind am $\begin{Bmatrix} \textit{wenigsten} \\ \textit{mindesten} \end{Bmatrix}$ frisch.
>
> *The fruits are fresh.*
> *The fruits are less fresh.*
> *The fruits are the least fresh.*

《역》그 과일들은 신선하다. 그 과일들은 덜 신선하다. 그 과일들은 가장 신선하지 않다.
해설 die **Frucht** — (*fruit*, 과일). 강변 2식. 복수 -ü-. **frisch** 형 — (*fresh*, 신선한).

§ 71. 형용사 비교급, 최상급 + 명사

형용사가 비교급, 또는 최상급으로 쓰이더라도 역시 형용사이니, 뒤에 명사가 올 때에는 원급의 경우나 마찬가지로, ① 강변화(관사가 없을 때), ② 약변화(정관사가 있을 때), ③ 혼합변화(부정관사가 있을 때)를 한다.

> **207.** Ein älter*er* Bruder und ein jünger*er* Bruder lieben einander.
> *An elder brother and a younger brother love each other.*

《역》형제는 서로 사랑한다.
해설 **älter*er***
    → alt 의 비교급에서 온 **-er.**
    → ein 이 있으니, 혼합변화에서 온 **-er.**

jünger*er*
    → jung 의 비교급에서 온 **-er.**
    → ein 이 있으니, 혼합변화에서 온 **-er. einander** 부 — (*each other*, 서로서로).

> **208.** Der wild*este* Mann in der ganzen Welt ist mein Vater, und die schöns*te* Frau ist meine Mutter.
> *The wildest man in the whole world is my father, and the most beautiful woman is my mother.*

《역》세상에서 가장 사나운 남자는 내 아버지이고, 가장 아름다운 여자는 내 어머니이다.
해설 **wild** 형 — (*wild*, 사나운). **ganz** 형 — (*whole*, 전체의). die **Welt** — (*world*, 세계).

§ 72. 사전을 찾는 방법〔Ⅲ〕— 형용사   *199*

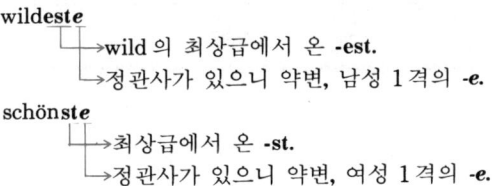

§ 72. 사전을 찾는 방법〔Ⅲ〕— 형용사

　형용사는 아무런 어미가 붙지 않은 원형만이 사전에 실려 있다. 따라서 문장 안에 나타난 형용사는 변화의 어미가 붙은 형태로 나타나는 수가 많을 것이다. 사전을 찾을 때에는 먼저 그 **형용사의 원형**을 알아야 하겠다.

【1】형용사의 어미

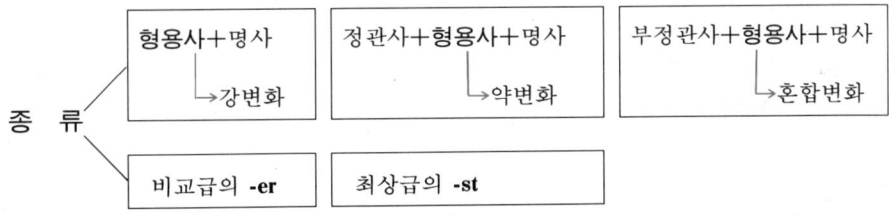

　이제 아래에 있는 문장에서 형용사의 원형을 찾는 연습을 하여 보자.

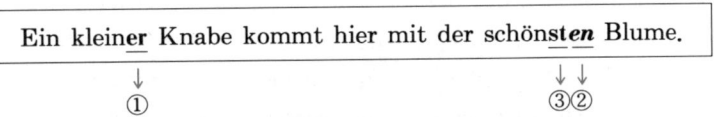

　①은 혼합변화 남성 1격의 **-er**이다. 따라서 원형은 **klein**이다.
　②는 mit가 3격 전치사이니 약변화, 여성 3격의 **-en**이다. 따라서 실제 형용사는 schönst 일 것이다. 그러나 이것만으로는 사전을 찾기에는 아직 이르다.
　③은 최상급의 **-st**다. 따라서 형용사의 원형은 **schön**이다. 이제 사전을 찾으면 된다.

【2】명사적으로 쓰인 형용사

　형용사는 언제나 첫글자를 **대문자**로 하면 명사로 쓰인다. 〔예〕 ein Reicher. der Reiche. 그러나 이 때에도 그것이 원래 형용사였으니, 일반 형용사와 마찬가지로 변화를 받는다. 대개 사전에는 **정관사**를 붙인 **1격형**이 실려 있다. 즉, **Reiche**로 나타난다. 따라서 부정관사를 붙일 때에는 물론 혼합변화를 시키지 않으면 안 된다. 즉, ein Reicher (1격)로.

Abschnitt 13. 형용사의 비교급과 최상급

연 습 문 제

[1] 다음 문장의 _____에 알맞게 써 넣으시오.
1. Karl ist ein guter Schüler, Fritz ist ein _____ Schüler als Karl. Max ist der _____ Schüler in der Klasse.
2. Im Herbst werden die Tage kürz_____ und kürz_____ .
3. Die Bibel ist unser best _____ Führer auf unserem Lebensweg.
4. Braun arbeitet fleißig, Friedrich arbeitet _____ als Braun, und Paul arbeitet am _____ .
5. _____ älter man wird, _____ bescheidener wird man.
6. Das Eisen ist nützlich_____ als Gold.
7. Hans ist _____ treu als klug.
8. Das Brot ist teuer, die Milch ist _____ , aber der Kaffee ist am _____ .
9. Italien ist _____ schön wie Korea.
10. Es wird _____ kühler.

[2] 다음 문장에서 틀린 것을 고치시오.
1. Er spricht Deutsch besserer als seine Frau.
2. Der Garten ist der schönste im Frühlng.
3. Der Teich ist tief, der See ist tiefer, aber das Meer ist der tiefste.
4. Jenes Haus ist am höchsten Gebäude in der ganzen Stadt.
5. Es ist spät, und die Nacht wird dunkeler und dunkeler.
6. Ein armes Leben ist guter als ein schöner Tod.
7. Von aller Jahreszeit ist der Sommer die heißeste.
8. 100 Pfennig ist so guter wie eine Mark.
9. Der Frühling ist weniger kühler als der Herbst.
10. Je höcher wir steigen, desto dünner die Luft wird.

해답
[1] ① besserer beste ② -er, -er ③ -er ④ fleißiger, fleißigsten ⑤ Je, desto ⑥ -er ⑦ mehr ⑧ teurer, teuersten ⑨ so ⑩ immer
[2] ① besserer → besser ② der schönste im Frühling → im Frühling am schönsten ③ der tiefste → am tiefsten ④ am höchsten → das höchste ⑤ dunkeler und dunkeler → dunkler und dunkler ⑥ guter → besser ⑦ Von aller Jahreszeit → Von allen Jahreszeiten ⑧ guter → gut ⑨ weniger kühler als → weniger kühl als ⑩ Je höcher → Je höher, die Luft wird → wird die Luft.

해 설

[1] ① 카알은 훌륭한 학생이다. 프리츠는 카알보다 더 훌륭한 학생이다. 막스는 반에서 가장 훌륭한 학생이다.
② 가을에 낮은 점점 더 짧아진다.
③ 성서는 우리들의 삶에서 가장 훌륭한 안내자이다.
④ 브라운은 열심히 공부한다. 프리드리히는 브라운보다 더 열심히 공부한다. 파울은 가장 열심히 공부한다.
⑤ 사람은 나이가 들수록 더 겸손해진다.
⑥ 철은 금보다 더 유용하다.
⑦ 한스는 똑똑하기보다는 오히려 성실하다.
⑧ 빵은 비싸다. 밀크는 더 비싸다. 그러나 커피는 가장 비싸다.
⑨ 이탈리아는 한국만큼 아름답다.
⑩ 날씨는 점점 더 선선해진다.

① die **Klasse** — (*class*, 학급). 약변. ② der **Tag** — (*day*, 낮). 강변 2식. ③ **Bibel** — (*Bible*, 성서). 약변. der **Führer** — (*guide*, 안내자). 강변 1식. der **Lebensweg** — (*path through life*, 인생길). ⑤ **beschei**-**den** 형 — (*modest*, 겸손한). ⑥ das **Eisen** — (*iron*, 철). 강변 1식. **nützlich** 형 — (*useful*, 유용한). ⑦ **klug** 형 — (*clever*, 똑똑한) ⑧ **teuer** 형 — (*precious*, 비싼).

[2] ① 그는 그의 부인보다 독일어를 더 잘한다.
② 그 정원은 봄에 가장 아름답다.
③ 연못은 깊다. 호수는 더 깊다. 그러나 바다가 가장 깊다.
④ 저 집은 도시 전체에서 가장 높은 건물이다.
⑤ 시간이 늦었다. 밤은 점점 더 어두워진다.
⑥ 가난한 삶이 아름다운 죽음보다 더 낫다.
⑦ 여름은 모든 계절 중에서 가장 덥다.
⑧ 100페니히는 1마르크와 같다.
⑨ 봄은 가을보다 덜 서늘하다.
⑩ 우리가 높이 올라갈수록, 공기는 더 희박해진다.

② 봄이라는 특정 조건하에서 정원이란 하나의 성질에 대한 비교를 뜻하는 것이므로 「am+최상급」의 형태. ③ der **Teich** — (*pond*, 연못). 강변 2식. der **See** — (*lake*, 호수). das **Meer** — (*sea*, 바다). 강변 2식. 종류가 다른 다수를 한 성질에서 비교할 경우「am+최상급」형태. ④ das **Gebäude** — (*building*, 건물). 강변 1식. ⑤ 원급이 -el, -er, -en으로 끝난 것은 비교급에서 -e를 빼고 -er를 붙인다. ⑥ der **Tod** — (*death*, 죽음). 강변 2식. ⑦ die **Jahreszeit** — (*season*, 계절). 약변. 같은 종류·대상을 비교할 경우에「정관사+최상급」의 형태. Jahreszeit 가 복수로 쓰이고 3격 전치사 von이 그 앞에 왔으므로, all 은 복수 3격, 형용사어미 변화하여 -en 이 붙는다. ⑧ **so gut wie**「~와 같은」이란 뜻. ⑨「weniger + 형용사 원급 + als」. ⑩ **steigen** — (*climb*, 오르다). **dünn** — (*rare*, 희박한).「je + 비교급~, desto + 비교급~」은「점점 더 ~할수록, 더 ~하다」.

Lesestück 13

Die Jahreszeiten in Deutschland

Das Jahr hat vier Jahreszeiten ; der Frühling, der Sommer, der Herbst und der Winter.

Im Frühling erwacht die Natur aus ihrem langen Winterschlaf. Büsche und Bäume tragen Knospen und junges Laub, und es wird täglich wärmer. Der Gesang der Vögel erfüllt die Wälder, und der Himmel ist blau und wolkenlos. Der Bauer sät Getreide und baut Gemüse an.

Im Sommer sind die Tage am längsten und die Nächte am kürzesten. Die Sonne steht höher, und es wird heiß. Der Bauer hat viel Arbeit. Er arbeitet auf seinen Feldern vom frühen Morgen bis zum späten Abend. Manchmal ist der Himmel mit dunklen Wolken bedeckt. Es gibt ein Gewitter, es donnert und blitzt.

Im Herbst, der dritten Jahreszeit, werden die Tage kürzer und kürzer, und die Nächte werden länger als im Sommer. Der Herbst ist für den Bauer die Zeit der Ernte. Die Blätter der Bäume fallen allmählich von den Ästen ab, dürres Laub bedeckt die Erde. Der Himmel ist grau, und es regnet oft. Nun kommt der Winter.

Im Winter, der vierten und letzten Jahreszeit sind die Tage am kürzesten und die Nächte am längsten. Es ist kalt im Winter.

Die Straßen sind manchmal vereist und verschneit. Die Bäume sind kahl, der eisige Nordwind hat sie vollständig entlaubt.

---

die **Jahreszeit** — (*season*, 계절). ① das **Jahr** — (*year*, 해, 연). der **Frühling** — (*spring*, 봄). der **Sommer** — (*summer*, 여름). der **Herbst** — (*autumn*, 가을). ② der **Winter** — (*winter*, 겨울). ③ **erwachen** — (*awake*, 일어나다). der **Winterschlaf** — (*hibernation*, 동면). der **Busch** — (*bush*, 숲). ④ der **Baum** — (*tree*, 나무). die **Knospe** — (*bud*, 싹). das **Laub** — (*leaf*, 잎). ⑤ der **Gesang** — (*song*, 노래). der **Vogel** — (*bird*, 새). **erfüllen** — (*fill*, 채우다). der **Wald** —(*woods*, 숲). der **Himmel** — (*sky*, 하늘). **wolkenlos** 형 — (*cloudless*, 구름 없는). ⑥ **säen** — (*sow*, 씨 뿌리다). **anbauen** — (*cultivate*, 경작하다).

독일의 계절

1년은 4계절이 있다. 봄, 여름, 가을, 그리고 겨울.

봄에 자연은 긴 겨울잠에서 깨어난다. 숲과 나무들은 싹과 싱싱한 잎들을 갖는다. 그리고 날씨는 날마다 따뜻해진다. 새의 노랫소리가 숲을 가득 채우고, 하늘은 푸르고 구름 한 점 없다. 농부는 곡식을 뿌리고 채소를 가꾼다.

여름에는 낮이 가장 길고, 밤이 가장 짧다. 태양이 더 높이 뜨고, 날씨는 더워진다. 농부는 일을 많이 한다. 그는 이른 아침에서 늦은 저녁까지 들판에서 일한다. 하늘은 자주 검은 구름으로 덮인다. 뇌우가 일고, 천둥이 치며, 그리고 번개가 친다.

세 번째 계절인 가을에 낮은 점점 더 짧아진다. 그리고 밤은 여름보다 더 길어진다. 가을은 농부에게 있어서 수확의 계절이다. 나뭇잎들은 점차 가지에서 떨어지고, 마른 잎이 대지를 덮는다. 하늘은 음울하고, 자주 비가 온다. 이제 겨울이 온다.

네 번째 계절이고 마지막 계절인 겨울에 낮은 가장 짧고, 밤이 가장 길다. 겨울은 춥다. 길은 자주 얼고, 눈으로 덮인다. 나무들은 벌거벗는다. 차디찬 북풍이 나무들을 완전히 황량하게 했다.

---

das **Getreide** — (*corn, grain*, 곡식, 낟알). die **Gemüse** — (*vegetable*, 채소). ⑧ **heiß** 혱 — (*hot*, 뜨거운). ⑨ **manchmal** 뮈 — (*sometimes*, 때때로). ⑩ **bedecken** — (*cover*, 덮다). das **Gewitter** — (*thunderstorm*, 뇌우). ⑭ das **Blatt** — (*leaf*, 잎). **abfallen** — (*fall*, 떨어지다). **allmählich** 뮈 — (*gradually*, 점차적으로). der **Ast** — (*branch*, 가지). ⑮ **dürr** 혱 — (*barren*, 마른). die **Erde** — (*earth*, 지구). **grau** 혱 — (*gray*, 회색의). ⑰ **letzt** 혱 — (*last*, 마지막). ⑱ **kalt** 혱 — (*cold*, 추운). ⑲ **vereisen** — (*freeze*, 얼다). **verschneien** — (*snow*, 눈이 내리다). **kahl** 혱 — (*bare*, 벌거벗은, 황량한). ⑳ **eisig** 혱 — (*cold as ice*, 얼음같이 찬). der **Nordwind** — (*North-wind*, 북풍). **vollständig** 혱 — (*complete*, 완전한). **entlauben** — ((*of tree*) *shed its leaves*, 잎이 떨어지다.).

Abschnitt 14.

복 합 동 사

§ 73. 복합동사(Zusammengesetzte Verben)

영어에서 동사의 앞에 붙는 **접두사**(*prefix*)를 독일어에서는 **전철**(Vorsilbe)이라 한다. 이 전철이 붙은 동사를 복합동사라 한다.

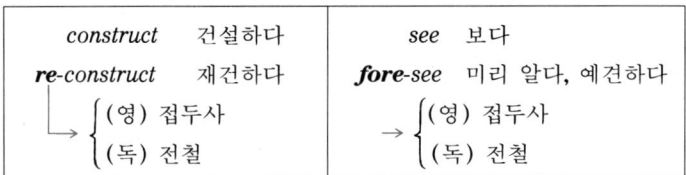

【1】전철의 종류

기본 동사 앞에 붙는 전철은 그 성격에 따라 다음 3 종류로 나눈다.

```
1) 비분리 전철
2) 분리 전철
3) 분리, 또는 비분리 전철
```

【2】복합동사의 종류

전철에 따라서 복합동사는 다음 세 종류로 나눈다.

```
1) 비분리 동사 ·················· → 비분리 전철＋기본 동사
2) 분리 동사 ······················ → 분리 전철＋기본 동사
3) 분리, 또는 비분리 동사 ······ → 분리, 또는 비분리 전철＋기본 동사
```

§ 74. 비분리 동사(Untrennbare Verben)

【1】비분리 전철의 종류 :

다음 8개를 비분리 전철이라 한다.

```
be-,  ge-,  ent-,  emp-,  er-,  ver-,  zer-,  miß-
```

[2] 비분리 전철과 비분리 동사의 예

be-	suchen *search* 찾다 schreiben *write* 쓰다 freien *free* 자유롭게 하다	besuchen *visit* 방문하다 beschreiben *describe* 기술하다 묘사하다 befreien *free* 자유롭게 하다
ge-	hören *hear* 듣다 denken *think* 생각하다 fallen *fall* 떨어지다	gehören *belong to* ~에 속하다 gedenken *think of* 생각하다 gefallen *please* 마음에 들다
ent-	fernen *far* 멀어지다 binden *bind, tie* 매다 falten *fold* 접다	entfernen *depart from* 멀리하다 entbinden *set free* 풀어놓다, 해방시키다 entfalten *unfold* 펼치다
emp-	fehlen *fail* 실패하다 finden *find* 발견하다 fangen *catch* 잡다	empfehlen *recommend* 추천하다 empfinden *feel* 느끼다 empfangen *receive* 받다
er-	leben *live* 살다 ziehen *pull* 끌다 füllen *fill* 채우다	erleben *experience* 경험하다 erziehen *educate* 재배하다 교육하다 erfüllen *fill up* 가득 채우다
ver-	gehen *go* 가다 brennen *burn* 불붙다 stehen *stand* 서 있다	vergehen *pass* 지나다(시간이) verbrennen *burn* 불타 없어지다 verstehen *understand* 이해하다
zer-	brechen *break* 깨뜨리다 reißen *tear* 찢다 stören *disturb* 교란하다 방해하다	zerbrechen *break to pieces* 잘게 깨뜨리다 zerreißen *tear* 갈기갈기 찢다 zerstören *destroy* 파괴하다
miß-	hören *hear* 듣다 brauchen *use* 사용하다 achten *regard* 존중하다	mißhören *mishear* 잘못 듣다 mißbrauchen *misuse* 남용하다 mißachten *disregard* 경멸하다

【3】비분리 동사의 특징

(1) **Akzent**는 전철에 없고 기본 동사의 어간모음에 있다.

| besúchen | visit | 방문하다 | entschéiden | decide | 결정하다 |
| verstéhen | understand | 이해하다 | vergéhen | pass | 지나다 (시간이) |

(2) 과거, 과거분사의 변화는 기본 동사의 변화와 같다. 단, 과거분사의 **ge-** 는 안붙인다 (p. 104. 참조).
　　　인칭변화도 기본 동사의 인칭변화와 같다.

원　형	과　거	과거분사	영　　어	
besuchen	besuchte	besucht	*visit*	방문하다
gedenken	gedachte	gedacht	*think of*	생각하다
empfehlen	empfahl	empfohlen	*recommend*	추천하다
verstehen	verstand	verstanden	*understand*	이해하다
erziehen	erzog	erzogen	*educate*	교육하다

(3) 비분리 동사는 전철이 기본 동사에서 떨어져 쓰이는 일이 없다.

(4) **zu-Infinitiv**에서 **zu**는 전체 동사의 앞에 온다.

> Ich bin hier gekommen, meinen Vetter **zu besuchen**.
> *I came here to visit my cousin.*
> 나는 나의 사촌을 방문하기 위하여 여기 왔다.

【4】비분리 동사의 시제

	Mr. and Mrs. Braun visit me. (브라운 씨 내외는 나를 방문한다.)
현　재	*Herr und Frau Braun besuchen mich.*
과　거	*Herr und Frau Braun besuchten mich.*
현재완료	*Herr und Frau Braun haben mich besucht.*
과거완료	*Herr und Frau Braun hatten mich besucht.*
미　래	*Herr und Frau Braun werden mich besuchen.*
미래완료	*Herr und Frau Braun werden mich besucht haben.*

§ 74. 비분리 동사   207

> 209. Damals **verstand** nur einer von ihnen meine Absicht.
> *At that time only one of them understood my intention.*

《역》 그 당시에는 그들 중에 단 한 사람만이 나의 의도를 이해했다.
해설 **damals** 튀 — (*then, at that time*, 그 때에는). **verstand**＜verstehen, verstand, verstanden —(*understand*, 이해하다). **nur** 튀 — (*only*, 단지). **einer** — (*one*, 한 사람). 부정대명사라 한다. 즉, 여러 사람 중에서 특정인이 아닌 어느 한 사람을 말할 때 사용한다. einer 는 정관사의 변화를 한다.

| 1 격 | 2 격 | 3 격 | 4 격 |
| einer | eines | einem | einen |

die **Absicht** — (*intention*, 의도). 여성 4격이니 소유대명사 mein 에는 부정관사 여성 4격의 어미 -e.

> 210. Es ist wahr, daß Kolumbus Amerika **entdeckte**.
> *It is true that Columbus discovered America.*

《역》 콜럼버스가 미국을 발견했다는 것은 사실이다.
해설 **wahr** 형 — (*true*, 사실인, 참다운). **entdecken, entdeckte, entdeckt** — (*discover*, 발견하다). **ent-** 는 비분리 전철. 원래 기본 동사는 **decken, deckte, gedeckt** — (*cover*, 덮다). **Es ist∼, daß**＝ *It is ∼ that ∼*. es 는 이 때 영어의 *it* 와 마찬가지로 가주어이고, daß 이하가 진주어다.

> 211. Der Arzt **empfiehlt** dem Kranken die sofortige Operation.
> *The doctor recommends to the patient the immediate operation.*

《역》 의사는 그 환자에게 즉각적인 수술을 권유한다.
해설 der **Arzt** — (*doctor*, 의사). 강변 2식. pl. -Ä- **empfiehlt**＜**empfehlen, empfahl, empfohlen** — (*recommend*, 권유하다, 추천하다). 단수 2인칭, 3인칭에서 어간 모음 **-e-** 가 **-ie-** 로 변한다.

ich	empfehle
du	empfiehlst
er	empfiehlt

dem **Kranken** — (*patient*, 환자). 형용사 krank 의 명사적 용법. 남성 2격형. **sofortig** 형 — (*immediate*, 즉시의). die **Operation** — (*operation*, 수술). 약변.

Abschnitt 14. 복합동사

> **212.** Für die Eltern ist es eine große Pflicht, ihre Kinder wohl zu **erziehen.**
> *For the parents it is a great duty to educate their children well.*

《역》 양친에게는 그들의 아이들을 잘 교육한다는 것이 하나의 커다란 의무다.

해설 es (*it*)는 가주어, zu + Infinitiv 가 진주어. die **Pflicht** — (*duty*, 의무). 약변. **ihre**＜**ihr** (*their*, 그들의). die Eltern 을 받는 소유대명사. Kinder 가 복수 4격이니 정관사 복수 4격의 어미 -e. **wohl** 튄 — (*well*, 잘). **erziehen, erzog, erzogen** — (*educate*, 교육하다). 원래 기본 동사는 **ziehen, zog, gezogen** — (*pull*, 잡아당기다).

§ 75. 분리 동사(Trennbare Verben)

【1】분리 전철의 종류

① 전치사, ② 부사, ③ 형용사, ④ 명사가 동사의 앞에 붙어서 전철로 쓰일 때가 있다.

이 때의 전철을 분리 전철이라 한다.

on ~위에	back 뒤로	still 조용한	part 부분
↑	↑	↑	↑
aufstehen	**zurück**kommen	**still**stehen	**teil**nehmen
↘ ↙	↘ ↙	↘ ↙	↘ ↙
stand **up**	come **back**	stand **still**	take **part**
일어서다	돌아오다	조용히 서 있다	참가하다

【2】분리 전철과 분리 동사의 예

(1) 전치사 + 기본동사

전 치 사	기 본 동 사	분 리 동 사	영 어	
an at	kommen come	**an**kommen	arrive at	도착하다
auf on	stehen stand	**auf**stehen	stand up	일어서다
			get up	일어나다
mit with	gehen go	**mit**gehen	go with	동행하다
nach after	suchen search	**nach**suchen	search for	찾다
zu to, at	sehen see	**zu**sehen	look at	바라보다

주의 영어에서는 부사적으로 동사의 뒤에 오지만 독일어에서는 기본 동사의 앞에서 전철

로 된다.

(2) 부사 + 기본 동사

부　　사	기본 동사	분리 동사	영　　어	
da　*there*	stehen　*stand*	**da**stehen	*stand there*	저기 서 있다
hin　*away*	gehen　*go*	**hin**gehen	*go away, go there*	저쪽으로 가다
her　*here*	kommen　*come*	**her**kommen	*come here*	이쪽으로 오다
ab　*off*	nehmen　*take*	**ab**nehmen	*take off*	제거하다
zurück　*back*	kommen　*come*	**zurück**kommen	*come back*	돌아오다

[주의] 영어에서는 부사가 동사의 뒤로 오는데, 독일어에서는 전철로서 기본 동사의 앞에 붙는다.

(3) 형용사 + 기본 동사

형　용　사	기본 동사	분리 동사	영　　어	
still　*still*	stehen　*stand*	**still**stehen	*stand still*	조용히 서 있다
hoch　*high*	achten　*respect*	**hoch**achten	*esteem highly*	존경하다
frei　*free*	stehen　*stand*	**frei**stehen	*be free*	자유롭다
fest　*fast*	halten　*hold*	**fest**halten	*hold fast*	꼭 쥐고 있다

[주의] 전철로 쓰이는 형용사가 영어에서는 부사적으로 동사의 뒤에 온다 (독일어의 형용사는 부사로도 쓰일 수 있기 때문이다).

(4) 명사 + 기본 동사

명　　사	기본 동사	분리 동사	영　　어	
Dank　*thank*	sagen　*say*	**dank**sagen	*say thanks*	감사하다
Glück　*happiness*	wünschen　*wish*	**glück**wünschen	*congratulate*	축하하다
Haus　*house*	halten　*hold*	**haus**halten	*keep house, economize*	집을 다스리다, 경제하다
Statt　*place*	finden　*find*	**statt**finden	*take place, happen*	생기다, 일어나다
Teil　*part*	nehmen　*take*	**teil**nehmen	*take part*	참가하다

[주의] 동사의 전철로 쓰이는 명사가 영어에서는 동사의 목적어로 됨을 알 수 있다.

【3】 분리 동사의 특징

Abschnitt 14. 복합동사

(1) **Akzent** 는 전철에 있고 기본 동사에는 없다.

áufstehen	stand up	일어서다	stíllstehen stand still	조용히 서 있다
hérkommen	come here	이리 오다	dánksagen say thanks	감사하다

(2) 과거, 과거분사의 변화는 기본 동사의 변화를 따른다. 과거분사의 **ge-** 는 전철의 뒤에 온다. 인칭변화도 기본 동사의 인칭변화와 같다.

원 형	과 거	과거분사	영	어
ankommen	ankam	angekommen	arrive at, come at	도착하다
hingehen	hinging	hingegangen	go away	사라지다
freistehen	freistand	freigestanden	be free	자유롭다
teilnehmen	teilnahm	teilgenommen	take part	참가하다

(3) 분리 동사는 ① 주절 안에서, ② 정동사로 쓰일 때 그 전철은 기본 동사에서 떨어져서 주절의 끝에 온다.

분리 전철이란 이름이 바로 이 때문에 생긴 명칭이다. 기타의 경우에는 전철이 기본 동사에 붙은 대로 쓰인다.

aufstehen — *get up*, 일어나다
I get up at six o'clock.   나는 6시에 일어난다.
Ich **auf**stehe um sechs Uhr. ··· ×
Ich stehe um sechs Uhr **auf**. ·· ○

(4) **zu-Infinitiv** 에서 **zu** 는 전철과 기본 동사의 사이에 온다.

aus**zu**gehen	to go out	an**zu**kommen	to arrive at
auf**zu**stehen	to stand up	her**zu**kommen	to come here

ausgehen — (*go out*, 외출하다). früh — (*early*, 일찍)
I got up at six o'clock **to go out early**.
Ich stand um sechs Uhr auf, früh *zu* ausgehen ········· ×
Ich stand um sechs Uhr auf, früh **aus*zu*gehen** ········· ○

【4】 분리 동사의 시제

§ 75. 분리 동사

	I go out at eight o'clock. 나는 8시에 외출한다.
현 재	Ich gehe um acht Uhr **aus**.
과 거	Ich ging um acht Uhr **aus**.
현재완료	Ich bin um acht Uhr ausgegangen.
과거완료	Ich war um acht Uhr ausgegangen.
미 래	Ich werde um acht Uhr ausgehen.
미래완료	Ich werde um acht Uhr ausgegangen sein.

213. Der Zug nach München **fährt** um zwölf Uhr von Köln **ab**.
The train for München departs from Köln at twelve o'clock.

《역》 뮌헨행 기차는 12시에 쾰른에서 출발한다.

해설 der **Zug** — (*train*, 기차). 강변 2식. **abfahren, abfuhr, abgefahren** — (*depart*, 출발하다). ab은 원래 부사이므로 분리 전철. 정동사로 사용되었으니 분리한다. 기본 동사는 **fahren, fuhr, gefahren** — (*drive*, 타고 가다). **von** 전 — (*from*, ~로부터). 3격 전치사.

214. Ich glaube, daß der Schnellzug pünktlich um elf Uhr **abfährt**.
I think that the express train departs punctually at eleven o'clock.

《역》 나는 급행 열차가 정각 11시에 출발하는 것으로 알고 있습니다.

해설 **glauben, glaubte, geglaubt** — (*believe*, 믿다, 생각하다). daß 이하가 종속절이니 abfährt는 분리하지 않는다. der **Schnellzug** — (*express train*, 급행 열차). 형용사 schnell (*fast*, 빠른) + der Zug(*train*, 열차). **pünktlich** 형 — (*punctual*, 정확한). 여기서는 부사.

215. Er ist eben **ausgegangen**, um einen Brief ein**zu**werfen.
He has just gone out in order to mail a letter.

《역》 그는 편지 한 장을 부치기 위하여 막 외출했습니다.

해설 **eben** 부 — (*just*, 바로). **ausgehen, ausging, ausgegangen** — (*go out*, 외출하다). aus 는 분리 전철이니 과거분사의 ge- 는 전철과 기본 동사의 사이에 온다. 「장소의 이동」을 나타내는 자동사이니 완료형에서 sein + p.p. **um~zu+Infinitiv**=*in order to + Root* (~하기 위하여), 독일어에서는 「zu+Infinitiv」의 목적어는 언제나 zu 의 앞에 둔다. **einwerfen, einwarf, eingeworfen** — (*post, mail*, 부치다). **ein** — 분리 전철이니 zu-Infinitiv 에서 zu 는 전철과 기본 동사 사이에 온다.

> **216.** Seine Frau **macht** die Fenster **auf**, und dann **macht** die Tür **zu**.
> *His wife opens the windows and then shuts the door.*

《역》 그의 부인은 창문들을 열고, 그리고 나서 문을 닫는다.

해설 aufmachen, aufmachte, aufgemacht — (*open*, 열다). 주절에서 정동사로 쓰이니 aus는 분리되어 끝에 간다. die Fenster — das Fenster 의 복수 4격. dann 뮈 — (*then*, 그리고 나서). zumachen, zumachte, zugemacht — (*shut*, 닫다). 주절에서 정동사이니 분리되어 끝에 간다.

> **217.** Als der dicke Arzt in den Vorsaal **eintrat, nahm** er seinen Hut **ab** und hängte ihn auf den Bügel.
> *When the thick doctor stepped into the entrance hall, he took his hat off and hung it on the coat-hanger.*

《역》 그 뚱뚱한 의사는 현관에 들어섰을 때 모자를 벗어 옷걸이에 걸었다.

해설 als 접 — (*when*, ~할 때). dick — (*thick*, 뚱뚱한). 앞에 der 가 있으니 형용사 약변. 남성 1격에서 -e. der Vorsaal — (*entrance hall*, 현관, 홀). 전치사 vor 와 der Saal(*hall*, 홀)이 결합된 복합명사. der Saal 의 복수는 die Säle. eintreten, eintrat, eingetreten — (*step into, enter*, 들어가다). ein 은 분리 전철. 영어의 into 에 해당한다. eintrat 는 정동사이지만 종속절에 쓰였으니 분리하지 않는다. der Hut — (*hat*, 모자). abnehmen, abnahm, abgenommen — (*take off*, 벗다). ab 은 분리 전철로 주절에서 정동사로 사용되어 분리한다. ab 은 영어의 off(떨어져서)에 해당. hängen, hängte, gehängt — (*hang*, 걸다). der Bügel — (*coat hanger*, 옷걸이). 강변 1식. 거는 방향을 나타내니 4격이 된다.

§ 76. 분리 또는 비분리 동사(Bald trennbare, bald untrennbare Verben)

【1】분리 또는 비분리 전철의 종류

다음 8개의 전철을 분리 또는 비분리 전철이라 한다.

전치사 중에서	부사 중에서
durch-, hinter-, über-, um-, unter-,	voll-, wider-, wieder.

전철의 성격이
① 때에 따라서는 기본 동사에서 분리되어 **분리 전철**로 쓰이고,
② 때에 따라서는 기본 동사에서 분리되지 않는 **비분리 전철**로 쓰이는 전철을 분리 또는 비분리 전철이라 한다.

【2】분리 또는 비분리 동사의 특징

「분리 또는 비분리 전철」은 그것이「분리 전철」로 쓰일 때와「비분리 전철」로 쓰일 때 그 동사의 특징이 다음과 같이 달라진다.

구 분	분리 전철로 쓰일 때 (즉, 분리동사)	비분리 전철로 쓰일 때 (즉, 비분리 동사)
특 징	분리 동사의 특징을 가진다.	비분리 동사의 특징을 가진다.

	분리할 때	비분리할 때
1) Akzent	전철에 있다.	기본 동사에 있다.
2) 과거, 과거분사의 변화	기본 동사의 변화와 같다. 과거분사의 ge- 가 전철의 뒤에 온다.	기본 동사의 변화와 같다. 과거분사에 ge- 가 없다.
3) 주절 안에서 정동사로 쓰일 때	기본 동사에서 분리되어 주절의 끝에 간다.	기본 동사에서 분리하지 않는다.
4) zu-Infinitiv 에서 zu 의 위치	전철과 기본 동사의 사이에 온다.	전체 동사의 앞에 온다.

【3】분리 또는 비분리 동사의 의미

분리 전철로 쓰일 때 (분리 동사)	비분리 전철로 쓰일 때 (비분리 동사)
공간적, **장소의 이동**(글자 그대로의 뜻)을 나타낸다.	분리 동사로 쓰일 때 나타내는 뜻의 **추상적 의미**를 나타낸다.

218. a) Der Student holt das Buch bald **wieder**.
   The student will bring the book again soon.
   b) Der Student wieder**holt** seine Frage.
   The student repeats his question.

《역》a) 그 학생은 그 책을 곧 다시 가져온다.
   b) 그 학생은 그의 질문을 되풀이한다.

해설 a) **wieder**holen, **wieder**holte, **wieder**geholt — (*bring again*, 다시 가져오다). wieder 가 분리 전철이니 주절의 끝에 온다. **bald** 튄 — (*soon*, 곧).
b) wieder**holen**, wieder**holte**, wieder**holt** — (*repeat*, 되풀이하다). wieder 는 비분리전철. die **Frage** — (*question*, 질문). 약변.

---

219. a) Der Schiffer hat den Reisenden über den Fluß **über**gesetzt.
The sailor passed the traveler over the river.

b) Martin Luter hat die Bibel über**setzt**.
Martin Luther translated the Bible.

《역》 a) 그 사공은 나그네를 강을 건네 주었다.

b) 마르틴 루터는 성서를 번역했다.

해설 a) der **Schiffer** — (*sailor*, 사공). 강변 1식. übersetzen, übersetzte, übergesetzt — (*pass over*, 건네다). über 는 분리 전철로 쓰였으나, 제 2 동사이기에 분리되지 않았다. den **Reisenden**<reisend 형 — (*traveling*, 여행하는). den Reisenden 은 reisend 의 명사적 용법. 남성 4 격형.
b) **Martin Luther** — (독일 종교 개혁자; 1483~1546). die **Bibel** — (*Bible*, 성서). 약변. übersetzen, übersetzte, übersetzt — (*translate*, 번역하다). über 가 비분리 전철로 쓰였으니, 과거분사의 ge- 가 없다.

§ 76. 분리 또는 비분리 동사 215

[4] 분리 또는 비분리 동사의 예

분리 또는 비분리 전철	기본 동사	분리할 때	비분리할 때
durch-	gehen *go* 가다	dúrchgehen *go through* 통과하다	durchgéhen *look over* 중점히 조사하다
hinter-	gehen *go* 가다	híntergehen *go behind* 뒤로 가다	hintergéhen *deceive* 속이다
über-	setzen *set* 놓다	übersetzen *cross, pass over* 건너다	übersétzen *translate* 번역하다
um-	gehen *go* 가다	úmgehen *go round* 돌아가다	umgéhen *evade, avoid* 회피하다
unter-	liegen *lie* 놓여 있다	únterliegen *be at the bottom of* 밑에 있다	unterlíegen *submit* 굴복하다
voll-	bringen *bring* 가져오다	vóllbringen *fill up* 가득 채우다	vollbríngen *accomplish* 완성하다
wider-	hallen *sound* 울리다	wíderhallen *echo* 되울리다	widerspréchen *oppose* 반대하다
wieder-	holen *bring* 가져오다	wíederholen *bring again* 다시 가져오다	wiederhólen *repeat* 되풀이하다
um-	laufen *run* 달리다	úmlaufen *rotate* 순환하다	umláufen *run round* 맴돌다
durch-	schneiden *cut* 자르다	dúrchschneiden *cut through* 절단하다	durchschnéiden *cross* 횡단하다
hinter-	legen *put* 놓다	hínterlegen *put behind* 뒤에 두다	hinterlégen *deposit* 맡기다
über-	sehen *see* 보다	übersehen *take a glance* 바라보다	übersében *overlook* 못보고 빼뜨리다
unter-	halten *keep* 보존하다	únterhalten *hold up* 받치다	unterhálten *support* 부양하다

연 습 문 제

[1] 다음 문장을 ( )의 동사로 완성하시오.
1. Die Mutter _____ die Fenster.(auf machen)
2. Er _____ in München, und _____ in Köln. (einsteigen, aussteigen)
3. Das Konzert _____ morgen abend in Stadttheater. (stattfinden)
4. Ich _____ den Roman ins Koreanische.(übersetzen)
5. Die Mutter _____ den Apfel. Das Schiff _____ die Wellen.(durchschneiden)
6. Als sie ins Zimmer _____ , _____ er seinen Hut.(eintreten, abnehmen)
7. Ich _____ nicht, _____ auf einige Zeit. (wegfahren, spazierengehen)
8. Die Lehrerin hat den Fehler _____ .(verbessern)

[2] 다음 문장을 ( )의 지시대로 고치시오.
1. Der Wissenschaftler erfindet eine neue Maschine. (미래)
2. Der Lehrer tritt ins Zimmer ein, und wir stehen auf. (과거)
3. Frau Müller steigt in München aus. (미래)
4. Er verlor sein Wörterbuch. (현재완료)
5. Ein Freund lädt mich zum Kaffee ein. (과거완료)
6. Der Schnellzug fährt von Berlin ab. (현재완료)
7. Ich ziehe meine Uniform aus. (과거)

해답

[1] ① Die Mutter macht die Fenster auf.
② Er steigt in München ein und steigt in Köln aus.
③ Das Konzert findet morgen abend in Stadttheater statt.
④ Ich übersetze den Roman ins Koreanische.
⑤ Die Mutter schneidet den Apfel durch. Das Schiff durchschneidet die Wellen.
⑥ Als sie ins Zimmer eintritt, nimmt er seinen Hut ab.
⑦ Ich fahre nicht weg, gehe auf einige Zeit spazieren.
⑧ Die Lehrerin hat den Fehler verbessert.

[2] ① Der Wissenschaftler wird eine neue Maschine erfinden.
② Der Lehrer trat ins Zimmer ein und wir standen auf.
③ Frau Müller wird in München aussteigen.
④ Er hat sein Wörterbuch verloren.
⑤ Ein Freund hatte mich zum Kaffee eingeladen.
⑥ Der Schnellzug ist von Berlin abgefahren.
⑦ Ich zog meine Uniform aus.

해 설

[1] ① 어머니는 창문을 여신다.
② 그는 뮌헨에서 타고 쾰른에서 내린다.
③ 그 연주회는 내일 저녁 시립 극장에서 개최된다.
④ 나는 그 소설을 한국어로 번역한다.
⑤ 어머니는 사과를 자른다. 그 배는 파도를 헤치고 간다.
⑥ 그녀가 방으로 들어서자, 그는 그의 모자를 벗는다.
⑦ 나는 떠나는 것이 아니라, 잠시 산책하러 가는 것이다.
⑧ 그 여선생님은 실수를 고쳐 주었다.

1 aufmachen — (*open*, 열다). 2 einsteigen — (*get in*, 승차하다). steigen, stieg, gestiegen — (*climb*, 오르다). 3 stattfinden — (*take place*, 개최하다). 4 übersetzen — (*translate*, 번역하다). 5 das Schiff — (*ship*, 배). 강변 2식. die Welle — (*wave*, 파도). 약변. durchschneiden — (*cross*, 횡단하다). durch-가 분리전철일 경우 그 뜻은 (*cut through*, 가르다). 6 als 접 — (*when*, ~할 때). eintrat< eintreten, eintrat, eingetreten — (*step into, enter*, 걸어 들어가다). der Hut — (*hat*, 모자). 강변 2식. abnehmen<abnehmen, abnahm, abgenommen — (*take off*, 벗다). 7 wegfahren, wegfuhr, weggefahren — (*depart*, 떠나다). spazierengehen, spazierenging, spazierengegangen — (*walk*, 산책하다). 8 der Fehler — (*fault*, 잘못). 강변 1식. verbessern, verbesserte, verbessert — (*amend*, 고치다).

[2] ① 그 학자는 새 기계를 발명한다.
② 그 선생님이 방으로 들어오시고, 우리는 일어선다.
③ 뮐러 부인은 뮌헨에서 내린다.
④ 그는 그의 사전을 잃어버렸다.
⑤ 한 친구가 나에게 커피를 산다.
⑥ 그 급행 열차는 베를린에서 출발한다.
⑦ 나는 제복을 벗는다(퇴직한다).

1 der Wissenschaftler — (*scholar*, 학자). 강변 1식. erfinden, erfand, erfunden — (*invent*, 발명하다). die Maschine — (*machine*, 기계). 약변. 2 tritt<treten, trat, getreten — (*tread*, 걷다). eintreten에서 ein은 분리 전철. aufstehen, aufstand, aufgestanden — (*stand up*, 일어서다). 3 aussteigen, ausstieg, ausgestiegen — (*get out*, 내리다). 4 verlieren, verlor, verloren — (*lose*, 잃어버리다). das Wörterbuch — (*dictionary*, 사전). 강변 3식. 5 einladen, einlud, eingeladen — (*invite*, 초대하다). 6 der Schnellzug — (*express train*, 급행 열차). 강변 2식. abfahren — (*start*, 출발하다). 7 ausziehen, auszog, ausgezogen — (*take off*, 옷을 벗다).

Lesestück 14

Die Gewohnheit

Die Gewohnheiten der Menschen sind verschieden. Viele stellen ihre Schuhe abends vor die Tür. Herr Ruppich wirft sie immer mit viel Lärm fort.

Er ist Kaufmann und oft auf Reisen. Diesmal macht er Geschäfte in einer Stadt Bayerns. Er steigt im Hotel „Augsburger Hof" ab und mietet ein Zimmer für acht Tage.

Sein Zimmer liegt im zweiten Stock. Eine Tür trennt es vom rechten Nebenzimmer, so hört sein Zimmernachbar Abend für Abend den Lärm. Zuerst fliegt ein Schuh gegen die Tür, dann kommt der zweite nach. Der Lärm weckt ihn jedesmal aus dem Schlaf auf, und er schläft dann nicht mehr ein.

Nach vier Tagen wird es ihm zuviel. Er geht zum Pförtner des Hotels und sagt: „Geben Sie mir, bitte, ein anderes Zimmer! Der Herr auf Zimmer 125 weckt mich Nacht für Nacht auf. Erst wirft er einen Schuh gegen die Tür und dann den anderen."

Der Pförtner geht zu Herrn Ruppich und sagt zu ihm: „Entschuldigen Sie vielmals, mein Herr, aber ich habe eine Bitte: Ziehen Sie doch Ihre Schuhe leise aus! Sie wecken Ihren Nachbarn durch den Lärm auf."

Am Abend kommt Herr Ruppich spät auf sein Zimmer. Er zieht einen Schuh aus und wirft ihn mit viel Lärm gegen die Tür, zieht den zweiten Schuh aus — da fallen ihm die Worte des Pförtners ein. Nun stellt er den zweiten Schuh leise weg, zieht sich leise aus, geht leise zu Bett und schläft sofort ein.

Plötzlich wacht er auf. Es klopft an die Tür, und sein Nachbar ruft: „Ach, bitte, mein Herr, werfen Sie doch endlich auch den zweiten Schuh gegen die Tür! Ich schlafe sonst nicht wieder ein."

---

[1] die **Gewohnheit** — (*habit*, 습관). der **Mensch** — (*human*, 인간). **verschieden** [형] — (*various*, 여러 가지의). der **Schuh** — (*shoe*, 신발). [2] **wirft**<**werfen** — (*throw*, 던지다). **fortwerfen** — (*throw away*, 멀리 던지다). fort 는 분리 전철. **auf Reisen** — (*on travel*, 여행 중에). [3] **diesmal** [부] — (*this time*, 이번에는). das **Geschäft** — (*business*, 사무). [4] **absteigen** — (*come down, put up*, 내리다, 묵다). ab은 분리 전철. [6] der **Stock** — (*floor*, 층). **trennen** — (*seperate*, 가르다). das **Nebenzimmer** — (*adjoining room*, 옆 방). [7] der **Zimmernachbar** — (*neighbour*, 옆 방 사람). **zuerst** [부] — (*at first*, 맨 처음에). **fliegen** —

습 관

인간의 습관은 여러 가지이다. 많은 사람들이 저녁에 자기 신발을 문 앞에 놓는다. 루피히 씨는 그의 신발을 언제나 요란한 소리를 내며 내던진다.

그는 상인이고 가끔 여행을 한다. 이번에 그는 바이에른 주의 어느 도시에 용무가 있었다. 그는 '아우그스부르거 홉'이란 호텔에 들러 8일 동안 쓰려고 방 하나를 빌렸다.

그의 방은 3층에 있었다. 오른쪽 옆방과는 문 하나를 사이에 두고 있었으므로 그의 옆방 사람은 매일 저녁 요란한 소리를 들었다. 맨 처음에 한쪽 신발이 문으로 날아온다. 그리고 나서 두 번째 신발이 뒤따른다. 그 요란한 소리는 그를 매번 잠에서 깨우고, 그는 그렇게 하면 도저히 잠이 들지 못한다.

4일 후에는 그것이 그에게는 너무 심했다. 그는 호텔 문지기에게 가서, "아무쪼록 내게 다른 방을 하나 주시오. 125호실 사람이 밤마다 나를 깨우고 있소. 처음에 그는 한쪽 신발을 문에 던지고, 그리고 나서 또 다른 신발을 던져요."라고 말했다.

그 문지기는 루피히 씨에게 가서 그에게 "선생님, 번번이 실례합니다만 부탁이 하나 있습니다. 당신은 제발 신발을 조용히 벗으세요! 당신은 당신 옆 방 사람을 그 요란한 소리로 깨웁니다."라고 말했다.

저녁에 루피히 씨가 늦게 자기 방에 왔다. 그는 한쪽 신발을 벗어서 요란한 소리를 내며 문쪽으로 던졌다. 그리고 두 번째 신발을 벗었다. 그 때 문지기의 말이 생각났다. 그래서 그는 두 번째 신발을 조용히 벗어 놓고, 조용히 옷을 벗고, 조용히 침대로 가서 곧 잠이 들었다.

갑자기 그는 잠에서 깼다. 문에서 노크하는 소리가 났다. 그의 옆 방 사람이 외쳤다. "아—, 선생님, 어서 두 번째 신발을 문에다 던지시오! 그렇지 않으면 나는 다시 잠들지 못해요."

(*fly*, 날다). ⑧ **nachkommen** — (*follow*, 따르다). **aufwecken** — (*wake up*, 깨우다). ⑨ **einschlafen** — (*fall asleep*, 잠들다). ⑩ **zuviel** 튀 — (*too much*, 너무 많이). **der Pförtner** — (*door-keeper*, 문지기). ⑪ **ander** 형 — (*other*, 다른). **bitte** 튀 — (*please*, 아무쪼록). ⑫ **Nacht für Nacht** — (*every night*, 밤마다). **erst** 형 — (*first*, 맨 처음의). ⑭ **entschuldigen** — (*excuse*, 용서하다). ⑮ **vielmals** 튀 —(*manytimes*, 여러 번). **die Bitte** — (*request*, 간청). **ausziehen** — (*take off*, 벗다). ⑯ **leise** 형 —(*low*, 조용한). ⑲ **einfallen** — (*occur*, 떠오르다). **das Wort** — (*word*, 말). **wegstellen** — (*put away*, 치우다). ㉑ **aufwachen** (*awake*, 눈뜨다). **klopfen** — (*knock*, 문을 두드리다). ㉒ **endlich** 튀 — (*finally*, 결국). ㉓ **sonst** 튀 — (*otherwise*, 그렇지 않으면).

Abschnitt 15.

화 법 조 동 사

§ 77. 화법조동사 (Modalverben)

【1】화 법

영어의 *Mood*(화법)를 의미하는 것으로 다음 세 가지가 있다.

1) *Indicative Mood* (직설법)	We can tell a lie. 우리들은 거짓말을 할 수도 있다.
2) *Subjunctive Mood* (가정법)	If it should rain tomorrow, I shall be at home. 내일 비가 온다면, 나는 집에 머물러 있을 것이다.
3) *Imperative Mood* (명령법)	Come to my garden. 나의 정원으로 와라.

독일어의 *Mood*에도 영어와 마찬가지로 세 가지가 있다.
결국 조동사라 함은
  1) ***Indicative Mood*** (직설법). 2) ***Subjunctive Mood*** (가정법), 3) ***Imperative Mood*** (명령법)에 사용하는 동사의 의미를 보조하는 역할을 하는 것이니, 이것을 독일어에서는 보통 **화법조동사**라 한다.

【2】화법조동사의 종류

다음의 6개가 있다.

독 어	영 어	국 어
können	can	～할 수 있다, ～일지 모른다
müssen	must	～하지 않으면 안 된다, ～임에 틀림없다
mögen	may(가능)	～해도 좋다, ～일지 모른다, ～싶어한다
dürfen	be permitted to～, may(허가)	～함이 허락된다, ～해도 괜찮다
wollen	will	～싶어한다, ～할 것이다
sollen	shall, should, ought to	～할 것이다, ～해야 한다

§ 78. 화법조동사의 변화(Konjugation der Modalverben)

일반 동사와 마찬가지로 ① 원형, 과거, 과거분사형이 있고, 또 ② 현재 인칭변화, ③ 과거 인칭변화가 있다.

【1】 과거, 과거분사의 변화

영 어	can	may (추측)	must	may (허가)	will	should
원 형	**können**	**mögen**	**müssen**	**dürfen**	**wollen**	**sollen**
과 거	konnte	mochte	mußte	durfte	wollte	sollte
과거분사	gekonnt / können	gemocht / mögen	gemußt / müssen	gedurft / dürfen	gewollt / wollen	gesollt / sollen

[주의] 1) wollen, sollen은 약변화, 그 외는 혼합변화를 한다.
   2) 과거분사에 **ge-**가 붙는 형태와 원형과 똑같은 형이 있다.
    이에 대해서는 p. 233~235에서 설명하기로 하자.

【2】 현재 인칭변화

단수만 불규칙하게 변하고, 복수는 일반 동사의 현재 인칭변화와 같다.

인칭\원형	**können**	**mögen**	**müssen**	**dürfen**	**wollen**	**sollen**
ich	kann	mag	muß	darf	will	soll
du	kannst	magst	mußt	darfst	willst	sollst
er/sie/es	kann	mag	muß	darf	will	soll
wir	können	mögen	müssen	dürfen	wollen	sollen
ihr	könnt	mögt	müßt	dürft	wollt	sollt
sie (Sie)	können	mögen	müssen	dürfen	wollen	sollen

[주의] 1) sollen만을 제외하고, 단수에서는 어간모음이 모두 변한다.
   2) 단수 1인칭과 3인칭에는 어미가 붙지 않고 형태가 같다.

【3】 과거 인칭변화

화법조동사의 과거형을 어간으로 하여 일반동사의 과거 인칭어미를 그대로 붙인다.

Abschnitt 15. 화법조동사

원형 과거 과거분사	können **konnte** gekonnt	mögen **mochte** gemocht	müssen **mußte** gemußt	dürfen **durfte** gedurft	wollen **wollte** gewollt	sollen **sollte** gesollt
ich du er sie es	konnte konntest konnte	mochte mochtest mochte	mußte mußtest mußte	durfte durftest durfte	wollte wolltest wollte	sollte solltest sollte
wir ihr sie (Sie)	konnten konntet konnten	mochten mochtet mochten	mußten mußtet mußten	durften durftet durften	wollten wolltet wollten	sollten solltet sollten

【4】화법조동사의 위치

영어에도 조동사의 뒤에 동사의 원형을 쓰듯이 독일어에서도 **조동사의 뒤에는 동사의 원형을 쓴다.**

1) 조동사는 정동사(주어의 인칭에 따라 변하는 동사), 즉 제①동사이니 주어의 바로 뒤에 두고,
2) 동사의 원형은 제②동사로 되니 문장의 끝에 두어야 한다.

> 1) You **must speak** in English ☐. 너는 영어로 말해야 한다.
>   ①   ②
> 2) He **will leave** here tomorrow ☐. 그는 내일 여기를 떠날 것이다.
>   ①   ②

§ 79. können의 용법

영어의 *can*에 해당한다. *can*이 가지는 뜻을 모두 나타낸다.

【1】「~할 수 있다」:

> 220. Der Sportler **konnte** nicht so weit schwimmen, weil er Hunger hatte.
>   *The sportsman could not swim so far, because he was hungry.*
>   그 선수는 배가 고팠기 때문에 그렇게 멀리 헤엄쳐 갈 수 없었다.

§ 79. können 의 용법   223

[해설] der Sportler — (*sportsman*, 운동 선수). **können, konnte, gekonnt. so** 뿐 — (*so*, 그렇게). **weit** 뿐 — (*far*, 멀리). **schwimmen, schwamm, geschwommen** — (*swim*, 헤엄치다). **weil** 접 — (*because*, ~ 때문에). 종속접속사가 이끄는 절은 후치법. **der Hunger** — (*hunger*, 배고픔). **Hunger haben** — (*be hungry*, 배고프다).

---

221. Am Wochenende **können** wir einen Ausflug machen, wenn wir diese Arbeit fertigmachen.
  On the weekend we can go for an outing if we finish this work.

《역》 우리가 이 작업을 마치면 주말에는 소풍갈 수 있다.
[해설] **das Wochenende** — (*weekend*, 주말). **die Woche** — (*week*, 주)+**das Ende** — (*end*, 끝). **der Ausflug** — (*outing*, 소풍). **machen…einen Ausflug** — (*go for an outing*, 소풍가다). **wenn** 접 — (*if*, 만일 ~하면). 이하 종속절이니 후치법. **die Arbeit** — (*work*, 일). **fertigmachen** — (*finish*, 마치다). 분리 동사. 기본 동사 machen 앞에 fertig(*ready*, 준비된)라는 형용사가 전철로 붙었음.

[2] 「~해도 좋다」 : —허가—

---

222. Hans, du **kannst** sogleich nach Hause fahren, weil deine Mutter ernstlich krank ist.
  Hans, you can go back home right away because your mother is seriously sick.

《역》 한스, 너의 어머니가 몹시 아프니 너는 즉시 집에 가도 좋다.
[해설] **sogleich** 뿐 — (*right away*, 즉시). **fahren, fuhr, gefahren** — (*ride*, 차 타고 가다). **weil** 접 — (*because*, 왜냐하면). 이하 종속절이니 후치법. **ernstlich** 형 — (*serious*, 엄숙한, 중대한). **krank** 형 — (*sick*, 병든).

---

223. Kann ich in Ihrem viereckigen Garten einen Spaziergang machen? Ja, bitte.
  Can I take a walk in your square garden? Yes, please.

《역》 내가 당신의 네모난 정원에서 산보해도 좋을까요? 네, 아무쪼록.
[해설] **viereckig** 형 — (*square*, 네모난). **der Spaziergang** — (*walk*, 산보). 강변 2식.

```
vier  +  die Ecke
 ↑          ↑
four      corner
```

machen einen Spaziergang — (*take a walk*, 산보하다). **bitte** 뿐 — (*please*, 아무쪼록).

224 Abschnitt 15. 화법조동사

§ 80. müssen의 용법

영어의 *must*에 해당한다. *must*가 가지는 뜻을 모두 나타낸다.

[1] 「~하지 않으면 안 된다」: ―의무―

> 224. Man kann nicht ewig leben, sondern man **muß** einmal sterben.
> *One cannot live forever, but once one must die.*

《역》사람은 누구나 영원히 살 수 없고, 한 번은 죽지 않으면 안 된다.
해설 man ― (*one*, 사람이란). 일반성을 띤 「사람」을 나타낸다. 문법상 3인칭 단수. **ewig** 형 ― (*everlasting, eternal*, 영원한). **leben, lebte, gelebt** ― (*live*, 살다). **sterben, starb, gestorben** ― (*die*, 죽다).

> 225. Die Maschine fliegt um zehn Uhr ab. Du **mußt** spätestens bis um neun Uhr im Flughafen sein.
> *The machine takes off at ten o'clock. You must be at the airport by nine o'clock at the latest.*

《역》비행기는 10시에 출발한다. 너는 늦어도 9시까지는 공항에 와 있어야 한다.
해설 die **Maschine** ― (*machine*, 기계). 약변. 여기서는 비행기를 나타낸다. **abfliegen** ― (*take off*, 날아가다). 분리 동사. **spätestens** 부 ― (*at the latest*, 늦어도). **bis um** ― (*by*, ~시까지). der **Flughafen** ― (*airport*, 공항). 강변 1식. der **Flug** ― (*flight*, 비행) + der **Hafen** ― (*port*, 항구).

[2] 「~임에 틀림없다」: ―추정―

> 226. Der Vorsitzende ist abwesend. Er **muß** noch auf der Reise sein.
> *The chairman is absent. He must be still travelling.*

《역》의장은 결석했다. 그는 아직도 여행 중임에 틀림없다.
해설 der **Vorsitzende** ― (*chairman*, 의장). 약변. **abwesend** 형 ― (*absent*, 결석한). **noch** 부 ― (*still*, 아직). die **Reise** ― (*journey*, 여행). **sein auf der Reise** ― (*be travelling*, 여행 중이다).

> 227. Nach meiner Berechnung **muß** der Reisende bald hier sein.
> *According to my calculation the traveler must be here soon.*

《역》나의 계산에 의하면 그 여행객은 곧 여기에 올 것이 틀림없다.
해설 **nach** 전 ― (*according to*, ~에 의하면). 3격 전치사. die **Berechnung** ― (*calculation*,

계산). 약변. der **Reisende** — (*traveler*, 여행객). 약변. **bald** 뿌 — (*soon*, 얼마 안 가서, 곧). 영어에서 *be here*가 「여기 온다」는 의미로 쓰일 때가 있다. 독일어에도 sein hier는 「여기 온다」는 의미로 된다.

§ 81. mögen의 용법

영어의 *may*에 해당한다. *may*가 가지는 뜻을 모두 나타낸다.
즉, 「추측」, 「가능」. 그러나 「허가」의 뜻은 없다.

【1】「~일지 모른다」: —가능—

> 228. Der Verbrecher **mag** etwa vierzig Jahre alt sein.
> *The criminal may be about forty years old.*

《역》 그 범인은 40세 가량일지도 모른다.
해설 der **Verbrecher** — (*criminal*, 범인). **etwa** 뿌 — (*almost, about, nearly*, 거의, 약). das **Jahr** — (*year*, 해, 년). 연령을 말할 때 그 연수는 4격형으로 부사가 된다.

> 229. Der ehrliche Arbeiter **mag** ein reicher Mann gewesen sein.
> *The honest labourer may have been a rich man.*

《역》 그 정직한 노동자는 부자였을지도 모른다.
해설 der **Arbeiter** — (*labourer*, 노동자). 강변 1식. **sein, war, gewesen** — (*be*, ~이다). **ehrlich** 형 — (*honest*, 정직한). gewesen sein은 sein 동사의 완료형으로 영어에서 have been에 해당한다. ein reicher Mann은 gewesen의 보어이니 1격.

【2】「~하고 싶다」: —욕망—

영어에서 *may*는 「~하기를 !」, 즉 「기원」의 뜻으로는 사용하나, 「~하고 싶다」는 「욕망」의 뜻으로는 쓰지 않는다.
그러나 독일어에서는 이 의미로도 많이 쓴다.
이 때 영어는 *would*나 *want*를 보통 사용한다.

> 230. Jetzt **mögen** wir nicht ausgehen. Wir sind ganz erschöpft.
> *Now we will not go out. We are quite exhausted.*

《역》 이제 우리는 외출하고 싶지 않아. 우리는 완전히 지쳐버렸어.
해설 **jetzt** 뿌 — (*now*, 이제). **ausgehen, ausging, ausgegangen** — (*go out*, 외출하다). **ganz** 뿌 — (*quite*, 완전히). **erschöpft** 형 — (*exhausted*, 피로에 지친). **erschöpfen, erschöpfte, erschöpft** — (*exhaust*, 다 써버리다). 동사의 p.p. 형은 형용사로 사용된다.

231. Der Faule **mochte** immer spielen. Er **mochte** nicht arbeiten.
The idler wants to play all the time. He would not work.

《역》 그 게으름뱅이는 항상 놀고만 싶어했다. 그는 일하려 하지 않았다.
해설 der **Faule** — (*idler*, 게으름뱅이). 약변. der Faule 는 형용사 faul 의 명사적 용법. **faul** 형 — (*lazy, idle*, 게으른). **immer** 부 — (*always*, 항상). **spielen** — (*play*, 놀다). **arbeiten** — (*work*, 일하다).

§ 82. dürfen 의 용법

다음 두 가지로 크게 나눈다.

1) *be permitted to* *may* (허가)	～이 허락된다. ～해도 좋다
2) *dare to*	감히 ～하다

【1】「～해도 좋다」: ─허가─
영어의 ***may*** 이다.

232. **Darf** ich Ihnen eine Frage stellen? Ja, natürlich.
May I put a question to you? Yes, of course.

《역》 제가 당신에게 질문을 해도 될까요? 물론이지요.
해설 die **Frage** — (*question*, 질문). **stellen** — (*put*, 놓다, 두다). **stellen…eine Frage** — (*put a question*, 질문하다). **natürlich** 부 — (*of course*, 물론).

233. Wenn die Hausaufgabe fertig ist, **dürft** ihr mit euren Freunden spazieren gehen.
If you finish the homework, you may go for a walk with your friends.

《역》 숙제를 다 마치면, 너희들은 친구들과 산보해도 좋다.
해설 **wenn** 접 — (*if*, 만일 ～하면). 이하 종속절이기에 후치법. die **Hausaufgabe** — (*homework*, 숙제). 약변. **fertig** 형 — (*finished*, 끝난). **spazieren, spazierte, spaziert** — (*go for a walk*, 산보하다). **spazieren gehen** — (*go for a walk*, 산보하다). 배어법에 주의하자. dürft 가 정동사(제1동사), gehen 이 제2동사, spazieren 이 제3동사로 된다. 「산보한다」는 뜻에 독일어에는 두 가지가 있다. 의미의 차이는 없다.

gehen spazieren	*go for a walk*
machen einen Spaziergang	*take a walk*

【2】「감히 ~한다」, 「~할 용기가 있다」

영어의 **dare to~**에 해당한다.

234. Ein schwacher Mann **darf** es nicht tun.
A weak person does not dare to do it.

《역》 약한 자는 그것을 할 용기가 없다(감히 그것을 하지 못한다).
해설 schwach 형 — (*weak*, 약한). tun, tat, getan — (*do*, 하다).

235. Wir **dürfen** sie nicht schelten, weil sie zu jung ist.
We do not dare to scold her, because she is too young.

《역》 우리들은 그 여자를 비난할 용기가 없다(감히 꾸지람을 하지 못한다). 그녀는 너무 어리니까.
해설 schelten, schalt, gescholten — (*scold*, 비난하다, 꾸지람하다). weil 접 — (*because*, 왜냐하면). 이하 종속절이니 후치법. zu + 형용사 — (*too*~, 너무 ~한).

§ 83. wollen의 용법

영어에서 「의지」, 「욕망」을 나타내는 **will**에 해당한다. **will**이 나타내는 뜻은 모두 나타낸다.

1) **want, desire**(욕망, 의지)…… ~하고 싶다, ~을 원한다
2) **claim to**……………………… ~라고 말한다, ~라고 주장한다

고대 영어에서 will은 순수 타동사로 ① 「~하고 싶다」, ② 「~을 원한다」 등 「의지」, 「욕망」을 나타내는 **want, desire, wish**의 의미로 사용되었다. 이것이 13세기 이후부터 차차 동요하기 시작하여 조동사로도 쓰이게 되었다. 물론 조동사로 쓰이더라도 「의지」, 「욕망」을 나타냈다. *will*이 오늘날처럼 「단순미래」로도 사용된 것은 16세기, 즉 *Shakespeare* 이후의 영어에서다.

독일어의 **wollen**은 아직까지 고대의 용법을 견지하여 「의지」, 「욕망」의 뜻으로 쓰이고, 단순미래에는 **werden + Infinitiv**를 쓰는 것을 원칙으로 한다.

wollen은 고대 용법에 따라 순수 타동사로도 쓰인다.

【1】「~하고 싶다」: —욕망, 희망—

영어에서 **will**이 「의지」로 사용될 때의 뜻을 나타낸다.

236. Nächstes Jahr **will** ich nach Italien mit meiner Frau reisen.
Next year I will travel to Italy with my wife.

228   Abschnitt 15. 화법조동사

《역》 내년에 나는 나의 아내와 함께 이탈리아로 여행하겠다.
[해설] **nächst** 휑 — (*next*, 다음의). **das Jahr** — (*year*, 년). 강변 2식. **nächstes**의 -es는 Jahr가 중성 4격이기에 형용사 강변, 중성 4격. **nächstes Jahr** — (*next year*, 내년에). 4격으로 부사구. **reisen, reiste, gereist** — (*travel*, 여행하다).

---

237. Keiner will ins dunkle Zimmer eintreten.
No one will enter the dark room.

《역》 아무도 그 어두운 방에 들어가고 싶어하지 않는다.
[해설] 형용사 **kein**(*no*~)이 명사적 용법으로 정관사 남성 1격의 -er.

> 1) kein + 명사일 때 → 부정관사
> 2) kein + ~~명사일 때~~ → 정관사   의 변화를 한다.

남성 변화이니 「남자」(*no one*)를 가리킨다. **eintreten, eintrat, eingetreten** — (*walk in, enter*, 들어가다). 기본 동사는 **treten, trat, getreten** — (*tread*, 밟다, 걷다). ein-은 분리 전철. 영어의 *into*(밖에서 안으로)의 뜻이다. 강변화 동사로 어간모음 -e-가 장모음이나, 단수 2인칭과 3인칭에서는 불규칙 변화를 한다.

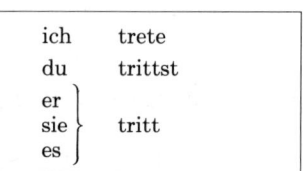

【2】「~을 원하다」: —욕망, 의지—
순수 타동사로서 영어의 ***want, desire, wish***의 의미로 쓰인다.

---

238. Ich will deine wahre Freundschaft, weil mir deine Hilfe nötig ist.
I want your true friendship, because your help is necessary to me.

《역》 나는 너의 참다운 우정을 바란다, 너의 도움이 나에게 필요하므로.
[해설] **wahr** 휑 — (*true*, 참다운). dein이 소유대명사로 부정관사의 변화를 하므로 deine의 -e는 부정관사 여성 4격이기에, wahre의 -e는 형용사 혼합변, 여성 4격의 -e이다. **die Freundschaft** — (*friendship*, 우정). 약변. 여기서 wollen은 순수 타동사로 사용되어 Freundschaft가 목적어로 되었다. **die Hilfe** — (*help*, 도움). 약변. **nötig** 휑 — (*necessary*, 필요한).

---

239. Wollen Sie Wein oder Bier? Ich will eine Flasche Wein.
Do you want wine or beer? I want a bottle of wine.

---

§ 83. wollen의 용법   229

《역》 당신은 포도주를 드시렵니까, 맥주를 드시렵니까? 나는 한 병의 포도주를 원합니다.
해설 der **Wein** ― (*wine*, 포도주). 강변 2식. das **Bier** ― (*beer*, 맥주). 강변 2식. wollen 은 여기서 「원한다」라는 의미의 타동사로 사용되었다. die **Flasche** ― (*bottle*, 병). 약변.

【3】「막 ~하려고 한다」 :
　영어의 *be about to*~(막 ~하려고 한다)에 해당한다.

---
240. Es **will** regnen, weil plötzlich der Himmel so dunkel ist.
　　　It's about to rain, because the sky is so dark suddenly.

《역》 금새 비가 오려고 한다. 하늘이 갑자기 저렇게 컴컴하니.
해설 regnen ― (*rain*, 비 오다). es는 영어의 *it*와 마찬가지로 시간, 일기, 기후를 나타내는 비인칭 주어다. **plötzlich** 형 ― (*sudden*, 갑작스런). der **Himmel** ― (*sky*, 하늘). 단수 2격, -s. **dunkel** 형 ― (*dark*, 컴컴한).

---
241. Die Ärztin **wollte** eben ausgehen, als ich sie besuchte.
　　　The woman-doctor was just about to go out when I visited her.

《역》 내가 그 여자를 방문했을 때, 그여의사는 막 외출하려고 했었다.
해설 die **Ärztin** ― (*woman-doctor*, 여의사). 약변. **eben** 부 ― (*just*, 바로, 막). **ausgehen, ausging, ausgegangen** ― (*go out*, 외출하다). aus는 분리 전철. 제2동사로 되었으니 분리하지 않는다. **als** 접 ― (*when*, ~할 때에). 이하는 종속절이니 후치법.

【4】「~라고 말한다」, 「~라고 주장한다」 : ―타인의 주장―
　영어의 *claim to*~에 해당한다. 이 때 wollen 뒤에는 완료형(haben+p.p. 또는 sein+p.p.)이 온다.

---
242. Der Dieb **will** das Halsband auf der Straße **gefunden haben**.
　　　The thief claims to have found the necklace on the street.

《역》 그 도둑은 목걸이를 한길에서 발견했다고 주장한다.
해설 der **Dieb** ― (*thief*, 도둑). 강변 2식. das **Halsband** ― (*necklace*, 목걸이). 강변 3식. der **Hals**(*neck*, 목)+das **Band**(*lace*, 끈). 다음의 배어법에 주의하자.

> Er will das Halsband auf der Straße gefunden haben.
>
> He **claims to** have found the necklace on the street.

gefunden haben은 finden의 완료형. 타동사이니 haben+p.p. 「~라고 주장한다」고 할 때 완료형을 쓰는 이유는 「지나간 일을 지금 주장한다」는 뜻이기 때문이다.

243. Der Nachbar **will** von der Geschichte nicht **gehört haben**.
The neighbour claims not to have heard of the story.

《역》 그 이웃 사람은 그 이야기에 관해서 들은 바 없다고 말한다.

해설 der Nachbar — (*neighbour*, 이웃 사람). 혼합변. von 전 — (*of*, ~에 관해서). die Geschichte — (*story*, 이야기). 약변. hören, hörte, gehört — (*hear*, 듣다). 타동사이니 완료형은 haben+p.p.

§ 84. sollen의 용법

영어의 **shall**에 해당한다. **shall**의 의미는 모두 나타낸다. 그러나 sollen은 영어의 **should**(~해야 한다), 즉 명령, 의무의 뜻으로도 사용된다.

【1】「해야 한다」: ―명령, 의무―

영어의 도덕적인 의무를 나타내는 **should**(~해야 한다)의 뜻이다.

244. Du **sollst** nicht diesen offiziellen Brief lesen, das ist nicht für dich, sondern für deinen Bekannten.
You should not read this official letter. It is not for you but for your acquaintance.

《역》 너는 이 공문 편지를 읽어서는 안 돼. 그것은 너에게 온 것이 아니고, 너의 아는 사람에게 온 것이니까.

해설 lesen, las, gelesen — (*read*, 읽다). offiziell 형 — (*official*, 공무의). der Bekannte — (*acquaintance*, 아는 사람, 친지). 약변. sollen은 이 때 「도덕적인 의무」를 나타낸다.

245. Du **sollst** Gott lieben, weil nur Gott dich liebt, und dir hilft.
You should love God, because only God loves you and helps you.

《역》 너는 하느님을 사랑해야 해. 하느님만이 너를 사랑해 주고 또 너를 도와 주시니까.

해설 der Gott — (*God*, 하느님). 강변 3식. weil 접 — (*because*, 왜냐하면). 이하 종속절이니, 동사는 후치법. nur 부 — (*only*, 다만). hilft<helfen, half, geholfen — (*help*, 돕다). 강변화 동사로 어간모음 -e- 가 단모음이니, 단수 2인칭, 3인칭에서 -i- 로 바뀐다.

【2】 1인칭의 의지 또는 약속을 나타낸다.

영어에서 2인칭, 3인칭에 **shall**을 사용하면 1인칭(*I*, 나)의 의지, 또는 약속을 나타내듯이 독일어에서도 마찬가지다.

§ 84. sollen 의 용법

> 246. Du **sollst** das Geschenk morgen haben.
> =Ich **will** dir das Geschenk morgen geben.
> *You shall have the gift tomorrow.*
> *=I will give you the gift tomorrow.*

《역》 그 선물을 내일 너에게 주지.

해설 말하는 사람, 즉 내(ich, *I*)가 너로 하여금 그 선물을 가지도록 하겠다. 다시 말하면 「내가 너에게 그 선물을 주겠다」는 약속을 나타낸다. **haben, hatte, gehabt** — (*have*, 가지다). **geben, gab, gegeben** — (*give*, 주다).

> 247. Er **soll** das Ereignis bald wissen.
> =Ich **will** ihm das Ereignis bald sagen.
> *He shall know the occurrence soon.*
> *=I will tell him the occurrence soon.*

《역》 그 사건을 곧 그 사람에게 말해 주지.

해설 원 의미는 「그 사람으로 하여금 그 사건을 알도록 하겠다」는 뜻이다. 다시 말하면 「내가 그 사람에게 그 사건을 말해 주겠다」는 뜻이다. das **Ereignis** — (*occurrence*, 사건). 강변 2식. 복수는 die Ereignisse. **wissen, wußte, gewußt** — (*know, knew, known*, 알다).

[3] 의문문에서는 타인의 의사를 묻는다

영어에서 **Shall I~?**로 상대방의 의사를 묻는 일이 있듯이 독일어에서도 sollen 은 의문문에서 이 뜻을 나타낸다.

> 248. **Soll** ich dieses Fenster öffnen? Die Luft ist zu warm.
> *Shall I open this window? The air is too warm.*

《역》 이 창문을 열어 놓을까요? 공기가 너무 더워요.

해설 das **Fenster** — (*window*, 유리창). 강변 1식. **öffnen** — (*open*, 열다). die **Luft** — (*air*, 공기). 강변 2식. 복수 -ü-. **warm** 형 — (*warm*, 따뜻한).

> 249. Was **soll** ich Ihnen geben? Davon habe ich hier genug.
> *What shall I give you? Here I have enough of them.*

《역》 당신에게 무엇을 드릴까요? 그것에 대해서 나는 여기에 충분히 가지고 있으니.

해설 **geben, gab, gegeben** — (*give, gave, given*, 주다). **was** 는 의문대명사로서 geben 의 직접목적어. Ihnen 은 간접목적어. **davon** 부 — (*of them*, 그것에 대해서). **genug** 형 — (*enough*, 충분한). 여기서는 부사.

【4】「~라고들 말한다」: —소문, 풍문—

세상 사람들이「~라고들 말한다」는 소문, 풍문을 나타낸다. 영어의 **shall**에는 이 의미가 없다.

영어에서는 다음의 것을 사용한다.

People say that he is rich.	그는 돈이 많다고들 한다.
They say that he is sick.	그는 아프다고들 한다.
It is said that she is beautiful.	그 여자는 아름답다고들 한다.

따라서 영어에서 ① *People say that* ~, ② *They say that* ~, ③ *It is said that* ~ 일 때, 독일어에서는 이들 대신 **sollen**를 쓰면 된다. 주의할 것은 영어에서 ***that*** 이하에 있는 주어를 sollen 의 주어로 한다.

> **250.** Die junge Witwe in jenem Dorf **soll** sehr reich sein.
> *People say that the young widow in that village is very rich.*

《역》저 마을에 사는 젊은 과부는 대단히 돈이 많다고들 합니다.
〖해설〗영어에서는 *People say that*~로서「~라고들 말한다」는 풍문을 나타내나 독일어에서는 이것을 sollen 으로 한다. die **Witwe** — (*widow*, 과부). 약변.

> **251.** Der berühmte Dichter **soll** in Indien schon gestorben sein.
> *People say that the famous poet already died in India.*

《역》그 유명한 시인은 벌써 인도에서 죽었다고 합니다.
〖해설〗schon 뷔 — (*already*, 벌써). **Indien** — (*India*, 인도). sterben, starb, gestorben — (*die, died, died*, 죽다). 상태의 변화이니 완료형에서 sein+p.p.

§ 85. 화법조동사의 특징

독일어의 조동사의 특징은

> 1) 조동사에도 과거분사가 있으니 완료형이 가능하다.
>   조동사의 완료에는 haben+p.p.
> 2) 문장의 전후 관계로 보아 의미를 알아차릴 수 있을 때에는 조동사 뒤에 올 동사의 원형은 얼마든지 생략할 수 있다.

영어와 독일어에서 이 관계를 비교하면

독 어	영 어
Kannst du die Zeitung lesen?	Can you read the newspaper?
Ja, ich kann die Zeitung lesen. ○	Yes, I can read the newspaper. ○
Ja, ich kann die Zeitung ( ). ○	Yes, I can ( ) the newspaper. ×
Ja, ich kann ( ). ○	Yes, I can ( ). ○
너 신문을 읽을 수 있니? 네, 나는 읽을 수 있습니다.	

특히 gehen, kommen 등 장소의 이동을 나타내는 동사는 보통 생략한다. 영어와 독일어의 이 관계를 아래에 비교해 보자.

독 어	영 어
Er muß nach Amerika gehen. ○	He must go to America. ○
Er muß nach Amerika ( ). ○	He must ( ) to America. ×
그 사람은 미국에 가야 합니다.	

§ 86. 화법조동사의 시제

① 동사의 원형을 생략했을 때의 조동사의 완료형과 ② 동사의 원형을 두고 조동사의 완료형을 만들 때는 그 완료형의 **구조 방법**이 다르다.

> 1) 동사의 원형을 생략했을 때—**haben**+과거분사(**ge-**가 붙은 형)
> 2) 동사의 원형을 두었을 때—**haben**+원형과 같은 형의 과거분사

252. ① Erika **will** ins Konzert.
　　→ Gestern **hat** Erika ins Konzert **gewollt**.
　② Erika **will** ins Konzert **gehen**.
　　→ Gestern **hat** Erika ins Konzert **gehen wollen**.
　Erika wants to go to the concert.
　　→ *Yesterday Erika wanted to go to the concert.*

《역》 에리카는 음악회에 가고자 한다. 어제 에리카는 음악회에 가고 싶어했다.

해설 das **Konzert** — (*concert*, 음악회). 강변 2식. ins **Konzert gehen** — (*go to the concert*, 음악회에 가다).

Abschnitt 15. 화법조동사

[1]
너는 그 책을 읽을 수 있니?
Kannst du das Buch lesen? *Can you read the book?*

※ 대답 문장에서 동사의 원형이 유무에 따라·조동사의 형태를 주목하자.

시제	동사의 원형이 생략될 때	동사의 원형이 있을 때
현재	Ich kann das Buch ( ). →lesen이 생략	Ich kann das Buch lesen.
과거	Ich konnte das Buch ( ). →lesen이 생략	Ich konnte das Buch lesen.
현재완료	Ich habe das Buch ( ) gekonnt. →lesen이 생략 / →현재완료	Ich habe das Buch lesen können. →현재완료 / 과거분사로서의 können
과거완료	Ich hatte das Buch ( ) gekonnt. →lesen이 생략 / →과거완료	Ich hatte das Buch lesen können. →과거완료 / 과거분사로서의 können
미래	Ich werde das Buch ( ) können. →lesen이 생략 / →미래	Ich werde das Buch lesen können. →미래 / 원형으로서의 können
미래완료	Ich werde das Buch ( ) gekonnt haben. →lesen이 생략 / →미래 / →완료	Ich werde das Buch **haben** lesen können. →미래 / →완료 / 과거분사로서의 können

주의) 동사의 원형을 두고 조동사의 미래 완료형을 만들 때 제①동사 **haben** 은 언제나 동사의 원형이 바로 앞에 둔다.

§ 86. 화법조동사의 시제   235

[2]

그 사람은 독일에 가야 하나? *Must he go to Germany?*
Muß er nach Deutschland fahren?

※ 대답 문장에서 동사의 원행의 유무에 따라 조동사의 형태를 주목하자.

시 - 제	동사의 원행이 생략될 때	동사의 원행이 있을 때
현재	Er muß nach Deutschland ( ). ←fahren이 생략	Er muß nach Deutschland fahren.
과거	Er mußte nach Deutschland ( ). ←fahren이 생략	Er mußte nach Deutschland fahren.
현재완료	Er hat nach Deutschland ( ) gemußt. ←fahren이 생략 →현재완료	Er hat nach Deutschland fahren müssen. ←과거분사로서의 müssen →현재완료
과거완료	Er hatte nach Deutschland ( ) gemußt. ←fahren이 생략 →과거완료	Er hatte nach Deutschland fahren müssen. ←과거분사로서의 müssen →과거완료
미래	Er wird nach Deutschland ( ) müssen. ←fahren이 생략 →미래	Er wird nach Deutschland fahren müssen. ←원형으로서의 müssen →미래
미래완료	Er wird nach Deutschland ( ) gemußt haben. ←fahren이 생략 →완료 →미래	Er wird nach Deutschland **haben** fahren müssen. →완료 ←과거분사로서의 müssen →미래

[주의] 동사의 원행을 두고 조동사의 미래 완료형을 만들 때 제②동사 **haben**은 언제나 동사의 원행이 바로 앞에 둔다.

연 습 문 제

[1] 다음 ( ) 속에 있는 조동사를 _____에 써 넣으시오.

1. Ich _____ dir nicht helfen ; auch _____ ich dir sonst keinen Rat geben. (können)
2. Gestern abend _____ wir ins Theater gehen. (dürfen)
3. Herr Müller hat die Rechnung sofort bezahlen _____ , denn der Kaufmann hat nicht warten _____ . (müssen, wollen)
4. _____ Sie Deutsch? Ja, gewiß, ich habe zu Hause als Kind nichts als Deutsch sprechen _____ . (können, dürfen)
5. _____ ich jetzt nach Haus gehen? Ja, du _____ jetzt nach Haus gehen. (dürfen)
6. Du hast es nicht _____ ; daher hast du es nicht _____. (wollen, können)
7. _____ Sie Brahms? Ja, ich _____ Brahms. (mögen)
8. In Korea _____ das Wetter schön sein. (sollen)
9. Du _____ nur Zeichen geben, wenn du mir etwas erweisen _____ . (müssen, wollen)
10. Du bist frei, und _____ gehen oder bleiben. (mögen)

[2] _____에 적당한 조동사를 써 넣으시오.

1. Ich bin sehr müde ; so _____ ich es nicht machen.
2. Es ist vielleicht wahr, aber ich _____ es nicht glauben.
3. Er fragte den Arzt : „_____ ich meinen Hut auf dem Kopf behalten?
4. Du _____ unbedingt die Prüfung in diesem Jahr machen.
5. Wir _____ morgen einen Ausflug machen.
6. Frau Bauer kaufte einen so teuren Wagen ; sie _____ sehr reich sein.
7. Im nächsten Jahr _____ er nach Deutschland fahren.
8. Man _____ die Fähigkeit des Gegners nicht unterschätzen.
9. Die Studenten _____ dieses Jahr an die See fahren.
10. Der Herr _____ Direktor in einer großen Firma sein.

해답

[1] ① kann, kann ② durften ③ müssen, wollen ④ Können, dürfen ⑤ Darf, darfst ⑥ gewollt, gekonnt ⑦ Mögen, mag ⑧ soll ⑨ mußt, willst ⑩ magst

[2] ① kann ② kann ③ Darf ④ mußt ⑤ wollen ⑥ muß ⑦ will ⑧ soll ⑨ wollen ⑩ soll

해 설

[1] ① 나는 너를 도울 수 없으며, 충고도 해 줄 수 없다.
② 어제 저녁에 우리는 극장에 가도 되었다.
③ 뮐러 씨는 즉시 지불해야 했다. 그 상인이 기다리려 하지 않았기 때문이다.
④ 독일어를 할 줄 아십니까? 물론 그렇죠. 저는 어렸을 때 집에서 독일어 외에는 아무 말도 하지 못했습니다.
⑤ 지금 내가 집에 가도 될까? 그래, 너는 지금 집에 가도 돼.
⑥ 너는 그것을 하려고 하지 않았다. 그러므로 너는 그것을 할 수 없었다.
⑦ 당신은 브람스를 좋아하십니까? 네, 나는 브람스를 좋아합니다.
⑧ 한국의 날씨는 좋다고 한다.
⑨ 네가 내게 무엇인가 입증하고자 한다면, 너는 증거를 주어야 한다.
⑩ 네가 가든지 말든지는 네 자유다.

1 sonst 부 — (*moreover*, 게다가). der Rat — (*advice*, 충고). 강변 2식. 2 gestern abend가 있는 문장은 과거. 3 die Rechnung — (*bill*, 계산서). 약변. sofort 부 — (*immediately*, 즉시). bezahlen, bezahlte, bezahlt — (*pay*, 지불하다). 4 gewiß 부 — (*of course*, 물론). zu Hause — (*at home*, 집에서). als 접 — (*when*, ~할 때). nichts als — (*nothing but~*, ~외에는 아무 것도 ~ 않다). sprechen, sprach, gesprochen — (*speak*, 말하다). 5 허가를 나타내는 조동사는 dürfen (~해도 괜찮다). 6 daher 부 — (*therefore*, 그러므로). 8 das Wetter — (*weather*, 날씨). 강변 1식. 9 das Zeichen — (*sign*, 표시). 강변 1식. erweisen — (*prove*, 입증하다). 10 frei 형 — (*free*, 자유로운).

[2] ① 나는 매우 피곤하다. 그러므로 나는 그것을 할 수 없다.
② 그것은 아마도 진실일 것이다. 그러나 나는 그것을 믿을 수 없다.
③ 그는 의사에게 물었다. "제가 모자를 쓰고 있어도 될까요?"
④ 너는 무조건 올해에 시험을 치러야 한다.
⑤ 우리는 내일 소풍 가고자 한다.
⑥ 바우어 부인은 매우 비싼 차를 한 대 샀다. 그녀는 매우 부자임에는 틀림없다.
⑦ 내년에 그는 독일로 가려 한다.
⑧ 사람들은 상대자의 능력을 과소 평가해서는 안 된다.
⑨ 학생들은 올해 바닷가로 가려고 한다.
⑩ 그 신사는 어떤 큰 상점의 지배인이라고 한다.

1 müde 형 — (*tired*, 피곤한). machen — (*do*, 하다). 2 vielleicht 부 — (*probably*, 아마도). wahr 형 — (*true*, 참된). glauben — (*believe*, 믿다). 3 behalten — (*keep*, 지니다). 4 unbedingt 형 — (*unquestioning*, 무조건). die Prüfung — (*examination*, 시험). 약변. 5 der Ausflug — (*excursion*, 소풍). 강변 2식. 6 teuer 형 — (*dear*, 비싼). der Wagen — (*wagon*, 차). 강변 1식. reich 형 — (*rich*, 부유한). 7 nächst 형 — (*next*, 다음의). 8 die Fähigkeit — (*ability*, 능력). 약변. der Gegner — (*opponent*, 상대자). 약변. unterschätzen — (*underestimate*, 과소 평가하다). 9 die See — (*sea*, 바다). 약변. 10 der Direktor — (*director*, 지배인). 혼합변. die Firma — (*firm*, 상점). 복수 -en.

Lesestück 15

Das Geld oder das Leben!

Herr Petermann ging allein im Wald spazieren. Da sprang ein Mann auf ihn zu, hielt ihm einen Revolver vor die Nase und schrie:
„Das Geld oder das Leben!"
Herr Petermann erschrak natürlich sehr. Er hatte keinen Revolver und
5 konnte auch nicht schießen, aber er verlor seine Ruhe nicht und sagte freundlich zu dem Räuber: „Mein Herr, ich gebe Ihnen lieber mein Geld als mein Leben. Aber ich fürchte mich, ohne Geld nach Hause zu kommen. Was soll ich meiner Frau sagen?—Bitte, helfen Sie mir! Schießen Sie mir ein Loch durch die Jacke; dann muß meine Frau glauben, was ich erzähle."
10 „Haben Sie solche Angst vor Ihrer Frau?" lachte der Räuber und schoß vorsichtig ein Loch durch die Jacke.
„Danke!" sagte Herr Petermann. „Und jetzt schießen Sie mir auch ein Loch durch die Hose." Auch das tat der Räuber und lachte noch mehr.
Als aber Herr Petermann dann noch einen Schuß durch den Hut haben
15 wollte, lachte er nicht mehr, denn sein Revolver war leer. Der Räuber konnte nicht mehr schießen. Er hatte auch keine Kugel mehr.
Herr Petermann aber sagte ruhig und freundlich: „Wenn Sie keine Kugel mehr haben, dann habe ich auch kein Geld mehr!"
Noch mehr konnte der Räuber nichts machen; denn einige Spaziergänger
20 hatten das Schießen gehört und kamen schnell näher. Herrn Petermanns kluges Spiel war gewonnen. Der Räuber sprang in den Wald zurück.

---

[1] **zuspringen** — (*rush*, 돌진하다). [2] der **Rovolver** — (*revolver*, 선회식 권총). die **Nase** — (*nose*, 코). **schreien** — (*cry*, 소리지르다). [4] **erschrecken** — (*be frightened*, 놀라다). **natürlich** 부 — (*naturally*, 물론). [5] **schießen** — (*shoot*, 쏘다). **verlieren** — (*lose*, 잃어버리다). die **Ruhe** — (*rest*, 평안, 휴식). **freundlich** 형 — (*kind*, 친절한). [6] der **Räuber** — (*thief*, 강도). **lieber** 부 — (*rather*, 오히려). [7] **fürchten** — (*fear*, 두려워하다). [8] das **Loch** — (*hole*, 구멍). [9] die **Jacke** — (*jacket*, 자켓). **glauben** — (*believe*, 믿다). [10]

돈이냐 생명이냐!

페터만 씨는 혼자 숲 속을 산책했다. 그 때 한 남자가 그에게로 달려들어, 그의 코 앞에 권총을 들이대고 외쳤다. "돈이냐, 생명이냐!"

페터만 씨는 물론 매우 놀랐다. 그는 권총을 갖고 있지 않았고 역시 쏠 수도 없었다. 그러나 그는 평정을 잃지 않고서 친절하게 강도에게 다음과 같이 말했다. "여보시오, 나는 나의 생명보다는 오히려 나의 돈을 당신에게 주겠습니다. 그러나 나는 돈 없이 집으로 가는 것이 두렵습니다. 내가 나의 아내에게 뭐라고 말해야 할까요? — 제발, 나를 도와 주십시오! 당신이 내 웃옷에 총을 쏘아서 구멍을 내주십시오. 그러면 나의 아내는 내가 얘기하는 것을 틀림없이 믿을 것입니다."

"당신은 당신의 아내가 그렇게 두렵습니까?" 강도는 웃었다. 그리고는 신중히 웃옷에 구멍이 나도록 권총을 쏘았다.

"감사합니다!" 페터만 씨가 말했다. "이제 당신은 이 바지에도 구멍이 나도록 권총을 쏘십시오." 역시 강도는 그렇게 하고서 더욱 웃었다.

그러나 페터만 씨가 모자를 관통하도록 한 발 더 요구했을 때, 그는 더 이상 웃지 않았다. 왜냐하면, 그의 권총이 비어 있었기 때문이었다. 강도는 더 이상 쏠 수 없었다. 역시 그도 총알을 갖고 있지 않았다.

페터만 씨는 그러나 조용히 친절하게 말했다. "당신이 총알을 갖고 있지 않다면, 나 역시 돈을 갖고 있지 않습니다!"

그 강도는 더 이상 아무 짓도 할 수 없었다. 왜냐하면, 몇몇 산책자들이 총소리를 듣고서 신속하게 다가왔기 때문이었다. 페터만 씨의 현명한 계책이 승리했다. 강도는 숲 속으로 다시 달아났다.

---

die **Angst** — (*fear*, 두려움). ⑪ **vorsichtig** 형 — (*careful*, 조심스러운). ⑬ die **Hose** — (*trousers*, 바지). 보통 복수로 씀. **tat**<**tun** — (*do*, 하다). **mehr** 부 — (*more*, 보다 더 많이). ⑭ der **Schuß** — (*shot*, 발포). der **Hut** — (*hat*, 모자). ⑯ die **Kugel** — (*bullet*, 탄알). ⑰ **ruhig** 형 — (*still*, 조용한). **freundlich** 형 — (*friendly*, 친절한). ⑲ der **Spaziergänger** — (*walker*, 산책자). ⑳ **näherkommen** — (*come nearer*, 다가오다). ㉑ das **Spiel** — (*play*, 유희, 게임). **gewonnen**<**gewinnen, gewann, gewonnen** — (*win*, 이기다). **zurückspringen** — (*spring back*, 뒤로 튀다).

Abschnitt 16.

관 계 대 명 사

§ 87. 관계대명사의 종류(Arten der Relativpronomen)

영어에서 관계대명사로 *who, which, that, what* 등이 있듯이 독일어에서는 다음의 4 개가 있다.

【1】정 관계대명사 der 와 welcher

　der 와 welcher 는 영어의 *who, which, that* 와 마찬가지로 일정한 선행사가 있어야만 쓸 수 있다. 따라서 이것을 정 관계대명사라 한다(일정한 명사를 선행사로 한다는 뜻에서).

【2】부정 관계대명사 wer 와 was

　wer 와 was 는 영어의 *what* 같이 선행사를 둘 수 없고 관계대명사 자체 내에 선행사까지 포함한다. 이 때 그 선행사는 일정한 사람, 또는 사물을 가리키지 않고 막연한 사람, 또는 막연한 사물을 나타내니, 이것을 부정 관계대명사라 한다.

1) **wer** (사람에 대하여)	2) **was** (사물에 대하여) (*what* 에 해당한다)
one he those } who ~한 사람	the thing that } which ~한 것

§ 88. 관계대명사 der 와 welcher

der 와 welcher 는 둘 다 용법이나 의미의 차이가 없다. welcher 는 옛날에 쓰이던 것이고, 오늘날에는 주로 **der** 가 쓰인다.

【1】변　화

1) **der** 는 정관사 변화를 모체로 하나 단수·복수의 2격과, 복수 3격에 **-en** 이 더 붙는다.

2) **welcher** 는 welch- 를 어간으로 정관사 변화를 한다. 다만 2격 형은 없고, der 의 2격형을 대용한다.

§ 88. 관계대명사 der 와 welcher   241

격	단 수			복 수
	남 성	여 성	중 성	남·여·중
1.	⋯, der	⋯, die	⋯, das	⋯, die
2.	⋯, de**ss**en	⋯, de**r**en	⋯, de**ss**en	⋯, de**r**en
3.	⋯, dem	⋯, der	⋯, dem	⋯, denen
4.	⋯, den	⋯, die	⋯, das	⋯, die
1.	⋯, welcher	⋯, welche	⋯, welches	⋯, welche
2.	⋯, **dessen**	⋯, **deren**	⋯, **dessen**	⋯, **deren**
3.	⋯, welchem	⋯, welcher	⋯, welchem	⋯, welchen
4.	⋯, welchen	⋯, welche	⋯, welches	⋯, welche

【2】 관계대명사를 쓰는 방법

영어에서는 선행사가 사람일 때 **who**를, 사물일 때 **which**를 쓰지만, 독일어에서는 선행사가 1)사람이냐, 2) 사물이냐를 구별하지 않는다.

> 1) 관계대명사의 **성**과 **수**는 선행사에 맞추고,
> 2) 격은 관계대명사 이하의 문장에서 맞춘다.
> 3) 관계대명사 이하의 문장은 **종속절**이니 후치법.
> 4) 주절과 종속절 사이에는 언제나 Komma를 친다.

---

253. Das ist **der** Student, **der** mich gestern abend angerufen hat.
  That is the student who called me last night.

《역》 저 사람이 어제 밤 내게 전화했던 그 대학생이다.

[해설] der 의 선행사는 der Student. der 이하는 관계대명사 문장이니 종속절. 따라서 동사는 후치법. **gestern abend** 〔부〕 — (*last night*, 어제 밤). **anrufen, anrief, angerufen** — (*call*, 전화하다). 4격 목적어를 취하는 동사.

---

254. Der Bettler, **dem**(=welchem) ich etwas Geld gegeben habe, ist eine arme Waise.
  The beggar whom I have given some money is a poor orphan.

《역》 내가 돈을 조금 준 그 거지는 불쌍한 고아다.

[해설] der **Bettler** 가 남성이니 dem(=welchem)은 남성 3격 관계대명사. geben 은 간접목적어와 직접목적어가 필요하다. Geld 는 직접목적어(4격)이고, dem(=welchem)은 간접목적어(3격). die **Waise** — (*orphan*, 고아). 약변. **arm** 〔형〕 — (*poor*, 불쌍한).

242   Abschnitt 16. 관계대명사

> 255. Die Frau, **deren** Handtasche ich gefunden hatte, sagte mir, „Danke sehr！"
>
> *The lady whose handbag I had found said to me, "Thank you very much."*

《역》 내가 그 여자의 핸드백을 찾아 준 그 부인은 나에게 대단히 고맙다고 말했다.

[해설] die **Handtasche** — (*handbag*, 핸드백). 약변.

```
        die Handtasche→die Hand+die Tasche
              ↓              ↓         ↓
            핸드백          hand  +  bag, pocket
```

deren 의 선행사는 die Frau, 따라서 여성 2격. **gefunden**<finden, fand, gefunden — (*find*, 발견하다). Handtasche 는 gefunden hatte 의 목적어(4격). **danken, dankte, gedankt** — (*thank*, 감사하다). 인사말에는 어간 dank- 에 -e 를 붙인다. **Danke sehr** — (*thank you very much*, 매우 고맙습니다).

> 256. Wir haben den Künstler, **mit dem** wir auf der Straße sprachen, nicht mehr gesehen.
>
> *We have not seen the artist with whom we spoke on the street any more.*

《역》 우리가 거리에서 이야기했던 그 예술가를 우리는 더 이상 만나 보지 못했다.

[해설] der **Künstler** — (*artist*, 예술가). 강변 1식. **mit dem** — dem 은 관계대명사. 남성, 3격. mit 가 3격 전치사이니 선행사는 den Künstler. **sprechen, sprach, gesprochen** — (*speak*, 이야기하다). **nicht mehr** — (*no more*, 더 이상 ~ 않다). **mehr**<viel, mehr, meist.

【3】전치사＋관계대명사의 결합형

관계대명사는 선행사가 사물이고, 3격 또는 4격 전치사를 받게 될 때 **wo+전치사형**을 쓰기도 한다. 전치사의 첫 글자가 모음일 때는 **wor+전치사**로 된다.

> 257. Der Kugelschreiber, **womit**(=mit dem, mit welchem) ich diese Postkarte schreibe, ist sehr schlecht.
>
> *The ball-pen with which I am writing this postcard is very bad.*

《역》 내가 이 우편 엽서를 쓰고 있는 볼펜은 대단히 나쁘다.

[해설] 관계대명사는 mit 의 목적어(3격)이고, 선행사가 사물(der Kugelschreiber)이기에 wo 로 하고, 뒤에 mit 를 연결시킬 수도 있다. **schlecht** 형 — (*bad*, 나쁜).

> **258.** Endlich kam der Zug an, **worauf** wir gewartet hatten.
> *At last the train for which we were waiting arrived.*

《역》마침내 우리가 기다렸던 그 기차가 도착했다.
해설 endlich 퇘 —(*at last*, 마침내, 결국). worauf —auf den. 전치사+관계대명사의 축소형. auf의 첫 글자가 모음이기에 wor+전치사로 되었다. **ankommen, ankam, angekommen** — (*arrive*, 도착하다). **warten, wartete, gewartet** — (*wait*, 기다리다).

【4】 관계부사

관계대명사의 선행사가 시간, 또는 장소를 가리키고, 또 그 관계대명사가 전치사의 목적어로 될 때에는:

> 1) 그 「전치사+관계대명사」 대신 wo를 사용할 수 있다.
> 2) 물론 wo 대신 **wo+전치사형**을 쓸 수도 있다.

이 때의 wo는 관계부사로 영어의 *when*(시간), *where*(장소)에 해당한다. 우선 영어에서 쓰이는 예를 살펴보자.

> *The room **in which** I live is hell.*
> ↓
> *where* 로 해도 무방함
> 내가 살고 있는 방은 밝다.

> **259.** Kennst du das Land, **wo**(=in welchem) die Vögel singen und die schönen Blumen blühen?
> *Do you know the country where(in which) the birds sing and the pretty flowers bloom?*

《역》너는 새가 노래하고 아름다운 꽃이 피는 곳을 알고 있느냐?
해설 **kennen, kannte, gekannt** — (*know*, 알다). **das Land** — (*country*, 나라, 지방). 강변 3식. 복수 -ä-. **der Vogel** — (*bird*, 새). 강변 1식. 복수. -ö-. **singen, sang, gesungen** — (*sing*, 노래하다). **blühen, blühte, geblüht** — (*bloom*, 꽃피다). **wo** — 관계부사. 원래 in welchem, 또는 in dem 이라야 하나 선행사가 장소이니 관계부사 wo를 쓸 수 있다.

> **260.** Die Leute stehen auf der Straße, **wo** (=worauf, auf welcher) der Unfall passiert ist.
> *The people are standing on the street where the accident happened.*

244   Abschnitt 16. 관계대명사

《역》사고가 발생했던 길 위에 사람들이 서 있다.
해설 선행사 die Straße가 장소를 가리키고 관계대명사가 전치사 auf의 목적어로 되니 「전치사+관계대명사」 대신 관계부사 wo를 쓸 수 있다. der Unfall — (*accident*, 사고). 강변 2식. 복수는 -ä-. **passieren, passierte, passiert** — (*happen*, 발생하다). -ieren으로 끝나는 동사는 과거분사에 ge-가 붙지 않는다. 완료형은 sein+p.p.

---

261. Im Jahre 1980, **wo**(=in welchem) er in Deutschland studierte, starb sein Vater in seiner Heimat.

In the year 1980 when he studied in Germany his father died in his hometown.

《역》그가 독일에서 공부하고 있었던 1980년에 그의 아버지는 고향에서 세상을 떠났다.
해설 1980 — neunzehnhundertachtzig. **sterben, starb, gestorben** — (*die*, 죽다).

§ 89. 관계대명사 wer

영어에서 어떤 특정한 사람이 아니라, 막연히 「~한 사람」이라고 할 때,

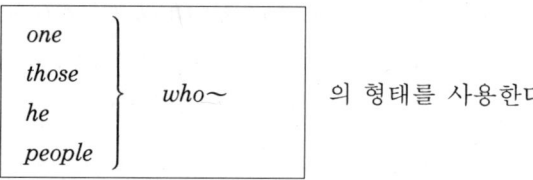

의 형태를 사용한다.

독일어에서는 이 때 일반적인 사람을 가리키는 선행사+관계대명사를 합쳐서 관계대명사 **wer**를 사용한다.

> **One who** loves me will be happy.   나를 좋아하는 사람은 행복해질
>   ↓
>   **Wer** loves me will be happy.   것이다.

【1】 wer의 변화

wer는 막연히 「~한 사람」을 가리키니 ① 남자, 여자, 또는 ② 단수, 복수의 구별이 없고, 관계대명사이기에 그 이하의 **문장**에서 격만 있다.

1.	**wer**	one who ~
2.	**wessen**	one whose ~
3.	**wem**	one to whom ~
4.	**wen**	one whom ~

【2】wer의 특징

1) wer-Satz는 맨 앞에 두고, 주절이 그 뒤에 온다.
2) wer는 문법상 3인칭 단수로 쓰이고, wer 문장 안에서 격을 맞춘다.
3) 따라서 wer-Satz가 뒤에 주절에서 몇 격이 되느냐는 그 주절의 끝까지 보아야 알 수 있다. 이 불편을 덜기 위해서 지시대명사 남성 변화 **der, dessen, dem, den**을 주절의 앞에 **동격**으로 두기도 한다.

[주의] 관계대명사 der의 변화는 지시대명사로도 쓰인다. 영어의 *this, that, it*로.

---

262. Wer mich aufrichtig liebt, wird glücklich sein.
One who loves me truly will be happy.

《역》나를 진실로 좋아하는 사람은 행복해질 것이다.
[해설] wer — liebt의 주어이니 1격. wer-Satz는 뒤에 주절 wird glücklich sein의 주어. 또한 wer-Satz는 문법상 3인칭 단수이다. werden ~sein — 미래. **aufrichtig** 형 — (*true*, 진실한). 여기서는 부사.

---

263. Wem du hilfst, (der) will auch dir helfen.
Those whom you help will help you also.

《역》네가 돕는 사람이 또한 너를 도와 줄 것이다.
[해설] **helfen, half, geholfen** — (*help*, 돕다). 3격 동사. Wem은 이하 문장에서는 3격이지만, wer-Satz 전체는 뒤에 주절에서 1격으로 된다. 이렇게 격이 달라질 때 혼동을 피하기 위해 지시대명사의 남성 1격 der를 주절 앞에 동격으로 놓을 수도 있다.

---

264. Wer mit dir eine enge Freundschaft hält, den darfst du nicht vergessen.
You must not forget those who keep a close friendship with you.

《역》너와 친밀한 우정을 지속하는 사람을 잊어서는 안 된다.
[해설] wer-hält의 주어로 1격. wer-Satz는 전체 문장 내에서 목적어. 격이 달라지니 지시대명사 남성 4격 den을 주절 앞에 동격으로 둘 수 있다. **eng** 형 — (*close*, 가까운, 친밀한). **die Freundschaft** — (*friendship*, 우정). 약변. **vergessen, vergaß, vergessen** — (*forget*, 잊다).

---

265. Wessen Herz rein ist, (der) kann Gottes Segen hoffen.
One whose heart is clean can hope for God's blessing.

Abschnitt 16. 관계대명사

《역》마음이 깨끗한 자는 하느님의 축복을 기대할 수 있다.

해설 das Herz — (*heart*, 마음). der Segen — (*blessing*, 축복). 강변 1식. der Gott — (*God*, 하느님). 강변 3식. 단수 2격 Gottes를 앞에 두어 소유를 나타낼 수 있다. 영어에도 *God's*를 앞에 두듯이. Gottes Segen — (*God's blessing*, 하느님의 축복). hoffen, hoffte, gehofft — (*hope*, 기대하다).

§ 90. 관계대명사 was

영어에서 어느 특정한 사물이 아니라 막연히「~한 것」이라고 할 때 관계대명사 *what*를 사용하는데, 이것이 독일어에서 was 다.

$$\textbf{was}(=what) = \begin{bmatrix} \textit{the thing} \\ \textit{that} \end{bmatrix} \textit{which}\sim \quad \sim 한 것$$

> ***The thing which*** *is new is not always good.* 새것이 반드시 좋은 것은
> ↓   아니다.
> ***What*** *is new is not always good.*
> ↓
> **Was** *new is, is not always good.*

【1】was의 변화

막연히「~한 것」을 나타내기에 ① 남성명사, 여성명사, 중성명사, 또는 ② 단수, 복수의 구별이 있을 수 없다. 다만 관계대명사이기에 이하의 문장에서 차지할 격만 있다.

1. was	3. ——
2. wessen	4. was

주의 was 의 3격은 없다.

【2】was의 특징

> 1) was는 문법상 3인칭 단수로 쓰인다.
> 2) was도 관계대명사이니, was 문장 안에서 격을 맞춘다.
> 3) 따라서 was-Satz가 주절에서 몇 격으로 쓰였느냐는 그 주절의 끝까지 보아야 알 수 있다. 이 불편을 덜기 위해서 지시대명사 중성변화 **das, dessen, dem, das**를 주절의 앞에 **동격**으로 두기도 한다.

주의 관계대명사 der 의 변화는 지시대명사로도 쓰인다.

§ 90. 관계대명사 was

266. **Was** glänzt, ist nicht immer Gold.
   What *glitters is not always gold.*
   ↑
   The thing which

《역》 반짝이는 것이 모두 금은 아니다.
해설 glänzen, glänzte, geglänzt — (*glitter, twinkle*, 반짝이다). das Gold — (*gold*, 금). 단수 2격, -(e)s. **was** - glänzt 의 주어. was-Satz는 ist 의 주어. 따라서 지시대명사 das 의 변화를 둘 때 1격의 das라야 한다.

267. **Was** er in seinem großen Koffer hatte, war nicht so wertvoll.
   What *he had in his big trunk was not so valuable.*
   ↑
   The thing which

《역》 그가 큰 트렁크 속에 가지고 있던 것은 그다지 가치 있는 것이 아니었다.
해설 was 는 hatte 의 목적어이니 4격. was - Satz 는 war…wertvoll 의 주어가 된다. der **Koffer** — (*trunk*, 트렁크). 강변 1식. **wertvoll** 형 — (*valuable*, 가치 있는).

268. **Was** du heute tun kannst, (das) darfst du nicht auf morgen verschieben.
   You must not postpone till tomorrow what you can do today.

《역》 네가 오늘 할 수 있는 일을 내일까지 미루어선 안된다.
해설 was-Satz 는 verschieben 의 목적어. 따라서 그것을 받는 지시대명사 das 의 4격형을 주절의 앞에 둘 수 있다. was 는 tun 의 목적어(4격). **tun, tat, getan** — (*do*, 하다). **verschieben, verschob, verschoben** — (*postpone*, 연기하다). **auf morgen** — (*till tomorrow*, 내일까지).

269. **Wessen** du bedarfst, (das) kann ich dir sofort schicken.
   I can send you what you need (require) right away.

《역》 네가 필요로 하는 것을 나는 너에게 곧 보내 줄 수 있다.
해설 **bedürfen, bedurfte, bedurft** — (*need, require*, 필요로 하다). 2격 동사. 따라서 was 의 2격 wessen 이 쓰였다. **schicken, schickte, geschickt** — (*send*, 보내다). wessen 이하 Satz 는 schicken 의 직접목적어다. 따라서 이것을 받는 지시대명사는 중성 4격의 das.

【3】전치사+관계대명사 was의 결합형

영어에서도 what 가 전치사의 목적어로 될 때가 있다(*with what, for what* 등).

Abschnitt 16. 관계대명사

독일어에서도 관계대명사 was가 전치사의 목적어로 쓰일 수 있다. 이 때

> 1) 전치사가 몇 격 전치사이든 wo+전치사로 한다.
> 2) 전치사가 모음으로 시작될 때에는 wor+전치사로 한다.

> **270.** **Wonach** ihr Sohn fragte, (das) hat die Frau nicht geantwortet.
> *The lady didn't answer what her son asked for.*

《역》 그 부인은 그녀의 아들이 물은 것에 대답하지 않았다.

[해설] nach - 3격 전치사. 따라서 was의 3격형이 없으니 wonach로 되었다. **fragen nach**+ 3격 — (*ask for~*, ~에 대하여 묻다). 이 wonach-Satz가 주절에서는 목적어로 된다. 따라서 지시대명사 das는 4격이다.

> **271.** **Woran** der Vorsitzende denkt, (das) weiß niemand.
> *Nobody knows what the chairman thinks of.*

《역》 의장이 지금 생각하고 있는 것을 아무도 모른다.

[해설] **denken, dachte, gedacht** — (*think*, 생각하다). **denken an**+4격 — (*think of*, ~을 생각하다). woran-Satz는 weiß의 목적어이니 지시대명사 4격 das가 나타났다. **wissen, wußte, gewußt** — (*know*, 알다). **niemand** — (*nobody*, 아무도 ~ 않다).

【4】 관계대명사 was가 선행사를 가질 때

영어에서 선행사가 ① 최상급, ② 부정대명사(*something, nothing*), ③ 부정수사 일 때 관계대명사는 **that**이라야 한다.

독일어에서는 이 때 관계대명사 der를 쓸 수 없고 was를 쓴다.

즉, 아래의 조건에 해당하는 것이 선행사일 때, 관계대명사는 was라야 한다.

선행사가
1) 최상급일 때
2) 부정대명사일 때
   etwas(*something*, 어떤 것), nichts(*nothing*, 아무것도 ~ 않다)
3) 부정수사(확실한 수를 밝히지 않는 단어) 일 때
   alles(*all the things*, 모든 것), vieles(*many things*, 많은 것)

> **272.** Der Reisende gab ihr **das Beste, was** er im Ausland gekauft hatte.
> *The traveller gave her the best that he had bought abroad.*

§ 90. 관계대명사 was   249

《역》 그 여행자는 외국에서 산 것 중에서 가장 좋은 것을 그여자에게 주었다.
해설 der **Reisende** — (*traveller*, 여행자). 형용사 reisend 의 명사적 용법. **geben, gab, gegeben, das Beste** 는 best 의 명사적 용법. **gut, besser, best. das Beste** 가 최상급이니 관계대명사는 der 가 아니고 was 라야 한다. **im Ausland** — (*abroad*, 외국에서).

> 273. Ich habe **nichts** verstanden, **was** er mir gesagt hatte.
> I understood nothing that he said to me.

《역》 그가 내게 말한 것을 나는 하나도 이해하지 못했다.
해설 **nichts** — (*nothing*, 아무것도 ~ 않다). 부정대명사. 이것이 선행사이니 관계대명사는 was 라야 한다. was 는 sagen 의 목적어로서 4격. **verstehen, verstand, verstanden** — (*understand*, 이해하다).

> 274. Der Soldat sagte uns **alles, was** er im Krieg erlebt hatte.
> The soldier told us all the things he had experienced in the war.

《역》 그 군인은 우리에게 그가 전쟁에서 겪은 모든 일들을 말해 주었다.
해설 der **Soldat** — (*soldier*, 군인). 약변. **alles** 는 all 의 명사적 용법. -es 는 중성 정관사 4격 어미. 형용사가 명사로 될 때 첫 글자가 대문자로 되지만 부정수사만은 소문자로 쓴다. 부정수사가 선행사일 때 관계대명사는 was. der **Krieg** — (*war*, 전쟁). 강변 2식. **erleben, erlebte, erlebt** — (*experience*, 경험하다). 비분리 동사.

【5】 was 는 앞 문장의 의미 전체 또는 일부분을 받을 수도 있다.
영어에서 관계대명사 *which* 는 앞 문장 전체, 또는 그 일부분을 받을 수 있다. 이 때 독일어에서는 관계대명사 was 를 사용한다.

> 275. Fräulein Inge hat mir eine Uhr geschenkt, **was** mich sehr erfreut.
> Miss Inge presented me a watch, which delights me very much.

《역》 잉게 양이 나에게 시계를 선사했다. 이것이 나를 몹시 기쁘게 한다.
해설 **schenken, schenkte, geschenkt** — (*present*, 선사하다). **erfreuen, erfreute, erfreut** — (*delight*, 기쁘게 하다). was 는 앞 문장 전체를 받는 1격. erfreut 의 주어.

> 276. Der Offizier befahl mir, nach Hause zu gehen, **was** ich auch sogleich tat.
> The officer ordered me to go back home, which I did at once.

《역》 그 장교는 나에게 집에 돌아가라고 명령했는데, 나는 또한 즉시 그렇게 했다.
해설 der **Offizier** — (*officer*, 장교). 강변 2식. **befehlen, befahl, befohlen** — (*order*, 명령하다). was 는 앞 문장 전체를 받는 4격. tat 의 목적어. **sogleich** 阜 — (*at once*, 즉시).

연 습 문 제

[1] 적당한 관계대명사를 _____에 써 넣으시오.
1. Die Straße, in _____ das Haus lag, war ruhig.
2. Hier ist der Gang, _____ ins Wohnzimmer führt.
3. Das ist der Herr, _____ Namen ich nicht weiß.
4. Ich habe nichts, _____ ich stolz bin.
5. _____ seine Arbeit beendet hat, kann nach Haus gehen.
6. In diesem Geschäft gibt es etwas, _____ ich kaufen will.
7. Wir fahren heute nach München, _____ wir drei Jahre gewohnt haben.
8. Im Jahre 1988, _____ ich in Deutschland war, starb mein Vater.
9. _____ er bedurfte, gab sie ihm sofort.

[2] 다음 문장들을 관계문장으로 만드시오.
1. Da kommt der Professor. Wir hören bei dem Professor.
2. Kennst du die Leute? Die Leute haben uns geholfen.
3. Der Mann starb an einer Krankheit. Er hatte in unserer Firma gearbeitet.
4. Das Mädchen ist 16 Jahre alt. Ich habe dem Mädchen den Weg gezeigt.
5. Der Arzt sprach mit ihnen. Sie kamen aus einer Vorlesung.
6. Wir lernen vieles. Wir können es in unserem Beruf gut gebrauchen.
7. Der Mann tat nichts. Es schadete anderen Leuten.
8. Das Zimmer gefällt mir nicht. Ich wohne jetzt in dem Zimmer.
9. Das ist der Professor. Ich habe mit dem Professor gesprochen.

해답
[1] ① der ② der ③ dessen ④ worauf ⑤ Wer ⑥ was ⑦ wo ⑧ wo ⑨ Wessen,
[2] ① Da kommt der Professor, bei dem wir hören.
  ② Kennst du die Leute, die uns geholfen haben?
  ③ Der Mann, der in unserer Firma gearbeitet hatte, starb an einer Krankheit.
  ④ Das Mädchen, dem ich den Weg gezeigt habe, ist 16 Jahre alt.
  ⑤ Der Arzt sprach mit ihnen, die aus einer Vorlesung kamen.
  ⑥ Wir lernen vieles, was wir in unserem Beruf gut gebrauchen können.
  ⑦ Der Mann tat nichts, was anderen Leuten schadete.
  ⑧ Das Zimmer, in dem ich jetzt wohne, gefällt mir nicht.
  ⑨ Das ist der Professor, mit dem ich gesprochen habe.

해 설

[1] ① 그 집이 위치한 거리는 조용했다.
② 여기 거실로 가는 복도가 있다.
③ 저 분은 내가 그의 이름을 모르는 신사이다.
④ 나는 긍지를 가질 것이 하나도 없다.
⑤ 일이 끝난 사람은 집으로 가도 좋다.
⑥ 이 상점에 내가 사고자 하는 것이 있다.
⑦ 우리는 오늘 우리가 3년 동안 살았던 뮌헨으로 간다.
⑧ 내가 독일에 있었던 1988년에 아버지가 돌아가셨다.
⑨ 그가 필요로 하는 것을 그녀는 곧 그에게 주었다.

1 die **Straße** — (*street*, 거리). 약변. **ruhig** — (*quiet*, 조용한). 2 der **Gang** — (*passage*, 복도). 강변 2식. das **Wohnzimmer** — (*living-room*, 거실). 강변 1식. 3 der **Name** — (*name*, 이름). 4 **stolz** 형 — (*proud*, 자부하는). **stolz auf**+4격 — (~를 자랑하다). 5 **beenden** — (*finish*, 끝내다). 일반 사람을 가리키며 선행사+관계대명사를 합친 관계대명사는 wer. 여기서 wer는 1격. 6 das **Geschäft** — (*store*, 상점). 강변 2식. etwas는 부정대명사. 이것을 받는 관계대명사는 was. 7 **München**은 장소이므로 관계부사. wo가 필요. 8 **starb**<sterben, starb, gestorben — (*die*, 죽다). 관계대명사의 선행사가 시간을 나타낼 때, 「전치사+관계대명사」 대신에 wo를 사용. 9 **bedürfen** — (*need*, 필요로 하다). 2격 명사를 동반해야 하므로, 관계대명사 2격이 와야 함.

[2] ① 저기 교수님이 오신다. 우리는 그의 강의를 듣는다.
② 너는 그 사람들을 아니? 그 사람들이 우리를 도와 주었다.
③ 그 남자는 어떤 병으로 죽었다. 그 남자는 우리 상점에서 일했다.
④ 그 소녀는 16세이다. 나는 그 소녀에게 길을 가리켜 주었다.
⑤ 그 의사는 그들과 이야기했다. 그들은 강의를 듣고 나왔다.
⑥ 우리는 많은 것을 배운다. 우리는 그것을 우리의 직업에 잘 사용할 수 있다.
⑦ 그 남자는 아무것도 하지 않았다. 그것이 다른 사람을 해롭게 했다.
⑧ 그 방은 내 맘에 들지 않는다. 나는 지금 그 방에 살고 있다.
⑨ 저 분은 교수이시다. 나는 그 교수님과 이야기했다.

3 **starb**< sterben, **starb**, gestorben — (*die*, 죽다). die **Krankheit** — (*illness*, 병). 약변. die **Firma** — (*firm*, 상점). 복수는 die Firmen. 4 der **Weg** — (*way*, 길). 강변 2식. **zeigen** — (*show*, 가리키다). 5 die **Vorlesung** — (*lecture*, 강의). 약변. 6 vieles는 부정수사. 이를 받는 관계대명사는 was. der **Beruf** — (*occupation*, 직업). 강변 2식. **gebrauchen** — (*use*, 사용하다). 7 nichts 부정대명사. 이를 받는 관계대명사는 was. **schaden** — (*harm*, 손해를 끼치다). 3격을 동반. **ander** 형 — (*other*, 다른). 8 **gefallen** — (*please*, 만족하다). **es gefällt jm-**(~의 마음에 들다).

Lesestück 16

Der Mensch.

Es gibt viele Menschen, die sehen können und dennoch manchmal blind sind. Sie sehen eine schöne Landschaft, ein schönes Gemälde, einen schönen Menschen, und dennoch bleibt ihr Herz kalt. Viele Menschen können nicht einmal sehen, ob ein Gemälde gut oder schlecht ist. Die großen Maler sehen mehr als gewöhnliche Menschen. Wir gehen oft blind durch den Tag, wir schlafen mit offenen Augen, wir sind nicht richtig wach und erleben darum weniger als ein aufmerksamer Mensch.

Ein Sprichwort sagt : Liebe macht blind. Das ist, wie jedes Sprichwort, richtig und falsch. Es ist richtig, weil der Liebende die äußerlichen und innerlichen Fehler und Schwächen des Geliebten übersieht, weil er dafür blind ist. Das Sprichwort ist falsch, weil der Liebende die innerlichen und äußerlichen schönen und guten Eigenschaften des Geliebten klarer und tiefer erkennt als die anderen Menschen.

Wer etwas Schönes sieht und darüber erfreut ist, der sieht nicht nur mit den Augen, sondern auch mit dem Herzen. Wer Elend sieht und Mitleid empfindet, der sieht auch mit dem Herzen. Mitleid und Freude sind Gefühle. Durch die Augen gehen die Bilder der Welt in unser Herz und erregen unser Gefühl. Wer nicht nur das Äußere eines Menschen sieht, sondern auch in das Herz eines Menschen hineinsieht, erkennt oft einen großen Unterschied zwischen der Erscheinung und dem Wesen eines Menschen. Ein schöner Mensch kann ein kaltes, schlechtes Herz haben. Ein häßlicher Mensch kann ein liebevolles, gutes Herz haben.

Was ist Schönheit? Diese Frage kann niemand genau beantworten. Das ist auch nicht so wichtig. Wichtig ist nur, daß man Schönheit empfinden und darüber erfreut sein kann.

---

1 **dennoch** 접 — (*nevertheless*, 그럼에도 불구하고). 3 **bleiben** — (*stay*, 머무르다). das **Herz** — (*heart*, 마음). 4 **ob** 접 — (*whether*, ~인지 아닌지). das **Gemälde** — (*picture*, 그림). der **Maler** — (*painter*, 화가). 5 **blind** 형 — (*blind*, 눈먼). 6 **offen** 형 — (*open*, 열려 있는). **wach** 형 — (*awake*, 깨어 있는). **erleben** — (*experience*, 체험하다). **darum** 부 — (*for this*, 그 때문에). 7 **aufmerksam** 형 — (*attentive*, 주의 깊은). 8 das **Sprichwort**

사 람

볼 수 있음에도 불구하고 번번이 눈이 먼 많은 사람들이 있다. 그들은 아름다운 풍경, 아름다운 그림, 아름다운 사람을 보지만, 가슴이 차다. 많은 사람들은 어떤 그림이 좋은지 혹은 나쁜지조차도 볼 수 없다. 위대한 화가들은 평범한 사람들보다 더 많은 것을 본다. 우리는 종종 온 종일 눈이 먼 채로 다니며, 눈을 뜬 채 자고 있다. 그러므로 우리는 정말로 깨어 있는 것이 아니고 그 때문에 세심한 사람보다는 적게 체험하는 것이다.

사랑은 눈이 멀게 만든다는 격언이 있다. 모든 격언과 마찬가지로 그것은 옳기도 하고 틀리기도 하다. 사랑하고 있는 사람은 연인의 약점과 내적·외적인 결점을 간과하기 때문에, 그리고 그것을 보지 못하기 때문에 그 말은 옳다. 사랑하는 사람은 연인의 내적·외적인 아름답고 좋은 특성을 다른 사람보다 더 분명하고도 더 깊게 알고 있기 때문에 그 격언은 틀렸다.

아름다운 어떤 것을 보고서 그것에 기뻐하는 사람은 눈으로 볼 뿐 아니라, 마음으로도 보는 것이다. 고통을 보고 동정을 느끼는 사람도 역시 마음으로 본다. 동정과 기쁨은 감정이다. 눈을 통해서 세계의 형상들은 우리의 마음에 들어오고, 우리의 감정을 자극한다. 인간의 외관을 보는 사람뿐만이 아니라, 역시 인간의 마음도 들여다보는 사람은 자주 인간의 현상과 본질 사이의 큰 차이를 인식한다. 아름다운 사람이 차갑고 나쁜 마음을 가질 수 있다. 못생긴 사람이 사랑스럽고 선한 마음을 가질 수 있다.

아름다움이란 무엇인가? 이 물음은 어느 누구도 정확히 대답할 수 없다. 또 그것은 그렇게 중요하지도 않다. 다만 중요한 것은 인간이 아름다움을 느낄 수 있고, 그것에 대해 기뻐할 수 있다는 사실이다.

— (*proverb*, 격언). die **Liebe** — (*love*, 사랑). [9] **äußerlich** 형 — (*external*, 외부적인). **innerlich** 형 — (*internal*, 내부적인). [10] der **Fehler** — (*fault*, 잘못). die **Schwäche** — (*weakness*, 나약함). die **Geliebte** — (*lover*, 애인). **übersehen** — (*overlook*, 간과하다). [12] die **Eigenschaft** — (*attribute*, 특성). **klar** 형 — (*clear*, 분명한). **erkennen** — (*know*, 알다). [14] **erfreuen** — (*delight*, 기쁘다). **über et. erfreut sein** — (~에 대해 기뻐하다). [15] das **Auge** — (*eye*, 눈). **nicht nur ~, sondern auch** — (*not only ~ but also ~*, ~뿐만 아니라 ~도 역시). das **Elend** — (*misery*, 불행). das **Mitleid** — (*sympathy*, 동정). **empfinden** — (*feel*, 느끼다). [16] die **Freude** — (*gladness*, 기쁨). das **Gefühl** — (*feeling*, 감정). [17] das **Bild** — (*picture, image*, 그림, 상). die **Welt** — (*world*, 세계). **erregen** — (*excite*, 흥분시키다). [18] das **Äußere** — (*outward appearance*, 외모). 형용사의 명사적 용법. [19] der **Unterschied** — (*difference*, 차이). die **Erscheinung** — (*phenomenon*, 현상). [20] das **Wesen** — (*essence*, 본질). [21] **häßlich** 형 — (*ugly*, 추한). **liebevoll** 형 — (*loving*, 사랑스러운). [23] die **Schönheit** — (*beauty*, 아름다움). **beantworten** — (*answer*, 대답하다). [24] **wichtig** 형 — (*important*, 중요한).

Abschnitt 17.

의문대명사 · 부정대명사

§ 91. 의문대명사(Fragepronomen)

의문대명사에는 다음 네 종류가 있다.

wer?	who?	누가
was?	what?	무엇
welcher, welche, welches ; welche ?	which ?	어느 쪽
was für ein, ~eine, ~ein ?	what kind of ?	어떤 종류

§ 92. 의문대명사 wer?, was?

wer? 는 영어의 *who?*, **was?** 는 *what?* 이다. 변화는 관계대명사의 변화와 같다.

격	wer 의 변화 (사람)			was 의 변화 (사물)		
1.	**wer**	*who*	누가	**was**	*what*	무엇
2.	**wessen**	*whose*	누구의	**wessen**	*of what*	무엇의
3.	**wem**	*to whom*	누구에게	───		
4.	**wen**	*whom*	누구를	**was**	*what*	무엇을

전치사+was 일 때는 **wo**+전치사로 된다. 전치사가 모음으로 시작할 때는 **wor**+전치사이다.

[1] **wer** 는 사람의 신분 또는 이름, **was** 는 사물 또는 사람의 직업을 묻는다. 영어의 *who* 나 *what* 와 같다.

---

277. **Wessen** Sonnenschirm ist das? Das ist sicher der Sonnenschirm der schlanken Dame, die am Fenster steht.

Whose parasol is this? This is surely the parasol of the slender lady who is standing at the window.

§ 92. 의문대명사 wer?, was?   255

《역》 이것은 누구의 양산입니까? 그것은 분명히 창가에 서 있는 저 날씬한 여자의 양산입니다.

해설 der **Sonnenschirm** — (*parasol*, 양산). 강변 2식. **sicher** 튀 — (*surely*, 분명히). **schlank** 형 — (*slender*, 날씬한). **die** — 관계대명사. 선행사는 Dame.

---

278. Auf **wen** müssen wir jetzt warten? Wir müssen auf unseren Professor warten. Er wird bald hierher zurückkommen.

Whom must we now wait for? We must wait for our professor. He will come back here soon.

《역》 우리는 지금 누구를 기다려야 하나? 우리는 우리 교수님을 기다려야 한다. 그분은 곧 이리로 돌아오실 거다.

해설
| warten auf+4격 | ~을 기다리다 |
| wait for ~ | |

bald 튀 — (*soon*, 곧). **hierher** 튀 — (*hither*, 이쪽으로). **zurückkommen** — (*come back*, 돌아오다). 분리 동사.

---

279. **Wer** versteht nicht, was ich meine? Nur der kleine Schüler in der Ecke versteht nicht, was Sie meinen.

Who does not understand what I mean? Only the little pupil in the corner does not understand what you mean.

《역》 누가 내 말을 이해하지 못하느냐? 저 구석에 있는 작은 학생만이 당신의 말을 이해하지 못한다.

해설 **verstehen, verstand, verstanden** — (*understand*, 이해하다). **was** — 관계대명사. **meinen, meinte, gemeint** — (*mean*, 의미하다). **nur** 튀 — (*only*, 오직). **die Ecke** — (*corner*, 구석). 약변.

---

280. **Woran** denken Sie? Ich denke an die Weihnachtsferien.

What do you think of? I am thinking of the Christmas holidays.

《역》 당신은 무엇을 생각합니까? 나는 크리스마스 휴일을 생각합니다.

해설
| denken an+4격 | ~을 생각하다 |
| think of ~ | |

woran — an was 의 축소형. **denken, dachte, gedacht**. **die Weihnachten** — (*X-mas*, 크리스마스). **die Ferien** — (*holidays*, 방학, 휴일). **die Weihnachtsferien** — (*X-mas holidays*, 크리스마스 휴일).

Abschnitt 17. 의문대명사·부정대명사

【2】 was는 etwas의 대신 쓰일 수도 있다.
이 때 was는 *something, anything*의 뜻이다.

281. Was gibt es Nützliches oder Interessantes im Magazin?
Is there anything useful or interesting in the magazine?

《역》 잡지에 뭐 유익한 것이나 재미나는 것이라도 있나?
해설 **es gibt**+4격 — (*there is*+명사, ~이 있다). **was** — etwas와 같은 뜻이니 뒤에 형용사는 대문자로 하고 중성 정관사의 -es가 붙는다. **interessant** 형 — (*interesting*, 재미있는). **nützlich** 형 — (*useful*, 유익한). das **Magazin** — (*magazine*, 잡지). 강변 2식.

282. Was Neues steht in der Abendzeitung? Gar nichts.
Is there anything new in the evening paper? Nothing at all.

《역》 뭐 새로운 것이라도 저녁 신문에 났나? 전혀 아무것도 없어.
해설 **was Neues** — (*anything new*, 뭐 새것). der **Abend** — (*evening*, 저녁). 강변 2식. die **Zeitung** — (*newspaper*, 신문). 약변. **gar** 부 — (*quite*, 아주).

§ 93. 의문대명사 welcher, welche, welches ; welche?

어떤 사람 또는 사물 중에서, 어느 한 쪽을 물을 때 사용한다.
형용사적으로나 명사적으로 쓰이고, 정관사의 변화를 한다.

격\성	남성	여성	중성	복수
1.	welcher	welche	welches	welche
2.	welches	welcher	welches	welcher
3.	welchem	welcher	welchem	welchen
4.	welchen	welche	welches	welche

283. Welche Bluse gefällt ihr heute, die weiße oder die blaue?
Which blouse is pleasing to her today, the white one or the blue one?

《역》 어느 쪽 블라우스가 오늘 그 여자의 마음에 드느냐, 흰 것, 푸른 것?
해설 die **Bluse** — (*blouse*, 블라우스). 약변. **gefallen, gefiel, gefallen** — (*be content*, 마음에 들다). **gefallen**+3격 「누구의 마음에 들다」. **blau** 형 — (*blue*, 푸른).

§ 93. 의문대명사 welcher, welche, welches ; welche? 257

> 284. Hier sind zwei Äpfel. **Welchen** nehmen Sie? Den roten.
> *Here are two apples. Which will you take? The red one.*

《역》 여기 사과가 두 개 있습니다. 어느 것을 가지시겠어요? 빨간 것을.
해설 der Apfel — (*apple*, 사과). 강변 2식. 복수 Ä. nehmen, nahm, genommen — (*take*, 쥐다). Apfel이 남성이기에 welch-에는 정관사 남성 4격의 -en이 붙는다. Den roten 뒤에는 Apfel이 생략.

> 285. **Welchem** von seinen Söhnen haben Sie Ihre goldene Uhr geschenkt?
> *To which one of his sons have you presented your golden watch?*

《역》 당신은 그의 아들 중 누구에게 당신의 금시계를 선사했습니까?
해설 der Sohn — (*son*, 아들). 강변 2식. von — 영어의 *of, among* (~중에서)에 해당한다. welchem은 schenken의 간접목적어. schenken, schenkte, geschenkt — (*present*, 선사하다). golden 형 — (*golden*, 금빛의). die Uhr — (*watch*, 시계). 약변. die Uhr는 schenken의 직접목적어.

【1】중성 1격 welches는 성·수에 관계없이 sein 동사의 주어로 할 수 있다.

> 286. **Welches** ist sein jüngster Sohn?
> Der kleine mit der gelben Kappe ist sein jüngster Sohn.
> *Which is his youngest son?*
> *The little one with the yellow cap is his youngest son.*

《역》 어느 쪽이 그 사람의 막내아들이냐? 노란 모자를 쓴 꼬마가 그의 막내아들이다.
해설 sein Sohn은 남성이나 동사가 ist이니 중성형 welches가 주어로 될 수 있다. jung, jünger, jüngst. gelb 형 — (*yellow*, 노란). die Kappe — (*cap*, 모자). 약변.

> 287. **Welches** ist der wichtigste Fluß in Deutschland? Der Rhein.
> *Which is the most important river in Germany? The Rhein.*

《역》 어느 쪽이 독일에서 가장 중요한 강이냐? 라인 강이오.
해설 wichtig 형 — (*important*, 중요한). der Fluß — (*river*, 강). 강변 2식. 복수. -ü-. der Rhein — (*Rhein*, 라인 강).

【2】중성 welches와 복수 welche는 약간의 수(즉, 일정치 않은 수)를 나타내기도 한다.
영어의 *some, few*에 해당하며, 「약간」,「두셋」의 뜻이다.

288. Hat jemand noch Brot? Ich habe **welches**.
Does anybody still have bread? I have some.

《역》 누가 아직 빵을 가진 사람이 있나? 내가 좀 가지고 있습니다.

【해설】 **jemand** — (*somebody, anybody*, 어떤 사람). das **Brot** — (*bread*, 빵). 강변 2식. welches 는 Brot 를 가리킨다. Brot 가 중성이니 welches 의 -es 는 중성 정관사 4격.

289. Sind die Zuschauer schon hier? Es gibt schon **welche** hier.
Are the spectators already here? There are already a few here.

《역》 관객들이 여기 벌써 와 있나? 벌써 여기 몇 명은 와 있습니다.

【해설】 der **Zuschauer** — (*spectator*, 관객). 강변 1식. **schon** 円 — (*already*, 벌써). **es gibt** + 4격 명사 — (*there is* + 명사, ~이 있다). welche 는 복수 4격형. die Zuschauer 를 가리킨다. die Zuschauer 가 복수이니 welche 도 복수변화를 한다.

§ 94. 의문대명사 was für ein, ~eine, ~ein

사람 또는 사물에 대하여 「어떠한…」, 「어떤 종류의…」 뜻을 나타낸다.
영어의 ***what kind of*** + 명사이다.
형용사적으로나 명사적으로 쓰이고, 문장 안에서 격은 **was für** 뒤에 명사가 결정한다.

【1】 형용사적 용법

1) **was für** 는 변하지 않고, **ein** 만 부정관사의 변화를 한다.
2) ein 에는 복수형이 없으니, 복수명사를 쓸 때 was für 뒤에 곧 명사를 둔다.
3) 영어와 마찬가지로 물질명사, 추상명사 앞에 ein 이 올 수 없으니 복수명사일 때처럼 was für 뒤에 곧 그 명사를 둔다.

성\격	남	여	중
1.	was für ein Hut	was für eine Pflanze	was für ein Rad
2.	was für eines Hutes	was für einer Pflanze	was für eines Rades
3.	was für einem Hut	was für einer Pflanze	was für einem Rad
4.	was für einen Hut	was für eine Pflanze	was für ein Rad

§ 94. 의문대명사 was für ein, ~eine, ~ein   259

격	복	수
1.	was für Hüte	(Pflanzen, Räder)
2.	was für Hüte	(Pflanzen, Räder)
3.	was für Hüten	(Pflanzen, Rädern)
4.	was für Hüte	(Pflanzen, Räder)

290. **Was für ein** Kleid wollen Sie? Ein leichtes Sommerkleid.
What kind of a dress do you want? A light summer-dress.

《역》 어떤 종류의 옷을 원하십니까? 가벼운 여름옷을.
해설 das **Kleid** — (*dress*, 옷). 강변 3식. **wollen, wollte, gewollt** — (*will, want*, 원하다). 순수 타동사로도 쓰인다. **leicht** 형 — (*light*, 가벼운). das **Sommerkleid** — (*summer-dress*, 여름 옷). 강변 3식.

291. Mit **was für einer** Feder schreiben Sie die Adresse auf dem Umschlag?
With what kind of a pen do you write the address on the envelope?

《역》 당신은 어떤 펜으로 그 봉투에 주소를 쓰세요?
해설 mit 가 3격 전치사이니 was für 뒤에 Feder 는 3격. die **Adresse** — (*address*, 주소). 약변. der **Umschlag** — (*envelope*, 봉투). 강변 2식. 복수 -ä-.

292. Auf **was für eine** Nachricht warten Sie? Ich warte auf eine sehr wichtige Nachricht.
What kind of a news are you waiting for? I am waiting for a very important news.

《역》 당신은 어떤 소식을 기다립니까? 나는 매우 중요한 소식을 기다립니다.
해설 die **Nachricht** — (*news*, 소식). 약변. Auf 뒤에 4격이 와야 하니 was für 뒤에 Nachricht 는 4격. **wichtig** 형 — (*important*, 중요한).

【2】 명사적 용법

1) was für ein 의 ein- 만 정관사의 변화를 한다.
2) ein 에는 복수형이 없으니, **welch-** 를 정관사의 복수 변화로 쓴다.
3) 물질명사, 추상명사에는 ein 이 붙을 수 없기에 was für~ 뒤에 **welch-** 를 정관사의 변화로 쓴다.

Abschnitt 17. 의문대명사 · 부정대명사

성 격	남 성	여 성	중 성	복 수
1.	was für einer	was für eine	was für eins	was für welche
2.	was für eines	was für einer	was für eines	was für welcher
3.	was für einem	was für einer	was für einem	was für welchen
4.	was für einen	was für eine	was für eins	was für welche

[주의] 명사적 용법에서 중성 1격, 4격형 was für eines 는 대개 was für eins로 사용한다.

---

293. Vorgestern hat er eine Krawatte gekauft. **Was für eine?**
The day before yesterday he bought a necktie. What kind?

《역》 그저께 그는 넥타이를 하나 샀다. 어떤 것을?
[해설] was für eine 뒤에는 Krawatte가 생략되었으니 4격이다. 즉, 전체의 문장은 Was für eine hat er gekauft? 를 줄여서 **Was für eine?** 로 했다.

---

294. Die Schauspielerin hat ein dickes Bilderbuch in ihrer Hand. **Was für eins?**
The actress has a thick picture-book in her hand. What kind?

《역》 그 여배우는 손에 두꺼운 그림책을 가지고 있다. 어떤 종류의 것을?
[해설] **dick** [형] — (*thick*, 두꺼운). Was für eins 의 eins 는 Bilderbuch 를 가리킨다. 4격. 완전한 문장은 Was für eins hat sie in ihrer Hand?

---

295. Zu Mittag hat der Gast Käse gegessen. **Was für welchen?**
The guest ate cheese for lunch. What kind?

《역》 그 손님은 점심으로 치즈를 먹었다. 어떤 종류를?
[해설] **essen, aß, gegessen** — (*eat*, 먹다). der **Käse** — (*cheese*, 치즈). 강변 1식. Käse 는 물질명사이기에 부정관사를 붙일 수 없다. 따라서 그것의 명사적 용법에서 welch- 를 사용한다. welchen 의 -en 은 Käse를 의미하니, 정관사 남성 4격의 어미. Was für welchen hat er gegessen? 의 준말.

---

296. Ich möchte einige Früchte kaufen. **Was für welche?**
I want buy some fruits. What kind do you want?

《역》 나는 과일을 좀 사고 싶습니다. 어떤 종류를(원하십니까)?
[해설] **möchten** — 조동사 mögen 의 접속법 과거형. 「*want to*, ~하고 싶다」의 뜻. die **Frucht** — (*fruit*, 과일). 강변 2식. Früchte 가 복수이니 부정관사는 붙일 수 없고, für 뒤에는

§ 94. 의문대명사 was für ein, ~eine, ~ein

welche를 사용한다. 복수 4격. einig 형 — (some, 약간의).

【3】 was für ein-에서 was와 für ein-을 떼어 쓸 수도 있다

> 297. **Was** hast du **für** Blumen gebracht?
> *What kind of flowers have you brought?*

《역》 너는 어떤 꽃을 가져왔느냐?
해설 bringen, brachte, gebracht — (*bring*, 가져오다). die **Blume** — (*flower*, 꽃). 약변. 원래 Was für Blumen으로 붙어 있어야 하나, 떼어 쓸 수도 있다.

> 298. **Was** haben Sie **für ein** Geschenk von Ihrer Tochter bekommen?
> *What kind of a present did you get from your daughter?*

《역》 당신은 당신의 딸로부터 어떤 종류의 선물을 받았습니까?
해설 das **Geschenk** — (*gift*, 선물). 강변 2식. 원래 Was für ein Geschenk로 붙여야 하나 was와 für 사이를 떼어 쓸 수도 있다. bekommen, bekam, bekommen — (*receive*, 받다).

【4】 의문대명사 was für ein-?과 welch-?의 차이

> 1) was für ein- ?의 의문문에 대답할 때에는 단수에서 **부정관사**를 붙이고, 복수에는 부정관사를 붙이지 않는다.
> 2) welch- ?의 의문문에 대답할 때에는 **정관사, 지시대명사, 소유대명사**, 또는 **형용사**를 사용해야 한다.

> 299. **War für ein** Turm ist das? Das ist ein Fernsehturm.
> *What kind of a tower is it? It is a television tower.*

《역》 그것은 어떤 탑이냐? 그것은 텔레비전 송신탑이다.
해설 der **Turm** — (*tower*, 탑). 강변 2식. 복수. -ü-. der **Fernsehturm** — (*television tower*, 송신탑). fernsehen 동사의 어간과 der Turm이 결합.

> 300. **Welcher** Turm ist der höchste? Der Kirchturm ist der höchste.
> *Which tower is the highest? The church tower is the highest.*

《역》 어느 탑이 가장 높으냐? 교회의 탑이 가장 높다.
해설 die **Kirche** — (*church*, 교회). 약변.

§ 95. 부정대명사(Unbestimmte Pronomen)

【1】부정대명사

일정치 않은, 또는 확실치 않은 **사람**이나 **사물**을 가리키는 대명사를 부정대명사라 한다.

영어에서 **one**(*One should be honest.* 사람이란 정직해야 한다.), *some, somebody, anyone, anything, something* 등이 부정대명사다.

【2】부정대명사의 종류

사람을 가리키는 것과, 사물을 가리키는 것의 두 종류가 있다.

(1) 사람에 사용되는 것

  1) 순수 부정대명사 :

    언제나 부정대명사로만 쓰이는 것을 순수 부정대명사라 한다.

man	*one, man*	사람이란	jemand	*someone*	어떤 사람
jedermann	*everyone*	각자, 누구나	niemand	*nobody*	아무도 ~ 않다

  2) 명사적으로 사용된 부정수사 :

    원래는 일정치 않은 수를 나타내는 형용사이나, 이것을 명사적으로 사용할 때(즉, 뒤에 명사를 생략했을 때)를 말한다.

einer	*one man*	한 사람	keiner	*no one*	아무도 ~ 않다
wenige	*few people*	몇 사람	viele	*many people*	많은 사람
manche	*many a*	몇 사람	jeder	*everyone*	각자

(2) 사물에 사용되는 것

  1) 순수 부정대명사 :

    언제나 부정대명사로만 쓰이는 것을 순수 부정대명사라 한다.

etwas	*something*	어떤 것	nichts	*nothing*	아무것도 ~ 않다

  2) 명사적으로 사용된 부정수사 :

    원래는 일정치 않은 수를 가리키는 형용사이나, 이것을 명사적으로 사용할 때도 있다.

alles	*all the things*	모든 것	vieles	*many things*	많은 것
manches	*many a*	많은 것	einiges	*several*	몇 개

§ 96. 부정대명사 einer, man, keiner

【1】 부정대명사 einer(*one*, 한 사람) : keiner(*no one*, 아무도 ~ 않다)
일정치 않은 한 사람을 가리킬 때 einer, 그것의 부정이 keiner 이다.

> ***One*** *of them will go to America.* (그들 중의 한 사람이 미국에 간다.)
> └→Einer
>
> ***No one*** *can understand Spanish.* (아무도 에스파냐어를 이해 못한다.)
> └→Keiner

(1) einer, keiner 의 특징

> 1) ein(kein-)을 어간으로 정관사의 변화를 한다.
> 2) einer(keiner)를 받는 대명사는 보통 er 다.
> 3) 재귀대명사는 sich, 소유대명사는 sein 이다.

(2) einer, keiner 의 변화
남성, 여성은 사람에만 쓰이고, 중성은 사물에 쓰인다.

성\격	남	여	중
1.	einer (keiner)	eine (keine)	eins (keins)
2.	eines (keines)	einer (keiner)	eines (keines)
3.	einem (keinem)	einer (keiner)	einem (keinem)
4.	einen (keinen)	eine (keine)	eins (keins)

[주의] 중성 1격, 4격은 eines 라야 하겠으나, 실제는 eins 를 사용한다.

---

301. Wenn **einer** sein Wort gegeben hat, muß er es halten.
If a man has given his word, he must keep it.

《역》 사람이 약속을 하면 그것을 지켜야 한다.
[해설] das **Wort** — (*word*, 말, 단어). 강변 2식. **halten, hielt, gehalten** — (*keep, hold*, 지키다, 가지다).

---

302. Einer von ihnen begegnete mir und weinte sehr bitterlich.
One of them met with me and wept very bitterly.

《역》 그들 중의 한 사람은 나를 만나서 몹시 울었습니다.
[해설] **weinen, weinte, geweint** — (*weep*, 울다). **bitterlich** 뷔 — (*bitterly*, 지독하게).

> *303.* **Keiner** kann Deutsch meistern, ohne Fleiß und Geduld.
> *No one can master German without diligence and patience.*

《역》 근면과 인내 없이는 아무도 독일어에 통달할 수 없다.

해설 meistern — (*master*, 통달하다). ohne — (*without*, ~ 없이). 4격 전치사. der Fleiß — (*diligence*, 근면). die Geduld — (*patience*, 인내).

【2】 부정대명사 **man**

막연히 사람을 가리킬 때, 영어에서 *one* (사람이란)이 쓰이듯이 독일어에서는 man을 사용한다. 첫 글자 **m**은 언제나 소문자로 된다.

(1) **man**의 변화

> 1격 : **man**　　2격 : **eines**　　3격 : **einem**　　4격 : **einen**

(2) **man**의 특징

> 1) man을 받는 대명사는 언제나 man이지, er로 할 수 없다.
>   영어에서도 *one*을 받는 대명사는 그대로 *one*이지 *he*가 아니다.
> 2) 재귀대명사는 sich 이고, 소유대명사는 sein이다.
> 3) 문법상 언제나 3인칭 단수로 된다.

(3) **man**과 **der Mann**의 차이
  1) man은 일반적인 사람을 말할 때 쓴다.
  2) der Mann은 어느 특정한 남자를 가리킬 때 쓴다.

　　One *does not live by bread alone.* (사람은 빵으로만 사는 게 아니다.)
　　　　↳Man

　　The man *is my uncle.* (그 남자가 나의 아저씨다.)
　　　　↳Der Mann

> *304.* Manchmal kann **man** sich hassen, aber **man** muß **seine** Feinde lieben.
> *Sometimes one can hate each other, but one must love his foes.*

《역》 사람은 때로는 서로 미워할 수도 있다. 그러나 자기의 원수를 사랑해야 한다.

해설 manchmal 뮈 — (*sometimes*, 때로는). hassen, haßte, gehaßt — (*hate*, 미워하다). der Feind — (*enemy, foe*, 적, 원수). 강변 2식. man을 받는 소유대명사는 sein이다.

> **305. Man** erkennt nicht immer **seine** eigenen Fehler und auch die Vorteile der anderen Menschen.
>
> *One does not always perceive one's own faults and also the virtues of other people.*

《역》 사람은 반드시 자기 자신의 잘못과 또 다른 사람의 장점을 안다고는 할 수 없다.

[해설] **man** — (*one, we, people*, 사람). **erkennen, erkannte, erkannt** — (*recognize, perceive*, 인식하다). **eigen** 형 — (*own*, 자신의). der **Fehler** — (*fault*, 잘못). 강변 1식. 여기서 복수 4격, 따라서 소유대명사 sein 은 정관사 복수 4격의 -e 가 붙고, eigen 은 약변. 복수 4격의 -en 이 붙는다. der **Vorteil** — (*virtues*, 장점). 강변 2식. **ander** 형 — (*other*, 다른).

> **306. Man** kann nicht immer erlangen, was **einem** nützlich und nötig ist.
>
> *One can not always attain what is useful and necessary for him.*

《역》 사람이 자기에게 유익하고 필요한 것을 반드시 얻는 것은 아니다.

[해설] **erlangen** — (*attain*, 달성하다, 획득하다). was 이하는 erlangen 의 목적어. **nützlich** 형 — (*useful*, 유용한, 유익한). 「~에 유익하다」고 할 때 반드시 3격을 사용한다. **einem** 은 man 의 3격. **nötig** 형 — (*necessary*, 필요한).

§ 97. 부정대명사 jemand, niemand, jedermann

jemand — (*somebody*, 어떤 사람), niemand — (*nobody*, 아무도 ~않다), jedermann — (*everyone, everybody*, 각자).

【1】변 화

종류 격	somebody 어떤 사람	nobody 아무도 ~ 않다	everyone, everybody 각자
1.	jemand	neimand	jedermann
2.	jemand(e)s	niemand(e)s	jedermanns
3.	jemand(em)	niemand(em)	jedermann
4.	jemand(en)	niemand(en)	jedermann

【2】특 징

1) 모두 3인칭 단수로 사용한다.
2) 소유대명사는 모두 sein 이다.

Abschnitt 17. 의문대명사 · 부정대명사

> *307.* Ist **jemand** hier in meiner Abwesenheit gewesen? Nein, **niemand**.
> *Has anybody been here in my absence? No, nobody.*

《역》내가 없는 사이에 누가 여기 왔다 갔느냐? 아니오, 아무도.
[해설] die **Abwesenheit** — (*absence*, 부재, 결석). 약변.

> *308.* Haben Sie **niemand(en)** unter der Brücke gesehen? Doch, ich habe **jemand(en)** gesehen.
> *Have you seen nobody under the bridge? Yes, I have seen someone.*

《역》당신은 다리 밑에서 아무도 만나지 못했습니까? 천만에요, 나는 어떤 사람을 보았습니다.
[해설] die **Brücke** — (*bridge*, 다리). 약변. **niemand**는 4격에서 -en을 붙이기도 한다. 부정으로 물었을 때 긍정의 대답에는 **doch**를 쓴다.

> *309.* **Jedermanns** Freund ist **niemandes** Freund. Das ist eine Wahrheit.
> *Everyone's friend is no one's friend. It is a truth.*

《역》모든 사람들의 친구는 어느 한 사람의 친구일 수 없다. 이것은 진리이다.
[해설] **jedermanns** — jedermann의 2격. **niemandes** — niemand의 2격. die **Wahrheit** — (*truth*, 진리). 약변.

§ 98. 부정대명사 etwas (반대 : nichts)

etwas는 *something* (어떤 것). 그것의 부정은 nichts (*nothing*, 아무것도 ~ 않다).

1) 둘 다 1격, 4격으로만 쓰인다.
2) etwas는 **was**로 축소시켜 쓰기도 한다.
3) etwas와 nichts는 영어와 마찬가지로 형용사를 뒤에 둔다.

[주의] 이 때 형용사의 첫 글자는 대문자로 하고 -es를 붙인다 (형용사 강변화 중성 1격, 4격의 어미).

> *310.* Ich will **nichts** mehr mit dem Betrüger zu tun haben.
> *I will have nothing to do with the deceiver any more.*

《역》나는 그 사기꾼과는 이 이상 더 아무 관계도 갖지 않으련다.

[해설] **nichts mit j-m zu tun haben** — (*have nothing to do with*, 누구와 아무 상관없다).
tun, tat, getan — (*do*, 하다). der **Betrüger** — (*deceiver*, 사기꾼). 강변 1식.

> **311.** Fragen Sie mich natürlich, wenn Sie irgend **etwas** nicht verstehen !
> *Ask me, of course, if you do not understand anything !*

《역》무엇이든 이해 못하시는 것이 있으면 물론 저에게 물어 보십시오 !
[해설] **j-n ~fragen** — (*ask*, ~누구에게 ~을 묻다). fragen 은 2개의 4격 목적어를 가짐에 주의하자. **irgend** 튀 — (*any*, 대체 어떤). **verstehen, verstand, verstanden** — (*understand*, 이해하다).

> **312.** Ich will euch **(et)was** Neues und Interessantes erzählen.
> *I will tell you something new and interesting.*

《역》나는 너희들에게 새롭고 재미있는 것을 이야기해 주지.
[해설] **interessant** 형 — (*interesting*, 재미있는). etwas, nichts 뒤에 오는 형용사는 언제나 첫 글자는 대문자로 하고, 중성 정관사의 어미를 받는다. 여기서는 etwas가 4격이니 Neues 와 Interessantes 의 es는 중성 4격.

§ 99. 부정대명사 jeder

jed- 를 어간으로 정관사의 변화를 하고 단수형뿐이다.
영어의 *everyone, each one* (각자, 각각의 사람).

성\격	남성	여성	중성	복수
1.	jed**er**	jed**e**	jed**es**	
2.	jed**es**	jed**er**	jed**es**	없음
3.	jed**em**	jed**er**	jed**em**	
4.	jed**en**	jed**e**	jed**es**	

> **313.** **Jeder** muß fleißig arbeiten.   Er tanzt mit **jeder**.
> *Everyone must work hard.*   *He is dancing with each woman.*

《역》사람은 누구나 부지런히 일해야 한다. 그는 모든 여자와 춤추고 있다.
[해설] **Jeder** — 남성 1격. **jeder** — 여성 3격. 따라서 여자를 가리킨다. 뒤에는 Frau, 또는 Dame가 생략되었다.

314. **Jeder** hat seine eigenen Fehler, aber versieht sie.
Everyone has his own faults, but he overlooks them.

《역》 사람은 누구나 자기 자신의 잘못을 가지고 있다. 그러나 그것을 못본다.
[해설] **eigen** 형 — (*proper, own*, 고유한, 자신의). der **Fehler** — (*fault*, 잘못). 강변 1식. 여기서는 복수 4격. **versieht** < **versehen**, versah, versehen — (*overlook*, 못 보다, 놓치다).

315. **Jede** Veränderung hat immer ihre Ursache.
Every alteration always has its cause.

《역》 모든 변화는 언제나 그것의 원인이 있는 법이다.
[해설] **jede** 의 -e 는 Veränderung 이 여성이니 정관사 여성 1격의 -e 다. die **Veränderung** — (*changing, alteration*, 변화). die **Ursache** — (*cause*, 원인). 약변.

§ 100. 기타 부정대명사(Andere unbestimmte Pronomen)

다음의 것은 원래 형용사이나 명사적 용법으로 부정대명사로도 쓰인다.

| all | *all* | 모든 사람 (것) | wenig | *few* | 약간의 사람 (것) |
| viel | *many* | 많은 사람 (것) | einig | *some* | 몇 사람 (개) |

1) 남성변화 →남자
2) 여성변화 →여자   } 을 가리킨다.
3) 복수변화 →사람의 복수
4) 중성변화 →사물

316. **Viele** waren anwesend, als der General mit dem Zug ankam.
Many people were present when the general arrived by train.

《역》 그 장군이 기차로 도착했을 때에는 많은 사람이 나와 있었다.
[해설] **viele** 의 -e 는 정관사 복수 1격. 따라서 사람의 복수. **anwesend** 형 — (*present*, 출석해 있는). der **General** — (*general*, 장군). 강변 2식. **ankommen, ankam, angekommen** — (*arrive*, 도착하다).

317. **Alles**, was glänzt, ist nicht immer Diamant.
All that glitters is not always diamond.

《역》 반짝이는 것이 모두 다이아몬드는 아니다.
해설 alles의 -es는 정관사 중성 1격. 따라서 사물을 말한다. 부정대명사가 선행사일 때 관계대명사는 언제나 was이다. **glänzen, glänzte, geglänzt** — (*glitter*, 반짝이다). der **Diamant** — (*diamond*, 다이아몬드). 약변.

---

318. Bis jetzt hat der Matrose tatsächlich **vieles** im Ausland erlebt.
   Up to now the sailor has really experienced many things in the foreign country.

《역》 그 선원은 지금까지 정말 많은 것을 외국에서 경험했다.
해설 der **Matrose** — (*sailor*, 선원). 약변. **bis jetzt** — (*up to now*, 지금까지). **tatsächlich** 뷔 — (*really*, 정말, 사실). **erleben, erlebte, erlebt** — (*experience*, 경험하다). vieles는 정관사 중성의 어미를 받았으니 사물을 가리킨다.

---

319. **Einige** wissen **vieles**; aber sie erzählen nur **weniges**.
   Some people know many things; but they talk only little.

《역》 많은 것을 알고 있는 사람이 더러 있으나, 이야기하는 것은 퍽 적다.
해설 einige의 -e는 정관사 복수 어미에서 왔다. 따라서 사람의 복수를 의미한다. vieles의 어미 -es는 정관사 중성에서 왔으니 사물을 가리킨다. **erzählen, erzählte, erzählt** — (*tell*, 이야기하다). weniges의 어미 -es는 중성 정관사에서 왔으니 사물을 가리킨다.

Abschnitt 17. 의문대명사 · 부정대명사

연 습 문 제

[1] 다음 주어진 문장이 답이 되도록 밑줄 친 단어에 대한 의문문을 만드시오.
1. Herr Müller geht sonntags spazieren.
2. Das Bild hängt an der Wand.
3. Er kommt aus Korea.
4. Der Schüler hat den Lehrer gefragt.
5. Ich habe ein rotes Kleid gekauft.
6. Herr Bauer wartet auf das Essen.
7. Die neuen Minister treten zu einer Sitzung zusammen.
8. Eine Maus läuft schnell in das Loch an der Mauer.
9. Wir haben von unserer Reise gesprochen.
10. Sie ist zur Schule gegangen.

[2] _____에 알맞은 부정대명사를 써 넣으시오.
1. _____ Anfang ist schwer. _____ ist in Ordnung.
2. Ehe man spricht, muß _____ sich besinnen.
3. Man soll dankbar sein, wenn _____ ein guter Rat gegeben wird.
4. Das Gegenteil von _____ ist niemand und das Gegenteil von einer ist _____ .
5. _____ , was glänzt, ist nicht immer Gold.
6. Sind alle Arbeiter fleißig? Ja, aber _____ sind nicht fleißig.
7. Liegt dort ein Kugelschreiber? Nein, hier liegt _____ .
8. Einer muß fleißig arbeiten, während _____ jung ist.
9. Haben Sie _____ zu essen? Nein, ich habe nichts zu essen.
10. Was man versprochen hat, das muß _____ halten.

해답

[1] ① Wer geht sonntags spazieren? ② Wo hängt das Bild? ③ Woher kommt er? ④ Wen hat der Schüler gefragt? ⑤ Was für ein Kleid hast du gekauft? ⑥ Worauf wartet Herr Bauer? ⑦ Wer tritt zu einer Sitzung zusammen? ⑧ Wo läuft eine Maus schnell in das Loch? ⑨ Wovon habt ihr (haben Sie) gesprochen? ⑩ Wohin ist sie gegangen?

[2] ① Aller, Alles ② man ③ einem ④ jemand, keiner ⑤ Alles ⑥ einige ⑦ keiner ⑧ er ⑨ etwas ⑩ man

해 설

[1] ① 뮐러 씨는 일요일이면 산책을 간다.
② 그 그림은 벽에 걸려 있다.
③ 그는 한국 출신이다.
④ 그 학생은 선생님에게 질문했다.
⑤ 나는 빨간 색의 옷을 샀다.
⑥ 바우어 씨는 식사를 기다린다.
⑦ 새로운 장관들이 회의에 모인다.
⑧ 쥐 한 마리가 재빨리 벽에 난 구멍 속으로 달려간다.
⑨ 우리는 우리들의 여행에 관해서 말했다.
⑩ 그녀는 학교로 갔다.

1 sonntags 부 — (on Sunday, 일요일에). spazierengehen — (go for a walk, 산책하다). 2 hängt < hängen, hängte, gehängt — (hang, 걸려 있다). die Wand — (wall, 벽). 강변 2식. 3 aus 는 출발을 나타내는 전치사. 6 auf et. warten — (~을 기다리다). 7 neu 형 — (new, 새로운). der Minister — (minister, 장관). 강변 1식. die Sitzung — (meeting, 회의). 약변. zusammentreten — (meet, 모이다). 8 schnell 형 — (quick, 빠른). das Loch — (hole, 구멍). 강변 3식. die Mauer — (wall, 벽). 약변. 9 die Reise — (tour, 여행). 약변.

[2] ① 모든 시작은 어렵다. 모든 것이 제대로 되어 있다.
② 사람이란 말하기 전에 잘 생각해 보아야 한다.
③ 사람이란 자기에게 좋은 충고가 주어질 때 감사해야 한다.
④ jemand 의 반대말은 niemand 이고, einer 의 반대말은 keiner 이다.
⑤ 반짝이는 것이 전부 금은 아니다.
⑥ 모든 노동자들이 열심히 일하니? 네, 그러나 몇몇 사람은 게으릅니다.
⑦ 거기에 볼펜이 놓여 있니? 아니, 여기에는 볼펜이 없다.
⑧ 사람은 젊을 때 부지런히 일해야 한다.
⑨ 먹을 것이 있습니까? 아니오, 나는 먹을 것이 없습니다.
⑩ 사람은 약속한 것은 지켜야 한다.

1 der Anfang — (beginning, 시작). 강변 2식. die Ordnung — (order, 질서). 약변. in Ordnung — (in order, 정연히, 합당하게). 2 ehe 접 — (before, ~ 전에). 종속접속사. 따라서 이하 후치. besinnen, besann, besonnen — (consider, 생각하다). 재귀동사. 3 der Rat — (advice, 충고). 강변 2식. 4 das Gegenteil — (contrary, 반대, 역). 강변 2식. von 전 — (of, ~의). 5 glänzen, glänzte, geglänzt — (glitter, 반짝이다). 6 der Arbeiter — (laborer, 노동자). 강변 1식. 7 der Kugelschreiber — (ballpen, 볼펜). 강변 1식. 8 müssen — (must, ~하지 않으면 안 된다). während 접 — (during, 동안에). 9 etwas — (something, 어떤 것). nichts — (nothing, 아무것도 ~ 않다). 10 halten, hielt, gehalten — (keep, hold, 유지하다, 지키다).

Lesestück 17

Was ist Dialektik?

Zwei fünfzehnjährige Schüler kamen zu ihrem Lehrer, und fragten ihn: „Bitte, Herr Lehrer, was ist eigentlich Dialektik?" Der Lehrer überlegte kurz und antwortete: „Ich will euch das mit einem Beispiel erklären. Zu mir kommen zwei Männer: der eine ist sauber, der andere ist schmutzig. Ich biete beiden ein Bad an. Wer von ihnen, glaubt ihr, nimmt das Bad?"

„Selbstverständlich der Schmutzige." sagten die Schüler wie aus einem Mund.

„Nein, der Saubere," erwiderte der Lehrer, „denn er ist an das Baden gewöhnt: der Schmutzige legt keinen Wert auf ein Bad. Wer badet also?"

„Der Saubere", meinten die Jungen nun.

„Nein, der Schmutzige, denn er braucht das Bad." antwortete der Lehrer und fragte wieder: „Wer von meinen Besuchern nimmt also das Bad?"

„Der Schmutzige", riefen die Schüler noch einmal. „Aber nein, beide natürlich", sagte der Lehrer. „Der Saubere ist an das Baden gewöhnt, und der Schmutzige braucht das Bad. Also, wer nimmt das Bad?"

„Beide", antworteten die Jungen verwirrt.

„Nein, keiner von beiden", erklärte der Lehrer, „denn der Schmutzige ist nicht an das Baden gewöhnt, und der Saubere braucht kein Bad."

„Ja, aber" protestierten die Schüler, „wie können wir das verstehen? Jedesmal sagen Sie etwas anderes, und immer ist es richtig!"

„Ja, seht ihr, das ist Dialektik", sagte der Lehrer und verabschiedete sich mit einem Lächeln.

---

die **Dialektik** — (*dialectics*, 변증법). 복수 없음. [2] **überlegen** — (*consider*, 숙고하다). [3] das **Beispiel** — (*example*, 예). **erklären** — (*explain*, 설명하다). [4] **sauber** 형 — (*clean*, 깨끗한). **schmutzig** 형 — (*dirty*, 더러운). **anbieten** — (*offer*, 제공하다). [5] **beide** 형 — (*both*, 양쪽의). das **Bad** — (*bath*, 목욕). [6] **selbstverständlich** 형 — (*self-evident*, 자명

변증법이란 무엇인가?

　15세의 학생 두 사람이 선생님께로 와서 물었다. "선생님, 대체 변증법(辨證法)이란 무엇입니까?" 선생님은 잠시 생각 후에 대답했다. "나는 그것을 예를 들어 설명하겠다. 나에게 두 사람이 왔는데, 한 사람은 깨끗하고 한 사람은 더럽다. 나는 그들에게 목욕할 것을 권했는데, 그들 중 누가 목욕을 한다고 생각하느냐?"
　"물론 더러운 사람이지요."하고 학생들이 입을 모아 대답했다.
　"아니다, 깨끗한 사람이다."라고 선생님이 대답하였다. "왜냐하면, 그는 목욕에 익숙하기 때문이다. 더러운 사람은 목욕하는 것을 대수롭게 생각하지 않는다. 자, 누가 목욕할 것이냐?"
　"깨끗한 사람이죠."라고 이번에는 젊은이들이 말했다.
　"아니다, 더러운 사람이다. 그는 목욕이 필요하기 때문이다."라고 대답한 다음에 또 물었다. "자, 그럼 그들 가운데 누가 목욕하느냐?" "더러운 사람이요."라고 학생들이 다시 한번 소리쳤다. "그렇지 않다. 둘이 다 물론 목욕할 것이다." 선생님이 말했다. "깨끗한 사람은 목욕에 익숙해 있고, 더러운 사람은 목욕이 필요하니까. 자, 그럼 누가 목욕하느냐?"
　"둘 다지요." 하고 소년들이 당황하면서 대답했다.
　"아니야, 둘 다 안한다."라고 선생이 설명했다. "왜냐하면, 더러운 사람은 목욕에 익숙지 않고, 깨끗한 사람은 목욕이 필요 없기 때문이다."
　"그렇지만." 하고 학생들이 항의하였다. "어떻게 그것을 이해할 수 있습니까? 선생님은 번번이 다른 말씀을 하시고 매번 그것이 정당성을 가지고 있으니 말입니다!"
　"그렇지, 이제 알겠니, 그것이 변증법이란다."라고 선생님은 말씀하시고 미소를 지으며 작별했다.

한). der **Mund** — (*mouth*, 입). ⑦ **erwidern** — (*reply*, 대답하다). **gewöhnen** — (*accustom*, 익숙하다). ⑨ **meinen** — (*think*, 생각하다). der **Junge** — (*boy*, 소년) ⑮ **verwirrt** 형 — (*confused*, 혼란스러운). ⑱ **protestieren** — (*make a protest*, 항변하다). **jedesmal** — (*every time*, 매번). ⑳ **verabschieden** — (*say good-bye*, 헤어지다). ㉑ das **Lächeln** — (*smile*, 미소).

Abschnitt 18.

재귀동사 · 비인칭동사

§ 101. 재귀대명사(Reflexivpronomen)

한 문장 안에서 주어와 똑같은 인칭을 가리키는 대명사를 **재귀대명사**라 한다. 국어에서는 대개 「~자신」이라고 새기게 된다.

【1】재귀대명사

재귀대명사도 일종의 대명사이니, 일반 대명사나 마찬가지로 격을 가진다.
재귀대명사의 격은 3격과 4격뿐이다.

> 1) 1인칭과 2인칭에는 **인칭대명사**의 **3격과 4격**을 그대로 쓰고,
> 2) 3인칭에는 단수, 복수의 3격 · 4격에 모두 **sich** 이다.

영어에서 재귀대명사의 원형이 *oneself* 이듯이, 독일어에서는 재귀대명사의 원형이 **sich** 이다.

수	격	1인칭	2인칭	3인칭 남	3인칭 여	3인칭 중	존칭
단수	3.	mir	dir	sich	sich	sich	sich
	4.	mich	dich	sich	sich	sich	sich
		myself 나 자신	*yourself* 너 자신	*himself* 그 사람 자신	*herself* 그 여자 자신	*itself* 그것 자신	*yourself* 당신 자신
복수	3.	uns	euch	sich	sich	sich	sich
	4.	uns	euch	sich	sich	sich	sich
		ourselves 우리들 자신	*yourselves* 너희들 자신	*themselves* 그들 자신			*yourselves* 당신들 자신

[주의] **인칭대명사와 재귀대명사의 구별 방법 :**
1) 인칭대명사는 주어와 인칭이 다를 때, 즉 ich 에 dir 나 dich 가 있을 때.
2) 재귀대명사는 주어와 인칭이 같을 때, 즉 ich 에 mir 나 mich 가 있을 때.

【2】재귀동사

영어에서 **동사+*oneself***를 재귀동사라 하듯이 독일어에서는 **동사+sich**를 재귀동사라 한다. 재귀동사의 완료형은 **haben+p.p.** 이다.

재귀동사에는 4격 재귀대명사를 취하는 동사와 3격을 취하는 동사가 있다.

§ 102. 재귀동사

【1】 4격 재귀동사

4격 재귀대명사를 취하는 동사는 다음과 같이 구분한다.

(1) 4격 재귀대명사만으로 되는 동사

erholen		회복하다	*recover*
befinden	sich	~ 상태에 있다	*be*
nähern		접근하다	*approach*
setzen		앉다	*take a seat*

(2) 4격 재귀대명사+2격 명사를 취하는 동사

erinnern	sich	기억하다	*remember*
freuen		기뻐하다	*rejoice*

(3) 4격 재귀대명사+3격 명사를 취하는 동사

opfern	sich	희생하다	*sacrifice*
widmen		바치다, 열중하다	*devote oneself to*

(4) 4격 재귀대명사+전치사+명사를 취하는 동사

　1) 전치사+4격명사를 취하는 동사 :

erinnern	sich an+4격	기억하다	*remember*
freuen	sich auf+4격	즐겁게 기다리다	*look forward to*
stützen		기대다	*lean*
schämen	sich über+4격	부끄러워하다	*be ashamed*
freuen		기뻐하다	*be glad*
mischen	sich in+4격	혼합하다	*mix*
kümmern	sich um+4격	걱정하다	*mind*

2) 전치사+3격 명사를 취하는 동사 :

freuen sich an+3격	기뻐하다	*be glad*
irren sich in+3격	틀리다	*make a mistake*
beschäftigen sich mit+3격	종사하다	*be busy with*
fürchten sich vor+3격	무서워하다	*fear*
sehnen sich nach+3격	사모하다	*long for*

---

320. Ich **setze mich** auf den Stuhl, und trinke eine Tasse Kaffee.

I take a seat on the chair, and drink a cup of coffee.

《역》 나는 의자에 앉아서 커피 한 잔을 마신다.

해설 주어가 ich니 **mich** 는 재귀대명사. **setzen sich** — (*take a seat*, 앉다). setzen setzte, gesetzt — (*set, put*, 놓다). 타동사. **sich** 는 4격으로 목적어. 〔직역〕(나 자신을 놓는다, 즉 앉는다). die **Tasse** — (*cup*, 컵). 약변. der **Kaffee** — (*coffee*, 커피).

---

321. Du brauchst **dich** nicht zu **fürchten** vor der Prüfung.

You don't need to be afraid of the examination.

《역》 너는 시험을 두려워할 필요가 없다.

해설 brauchen zu+Infinitiv — (*need to*, ～할 필요가 있다). **fürchten sich vor+3격** — (*be afraid of*, ～을 두려워하다). fürchten, fürchtete, gefürchtet. die **Prüfung** — (*examination*, 시험). 약변.

---

322. Der Fremde will in diesem Dorf gewohnt haben, aber ich kann **mich** seiner nicht **erinnern**.

The stranger claims to have lived in this village, but I cannot remember him.

《역》 그 낯선 사람은 자기가 이 마을에서 살았다고 주장한다. 그러나 나는 그 사람을 기억할 수 없다(생각나지 않는다).

해설 **fremd** 형 — (*strange, foreign*, 낯선, 외국의). **wohnen** — (*live*, 살다). seiner — er 의 2격. **erinnern sich+2격** — (*remember*, 기억하다). erinnern, erinnerte, erinnert.

---

323. Alle Studenten **freuen sich** auf die Sommerferien.

All students are looking forward to the summer vacation.

《역》 대학생들 모두 여름 방학을 즐겁게 기다리고 있다.
해설 freuen sich auf+4격 — (*look forward with pleasure to~*, ~을 즐겁게 기다리다). freuen, freute, gefreut. der **Sommer** — (*summer*, 여름). die **Ferien** — (*vacation*, 방학).

> 324. Vor zwei Jahren **befanden sich** die beiden Länder im Kriegszustand.
> *Two years ago both the countries were in the war situation.*

《역》 2년 전에 그 두 나라는 전쟁 상태에 있었다.
해설 vor zwei Jahren — (*two years ago*, 2년 전에). befinden sich — (*be*, ~이다). befinden, befand, befunden. 재귀대명사의 위치 — 도치법에서 주어가 명사일 때 재귀대명사는 동사 바로 뒤에 온다. beide 형 — (*both*, 양쪽의). das **Land** — (*country*, 나라). 강변 3식. der **Zustand** — (*situation*, 상태). 강변 2식.

[2] 3격 재귀동사

재귀대명사를 3격으로 하는 동사는 다음과 같이 구분한다.

(1) 3격 재귀대명사만을 취하는 동사

helfen widersprechen } sich³	자기 힘으로 해 나가다 모순되다	*find out a way* *contradict*

(2) 3격 재귀대명사+4격명사를 취하는 동사

einbilden merken ansehen vorstellen } sich³+4격	상상하다 명심하다 구경하다 상상하다	*fancy* *bear in mind* *take a look at* *imagine*

(3) 3격 재귀대명사+전치사+명사를 취하는 동사
아래에 있는 것은 동사+3격 재귀대명사+전치사+명사로 쓰이는 동사다.

schmeicheln sich³ mit+3격	자랑하다, 자위하다	*be proud of*

> 325. Ich hatte **mir** diese Stadt noch schöner **vorgestellt**.
> *I imagined this city still more beautiful.*

Abschnitt 18. 재귀동사 · 비인칭동사

《역》 나는 이 도시를 좀더 아름답다고 상상했었다.
해설 vorstellen sich (3격)+4격 — (*imagine*, 상상하다). vorstellen — (*place before, put forward*, 앞에 놓다, 소개하다, 상상하다). vorstellen, vorstellte, vorgestellt.

326. Ich **bilde mir ein**, daß sie heute abend zu mir kommen wird.
I suppose that she will come to me this evening.

《역》 나는 그 여자가 오늘 저녁 나에게 올 것이라고 생각합니다.
해설 einbilden sich (3격)+4격 — (*suppose*, 상상하다, 생각하다). einbilden, einbildete, eingebildet.

327. Die junge Witwe mit dem Seidenschal **schmeichelt sich** mit ihrem schönen Kleid.
The young widow with the silk shawl is proud of her beautiful dress.

《역》 명주 목도리를 두른 그 젊은 과부는 그녀의 아름다운 의복을 자랑하고 있다.
해설 die **Witwe** — (*widow*, 과부). der **Seidenschal** — (*silk shawl*, 명주 목도리). 강변 2식. der **Seidenschal**=die **Seiden**(*silk*, 명주)+der **Schal**(*shawl*, 목도리). schmeicheln sich mit+3격 — (*be proud of~*, ~을 자랑하다, ~을 기뻐하다). schmeicheln, schmeichelte, geschmeichelt — (*flatter*, 아부하다). das **Kleid** — (*dress*, 의복). 강변 3식.

【3】 재귀대명사가 때로는 「서로서로」의 뜻으로
원래 순수 타동사이나 재귀대명사를 사용하여 「서로서로」의 뜻으로 쓰인다.

328. Nach den Winterferien **sahen** wir **uns** wieder in der Universität.
After the winter vacation we saw each other again in the university.

《역》 우리들은 겨울 방학 후에 대학에서 서로 다시 만났다.
해설 sehen, sah, gesehen — (*see*, 보다). sehen sich — (*see each other*, 서로 만나다). wieder 부 — (*again*, 다시). die **Universität** — (*university*, 대학). 약변. die **Ferien** — (*vacation*, 방학). 복수로 쓰이는 명사이니 성과 변화가 없다. die **Winterferien** — (*winter vacation*, 겨울 방학).

329. Die beiden politischen Parteien **halfen sich** im Notstand.
Both the political parties helped each other in the critical state.

《역》 그 두 정당은 위기에 서로 협력했다.
해설 beide 형 — (*both*, 양쪽의). politisch 형 — (*political*, 정치의). die **Partei** — (*party*,

정당). 약변. **helfen, half, geholfen** — (*help*, 돕다). **helfen sich** — (*help each other*, 서로 돕다). 원래 helfen은 3격 동사. der **Notstand** — (*state of distress, critical state*, 곤란할 때, 위기). 강변 2식.

```
die Not        +     der Stand      = der Notstand
 ↓                     ↓
need(필요, 곤란)       situation(상태)
```

§ 103. 재귀대명사의 위치

재귀대명사의 위치는 1) 정치법(Geradestellung), 2) 도치법(Umstellung)과 후치법(Endstellung)에서 각각 다르다.

【1】 정치법에서는 정동사의 바로 뒤에

> **330.** Er wird **sich** bald wieder **herstellen**, weil seine Frau krank ist.
> *He will soon come again because his wife is sick.*

《역》 그 사람은 곧 다시 올 것입니다, 그의 아내가 병이니까.
[해설] **bald** 튀 — (*soon*, 곧). **herstellen sich** — (*come here*, 여기 오다). **her** 튀 — (*here*, 이쪽에). **stellen, stellte, gestellt** — (*put*, 놓다).

> **331.** Ich **freue mich**, Sie wiederzusehen. Wann sind Sie zurückgekommen?
> *I am glad to see you again. When did you come back?*

《역》 당신을 다시 뵙게 되어 기쁩니다. 언제 돌아오셨습니까?
[해설] **freuen sich** — (*be glad*, 기쁘다). **wiedersehen** — (*see again*, 다시 만나다). 분리 동사. **wann** — (*when*, 언제). **zurückkommen** — (*come back*, 돌아오다). 분리 동사.

【2】 도치법과 후치법에서

```
주어가 { 1) 명사일 때—재귀대명사는 주어의 앞에 온다.
        { 2) 대명사일 때—재귀대명사는 주어의 뒤에 온다.
```

> **332.** Hat **sich** deine Mutter **erkältet**? Ja, schon seit einer Woche.
> *Did your mother catch cold? Yes, already for a week.*

Abschnitt 18. 재귀동사 · 비인칭동사

《역》 너의 어머니는 감기 드셨니? 네, 벌써 1주일 전부터지요.

해설 erkälten sich (4격) — (*catch cold*, 감기에 걸리다). 주어가 deine Mutter, 명사이니 sich 는 주어의 앞에 온다. 「감기에 걸린다」고 할 때 다음 두 가지 표현법이 있다.

> 1) erkälten sich (4격)·················순전히 동사로서 표현한 것.
> 2) zuziehen sich eine Erkältung······「감기」란 명사를 사용하여 표현한 것.

---

333. Damals konnte ich **mir** die schreckliche Szene deutlich **vorstellen**.
That time I could clearly imagine the dreadful scene.

《역》 그 때 나는 그 무서운 장면을 똑똑이 상상할 수 있었다.

해설 damals 튀 — (*that time*, 그 때) vorstellen sich (3격) — (*imagine*, 상상하다). 주어가 대명사이니 mir 는 주어의 뒤에 온다. schrecklich 형 — (*dreadful*, 무시무시한). die Szene — (*scene*, 장면). 약변. deutlich 형 — (*clear*, 명백한). 여기서는 부사.

---

334. Nachdem er **sich gesetzt** hatte, begann er zu rauchen.
After he had taken a seat, he began to smoke.

《역》 그는 자리에 앉은 후에, 담배를 피우기 시작했다.

해설 nachdem 접 — (*after*, ~ 후에). 이하 종속절. 주어가 대명사이니 sich 는 주어의 뒤에 온다. setzen sich — (*take a seat*, 자리에 앉다). setzen — (*set, put*, 앉히다, 놓다). beginnen, begann, begonnen — (*begin*, 시작하다). rauchen, rauchte, geraucht — (*smoke*, 담배를 피우다).

---

335. Die berühmte Schauspielerin will wissen, ob **sich** der Schnellzug der Grenze **nähert**.
The famous actress wants to know whether the express train approaches the boundary.

《역》 그 유명한 여배우는 기차가 국경선에 도착하였는지 알고 싶어한다.

해설 wissen, wußte, gewußt — (*know*, 알다). 주어가 명사이니 sich 는 주어 앞에 온다. der Zug — (*train*, 기차). 강변 2식. 복수. -ü-. die Grenze — (*boundary*, 국경). 약변.

> der Schnellzug → schnell + der Zug
> ↓   ↓   ↓
> *express train* *express, fast* + *train*

nähern, näherte, genähert. nähern sich + 3격 — (*approach*, 접근하다). ob 접 — (*whether*, ~인지 아닌지). 이하 종속절이니 후치법.

§ 104. 비인칭동사(Unpersönliche Zeitwörter)

【1】비인칭동사

es만을 주어로 하는 동사를 비인칭동사라 한다.

영어에서 *it rains*(비가 온다), *it snows*(눈이 온다)에서 *rain, snow*는 *it*만을 주어로 하듯이, 독일어에서도 이때 es를 주어로 해야 하니, 이들 동사를 비인칭동사라 한다.

【2】비인칭동사의 종류

> 1) 순수 비인칭동사 — 시간, 날씨 등 자연 현상을 나타내는 동사.
> 2) 준 비인칭동사 — 사람의 감정, 기분, 사상을 나타내는 동사.

§ 105. 순수 비인칭동사

시간, 일기, 기후 등 **자연 현상**(즉, 사람의 힘으로는 어찌할 수 없는 현상)을 나타내는 동사가 여기에 속한다.

영어에서도 이때 ***it***를 주어로 한다. *It rains. It snows* 등. 눈이 온다, 비가 온다, 등은 모두 영어나 독일어에서 순수 비인칭동사다.

완료형은 haben+p.p. 이다.

원 형	영	어	비 인 칭 동 사	
regnen	*rain*	비가 오다	es regnet.	비가 온다.
schneien	*snow*	눈이 오다	es schneit.	눈이 내린다.
donnern	*thunder*	천둥이 울리다	es donnert.	천둥이 울린다.
blitzen	*lighten*	번개치다	es blitzt.	번개친다.
frieren	*freeze*	얼다	es friert.	얼음이 언다.
stürmen	*storm*	폭풍이 일다	es stürmt.	폭풍이 분다.

[주의] frieren (fror, gefroren)을 제외하고는 모두 약변화 동사다.

336. Gestern **regnete** es den ganzen Tag. **Es blitzte** und **donnerte**.
　　　Yesterday it rained all day long. It was lightening and thundering.

《역》 어제는 하루 종일 비가 왔다. 번개도 치고 천둥이 울렸다.

[해설] regnen, regnete, geregnet — (*rain*, 비가 오다). **ganz** 혱 — (*whole*, 전체의). **den ganzen Tag** — (*all day long*, 하루 종일). 4격형으로 부사로 쓴다. **blitzen, blitzte, geblitzt**

— (*lighten*, 번개치다). **donnern, donnerte, gedonnert** — (*thunder*, 천둥이 울리다).

> *337.* Wenn es morgen **schneit,** werden wir alle zu Hause bleiben.
> *If it snows tomorrow, we will stay all at home.*

《역》 내일 눈이 오면, 우리는 모두 집에 있게 될 것이다.
해설 morgen 튀 — (*tomorrow*, 내일). **schneien, schneite, geschneit** — (*snow*, 눈이 오다). **bleiben, blieb, geblieben** — (*stay*, 머무르다).

§ 106. 준 비인칭동사

사람의 **감정, 기분** 따위 등 심리 현상을 그것이 무슨 **자연 현상**이나 되는 것처럼, 즉 인력으로는 어찌할 수 없는 자연 발생적인 현상인 것처럼 표현고자 할 때, 명확한 주어를 피하여 **es**를 주어로 하고, 그 **주체**는 뒤에 **3격** 또는 **4격**으로 한다.

영어에서는 이런 준 비인칭동사란 별로 없고 다음과 같이 **수동형으로** 한다.

> *I was much surprised.*   나는 몹시 놀랐다.
> *We are satisfied.*   우리는 만족한다.

【1】주체(의미상의 주어)를 3격으로 하는 동사

이 때 문법상의 주어 **es**는 도치법, 후치법에서 대개 생략된다.

원 형		비 인 칭 동 사	
ahnen	예감하다	es ahnt mir.	나는 예감한다.
belieben	마음에 들다	es beliebt mir.	나의 마음에 든다.
gefallen	마음에 들다	*es gefällt mir.	나의 마음에 든다.
gelingen	성공하다	*es gelingt mir.	나는 성공한다.
scheinen	보이다, 여겨지다	es scheint mir.	나에게는 여겨진다.
tun	하다(행동)	es tut mir leid.	나는 미안하다, 유감이다.
gehen	가다	*es geht mir gut.	나는 잘 지낸다.

주의 1) *표한 동사들은 완료형에서 sein+p.p.로 되고, 그 외에는 haben+p.p.로 된다.
2) *표한 비인칭대명사 **es**는 절대로 생략하지 않는다.

sein 동사에 비인칭 **es**를 주어로 쓸 때도 있다.

> Es ist mir kalt (warm, wohl, angst).
> —나는 춥다(따뜻하다, 좋다, 걱정이다).

【2】 주체(의미상의 주어)를 4격으로 하는 동사

이 때 문법상의 주어 es 는 도치법, 후치법에서 생략된다.

원 형		비 인 칭 동 사	
ärgern	화나게 하다	es ärgert mich.	나는 화난다.
freuen	즐겁게 하다	es freut mich.	나는 즐겁다.
interessieren	흥미를 일으키다	es interessiert mich.	나는 흥미를 느낀다.
wundern	놀라게 하다	es wundert mich.	나는 놀란다.

【3】 비인칭동사가 인칭동사로 쓰일 때

비인칭동사가 인칭동사로도 사용될 수 있다. 이 때 의미의 차이가 생기는 것과 생기지 않는 것이 있다.

①	비인칭	Es hungert mich.	(밥을 먹지 않아 자연히) 나는 배가 고프다.
	인 칭	Ich hungere.	(의식적으로) 나는 배를 고프게 한다.

②	비인칭	Es schwitzt mich.	(자연적으로) 나는 땀이 난다.
	인 칭	Ich schwitze.	(의식적으로) 나는 땀을 낸다.

③	비인칭	Es ahnt mir, daß er morgen hier kommen wird.
	인 칭	Ich ahne, daß er morgen hier kommen wird.

---

338. Es wundert mich jedesmal, wenn ich hohe neue Gebäude oder breite Straßen sehe.

I am surprised whenever I see high new buildings or broad streets.

《역》 나는 새 건물이나 넓은 거리를 볼 때마다 놀란다.

해설 wundern, wunderte, gewundert — (*surprise, wonder*, 놀라다). jedesmal 뛰 — (*every time*, 매번). das Gebäude — (*building*, 건물). 강변 1식.

---

339. Es freute Monika, daß sie einen Brief von ihrer Heimat bekommen hat.

Monika was pleased that she received a letter from her hometown.

《역》 모니카는 고향에서 온 편지를 받고 기뻐했다.

해설 freuen, freute, gefreut — (*make glad*, 기쁘게 하다). die **Heimat** — (*hometown*, 고향). 약변. **bekommen, bekam, bekommen** — (*receive*, 받다).

---

340. Es scheint mir, daß viele Teile der Stadt anders geworden sind.
It seems to me that many parts of the city have become changed.

《역》 나는 그 도시의 많은 부분이 달라진 것처럼 여겨진다.
해설 **es scheint** — (*it seems*, ~처럼 보인다). **scheinen, schien, geschienen** — (*seem*, ~처럼 보인다). der **Teil** — (*part*, 부분). 강변 2식. **anders** 뷔 — (*others*, 달리).

§ 107. 기타 비인칭동사

다음의 조건에 해당할 때에는 **es**를 주어로 한다. 즉, 비인칭의 표현을 한다. 이때 **es**는 생략할 수 없다. 영어에서는 이 때 **there**를 주어로 한다.

---

1) 주어가 무엇인지 확실치 않을 때,
2) 또는 그 동사가 나타내는 동작 또는 상태를 강조하려고 할 때.

---

341. Es klopft an die Tür. Frau Braun öffnet die Tür, und der Briefträger gibt ihr einige Postkarten.
There is a knock at the door. Mrs, Braun opens the door and the mailman gives her some postcards.

《역》 문 두드리는 소리가 난다. 브라운 여사가 문을 여니 우체부가 그녀에게 몇 장의 엽서를 준다.
해설 **klopfen, klopfte, geklopft** — (*knock*, 두드리다). 문을 두드리는 사람이 누구인지 모르니 **es**를 주어로 했다. die **Tür** — (*door*, 문). 약변. **öffnen, öffnete, geöffnet** — (*open*, 열다). **einig** 형 — (*a few*, 몇 개의). die **Postkarte** — (*postcard*, 우편 엽서). 약변.

342. Laß uns zur Kirche gehen ! **Es läutet** schon. Wir haben sicher keine Zeit mehr.
Let's go to church ! There is a ring already. We have surely no time any more.

《역》 교회로 가자, 벌써 종소리가 난다. 우리는 정말 이제 시간 여유가 없다.
해설 **lassen, ließ, gelassen** — (*let*, ~하게 하다). **Laß uns** — (*let us~*, ~하자). die **Kirche** — (*church*, 교회). 약변. **läuten, läutete, geläutet** — (*ring*, 종소리가 나다). 종소리가 나는 동작을 강조하기 위해서 **es**를 주어로 했다. **sicher** 뷔 — (*surely*, 확실히).

§ 108. 비인칭 재귀동사

어떤 동작이 어느 특정한 사람에게만 한정될 것이 아니라 일반적으로 아무에게나 적용할 때에는 인칭적으로 사용해야 할 동사도 그것을 비인칭 재귀동사로 사용한다. 이 때 대개 수동으로 해석하는 것이 좋다.

공 식 → | es+동사+sich=수동의 뜻 |

343. Es arbeitet sich schlecht bei diesem Lärm. So einen Lärm kann man nirgends erfahren.
It is bad to work in this noise. People cannot experience such a noise anywhere else.

《역》 이런 소음으로는 일하기 나쁘다. 이런 소음은 다른 어떤 곳에서도 경험할 수 없다.
[해설] der **Lärm** — (*noise*, 소음, 요란한 소리). 강변 2식. **schlecht** 형 — (*bad*, 나쁜). **erfahren, erfuhr, erfahren** — (*experience*, 경험하다). **nirgends** 부 — (*not anywhere*, 어디에서도 ~ 않다).

344. Es geht sich gut auf diesem Wege, denn es gibt keinen großen Verkehr.
It is easy to go on this road, for there is no heavy traffic.

《역》 이 길(도로)로는 걷기 좋다. 왜냐하면, 교통이 복잡하지 않으니까.
[해설] der **Weg** — (*road, way*, 길). 강변 2식. der **Verkehr** — (*traffic*, 교통). 단수 2격. -(e)s. **keinen großen Verkehr** — (*no heavy traffic*, 교통이 혼잡하지 않다).

345. Es spricht sich leicht in diesem Zimmer, weil das Zimmer so gemütlich ist.
It is easy to speak in this room because the room is so comfortable.

《역》 이 방에서는 이야기하기 좋다. 아주 아늑하니까.
[해설] **leicht** 형 — (*light, easy*, 가벼운, 쉬운). **gemütlich** 형 — (*comfortable*, 아늑한).

346. In diesem neuen Sessel **sitzt es sich** sehr bequem.
It is very comfortable to sit in this new armchair.

《역》 이 새 안락의자에 앉아 있기 참 편안하다.

해설 der Sessel — (*easy chair*, 안락의자). 강변 1식. **sitzen, saß, gesessen** — (*sit*, 앉아 있다). **bequem** 형 — (*comfortable*, 편안한). 여기서는 부사.

> **주의** 이런 형태의 문장을 재귀대명사를 쓰지 않고 똑 같은 뜻으로 고치는 방법은
> 1) man을 주어로 하고, 2) 조동사 können을 사용하면 된다.
> **Man kann** in diesem neuen Sessel sehr bequem sitzen.

§ 109. 비인칭동사의 숙어

[1] es geht einem gut (schlecht) : ～가 ～한 상태다

> 347. Wie **geht es** Ihnen, Fräulein Bender? Danke, mir **geht es** gut. Und Ihnen?
>
> *How are you, Miss Bender? Thank you, I am very well. And you?*

《역》안녕하세요, 벤더 양? 고맙습니다, 잘 있어요. 그리고 당신은?
해설 wie geht es+3격 — 누구의 건강 상태를 말할 때 언제나 이 형식을 사용한다. 이 때 의미상의 주어는 언제나 3격. **Und Ihnen?** 은 Und wie geht es Ihnen? 이 줄여진 형태.

[2] es handelt sich um etwas : ～이 문제가 된다, ～에 관계한다

> 348. Kurz vor der Abstimmung wachte er von seinem Nickerchen auf und gab seine Stimme, ohne zu wissen, **worum es sich handelte.**
>
> *Shortly before the voting, he awoke from his nap and gave his vote, without knowing for what it was concerned.*

《역》투표 시간 조금 전에 그는 그의 가벼운 잠에서 눈을 뜨고 무엇에 관계되는지도 알지 못하면서 자기의 표를 던졌다.
해설 die Abstimmung — (*suffrage, act of voting*, 투표). 약변. das Nickerchen — (*nap*, 꾸벅임, 잠간 눈을 붙임). **aufwachen, aufwachte, aufgewacht** — (*awake*, 눈뜨다). die Stimme — (*vote*, 투표). 약변. **worum** — um was의 축소형. 여기서 was는 의문사. **es handelt sich um～**, — (～이 문제가 된다. ～에 관계한다).

[3] es ist einem um etwas zu tun. : ～에 대해서는 ～이 중요하다, 문제된다

> 349. Manchem Volksführer ist es nicht etwa **um das Wohl** des Volks, sondern nur um seinen eigenen Ruhm **zu tun.**
>
> *With many a national leader there is probably no concern for the welfare of the people, but only with his own glory.*

《역》 일부 국민의 지도자에게는 거의 국민의 복리가 중요한 것이 아니라, 자기 자신의 명성만이 중요하다.

해설 der **Volksführer** — (*national leader*, 국민의 지도자). **etwa** 튀 — (*almost, nearly*, 거의). das **Wohl** — (*welfare*, 복리). 단수 2격, -(e)s. das **Volk** — (*nation, people*, 국민). 강변 3식. **eigen** 형 — (*own*, 자신의). der **Ruhm** — (*honour, fame, glory*, 명성, 명예). 단수 2격, -(e)s.

[4] es kommt zu etwas : ～이 일어난다, ～이 벌어진다

> 350. In verschiedenen Teilen der Hauptstadt **ist es zu** blutigen Kämpfen **gekommen.**
>
> *In different parts of the capital, it came to bloody battles.*

《역》 그 수도의 여러 부분에서 피비린내 나는 전투가 일어났다.

해설 **verschieden** 형 — (*different, various*, 여러). der **Teil** — (*part*, 부분). 강변 2식. die **Hauptstadt** — (*capital*, 수도). 강변 2식. **blutig** 형 — (*bloody*, 피비린내 나는, 피나는). der **Kampf** — (*battle*, 전투). 강변 2식.

[5] es kommt auf etwas an : ～에 좌우된다, ～ 달려 있다

> 351. Am Ende **kommt es** nicht **darauf an,** was man tut, sondern nur **darauf,** wie man es tut.
>
> *In the end, it comes to not what a person does but only how he does it.*

《역》 결국 우리가 무엇을 하느냐에 달려 있는 것이 아니라, 단지 우리가 그것을 어떻게 하느냐에 달려 있다.

해설 das **Ende** — (*end*, 끝). 혼합변. **am Ende** — (*in the end*, 결국에는). **ankommen, ankam, angekommen** — (*arrive at*, 도착하다). was 는 의문사. **wie** — (*how*, 어떻게). **ankommen auf**+4격 — (*depend on*, ～에 달려 있다).

[6] es liegt viel daran : ～에게 ～이 중요하다

> 352. **Es liegt** euch **viel daran,** sehr fleißig zu studieren.
>
> *It concerns you to study very diligently.*

《역》 너희들에게는 열심히 공부한다는 것이 중요하다.

해설 **liegen, lag, gelegen** — (*lie*, 놓여 있다). **daran** — an das 의 축소형. 여기서 da 는 zu studieren 을 받는다.

연 습 문 제

[1] 다음 문장의 _____에 알맞은 재귀대명사를 써 넣으시오.

1. Eil _____ und laß mich nicht lange warten !
2. Du trocknest _____ die Hände mit dem Handtuch.
3. Frau Müller interessiert _____ für Chemie.
4. Er wunderte _____ sehr über die Größe der Stadt.
5. Ich wasche _____ erst, dann ich ziehe _____ an.
6. Auf der Reise mußten wir _____ um alles kümmern.
7. Der Zug näherte _____ der Grenze.
8. Die Hunde beißen _____ gegenseitig.
9. Letzte Woche habe ich _____ stark erkältet.
10. Herr Breuer fürchtete _____ vor dem Hund.

[2] _____에 알맞은 말을 써 넣으시오.

1. Heute ist _____ sehr warm.
2. Im Winter hat _____ viel geschneit.
3. _____ handelt _____ um meine Ehre.
4. Es ist _____ dein Glück zu tun.
5. _____ hungert mich und _____ dürstet dich.
6. Gestern hatten _____ den 20. April 1990.
7. Wie spät ist _____ jetzt? Es ist ein Uhr.
8. Wie geht es Ihnen? Danke, _____ geht es gut.
9. Es kommt _____ an, was man tut.
10. Es klopt _____ die Tür.

해답
[1] ① dich ② dir ③ sich ④ sich ⑤ mich, mich ⑥ uns ⑦ sich ⑧ sich ⑨ mich ⑩ sich

[2] ① es ② es ③ Es, sich ④ um ⑤ Es, es ⑥ wir ⑦ es ⑧ mir ⑨ darauf ⑩ an

해 설

[1] ① 서둘러라, 그리고 내가 오래 기다리지 않게 하라!
② 너는 손수건으로 손을 닦는다.
③ 뮐러 부인은 화학에 흥미를 갖고 있다.
④ 그는 그 도시의 크기에 대해 매우 놀랐다.
⑤ 나는 먼저 씻고 나서 옷을 입는다.
⑥ 여행 중에 우리는 모든 것을 염려해야 했다.
⑦ 기차가 국경에 접근하였다.
⑧ 그 개들은 서로 물어뜯는다.
⑨ 지난 주일에 나는 지독한 감기에 걸렸다.
⑩ 브로이어 씨는 개를 무서워했다.

[1] **eilen** — (*hasten*, 서두르다). **lassen** — (*let*, 하게 하다). [2] **trocknen** — (*dry*, 말리다). 타동사로서 목적어를 동반. 신체의 일부를 말린다고 할 때 3격 sich을 동반. **das Handtuch** — (*towel*, 수건). 강변 3식. [3] **interessieren** — (*interest*, 흥미 있다). sich für etwas interessieren ~에 관심을 가지다. [4] **wundern sich über et** — (*be surprised at*, ~에 놀라다, 이상히 여기다). **die Größe** — (*greatness*, 크기). 약변. [5] **waschen** — (*wash*, 씻다). 4격 재귀대명사 동반. **anziehen** — (*put on*, 입다). 4격 재귀대명사 동반. [6] **kümmern sich um**[4] ~ — (*concern oneself about*~, ~에 마음을 쓰다). [7] **nähern sich** — (*approach*, 가깝게 접근하다). [8] **beißen** — (*bite*, 물다). 여기서 재귀대명사 sich는 「서로서로」의 뜻. [9] **erkälten sich** — (*catch cold*, 감기 들다). [10] **fürchten sich vor**[3] ~ — (*be afraid of*, ~에 겁내다).

[2] ① 오늘은 매우 따뜻하다.
② 겨울에는 눈이 많이 내렸다.
③ 나의 명예가 문제이다.
④ 너의 행복이 중요하다.
⑤ 나는 배고프고, 너는 목이 마르다.
⑥ 어제는 1990년 4월 20일이었다.
⑦ 지금 몇 시지? 한 시이다.
⑧ 안녕하십니까? 감사합니다, 잘 지내고 있습니다.
⑨ 그것은 어떻게 행동하느냐에 달려 있다.
⑩ 문을 두드리는 소리가 난다.

[1] es는 날씨를 나타내는 비인칭주어. [2] **geschneit** < schneien, schneite, geschneit — (*snow*, 눈이 온다). es는 날씨를 나타내는 비인칭주어. [3] 「**es handelt sich um et**. ~이 문제이다」. **die Ehre** — (*honour*, 명예). 약변. [4] 「**es ist um et. zu tun**, ~이 중요하다」. **das Glück** — (*happiness*, 행복). 2격, -(e)s. [5] **hungern** — (*hunger*, 배고프다). 비인칭동사. **dürsten** — (*thirst*, 목마르다). 비인칭동사. [6] 날씨를 표현할 경우는, Wir haben ~, Es ist ~ 두 유형으로. [7] es는 시간을 나타내는 비인칭주어. [8] 「**Wie geht es Ihnen?** 안녕하십니까?」 일반적으로 만났을 때 인사말로 사용됨. [9] 「**es kommt auf et. an**. ~에 따라 좌우된다, ~에 달려있다」. [10] **klopfen** — (*knock*, (문을) 두드리다). 주체가 불분명할 때 비인칭의 es를 주어로 사용함.

Lesestück 18

Fristlos entlassen !

Der Chef der großen Firma ging durch die Büroräume. An einem Tisch saß ein junger Mann und las die Zeitung.

Der Chef, der so etwas in seinem Betrieb nicht leiden konnte, ging auf den jungen Mann zu und sagte wütend : „Wie groß ist eigentlich Ihr Monatsgehalt?"

5   Der junge Mann blickte etwas erstaunt von seiner Zeitung auf, sagte aber ganz ruhig : „Fünfhundertfünfzig Mark."

„Was, fünfhundertfünfzig Mark !" antwortete der Chef empört. „Obwohl das eine Menge Geld ist, gebe ich Ihnen ein Monatsgehalt, aber verschwinden Sie sofort und lassen sich in unserer Firma nicht wieder sehen !"

10 Der junge Mann machte ein noch erstaunteres Gesicht, nahm aber das Geld, bedankte sich und verschwand eilig.

„Wie können wir denn solche Leute beschäftigen", sagte der Chef böse zu seinem Buchhalter. „Wir haben jetzt Hochbetrieb, und trotzdem sitzt der Mann seelenruhig hier und liest die Zeitung !"

15 „Aber Herr Direktor !" sagte der Buchhalter, der erst jetzt zu Wort kam.

„Dieser junge Mann ist doch gar nicht bei uns angestellt.

Er hatte eine Rechnung bezahlt und wartete gerade auf die Quittung."

Nun mußte sich der Direktor auch noch bei der Firma des Boten entschuldigen.

---

fristlos 형 — (*without notice*, 예고 없이). **entlassen** — (*dismiss*, 해고하다). [1] **der Chef** — (*manager*, 사장). **das Büro** — (*office*, 사무실). **der Raum** — (*room*, 방). [3] **der Betrieb** — (*working*, 작업). **leiden** — (*bear*, 참다). [4] **zugehen** — (*go*, 가다). **wütend** 형 — (*enraged*, 화내는). **das Monatsgehalt** — (*monthly salary*, 월급). [5] **aufblicken** — (*look up*, 보다). **erstaunt** 형 — (*astonishing*, 놀라운). [6] **ganz** 부 — (*quite*, 매우). [7] **empört** 형 — (*shocked*, 놀라는). **obwohl** 접 — (*although*, 설령 ~하기는 하지만). [8] **die Menge** — (*a lot*, 많은 양). **verschwinden** — (*disappear*, 사라지다, 소멸하다). [9] **lassen**

유예 없이 해고함!

큰 회사의 사장이 사무실 방을 가로질러 갔다. 책상에 한 젊은 남자가 앉아서 신문을 읽고 있었다. 작업 중에는 그런 것을 참을 수 없었던 그 사장은 그 젊은이에게로 가서 화를 내며 말했다.

"당신의 월급은 도대체 얼마입니까?"

그 젊은이는 다소 놀라서 신문에서 고개를 들고 쳐다보았으며, 하지만 아주 침착하게 말했다.

"550 마르크입니다."

"무어, 550 마르크!" 그 사장은 소리 높여 말했다.

"그것이 많은 돈이기는 하지만, 나는 당신에게 한 달치 봉급를 주겠소. 그러나 당신은 곧 사라지시오. 그리고 우리 상점에 다시는 나타나지 마시오!"

그 젊은이는 더 놀란 표정을 지었지만 돈을 받고서는, 감사하고 나서 급히 사라졌다.

"어떻게 우리가 그런 사람들을 고용할 수 있지."라고 그 사장은 화를 내면서 그의 회계원에게 말했다.

"우리는 지금 호황이야. 그럼에도 불구하고 그 남자는 조용히 이곳에 앉아서 신문이나 읽다니!"

"그런데 사장님!"

회계원이 말했다. 그는 이제야 비로소 말을 꺼냈다.

"그 젊은이는 결코 우리 회사에 고용된 것이 아닙니다. 그는 계산서를 지불했고, 바로 그 영수증을 기다리고 있었습니다."

이제 그 사장은 그 사환의 회사에 사과해야 했다.

— (let, ~하게 하다). ⑩ das Gesicht — (face, 얼굴). ⑪ bedanken sich — (thank ~ for, ~에게 ~을 감사하다). ⑫ beschäftigen — (employ, 고용하다). böse 형 — (bad, 나쁜). ⑬ der Buchhalter — (book-keeper, 부기 계원). der Hochbeitrieb — (high season, 호황). trotzdem 접 — (although, 그럼에도 불구하고). ⑭ seelenruhig 형 — (calm, 평안한). ⑮ der Direktor — (director, 사장). ⑯ anstellen — (employ, 고용하다). ⑰ die Rechnung — (bill, 계산서). die Quittung — (receipt, 영수증). ⑱ der Bote — (messenger, 사환). entschuldigen — (applogy, 사과하다).

Abschnitt 19.

지 시 대 명 사

§ 110. 지시대명사의 종류(Arten der Demonstrativpronomen)

영어에서 지시대명사 *this, that it*가 있듯이 독일어에도 지시대명사가 있다. 그러나 독일어의 지시대명사는 영어의 그것보다도 종류가 많고, 또 그 사용의 범위가 넓다. 다음 6 종류가 있다.

	독		어	어 간	영 어
1.	der	die	das	—	*this, that, it*
2.	dieser	diese	dieses	dies	*this*
3.	jener	jene	jenes	jen	*that*
4.	derselbe	dieselbe	dasselbe	정관사+**selb**	*the same*
5.	derjenige	diejenige	dasjenige	정관사+**jenig**	*this, that, it*
6.	solcher	solche	solches	solch	*such*

§ 111. 지시대명사 der, die, das ; die

사람, 사물의 구별 없이 영어의 *this, that, it*의 뜻으로 Akzent가 있다.

> 1) 일단 앞에 나온 명사의 대신 쓰인다.
> 2) 관계대명사의 선행사로도 쓰인다.

변화는 관계대명사 der 와 같으나, 복수 2격에 **derer**가 하나 더 있다.

성\격	남 성	여 성	중 성	복 수
1.	der	die	das	die
2.	**dessen**	**deren**	**dessen**	**deren**, *derer*
3.	dem	der	dem	**denen**
4.	den	die	das	die

§ 111. 지시대명사 der, die, das ; die   293

주의 관계대명사 der와 지시대명사 der의 구별 방법.
관계대명사일 때 → 후치법, 지시대명사일 때 → 정치법.

지시대명사 der와 dieser (또는 jener)의 차이 :

> 1) **der**는 반드시 일단 앞에 나온 명사의 대신 쓰고,
> 2) **dieser** (또는 **jener**)는 문장의 맨 처음에만 쓴다.
> 즉, dieser (또는 jener)는 앞에 나온 명사를 받을 수 없다.

This book and **that** of my brother are big.
  ↓   ↑ ↓
Dieses   **das** → 이 때 jenes를 쓸 수 없다.
        즉, dieser, jener는 앞에 나온 명사를 받을 수 없다.

【1】앞에 나온 명사의 대신 사용한다.

> *353.* Ich habe nichts als mein Leben ; **das** muß ich dem Vaterland opfern.
> *I have nothing but my life ; I must sacrifice it for the fatherland.*

《역》나는 내 목숨 외에는 아무것도 가진 것이 없다. 그것을 나는 조국에 바쳐야 한다.
해설 **nichts als** — (*nothing but*, ~ 외에는 아무것도 ~ 않다). **als** 접 — (*except, but*, ~ 제외하고). **das Leben** — (*life*, 목숨, 생명). 강변 1식. **das Vaterland** — (*fatherland*, 조국). 강변 3식. **opfern** — (*sacrifice*, 희생하다). 지시대명사 **das**는 앞의 Leben을 받고 의미 강조를 위해서 앞에 두었다.

> *354.* Dieses Haus und **das** meines Schwiegervaters sind zu vermieten.
> *This house and that of my father-in-law are to rent.*

《역》이 집과 나의 장인 어른의 집은 세놓게 됩니다.
해설 **das** — Haus 대신 사용한 지시대명사다. **der Schwiegervater** — (*father-in-law*, 장인). **sein**+〔**zu**+**Infinitiv**〕 — (*be*+*to*+*Root*, 수동의 가능, 또는 필연). **vermieten vermietete, vermietet** — (*rent*, 세놓다).

> *355.* Es war einmal ein Zauberer, **der** hatte drei Töchter, **die** waren alle schön und klug.
> *There was once a magician. He had three daughters. They were all beautiful and clever.*

《역》 옛날에 한 마법사가 있었는데 그는 딸 셋이 있었다. 그들은 모두 아름답고 영리했다.

해설 es ist+1격 — (*there is*, ~이 있다). einmal 튀 — (*once*, 옛날에). der **Zauberer** — (*magician*, 마술사). 강변 1식. der hatte의 der는 Zauberer를 받는 지시대명사. die waren의 die는 Töchter를 받는 지시대명사. 복수 1격. alle는 die와 동격.

---

356. Kennst du diese ehrlichen Leute? Ja, **die** kenne ich sehr gut.
    Do you know these honest people? Yes, I know them very well.

《역》 너는 이 정직한 사람들을 알고 있나? 네, 그들을 나는 아주 잘 알고 있습니다.

해설 kennen, kannte, gekannt — (*know*, 알다). ehrlich 형 — (*honest*, 정직한). diese가 정관사 복수 4격이니 ehrlich는 형용사 약변, 복수 4격 -en이 붙는다. die는 Leute를 받는 지시대명사. 복수 4격. 의미 강조를 위해 앞에 두었으니, 이하 도치법.

【2】 관계대명사의 선행사로

---

357. Trauen Sie **denen** nicht, **die** Ihnen schmeicheln! Sie sind schlecht.
    Don't trust those who flatter you! They are bad.

《역》 당신에게 아첨하는 사람들을 믿지 마시오. 그들은 나빠요.

해설 trauen, traute, getraut — (*trust*, 믿다). 3격 동사. schmeicheln, schmeichelte, geschmeichelt — (*flatter*, 아첨하다, 아부하다). 3격 동사. die는 관계대명사(동사가 후치했으니). 선행사는 denen. denen은 지시대명사, 복수 3격으로 관계대명사 die의 선행사.

---

358. Wir hassen **den, der** lügt und uns betrügt.
    We hate the man who tells a lie and deceives us.

《역》 우리들은 거짓말을 하고 우리들을 속이는 사람을 미워한다.

해설 hassen, haßte, gehaßt — (*hate*, 미워하다). lügen, log, gelogen — (*lie*, 거짓말하다). betrügen, betrog, betrogen — (*deceive*, 속이다). den — 지시대명사(명사적 용법). 남성 4격. 남자를 가리킨다. der — 관계대명사. 선행사는 den.

---

359. Der Besucher wartet auf **den, der** soeben ausging und nach einem Augenblick hierher zurückkommen muß.
    The visitor is waiting for the man who just now went out and must come back here after a moment.

《역》 그 방문객은 지금 막 외출하고, 잠시 후에 여기 돌아와야 할 그 사람을 기다리고 있다.

§ 111. 지시대명사 der, die, das ; die   295

해설 warten auf+4격 — (*wait for~*, ~을 기다리다). soeben 튄 — (*just*, 바로, 막). ausgehen, ausging, ausgegangen — (*go out*, 외출하다). hierher 튄 — (*hither*, 이쪽으로).

【3】 wer 와 was 문장의 후치사로

관계대명사 wer 와 was 문장이 주절에서 차지하는 격을 주절의 앞에 표시한다. 이것을 후치사라 하겠다.

이 때
1) wer 에는 → der 의 변화
2) was 에는 → das 의 변화
를 사용한다.

360. Wer sich für das Gemälde interessiert, (**den**) liebt sie so sehr.
 She likes those who have an interest in the picture very much.

《역》 그녀는 회화에 관심 있는 사람을 매우 좋아한다.
해설 wer-Satz 가 주절에서 liebt sie 의 목적어. 4격으로 쓰였으니 주절의 앞에 지시대명사 남성 4격을 동격으로 둘 수 있다. interessieren sich für — (*have an interest in*, ~에 관심이 있다, 흥미가 있다). das Gemälde — (*picture*, 회화).

361. Was du versprichst, (**das**) mußt du immer halten.
 You must keep, in any case, what you promise.

《역》 네가 약속한 것은 무슨 일이 있어도 지켜야 한다.
해설 was-Satz 는 halten 의 목적어. 따라서 지시대명사 das 의 4격형을 주절의 앞에 둘 수 있다. versprechen, versprach, versprochen — (*promise*, 약속하다). immer 튄 — (*always, in any case*, 항상, 어떤 경우에도). halten — (*keep*, 지키다, 유지하다).

【4】 복수 2격의 deren 과 derer

지시대명사 der 의 복수 2격형 deren 과 derer 의 차이는 아래와 같다.

1) deren → 앞에 나온 명사의 대신
2) derer → 관계대명사의 선행사로
쓰인다.

362. Seine Schwester geht ins Konzert mit ihren **Freundinnen** und **deren** Töchtern.
 His sister goes to the concert with her girl friends and the daughters of the girl friends.

《역》 그의 여동생은 그녀의 여자 친구들과 그 여자 친구들의 딸과 함께 음악회에 간다.

해설 das Konzert — (*concert*, 음악회). 강변 2식. ihren — (*her*, 그 여자의) 소유대명사 여성 ihr 의 정관사 복수 3격형. Freundinnen 이 복수 3격이니. deren — 지시대명사 복수 2격형. 앞에 Freundinnen 을 받는다. deren Töchtern 도 mit 에 걸린다.

---

363. Gedenke **derer, die** dir Gutes getan haben !

Think of the men who have done you good !

《역》 너에게 친절을 베풀어 준 사람들을 잊지 말아라.

해설 derer — (*of those, of them*). 지시대명사. 복수 2격. 관계대명사 die 의 선행사다. gedenken, gedachte, gedacht — (*think of*, 생각하다, 잊지 않다). 2격 동사.

【5】 전치사와 지시대명사의 결합

지시대명사가 ① 사물을 가리키고, ② 전치사의 목적어로 쓰일 때에는 **da**+전치사를 사용한다.

전치사가 모음으로 시작할 때에는 **dar**+전치사로 된다.

---

von dem — da**von**(*of it, about it*)	mit dem — da**mit**(*with it*)
in dem — da**r**in(*in it*)	auf dem — da**r**auf(*on it*)
an das — da**r**an(*at that*)	nach dem — da**nach**(*after that*)

---

364. Es gibt einen runden Tisch im Zimmer. **Darauf** liegen einige Photos.

There is a round table in the room. Some photos lie on it.

《역》 방 안에 둥근 책상이 있다. 그 위에는 사진이 몇 장 있다.

해설 es gibt+4격 — (*there is*, ~이 있다). darauf — auf dem. dem 은 Tisch 를 받는 지시대명사 남성 3격. einig 〔형〕 — (*some*, 몇 개의). liegen, lag, gelegen — (*lie*, 놓여 있다). das **Photo** (=Foto) — (*photo*, 사진). 불규칙변화. 복수에서 -s.

---

365. Der Bürgermeister hat ein neues Auto gekauft. Am Wochenende fährt seine Familie **damit** an die See.

The mayor bought a new car. In the weekend his family goes to the seaside by it.

《역》 그 시장은 새 차를 샀다. 주말에 그의 가족은 그 차를 타고 바닷가로 간다.

해설 der **Bürgermeister** — (*mayor*, 시장). 강변 1식. das **Auto** — (*car*, 차). 불규칙변화.

복수 -s. das **Wochenende** — (*weekend*, 주말). **damit** — mit dem. dem 은 Auto 를 받는 지시대명사. **an die See** — (*to the seaside*, 바닷가로).

[6] 지시대명사 중성 1격 das

중성 1격 **das** 는 sein, werden, bleiben 등 자동사의 보어가 명사일 때 성, 수에 관계없이 주어로 사용된다.

> 366. **Das** ist die Sängerin, die mich lächelnd grüßte.
> *This is the singer who greeted me with smile.*

《역》이 사람이 내게 미소로써 인사했던 그 여가수이다.
[해설] die **Sängerin** — (*woman singer*, 여가수). **lächelnd** [형] — (*smiling*, 미소하는). **grüßen, grüßte, gegrüßt** — (*greet*, 인사하다).

> 367. **Das** sind meine neuen Schuhe, die ich im Kaufhaus gekauft habe.
> *These are my new shoes which I bought in the department store.*

《역》이것은 내가 백화점에서 산 나의 새 신발이다.
[해설] Schuhe — 복수이니 동사는 sind 로 된다. 주어는 das. die — 관계대명사.

§ 112. 지시대명사 { dieser, diese, dieses ; diese
jener, jene, jenes ; jene

[1] 독일어에서 **dieser, jener** 는 영어의 *this* (이것), *that* (저것)이다.
어간은 각각 **dies-, jen-** 이다.

> 1) 둘 다 형용사적으로나, 명사적으로 쓰인다.
> 2) 정관사의 변화를 한다. (p.133 참조)

영어와 마찬가지로 **전자, 후자**의 뜻에도 쓰인다.
   dieser, jener — *this, that* — 후자, 전자

> 368. **Diese** Dame, die ein Sommerkostüm trägt, hat die Absicht, eine Musikerin zu werden.
> *This lady who has a summer costume on has an intention to become a musician.*

《역》 여름 정장을 입고 있는 이 여자는 음악가가 되려는 생각을 갖고 있다.

해설 das **Sommerkostüm** — (*summer costume*, 여름 정장). die **Absicht** — (*intention, aim*, 의향, 결심). 약변. zu werden 은 Absicht 를 수식하는 형용사구.

> 369. **Jene** Bücher, nach denen er fragte, habe ich noch nicht gefunden.
> *I didn't find those books that he asked for yet.*

《역》 그가 물어 본 그 책들을 나는 아직 발견하지 못했습니다.
해설 fragen — (*ask*, 묻다). fragen nach+3격 — (*ask for*, ~에 대해 물어 보다). 관계대명사 denen 의 선행사는 Jene Bücher. 따라서 복수 3격. nach 가 3격 전치사이니. **finden, fand, gefunden** — (*find*, 발견하다).

> 370. Max und Karl sind meine Schüler ; **dieser** ist klug und gehorsam, aber **jener** ist dumm und faul.
> *Max and Karl are my pupils ; this is clever and obedient, but that is stupid and lazy.*

《역》 막스와 카알은 내 제자들이다. 후자는 영리하고 순한데, 전자는 어리석고 게으르다.
해설 Max 와 Karl 은 둘 다 남자이니 dies- 와 jen- 은 남성 정관사 1격의 어미 -er 를 받는다. **gehorsam** 형 — (*obedient*, 순종하는). **dumm** 형 — (*stupid*, 어리석은).

> 371. Wem gehören die beiden Krawatten? **Diese** rote gehört mir und **jene** braune meinem Vater.
> *To whom do both the neckties belong? This red one belongs to me and that brown one to my father.*

《역》 이 두 넥타이는 누구의 것이냐? 이 붉은 것은 내 것이고, 저 갈색의 것은 나의 아버지의 것이다.
해설 gehören — (*belong to*, ~에 속하다). 3격 동사. wem 은 의문대명사 wer 의 3격형. die **Krawatte** — (*necktie*, 넥타이). 약변. jene braune 뒤에는 반복을 피하기 위하여 동사 gehört 가 생략되었다.

【2】 중성 1격 **dieses** (또는 **dies**) 와 **jenes**

sein, werden 등 자동사의 보어가 **명사**일 때 성, 수에 관계없이 **dieses** (또는 **dies**) 와 **jenes** 는 주어로 쓰인다.

> 372. **Dies** ist mein Bruder (od. deine Schwester, sein Buch).
> *This is my brother (or your sister, his book).*

§ 113. 지시대명사 derselbe, dieselbe, dasselbe ; dieselben

《역》 이것이 나의 동생 (너의 여동생, 그의 책)이다.

해설 **Dies** — **dieses**의 줄인 형태. **dies**는 성, 수에 관계없이 **sein** 동사의 주어로 쓰이므로 Dies ist meine Schwester, 또는 sein Buch 또는 아래 예문처럼 복수라도 좋다.

---

373. **Jenes** waren die besten Schüler, die die Prüfung bestanden hatten.
Those were the best pupils who had passed the examination.

《역》 그들이 시험에 합격했던 가장 훌륭한 생도들이었다.

해설 Schüler가 복수 1격이니 동사도 복수형 **waren**이다. die die Prüfung의 앞의 die는 관계대명사, 복수 1격. 선행사는 Schüler. **bestehen, bestand, bestanden** — (*pass*, 합격하다). die **Prüfung** — (*examination*, 시험): 약변.

---

374. Erlauben Sie mir, Ihnen die Herren vorzustellen. **Dies** ist Herr Dr. Schmidt und **jenes** ist Herr Hauptmann Meyer.
Please allow me to introduce the gentlemen to you. This is Dr. Schmidt and that is captain Meyer.

《역》 당신에게 이 사람들을 소개하겠습니다. 이 분은 슈미트 박사이고, 저 분이 마이어 육군 대위입니다.

해설 **erlauben, erlaubte, erlaubt** — (*permit, allow*, 허락하다). **vorstellen, vorstellte, vorgestellt** — (*introduce*, 소개하다). vorstellen이 분리동사이니 zu가 전철의 뒤에 온다. mir는 erlauben의 간접목적어. vorzustellen이 직접목적어. der **Hauptmann** — (*captain*, 육군 대위). 강변 3식.

§ 113. 지시대명사 derselbe, dieselbe, dasselbe ; dieselben

영어의 *the same*(동일한, 똑 같은)의 뜻이다.

1) 명사적으로도 쓰이고, 형용사적으로도 쓰인다.
2) 전반, 즉 **der-, die-, das-** ; **die-** 는 정관사의 변화를 하고, 후반, 즉 **-selb** 는 형용사의 약변화를 한다.

성\격	남 성	여 성	중 성	복 수
1.	derselbe	dieselbe	dasselbe	dieselben
2.	desselben	derselben	desselben	derselben
3.	demselben	derselben	demselben	denselben
4.	denselben	dieselbe	dasselbe	dieselben

375. Der Knecht hat **denselben** Mantel angezogen wie der Herr.
The servant wore the same overcoat as the master.

《역》 하인은 주인과 똑같은 외투를 입고 있었다.
[해설] der **Knecht** — (*servant*, 하인). 강변 2식. **anziehen, anzog, angezogen** — (*wear, put on*, 옷을 입다). **ziehen. zog, gezogen** — (*pull*, 끌다). der **Mantel** — (*overcoat*, 외투). 강변 1식. 복수에서 -ä-. denselben 은 남성 4격.

376. Ich sah ihn heute an **derselben** Stelle, wo du ihn gestern abend gesehen hattest.
I saw him today at the same place where you had seen him last night.

《역》 나는 네가 어제 저녁 그를 만났던 똑 같은 장소에서 오늘 그를 만났다.
[해설] die **Stelle** — (*place*, 장소). 약변. **wo** — (*where*, ~한 곳에). 관계부사. 선행사가 Stelle 이기 때문. **gestern** 〈부〉 — (*yesterday*, 어제).

377. Kaufe dir diesen Hut bitte! Ich habe mir auch **denselben** gekauft.
Please, buy this hat! I have also bought the same one.

《역》 이 모자를 사라! 나도 똑 같은 것을 샀어.
[해설] der **Hut** — (*hat*, 모자). 강변 2식. 복수. -ü-. denselben 은 habe…gekauft 의 목적어이니 남성 4격. 따라서 Hut 를 받는다. **Kaufe**…! — 단수 2인칭에 대한 명령형. dir 와 mir 는 모두 재귀대명사. kaufen 에 재귀대명사를 써도 의미는 같다.

378. Ich habe **dasselbe** von meiner Tante gehört, das Sie jetzt sagen.
I have heard the same (thing) form my aunt that you are now saying.

《역》 나는 당신이 지금 말하는 똑같은 것을 나의 아주머니에게서도 들었다.
[해설] dasselbe 가 명사적 용법으로 중성 변화이니 사물을 가리킨다. **das** — 관계대명사. 선행사는 dasselbe.

§ 114. 지시대명사 **derjenige, diejenige, dasjenige ; diejenigen**

지시대명사 **der** 와 뜻은 같으나 옛날에 쓰이던 형태이다.
오늘날에는 *spelling* 이 긴 이런 형태는 별로 쓰이지 않는다.

§ 114. 지시대명사 derjenige, diejenige, dasjenige ; diejenigen

1) 명사적으로나 형용사적으로 사용한다.
2) 전반, 즉 **der-, die-, das-; die-** 는 정관사의 변화, 후반, 즉 **jenig-** 는 형용사의 약변화를 한다.

성 격	남 성	여 성	중 성	복 수
1.	derjenige	diejenige	dasjenige	diejenigen
2.	desjenigen	derjenigen	desjenigen	derjenigen
3.	demjenigen	derjenigen	demjenigen	denjenigen
4.	denjenigen	diejenige	dasjenige	diejenigen

379. Diejenigen, die fleißig arbeiten, haben keine Zeit zu leiden.
Those people who work hard have no time to suffer.

《역》 열심히 일하는 사람들은 고민할 시간이 없다.
〈해설〉 **leiden** — (*suffer*, 괴로워하다, 고민하다). **diejenigen** — 지시대명사, 복수 1격. **die** — 관계대명사, 복수 1격. 선행사는 diejenigen. zu leiden은 Zeit를 수식.

380. Nicht dieses Bild, sondern **dasjenige** im roten Rahmen hatte meine Nichte aufgenommen.
My niece photographed not this picture but that one in the red frame.

《역》 이 사진이 아니라 빨간 틀 속에 있는 저 사진을 나의 조카딸이 찍었어요.
〈해설〉 **dasjeinge** 는 앞에 Bild를 받는 지시대명사, 중성 4격. **der Rahmen** — (*frame*, 사진틀). 강변 1식. **aufnehmen, aufnahm, aufgenommen** — (*take a picture*, 사진을 찍다).

381. Nur **diejenigen**, die meinem Rate folgen, werden dieser furchtbaren Gefahr entrinnen.
Only those people who follow my advice will get away from this fearful danger.

《역》 나의 충고에 따르는 사람만이 이 무서운 위험에서 면하게 될 것이다.
〈해설〉 **furchtbar** 형 — (*fearful*, 무서운). **die Gefahr** — (*danger*, 위험). 약변. **entrinnen, entrann, entronnen** — (*get away, escape*, 면하다, 탈출하다). 3격 동사. **die** — 관계대명사. 선행사는 diejenigen. **der Rat** — (*advice*, 충고, 조언). 강변 2식. **folgen, folgte, gefolgt** — (*follow*, 따르다, 순종하다).

§ 115. 지시대명사 solcher, solche, solches ; solche

다음의 것도 이와 같은 의미로 쓰인다.

남 성	여 성	중 성
1) ein solcher	ein solche	ein solches
2) solch ein	solch eine	solch ein

(1) 모두 명사적 용법과 형용사적 용법이 있다.

(2) 의미는 다 같이 영어의
| 1) **such** ~, 그러한 |
| 2) **such as** ~, ~ 같은 그러한 |
이다.

즉,
| such a man, such people, such a tree. |
| such a dog, such houses, etc. |

[1] solcher, solche, solches ; solche 의 용법

1) solch- 를 어간으로 정관사의 변화를 한다.
2) solch- 가 정관사의 변화를 하니 뒤에 형용사는 약변화를 한다.

격\성	남 성	여 성	중 성	복 수
1.	solcher	solche	solches	solche
2.	solches	solcher	solches	solcher
3.	sochem	solcher	solchem	solchen
4.	solchen	solche	solches	solche

382. Solche Freunde mußt du schätzen, obgleich sie arm sind.
You must esteem such friends, though they are poor.

《역》너는 그러한 친구들을 존중하지 않으면 안 된다. 비록 그들이 가난하더라도.
해설 schätzen — (*esteem*, 존중하다). solche Freunde 가 문두에 있으나 의미를 강조하기 위한 것이고 schätzen 의 목적어. **obgleich** 접 — (*though*, 비록 ~하더라도).

383. Seitdem ich hier kam, habe ich noch nicht **solches** gesehen.
Since I came here, I have not yet seen such (a thing).

§ 115. 지시대명사 solcher, solche, solches ; solche   303

《역》 내가 여기 온 이래 나는 아직 그러한 것을 본 일이 없다.
해설 seitdem 접 — (*since*, ~ 이후로). **noch nicht** — (*not yet*, 아직 ~ 않다). solches 가 중성 변화이니 사물을 가리킨다. 따라서 **solches** — (*such a thing*, 그러한 것).

> **384.** Ihr mußt nicht **solche** Leute mißhandeln, die gewissenhaft sind.
> *You must not mishandle such people who are conscientious.*

《역》 너희들은 양심적인 그러한 사람들을 구박해서는 안 된다.
해설 mißhandeln — (*mishandle*, 구박하다). gewissenhaft 형 — (*conscientious*, 양심적인).

[2] ein solcher, eine solche, ein solches 의 용법

> 1) **ein** 은 부정관사의 변화, **solch-** 는 형용사의 혼합 변화를 한다.
> 2) 복수에는 ein 이 붙을 수 없으니, solch- 만 정관사 복수 변화한다.

성 격	남 성	여 성	중 성	복 수
1.	ein solcher	eine solche	ein solches	solche
2.	eines solchen	einer solchen	eines solchen	solcher
3.	einem solchen	einer solchen	einem solchen	solchen
4.	einen solchen	eine solche	ein solches	solche

> **385.** Die Witwe will **ein solches** kaufen, das das Fräulein immer am Hals getragen hat.
> *The widow will buy such a thing that the girl has always worn around the neck.*

《역》 그 과부는 그 소녀가 언제나 목에 걸고 다녔던 그러한 것을 사려고 한다.
해설 die **Witwe** — (*widow*, 과부). 약변. der **Hals** — (*neck*, 목). 강변 2식. **tragen, trug, getragen** — (*carry*, 지니고 있다). **das** — 관계대명사. 선행사는 ein solches, ein solches 는 중성 4격형. 따라서 사물을 가리킨다.

> **386.** Ich kann nicht Ihnen **einen solchen** Faulenzer empfehlen.
> *I cannot recommend such an idler to you.*

《역》 나는 그러한 게으름뱅이를 당신에게 추천할 수 없습니다.
해설 der **Faulenzer** — (*idler*, 게으름뱅이). 강변 1식. **empfehlen** — (*commend*, 추천하다).

> **387. Einem solchen** Mann, der oft lügt und sein Versprechen bricht, kann man nicht trauen.
> *We cannot trust such a man who tells a lie often and breaks his promise.*

《역》 자주 거짓말하고 약속을 어기는 그런 사람을 우리는 믿을 수 없다.

해설 der — 관계대명사. 선행사는 Mann. **lügen, log, gelogen** — (*lie*, 거짓말하다). **oft** 부 — (*often*, 종종). **bricht**<**brechen, brach gebrochen** — (*break*, 부수다). **das Versprechen** — (*promise*, 약속). **trauen, traute, getraut** — (*trust*, 믿다, 신용하다). 3격 동사.

【3】 solch ein, solch eine, solch ein 의 용법

(1) 형용사적 용법

> 1) **solch** 는 변화 없고, **ein-** 만 부정관사의 변화를 한다.
> 2) **ein** 뒤에 형용사가 올 때 그 형용사는 혼합 변화를 한다.
> 3) **solch** 는 **so** 로 축소시켜 사용하기도 한다.

성\격	남 성	여 성	중 성	복 수
1.	solch ein	solch eine	solch ein	solche
2.	solch ein**es**	solch ein**er**	solch ein**es**	solch**er**
3.	solch ein**em**	solch ein**er**	solch ein**em**	solch**en**
4.	solch ein**en**	solch eine	solch ein	solche

> **388. Solch ein** schlechtes Wort darfst du nicht hier gebrauchen.
> *You must not use such a bad word here.*

《역》 너는 여기서 그런 나쁜 말을 사용해서는 안 된다.

해설 schlecht 형 — (*bad*, 나쁜). **dürfen nicht** — (*must not*, ~해서는 안 된다). **gebrauchen, gebrauchte, gebraucht** — (*use*, 사용하다).

> **389.** In der ganzen Welt können Sie wahrscheinlich **solch eine** schöne und elegante Dame nie wieder sehen.
> *In the whole world you can probably never see such a beautiful and elegant woman again.*

§ 115. 지시대명사 solcher, solche, solches ; solche

《역》 온 세상에서 당신은 아마도 그러한 아름답고 우아한 여자를 다시는 만나볼 수 없을 것이오.
해설 **ganz** 형 — (*whole*, 전체의). die **Welt** — (*world*, 세계). 약변. **wahrscheinlich** 부 (*probably*, 아마도). **nie** 부 — (*never*, 결코 ~ 않다). **elegant** 형 — (*elegant*, 우아한).

(2) 명사적 용법

> 1) **solch** 는 변화 없고, **ein-** 만 정관사의 변화를 한다.
> 2) 복수에는 **ein** 이 붙을 수 없으니, **solch-** 만 정관사 변화를 한다.
> 3) **solch** 는 **so** 로 축소되어 사용하기도 한다.

성 격	남 성	여 성	중 성	복 수
1.	solch einer	solch eine	solch ein(e)s	solche
2.	solch eines	solch einer	solch eines	solcher
3.	solch einem	solch einer	solch einem	solchen
4.	solch einen	solch eine	solch ein(e)s	solche

[주의] 중성 1격, 4격은 대개 eins로 한다.

---

390. **Solch ein(e)s** will ich dir geben, das du jetzt wirklich brauchst.
I will give you such a thing that you now really need.

《역》 네가 지금 정말 필요로 하는 그러한 것을 나는 너에게 주겠다.
해설 **solch ein(e)s** — 명사적 용법. 4격으로 geben의 목적어. **das** — 관계대명사. 선행사는 solch ein(e)s. **wirklich** 형 — (*real, practical*, 실제적인). 여기서는 부사. **brauchen, brauchte, gebraucht** — (*need*, 필요로 하다).

---

391. **Solch einer** wie Sie kann natürlich dieses Rätsel lösen.
Of course such a man as you can solve this riddle.

《역》 당신 같은 사람은 물론 이 수수께끼를 풀 수 있을 겁니다.
해설 **solch einer** — (*such a man*, 그러한 사람). 명사적 용법. **wie** 접 — (*as*, ~처럼). **natürlich** 부 — (*of course*, 물론). das **Rätsel** — (*riddle*, 수수께끼). 강변 1식. **lösen, löste, gelöst** — (*solve*, 풀다, 해결하다).

연 습 문 제

[1] 다음 _____에 알맞은 답을 골라 넣으시오.
  1. Englisch und Deutsch stammen aus _____ und _____ Sprache.
     ⓐ eine, derselbe ⓑ einer, derselben ⓒ einer, dieselbe ⓓ ein, derselben
  2. _____ scheint nicht richtig zu sein.
     ⓐ Dies   ⓑ Dieses   ⓒ Dieser   ⓓ Diese
  3. Kaufst du dir eine Feder? Nein, _____ habe ich kein Geld.
     ⓐ dafür   ⓑ dagegen   ⓒ darauf   ⓓ damit
  4. Erinnern Sie sich _____, die dort gewohnt haben?
     ⓐ deren   ⓑ derer   ⓒ dienen   ⓓ der
  5. _____ Mensch, der am wenigsten Bedürfnisse hat, ist der glücklichste.
     ⓐ Diejenige ⓑ Diejenigen ⓒ Derjenige   ⓓ Derjenigen
  6. _____ Mann kann man nicht trauen.
     ⓐ Solch ein ⓑ Einem solchem ⓒ Solchen einen ⓓ Einem solchen
  7. Ich habe einen Sohn und eine Tochter, _____ ist 18. und _____ ist 15.
     ⓐ diese, jener ⓑ diese, jene ⓒ dieser, jener ⓓ dieser, jene
  8. _____, der immer lacht, ist ein Narr oder ein Optimist.
     ⓐ Diejenigen ⓑ Dasjenige   ⓒ Jene   ⓓ Derjenige

[2] ( )의 지시대로 _____에 알맞게 넣으시오.
  1. Das ist _____ Junge, den ich gestern gesehen habe. (derselbe).
  2. _____ Hitze haben wir nie in dieser Stadt erlebt. (solch)
  3. Dieser Garten ist größer als _____ Ihres Nachbares. (derjenige)
  4. Ich habe ein Buch gekauft, und _____ meinem Bruder geschenkt. (das)
  5. Die Töchter _____, die hier in dieser Fabrik arbeiten, sind schön.
     (die pl.)
  6. Ich mißtraue _____, die mir schmeicheln. (derjenige)
  7. Die beiden Schwestern sind an _____ Tag geboren. (derselbe)
  8. Meine Meinung ist auch _____ meiner Frau. (derjenige)

해답
[1] ① d ② a ③ a ④ b ⑤ c ⑥ d ⑦ a ⑧ d
[2] ① derselbe ② solche ③ derjenige ④ das ⑤ derer ⑥ denjenigen
    ⑦ demselben ⑧ diejenige

해 설

[1] ① 영어와 독일어는 같은 언어에서 유래한다.
② 이것은 옳은 것같이 보이지 않는다.
③ 너는 펜을 사니? 아니, 나는 그것을 살 돈이 없어.
④ 당신은 저기에 살았던 사람들을 기억하십니까?
⑤ 요구가 가장 적은 사람이 가장 행복하다.
⑥ 우리는 그런 사람을 믿을 수 없다.
⑦ 나는 아들 한 명과 딸 한 명이 있는데, 후자는 18세이고 전자는 15세이다.
⑧ 항상 웃는 사람은 바보거나 아니면 낙관주의자이다.

1 **stammen** — (*originate from*, 유래하다). dieselben 앞에 ein und 가 붙으면, 「동일한」의 의미가 됨. 이 때 ein 은 불변하고 dieselb-만 변화한다. **die Sprache** — (*language*, 언어). 약변. 2 문장 처음에는 지시대명사 dies 를 사용. **scheint<scheinen, schien, geschienen** — (*shine, seem*, 비치다, 여겨지다). **richtig** 형 — (*right*, 올바른). 3 **kaufen sich**+4격 — (*buy*, 사다). **die Feder** — (*pen*, 펜). 약변. 4 **erinnern, erinnerte, erinnert** — (*remember*, 기억하다).「einnern sich+2격」. 5 **am wenigsten** — (*at least*, 가장 덜 ~하다). **das Bedürfnis** — (*need, require*, 필요, 요구). 강변 2식. 6 **trauen** — (*trust*, 믿다). 3격 동반. 7 **dieser ~, jener ~** — (*this ~, that ~*, 후자 ~, 전자 ~). 8 **lachen** — (*laugh*, 웃다). **der Narr** — (*fool*, 바보). 약변. **der Optimist** — (*optimist*, 낙관주의자). 약변.

[2] ① 저 사람이 내가 어제 보았던 그 젊은이이다.
② 그 같은 더위를 우리는 이 도시에서 경험한 바 없다.
③ 이 정원은 당신의 이웃집 정원보다 더 넓다.
④ 나는 책 한 권을 사서 그것을 나의 형에게 선사했다.
⑤ 여기 이 공장에서 일하는 사람들의 딸들은 아름답다.
⑥ 나는 내게 아첨하는 사람들을 믿지 않는다.
⑦ 두 자매는 같은 날 태어났다.
⑧ 나의 의견은 아내의 의견과 같다.

1 **der Junge** — (*lad*, 젊은이). 2 **die Hitze** — (*heat*, 열). 약변. **erlebt<erleben, erlebte, erlebt** — (*experience*, 경험하다). 3 **der Nachbar** — (*neighbour*, 이웃 사람). 혼합변. 4 **geschenkt<schenken, schenkte, geschenkt** — (*present*, 선사하다). 5 **die Fabrik** — (*factory*, 공장). 약변. 6 **mißtraue<mißtrauen, mißtraute, mißtraut** — (*distrust, mistrust*, 불신하다). 3격 동사. **schmeicheln, schmeichelte, geschmeichelt** — (*flatter*, 아부하다). 6 **beide** 형 — (*both*, 두). **geboren<gebären, gebar, geboren** — (*bear*, 낳다). 8 **die Meinung** — (*opinion*, 의견). 약변.

Lesestück 19

Ein König und eine Königin

Ein König hatte ein großes Schloß, darin wohnte er mit seiner Frau. Sie waren aber gar nicht glücklich darin, denn sie hatten keine Kinder.

Das machte ihnen ihr Leben recht bitter und das Herz oft so schwer, daß sie weinen mußten. Aber es schien ihnen noch viel mehr Trübsal und Leid bestimmt, denn eines Tages brach ein großes Feuer aus, welches das ganze Schloß verzehrte.

Der König und die Königin kamen zwar mit dem Leben davon, aber von all ihren Schätzen und all ihrer Habe retteten sie nur eine eiserne Kiste voll Gold. Damit bauten sie das schöne Schloß wieder auf, aber die Freude währte nicht lange. Ein zweiter Brand verzehrte das neue Schloß und es wurde nichts gerettet als die eiserne Kiste. Aber diese war leer. So war der König plötzlich so arm geworden, wie der ärmste Mann in seinem Lande, und noch ärmer, denn ein armer Mann kann wenigstens arbeiten und sich sein Brot verdienen, das aber konnte der König nicht. Ins Königs Haus ging niemand ein und aus.

Da nahm er seine Frau an der Hand und die Beiden gingen tief betrübt in den Wald. Da stand ein verlassenes Hirtenhäuschen, dies bezogen sie und wirtschafteten darin, wie geringe Leute.

Der König trug selbst sein Brennholz nach Hause und die Königin kochte Suppe und Kartoffeln. Das war sehr ungewohnte Arbeit für sie, darum wurde es ihnen anfangs rechts sauer, aber nach und nach ging immer besser und sie hatten sich mit jedem Tage lieber, viel lieber als da, wo sie noch auf dem Throne saßen und alles vollauf hatten. Sie waren sehr glücklich.

---

der **König** — (*king*, 왕). die **Königin** — (*queen*, 여왕). [2] **glücklich** 형 — (*happy*, 행복한). [3] **bitter** 형 — (*bitter*, 괴로운). [4] **weinen** — (*weep*, 울다). **scheinen** — (*shine, seem*, 비치다, ~처럼 보이다). die **Trübsal** — (*distress*, 고통). das **Leid** — (*grief*, 슬픔). **bestimmen** — (*decide*, 결정하다). [5] das **Feuer** — (*fire*, 불). [6] **verzehren** — (*consume*, 소실되다). [8] der **Schatz** — (*treasure*, 보석). die **Habe** — (*property*, 재산). **retten** — (*save*, 구하다). **eisern** 형 — (*made of iron*, 철로 만든). die **Kiste** — (*box*, 상자). das **Gold** — (*gold*, 금). [9] **aufbauen** — (*build*, 건축하다). **währen** — (*last*, 지속하다). [10] der

왕과 왕비

어떤 왕이 큰 성을 하나 갖고 있었다. 그는 그곳에서 그의 부인과 살았다. 그들은 전혀 행복하지 않았다. 왜냐하면, 그들은 아이가 없었기 때문이다.

그것이 그들의 삶을 매우 괴롭게 만들었고, 그들의 가슴을 번번이 무겁게 했으므로 그들은 눈물을 흘려야 했다. 그러나 그들에게는 더 큰 슬픔과 고통이 정해져 있는 듯했다. 왜냐하면, 어느 날 성 전체를 파괴시키는 큰 불이 일어났기 때문이다.

왕과 왕비는 구사 일생으로 도망쳤지만, 그들의 모든 보물과 재산 중에서 단지 금이 든 철제 상자만을 구했을 뿐이었다. 그것으로 그들은 다시 훌륭한 성을 지었다. 그러나 그 기쁨도 오래 가지는 못했다. 새 성은 두 번째 불로 파괴되었고, 철제 상자 이외에는 아무것도 구하지 못했다. 그러나 그것은 빈 것이었다. 그렇게 왕은 갑자기 그의 나라에서 가장 가련한 사람처럼 가난하게 되었다. 그리고 점점 더 가난해졌다. 왜냐하면, 어떤 가난한 남자라도 최소한 일을 하고 그의 빵을 벌 수 있었으나, 왕은 그럴 수 없었기 때문이었다. 왕의 집에는 어느 누구도 오가지 않았다.

그러므로 그는 그의 부인 손을 잡고, 두 사람은 슬픔에 잠겨 숲으로 들어갔다. 그곳에는 버려진 오두막이 있었다. 그 집으로 그들은 이사했고, 평범한 사람들처럼 그곳에서 살림살이를 했다.

왕은 손수 땔나무를 집으로 옮겼으며, 왕비는 국과 감자를 요리했다. 그들에게 있어서 그것은 매우 특별한 일이었다. 그렇기 때문에 그것은 그들에게 처음에는 매우 힘들었다. 그러나 점차 더 나아졌고, 그들은 왕좌에 앉아서 모든 것을 풍족하게 가졌을 때보다도 더욱 더 나날이 좋았다. 그들은 매우 행복했다.

Brand — (*fire*, 불). [12] **arm** 형 — (*poor*, 가난한). **das Land** — (*state*, 나라). [13] **wenigstens** 부 — (*at least*, 적어도). **das Brot** — (*bread*, 빵). **verdienen** — (*earn*, 벌다). [15] **betrübt** 형 — (*sad*, 슬퍼하는). [16] **das Hirtenhäuschen** — (*the little house of herdsman*, 작은 양치기의 집). **beziehen** — (*move in*, 이사하다). [17] **wirtschaften** — (*keep house*, 살림하다). **gering** 형 — (*trifling*, 하찮은). [18] **das Brennholz** — (*firewood*, 땔나무). [19] **ungewohnt** 형 — (*unusual*, 특별한). [20] **anfangs** — (*at first*, 처음에). **sauer** 형 — (*bitter*, 괴로운, 고된). **nach und nach** — (*gradually*, 점차로). **immer** + 비교급—(더 ~해 가다.) [21] **viel**+비교급—(훨씬 더 ~하다). [22] **der Thron** — (*throne*, 왕좌). **vollauf** 부 — (*abundantly*, 풍부하게).

Abschnitt 20.

수 사

수사에는 보통 수를 나타내는 기수와 차례를 나타내는 서수, 그리고 분수, 배수, 횟수, 종류의 수 등이 있다.

§ 116. 기 수(Grundzahlen)

【1】 형 태(0～99)

0 null	10 zehn	20 zwan**z**ig
1 eins	11 elf	21 ein**und**zwanzig
2 zwei	12 zwölf	22 zwei**und**zwanzig
3 drei	13 drei**zehn**	30 ***drei*ß**ig
4 vier	14 vier**zehn**	40 vier**z**ig
5 fünf	15 fünf**zehn**	50 fünf**z**ig
6 sechs	16 *sech*zehn	60 *sech*zig
7 sieben	17 *sieb*zehn	70 *sieb*zig
8 acht	18 acht**zehn**	80 acht**z**ig
9 neun	19 neun**zehn**	90 neun**z**ig

주의 1) 16, 17, 60, 70 을 각각 sech**s**zehn, sieb**en**zehn, sech**s**zig sieb**en**zig 라고는 하지 않는다. 30 은 drei**z**ig 가 아니다.

2) 21, 31, 41… 등은 ein**s**undzwanzig, ein**s**unddreißig, ein**s**undvierzig 라고 하지 않는다. 왜? eins 는 뒤에 어떤 숫자가 오면 ein 으로 되기 때문에.

【2】 형 태(100～1,000,000,000)

100	hundert (einhundert)		1,101	eintausendhunderteins
101	hunderteins		10,000	zehntausend
111	hundertelf		100,000	hunderttausend
300	dreihundert		2,000,000	zwei Million**en**
1,000	tausend		1,000,000,000	eine Milliarde
1,001	tausendundeins		2,000,000,000	zwei Milliarden

[주의] 1) 수사는 모두 붙여 쓰기로 한다.
2) 100은 hundert 앞에 ein을 붙여서 사용할 수 있다.
3) Million, Milliarde는 명사의 약변화를 하므로
 2백만 — zwei Millionen, 20억 — zwei Milliarden,
4) 1001은 tausendundeins. eins는 뒤에 숫자가 없기 때문에 s를 붙인다.

【3】 배합 방법

① 13~19 까지 : — 1 단위+10
15=5+10 → fünf+zehn → fünfzehn

② 21~99 까지 : — 1 단위+und+10 단위
21=1+und+20 → ein+und+zwanzig → einundzwanzig

③ 100→999 까지 : — 100 단위+ { 1 단위+ 10 — 113~119 까지
                              { 1 단위+und+10 단위 — 121 이상
213=200+3+10 → zweihundert+drei+zehn → zweihundertdreizehn
153=100+3+und+50 → (ein)hundert+drei+und+fünfzig
                → (ein)hundertdreiundfünfzig

④ 1000~9999 까지 : — 1000 단위+100 단위+ { 1 단위+10
                                          { 1 단위+und+10 단위
1971=1000+900+1+70 → tausend+neunhundert+ein+und+siebzig
                 → tausendneunhunderteinundsiebzig,
                 또는 neunzehnhunderteinundsiebzig

【4】 eins 와 ein 의 차이

(1) **eins**

1) 셈을 할 때 : — **eins**, zwei, drei, vier··· usw.
2) 시간을 나타내는 Uhr가 생략될 때 :
 —Es ist **eins**. (=Es ist ein Uhr. *It is one o'clock*)
3) 어떤 숫자의 끝에 올 때 : — 101 → einhundert**eins**
                           2001 → zweitausend**eins**

(2) ein

> 1) 다른 수사가 뒤따를 때 :
>   61 → **ein**undsechzig   151 → (**ein**)hundert**ein**undfünfzig
> 2) 앞에 정관사, 지시대명사가 있을 때 : — 형용사의 약변화

> **392.** Wer sind die Frauen dort? **Die eine** ist Frau Müller, aber die andere kenne ich nicht.
>
> *Who are the ladies there? The one is Mrs. Müller, but I don't know the other.*

《역》 저기 부인들은 누구세요? 한 사람은 뮐러 부인인데, 다른 한 부인은 모릅니다.

[해설] **die eine** 의 eine 는 Frau 가 여성이니 형용사 약변, 여성 1격. **ander** 형 — (*other*, 다른). **kennen, kannte, gekannt** — (*know*, 알다). die andere 는 4격. 뒤에는 Frau 생략.

【5】 연수(Jahreszahlen)와 전화 번호(Telefonnummern)

(1) 연수는 보통 **100**을 단위로 하여 읽는다.

> **393.** Der deutsche Dichter Johann Wolfgang von Goethe wurde im Jahre **1749** geboren, und starb im Jahre **1832**.
>
> *The German poet Johann Wolfgang von Goethe was born in the year 1749 and died in the year 1832.*

《역》 독일 시인 요한 볼프강 폰 괴테는 1749년에 태어나서 1832년에 죽었다.

[해설] der **Dichter** — (*poet*, 시인). 강변 1식. 연수는 숫자 앞에 im Jahre를 두거나 그냥 숫자만 쓴다. 1749=1700+49 → siebzehnhundert+neunundvierzig
                                    ↓   ↓
                                   1700   49
1832=1800+32 → achtzehnhundert+zweiunddreißig
                    ↓   ↓
                   1800   32

(2) 전화 번호는 처음 숫자부터 차례로 읽는 것이 좋다.

> **394.** Seine Telefonnummer ist 9 4 0 9 4 8. (9-4-0-9-4-8, neun vier null neun vier acht)
>
> *His telephone number is 9 4 0 9 4 8. (9-4-0-9-4-8, nine four zero nine four eight)*

《역》 그의 전화 번호는 (94) 0948이다.
해설 das Telefon — (*telephone*, 전화). 강변 2식. die Nummer — (*number*, 숫자). 약변.

【6】 연령의 대를 표시할 때:
20대, 30대 등 연령의 대를 말할 때에는 기수+er이다.

> **395.** Damals war sein Bruder noch ein rüstiger **Vierziger**. Daher konnte er so eine gefährliche Großtat vollbringen.
>
> *At that time his brother was still in his vigorous forties. Therefore he could perform such a dangerous feat.*

《역》 그 당시에 그의 형은 아직 정정한 40대의 남자였다. 그래서 그는 그렇게 위험한 위대한 업적을 완수할 수 있었다.
해설 damals 문 — (*at that time*, 그 당시에). rüstig 형 — (*vigorous*, 정력 왕성한, 활기있는). 기수 Vierzig(40)에 어미 -er를 붙여서 연령의 대를 표시한다. 이 때 기수의 첫 글자는 대문자. daher 문 — (*therefore*, 그러므로). gefährlich 형 — (*dangerous*, 위험한). die Großtat — (*feat*, 위대한 업적). 약변.

§ 117. 서 수(Ordnungszahlen)

서수는 일반 형용사처럼 ① 강변화, ② 약변화, ③ 혼합변화를 한다.

【1】 형 태 : 19까지는 기수+t, 20 이상은 기수+st

1. **erst**	11. elft	21. einundzwanzigst
2. zweit	12. zwölft	22. zweiundzwanzigst
3. **dritt**	13. dreizehnt	30. dreißigst
4. viert	14. vierzehnt	40. vierzigst
5. fünft	15. fünfzehnt	55. fünfundfünfzigst
6. sechst	16. sechzehnt	100. hundertst
7. sieb(en)t	17. siebzehnt	101. hundertunderst
8. **acht**	18. achtzehnt	188. hundertachtundachtzigst
9. neunt	19. neunzehnt	1000. tausendst
10. zehnt	20. zwanzigst	1001. tausendunderst

[주의] 1) 7은 siebent 또는 siebt를 다 사용한다.
2) 기수가 복합일 때 맨 뒤에 숫자만을 서수로 한다.
z.B. 222 → zweihundertzweiundzwanzigst

> 396. Der ausländische Student wohnt im **zweiten** Stock jener Wohnung.
> *The foreign student lives in the second floor of that house.*

《역》 그 외국인 대학생은 저 집의 3층에 살고 있다.

해설 der Stock — (*floor*, 층). 강변 2식. zweiten 의 -en 은 형용사 약변화, 남성 3격의 어미. **der zweite Stock** — 두 번째 층이므로 3층이 된다. 1층은 das Erdgeschoß (*ground floor*).

> 397. Karl und Fritz sind meine Freunde. Der **erstere** wohnt in Berlin und der letztere in Bonn.
> *Karl and Fritz are my friends. The former lives in Berlin and the latter in Bonn.*

《역》 카알과 프리츠는 나의 친구다. 전자는 베를린에서 살고, 후자는 본에서 산다.

해설 der **erstere** — (*the former*, 전자). der **letztere** — (*the latter*, 후자). **letzt** 형 — (*last*, 마지막의). letzter 는 letzt 의 비교급.

【2】 군주의 이름에 몇 세를 붙일 때

로마 숫자로 표시한다. 서수를 사용할 때에는 정관사 뒤에 서수의 첫 글자를 대문자로 하고, 형용사의 약변화를 한다.

1격	Georg	V. = Georg	der	Fünfte	*Georg the Fifth*
2격	Georgs*	V. = Georgs*	des	Fünften	*of Georg the Fifth*
3격	Georg	V. = Georg	dem	Fünften	*to Georg the Fifth*
4격	Georg	V. = Georg	den	Fünften	*Georg the Fifth*

[주의] 고유명사의 2격에는 -s 가 붙는다.

【3】 서수에 -ens 를 붙이면 부사로

영어에서는 이 때 서수를 그냥 사용한다.

1. erstens	첫째로는	10. zehntens	열째로는
2. zweitens	둘째로는	15. fünfzehntens	열다섯 번째로는
3. drittens	셋째로는	20. zwanzigstens	스무 번째로는
4. viertens	네 번째로는	50. fünfzigstens	오십 번째로는
5. fünftens	다섯 번째로는	100. hundertstens	백 번째로는

398. Heute gehe ich nicht ins Kino mit euch. **Erstens** habe ich kein Geld, **zweitens** keine Zeit, und **drittens** kein Interesse für den Film.
Today I do not go to the movie-house. First I have no money, second no time, and third no interest in that film.

《역》 오늘 나는 너희들과 극장에 가지 않는다. 첫째는 돈이 없고, 둘째는 시간이 없고, 셋째는 그 영화에 흥미가 없다.

[해설] erstens, zweitens, drittens — 「서수+ens」는 부사로 된다. der Film — (*film*, 영화). 강변 2식. das Interesse — (*interest*, 관심, 흥미). 혼합변.

【4】날짜의 표현 (Datumsangabe)

(1) 정확한 날짜를 물을 때는 「**der wievielte…?**」를 사용하고, 그 외는 의문사 「**wann…?**」을 사용한다.

날짜를 말할 때는 서수의 남성 형태를 사용한다. der Tag가 남성이니.

399. Der wievielte ist heute? (=Den wievielten haben wir heute?)
Heute ist der 11. (elfte) Mai. (=Heute haben wir den 11. Mai.)
What is today's date? Today is May the 11th (or *May eleventh*).

《역》 오늘이 며칠이냐? 오늘이 5월 11일이다.

[해설] wieviel — (*how many*, 얼마나 많은). 날짜는 숫자로 표시한다. 읽을 때는 elfte. 정관사가 있기에 형용사 약변, 남성 1격 -e. der Mai — (*May*, 5월). 강변 2식.

400. Wann ist der deutsche Komponist Beethoven geboren?
Er ist am 17. (=siebzehnten) Dezember 1770 (siebzehnhundertsiebzig) geboren.
When was the German composer Beethoven born?
He was born on the 17th of December 1770. (or *on December 17th, 1770*).

《역》 독일 작곡가 베토벤은 언제 출생했느냐? 그는 1770년 12월 17일에 태어났다.

[해설] geboren < gebären, gebar, geboren — (*bear*, 낳다). der Komponist — (*composer*, 작곡가). 약변. 날짜 표시는 독일어와 영어가 다르다.

독	일 + 월 + 연
영	월 + 일 + 연

(2) 편지의 머리말에 쓰는 날짜는 남성 4격의 숫자로 표시한다.

> München, den 15.(fünfzehnten) April 1990
> München, den 9.(neunten) 4. 1990

[주의] 편지의 윗 부분에는 발신지, 날짜, 달, 연수의 차례로 쓴다. **den 15.** — den fünf-zehnten. 즉, 남성 4격의 형용사의 어미가 붙는다. 달은 월명으로 써도 좋고, 숫자로 써도 좋다. 숫자로 쓸 때는 Punkt(.)를 찍는다.

§ 118. 소 수(Dezimalbruch)

소수는 전화 번호를 읽는 것처럼 기수를 차례로 읽는다.
소수 다음에 복수명사가 올 때 그 명사는 복수형이 된다.

> 3,104 = drei Komma eins null vier   *three comma one zero four*
> 3,2 Jahre = drei Komma zwei Jahre   *three comma two years*

[주의] 소수점은 Komma를 사용한다.

§ 119. 분 수(Bruchzahlen)

분자는 기수, 분모는 서수의 첫 글자를 대문자로 하여 **-el**를 붙이고, 중성명사로 취급한다.

공 식 → $\text{분수} = \dfrac{\text{Zähler(분자)}}{\text{Nenner(분모)}} = \dfrac{\text{기수}}{\text{서수}+\text{el}}$

【1】 진분수

> $\dfrac{1}{1}$ =ein Ganzes, das Ganze   *a whole*
> $\dfrac{1}{2}$ =ein Halb, ein Halbes, die Hälfte   *one half*
> $\dfrac{1}{3}$ =ein Drittel   *one third*
> $\dfrac{2}{5}$ =zwei Fünftel   *two fifths*

[주의] 1) $\dfrac{1}{1}$: — ein Ganzes, das Ganze 는 형용사 ganz 의 중성명사로 된 형태.

2) $\frac{1}{2}$: — ein Halb 는 변화 없음. ein Halbes 는 형용사 halb 의 혼합변화.
die Hälfte 는 명사의 약변화를 한다.

【2】 대분수

$1\frac{1}{2}$ = ein und ein halb, eineinhalb   *one and a half*

$3\frac{2}{5}$ = drei und zwei Fünftel, dreizweifünftel   *three and two-fifths*

[주의] 대분수에 「und」가 들어가면 und 다음의 숫자는 형용사의 어미변화를 하고, 명사는 단수, 「und」가 없을 때에는 변하지 않고 명사는 복수로 된다.

401. Seine Reise durch die Ostasien dauerte etwa **ein und ein halbes Jahr**, und inzwischen hat er vieles erfahren.

His travel through East-Asia continued about one and a half years, and meantime he has experienced many things.

《역》 그의 동남아 여행은 약 1년 반이 걸렸다. 그 동안 그는 많은 것을 경험했다.

[해설] das **Ostasien** — (*East-Asia*, 동남아). **dauern, dauerte, gedauert** — (*continue*, 계속되다). 대분수에 und가 붙으면 und 뒤에 숫자는 변한다. 즉, halbes 의 어미 -es. 그리고 명사는 단수. und 없이 붙여 쓰면 변화 없다. 명사는 복수.

【3】 분수 뒤에 명사가 올 때 : 분모, 즉 서수+el 의 서수의 첫 글자는 소문자로 한다.

$4\frac{3}{4}$ 시 간 = vier dreiviertel Stunden
four and three-quarters hours

$2\frac{1}{3}$ 킬로그램 = zwei eindrittel Kilogramm
two and one-third kilograms

§ 120. 배 수(Vervielfältigungszahlen)

영어에서 몇 배를 표시할 때 단수에 *time*, 복수에 *times* 를 사용하나 독일어는 기수에 어미 **-fach** 를 붙인다.

공 식 → 배수 = 기수+**fach**

Abschnitt 20. 수 사

ein**fach**	한	배	*ont time, once*
zwei**fach**	두	배	*two times, twice*
zehn**fach**	열	배	*ten times*
tausend**fach**	천	배	*a thousand times*

[주의] 형용사적으로 쓰일 때는 어미변화를 하나, 부사적으로 쓰일 때는 변화 없다.

§ 121. 횟 수(Wiederholungszahlen)

기수에 어미 **-mal**을 붙인다.

공 식 → 횟수 = 기수+mal

ein**mal** 한 번 *one time*		zwei**mal** 두 번 *twice*	
drei**mal** 세 번 *three times*		dreißig**mal** 삼십 번 *thirty times*	
hundert**mal** 백 번 *a hundred times*		tausend**mal** 천 번 *a thousand times*	

402. Er ist schon **fünfmal** in Berlin gewesen. Deswegen kennt er genau von der Stadt.

He has already been in Berlin five times. Therefore he knows about the city well.

《역》 그는 벌써 베를린에 다섯 번이나 갔다 왔다. 그러므로 그는 그 도시에 대해서 잘 알고 있다.

[해설] **fünfmal** — 기수 fünf에 -mal을 붙인 것. 부사로 쓰였다. **deswegen** 뷔 — (*therefore*, 그러므로). **genau** 형 — (*exact*, 정확한). 여기서는 부사로 쓰인다.

§ 122. 종류의 수(Gattungszahlen)

기수에 어미 **-erlei**를 붙인다. 영어는 기수에 *kind*를 쓴다.

공 식 → 종류의 수 = 기수+erlei

zwei**erlei**	두 종류	fünf**erlei**	다섯 종류
drei**erlei**	세 종류	zehn**erlei**	열 종류
vier**erlei**	네 종류	hundert**erlei**	백 종류

> **403.** Er hat seinem Schwiegersohn eine Mappe aus **zweierlei** Stoff gegeben.
>
> *He has given his son-in-law a briefcase of two kinds of materials.*

《역》 그는 그의 사위에게 두 가지 소재로 된 서류 가방을 주었다.

[해설] der **Schwiegersohn**— (*son-in-law*, 사위). 강변 2식. die **Mappe**— (*briefcase*, 서류 가방). 약변. **zweierlei**— (*two kinds*, 두 종류의). 종류수는 뒤에 명사가 있어도 변하지 않는다. der **Stoff**— (*material*, 재료, 소재). 강변 2식.

§ 123. 산수 문제 (Mathematische Aufgaben)

$5+3=8$	5 **und** 3 ist 8. 5 **plus** 3 ist 8.	5 and 3 is 8. 5 plus 3 is 8.
$8-3=5$	8 **weniger** 3 ist 5. 8 **minus** 3 ist 5.	8 less 3 is 5. 8 minus 3 is 5.
$3\cdot5=15$ $3\times5=15$	3 **mal** 5 ist 15.	3 times 5 is 15.
$12:4=3$	12 **durch** 4 ist 3. 12 **geteilt durch** 4 ist 3.	12 divided by 4 is 3. 4 into 12 is 3.
$4^2=16$	4 **hoch** 2 ist 16.	4 squared is 16.
$6^3=216$	6 **hoch** 3 ist 216.	6 to the third power is 216. 6 cubed is 216.
$4^4=256$	4 **hoch** 4 ist 256.	4 to the fourth power is 256.

§ 124. 화폐 (Geldangaben)

독일의 화폐 단위는 Mark 와 Pfennig 가 있다. **Mark** 는 항상 단수로만 읽고, **Pfennig** 는 단수, 복수 다 쓸 수 있다.

> 13.50 DM = dreizehn Mark fünfzig
> 3.01 DM = drei Mark eins
> 0.25 DM = fünfundzwanzig Pfennig(od. Pfennige)

[주의] 1) DM—Deutsche Mark 의 약자. 실제 읽을 때는 Mark 만 읽는다.
    2) 소수점 이하의 단위, 즉 Mark 이하는 단수 Pfenning, 또는 복수 Pfennige 를 다 사용할 수 있다. der Pfennig—강변 2식.

Abschnitt 20. 수 사

§ 125. 도량형(Maßangaben)

【1】 도량형에 관한 명사가 남성, 또는 중성일 때는 복수라도 단수형으로 표시한다.

단 수			복 수		
ein Meter	1 미터	one meter	zwei Meter	2 미터	two meters
ein Fuß	1 피트	one feet	drei Fuß	3 피트	three feet
ein Pfund	1 파운드	one pound	vier Pfund	4 파운드	four pounds
ein Gramm	1 그램	one gram	fünf Gramm	5 그램	five grams
ein Zoll	1 인치	one inch	sechs Zoll	6 인치	six inches
ein Grad	1 도	one grade	sieben Grad	7 도	seven grades

[주의] ein Fuß(1피트)의 복수가 zwei Füße(두 발)가 되지 않고, zwei Fuß로, 즉 복수이더라도 단수형으로 표시하는 것은 도량형의 단위를 나타내기 때문이다.

【2】 도량형에 관한 명사가 여성일 때는 복수형을 사용할 수 있다.

단 수			복 수		
eine Meile	1 마일	one mile	zwei Meilen	2 마일	2 miles
eine Pferdkraft	1 마력	one horse power	drei Pferdkräfte	3 마력	3 horse power
eine Gallone	1 갤론	one gallon	vier Gallonen	4 갤론	4 gallons
eine Flasche Wein	포도주 한 병	one bottle of wine	fünf Flaschen Wein	포도주 5 병	5 bottles of wine
eine Mark	1 마르크	one Mark	sechs Mark	6 마르크	6 Marks
ein Pfenning	1 페니히	one Pfennig	sieben Pfennig(e)	7 페니히	7 Pfennigs

[주의] Mark 는 그 앞에 수사가 복수일 때에도 단수형을 사용하고, Pfennig 는 복수형에서 어미 -e를 붙이기도 한다. der Pfennig—강변 2식.

§ 126. 시 간(Zeitangaben)

시간을 물을 때 영어는 「What time is it?」이나 독일어는 「**Wieviel Uhr ist es?**」 또는 「**Wie spät ist es?**」이고, 이것의 대답은 「**Es ist … Uhr.**」이다.

【1】 1시~12시 사이의 시간

§ 126. 시 간

7.00 Uhr = sieben Uhr	7.35 Uhr = 5 nach halb 8
7.05 Uhr = 5 (Minuten) nach 7	7.40 Uhr = 10 nach halb 8
7.15 Uhr = (ein)Viertel nach 7	또는 20 vor 8
또는 Viertel 8	7.45 Uhr = (ein Viertel vor 8
7.20 Uhr = 20 nach 7	또는 drei Viertel 8
또는 10 vor halb 8	7.50 Uhr = 10 vor 8
7.25 Uhr = 5 vor halb 8	8.00 Uhr = 8 Uhr
7.30 Uhr = halb 8	

[주의] 1) Uhr는 언제나 단수형이나. Minute와 Sekunde는 단수, 복수 다 쓰인다.
    2) 전치사가 없으면 auf가 생략된 것이다. auf는 「몇 시를 향해서 진행 중」이라는 뜻이다. z.B. halb 8=halb (auf) acht―(8시로 진행하는 30분, 즉 7시 30분). Viertel 8=Viertel (auf) acht―(8시로 진행하는 15분).

【2】 12시~24시 사이의 시간

정오 12시부터 자정 12시까지의 시간은 다음과 같이 읽는다.

14.00 Uhr = vierzehn Uhr
16.10 Uhr = zehn nach sechzehn
19.15 Uhr = (ein) Viertel nach neunzehn
23.45 Uhr = (ein) Viertel vor zwölf (nachts)
0.05 Uhr = fünf nach zwölf

[주의] 1) 독일에서는 습관적으로 12~2시 ― 정오(mittags), 2~6시 ― 오후(nachmittags), 6~9시 저녁(abends), 9~12시― 밤(nachts)이라 한다.
    2) 0.05 Uhr는 우리말로 자정이 지난 0시 5분, 즉 다음날이 시작되는 5분인데, 이 말을 독일에서는 자정 12시가 지난 5분, 즉 fünf nach zwölf로 한다.

Abschnitt 20. 수 사

연 습 문 제

[1] 다음에 주어진 숫자를 읽으시오.
   1. 25, 47, 92, 471, 674
   2. 1,083, 200,000, 1,000,000
   3. 1789(년), 1945(년), 1989(년)
   4. 7.51 DM, 0.36 DM, 320.82 DM
   5. (Tel) 612 – 2043, (Tel) 536 – 6233
   6. 3.14, 7.5, $\frac{3}{5}$, $1\frac{2}{3}$, $3\frac{5}{7}$
   7. 4시 15분, 6시 30분, 9시 5분 전
   8. 3배, 6회, 8종류

[2] 다음 물음에 주어진 숫자로 답하시오.
   1. Fünfunddreißig plus sieben ist _____ .
   2. Neunundsiebzig minus zehn ist _____ .
   3. Sieben mal sieben ist _____ .
   4. Neunundneunzig durch neun ist _____ .
   5. Den wievielten haben wir heute? (1990. 5. 6.)
   6. Wann sind Ihr Sohn geboren? (1973. 3. 8)
   7. Wie spät ist es jetzt? (12 : 10)
   8. Wieviel Uhr ist es? (8 : 55)
   9. Was kostet das Wörterbuch? (31 DM)
   10. Wievielerei Farben hat das Kleid? (4종류 ; 빨강, 하양, 검정, 초록)
   11. Wievielmal sind Sie in Korea gewesen? (3번)
   12. Wie lange dauerte seine Reise? (3개월)

해답

[1] ① fünfundzwanzig, siebenundvierzig, zweiundneunzig, vierhunderteinundsiebzig, sechshundertvierundsiebzig

② thausenddreiundachtzig, zweihunderttausend, eine Million

③ siebzehnhundertneunundachtzig, neunzehnhundertfünfundvierzig, neunzehnhundertneunundachtzig

④ sieben Mark einundfünfzig, sechsunddreißig Pfennig, dreihundertzwanzig Mark zweiundachtzig.

⑤ sechs eins zwei zwei null vier drei, fünf drei sechs sechs zwei drei drei

해 설

[2] ① 35+7=42　　　② 79-10=69
③ 7×7=49　　　④ 99÷9=11
⑤ 오늘은 며칠입니까?
⑥ 당신의 아들은 언제 태어났습니까?
⑦ 지금은 몇 시입니까?
⑧ 몇 시입니까?
⑨ 그 사전은 얼마입니까?
⑩ 그 옷은 몇 가지 색깔을 갖고 있습니까?
⑪ 당신은 한국에 몇 번 다녀오셨습니까?
⑫ 그의 여행은 얼마 동안 걸렸습니까?

1 **plus** 男 — (*plus, in addition*, 더하여). 2 **minus** 男 — (*minus, less*, 보다 적은, 빼기). 3 **mal** 男 — (*times, multiplied by*, 회, ~배). 9 **kostet**<**kosten**, kostete, gekostet — (*cost*, ~값이다). **Was kostet das?** — (*How much is it?*, 이것은 얼마입니까?) das **Wörterbuch** — (*dictionary*, 사전). 강변 3식. 10 die **Farbe** — (*colour*, 색깔). 약변. das **Kleid** — (*dress*, 옷). 강변 3식. 12 **dauerte**<**dauern**, dauerte, gedauert — (*continue*, 계속하다).

---

⑥ drei Komma eins vier, sieben Komma fünf, drei Fünftel, ein und zwei Drittel, drei und fünf Siebtel
⑦ Viertel nach vier, halb sieben, fünf vor neun
⑧ dreifach, sechsmal, achterlei

[2] ① zweiundvierzig
② neunundsechzig
③ neunundvierzig
④ elf
⑤ Heute haben wir den sechsten Mai neuzehnhundertneunzig.
⑥ Er ist am achten März neuzehnhundertdreiundsiebzig geboren.
⑦ Zehn (Minuten) nach zwölf.
⑧ fünf (Minuten) vor neun.
⑨ Das kostet einunddreißig Mark.
⑩ Das hat viererlei Farben: rot, weiß, schwarz und grün.
⑪ Ich bin dreimal in Korea gewesen.
⑫ Seine Reise dauerte drei Monate.

Lesestück 20

Durchgefallen

In Berlin lebte ein berühmter Medizinprofessor, der bei seinen Studenten sehr gefürchtet war. Wenn er Vorsitzender in der nächsten Prüfungskommission werden sollte, dann war stets große Aufregung, denn er war dafür bekannt, daß er die schwierigsten Fragen stellte und oft einen Kandidaten durchfallen ließ, wenn dieser nicht die Antwort gab, die der Professor zu hören wünschte. Hatte aber ein Kandidat bei ihm eine Prüfung bestanden, dann brauchte er sich um seine Zukunft keine Sorgen zu machen, denn kein Arzt konnte eine bessere Empfehlung haben als die, von diesem Professor geprüft worden zu sein.

Der Professor hielt wieder einmal eine Prüfung ab. Der Kandidat saß vor der Prüfungskommission und schaute etwas ängstlich und nervös den Professsor an, der ihm seine kurzen, aber schwierigen Fragen stellte. Zuerst ließ sich der Professor von dem Kandidaten eine bestimmte Krankheit beschreiben. Als der Kandidat die Symptome der Krankheit richtig genannt hatte, fragte der Professor nach dem Heilmittel für diese Krankheit. Auch diese Frage beantwortete der Kandidat richtig. „Gut", sagte der Professor, „und wieviel geben Sie dem Patienten davon?"—„Einen Eßlöffel voll, Herr Professor", war die Antwort.

Während der Prüfungsausschuß über seine Leistungen beriet, mußte der Kandidat vor der Tür des Prüfungszimmers warten. Da fiel ihm ein, daß er sich geirrt hatte: ein Eßlöffel voll war ja zu viel ! Aufgeregt öffnete er die Tür der Prüfungszimmers und rief : „Herr Professor ! Ich habe mich geirrt ! Ein Eßlöffel voll ist zu viel für den Kranken. Er darf nur fünf Tropfen bekommen!"—„Es tut mir leid", sagte der Professor kurz, „der Patient ist schon gestorben."

---

durchgefallen<**durchfallen**— (*fail*, 실패하다). ① **berühmt** 형 — (*famous*, 유명한). der **Medizinprofessor** — (*professor of medicine*, 의학 교수). ② der **Vorsitzende** — (*president*, 의장). die **Prüfung** — (*examination*, 시험). die **Kommission** — (*commission*, 위원회). ③ **stets** 부 — (*always*, 항상). die **Aufregung** — (*excitement*, 흥분). **bekannt** 형 — (*famous*, 유명한). ④ **schwierig** 형 — (*difficult*, 난해한). der **Kandidat** — (*candidate*, 지원자). ⑤ **wünschen** — (*wish*, 원하다). ⑥ **bestanden**<**bestehen** — (*pass*, 합격하다). ⑦ die **Zukunft** — (*future*, 미래). der **Arzt** — (*doctor*, 의사). ⑧ die **Empfehlung** — (*recom-*

낙　방

학생들에게 매우 두렵게 여겨졌던 한 유명한 의학 교수가 베를린에 살았다. 그가 다음 시험 위원회에서 위원장이 된다는 소문이 돌 때면, 항상 큰 흥분이 있었다. 왜냐하면, 그가 가장 어려운 문제를 냈으며, 그 교수가 듣고자 했던 답을 주지 않으면, 자주 지원자를 낙방시키는 것으로 잘 알려져 있기 때문이었다. 그러나 어떤 지원자가 그의 시험에 합격했다면, 그는 장래에 대해서 염려할 필요가 없었다. 왜냐하면, 어떤 의사도 이 교수로부터 시험받는 것보다 더 나은 추천을 얻을 수 없었기 때문이었다.

그 교수는 다시 한 번 시험을 행했다. 지원자는 시험 위원회의 앞에 앉아서 다소 불안하게, 그리고 신경을 곤두세워 그에게 짧지만 난해한 질문을 하는 교수를 보았다. 우선 그 교수는 지원자에게 어떤 특정한 병을 진술하도록 시켰다. 그 지원자가 병의 징후를 올바르게 말했을 때, 그 교수는 그 병에 대한 처방을 물었다. 그 질문도 그 지원자는 옳게 대답했다. "좋아요." 그 교수는 말했다. "그러면 당신은 그 환자에게 어느 정도 투약하겠습니까?" "한 숟가락 가득이요, 교수님."라고 대답했다.

시험 위원회가 그의 시험 성적을 심의하는 동안 그 지원자는 시험실 문 앞에서 기다려야 했다. 그 때 그가 실수했음이 떠올랐다. "한 숟갈 가득은 너무 많은데!" 흥분해서 그는 시험실 문을 열고 외쳤다. "교수님! 제가 실수했습니다! 한 숟가락 가득은 환자에게 너무 많습니다. 그는 단지 다섯 방울을 복용하면 됩니다!"—"유감이군요." 그 교수는 짧게 말했다. "환자는 이미 죽었습니다."

---

mendation, 추천). **prüfen** — (examine, 시험하다). [10] **abhalten** — (hold, 개최하다). [11] **ängstlich** 형 — (anxious, 걱정되는). **nervös** 형 — (nervous, 소심한). [13] **bestimmt** 형 — (definit, 일정한). **beschreiben** — (describe, 묘사하다). [14] **das Symptom** — (symptom, 징후). **die Krankheit** — (illness, 병). **nennen** — (name, 이름 부르다). [15] **das Heilmittel** — (drug, 약). [17] **der Eßlöffel** — (tablespoon, 숟가락). [18] **der Prüfungsausschuß** — 시험 위원회). **der Ausschuß** — (committee, 위원회). **die Leistung** — (performance, 성적). **beraten** — (confer, 의논하다). [19] **warten** — (wait, 기다리다). [20] **geirrt**<**irren** — (err, 실수하다). **aufgeregt** 형 — (excited, 흥분한). [23] **bekommen** — (get, 얻다). 「es tut mir leid, 유감이군요」. **der Patient** — (patient, 환자).

Abschnitt 21.

부 정 법 · 분 사

§ 127. zu 없는 부정법(Infinitiv ohne „zu")

zu 없는 부정법이란 **동사의 원형**을 말한다.

동사의 원형은 조동사(können, müssen……usw.)나, 미래조동사(werden) 뒤에 쓰는 것 외에도 다음과 같은 데 사용된다.

【1】동명사로

영어에서는 동명사(*Gerund*)가 *Root*+*ing*로 되나, 독일어에서는 **동사의 원형이 그대로 동명사로 쓰인다.**

동명사는 영어와 독일어에서 그 형태가 다를 뿐이지 용법은 같다.

즉,
> 1) 동사의 성격을 띠면서
> 2) 실제 쓰이기는 명사로 사용된다.

따라서 **동명사**는
> 1) 목적어나 보어를 가질 수 있고(동사의 성격을 띠기에),
> 2) 주어 또는 목적어로 쓰인다(명사로 쓰이기에).

Writing a letter is not so easy.

Einen Brief **schreiben** ist nicht so leicht.

배어법→
> 독　어 → 목적어, 보어, 부사 등은 동명사의 앞에 둔다.
> 영　어 → 목적어, 보어, 부사 등은 동명사의 뒤에 둔다.

---

404. **Sagen** ist leicht, **handeln** ist schwer. Das ist eine ewige Wahrheit.
Saying is easy, behaving is difficult. This is an eternal truth.

《역》 말하기는 쉽고, 행동하기는 어렵다. 이것은 영원한 진리이다.

해설 sagen, handeln 은 모두 동명사로서 주어이다. **handeln, handelte, gehandelt** — (*behave*, 행동하다). ewig 형 — (*eternal*, 영원한). die **Wahrheit** — (*truth*, 진리). 약변.

§ 127. zu 없는 부정법   327

405. In einigen Monaten Deutsch **lernen** ist fast unmöglich für Koreaner.
Learning German in a few months is almost impossible for Koreans.

《역》몇 달 동안에 독일어를 배운다는 것은 한국 사람에게는 거의 불가능하다.
해설 einig 형 — (*few*, 약간의). der **Monat** — (*month*, 달). 강변 2식. 여기서 복수 3격. **lernen** — (*learn*, 배우다). 동명사. 목적어는 Deutsch. **fast** 부 — (*almost*, 거의). **unmöglich** 형 — (*impossible*, 불가능한). Koreaner 는 복수 4격.

【2】보통명사로
독일어에서 동사 원형의 **첫** 글자를 대문자로 하면 영어처럼 보통명사로 된다.
   Writing a letter is not so easy. (동명사)
   *The **writing** of a letter is not so easy.* (보통명사)

이 때 성 → 중성이 되고,
       변화 → 강변화 1식이다 (원형이 -en 으로 끝나니).

406. Das richtige **Schreiben** einer Fremdsprache wird nicht schnell gelernt.
The right writing of a foreign language is not learned quickly.

《역》외국어를 정확히 쓴다는 것은 빨리 배워지지 않는다.
해설 **richtig** 형 — (*right*, 옳은). **schreiben, schrieb, geschrieben** — (*write*, 쓰다). 보통명사로 되었다. 따라서 그 앞에는 형용사도 둘 수 있다. **schnell** 형 — (*quick*, 빠른). **lernen, lernte, gelernt** — (*learn*, 배우다). werden+p.p. → 수동형.

407. Das **Essen** unreifer Früchte schadet nicht nur der Gesundheit der Kinder, sondern auch der Erwachsenen.
The eating of unripe fruits injures not only the children's health, but also the adults'.

《역》익지 않은 과일을 먹는다는 것은 어린이의 건강뿐 아니라, 성인의 건강도 해친다.
해설 das **Essen** — (식사). **unreif** 형 — (*unripe*, 익지 않은). die **Frucht** — (*fruit*, 과실). 강변 2식. 여기서 복수 2격. **schaden** — (*injure*, 해롭게 하다). 3격 동사. die **Gesundheit** — (*health*, 건강). 여기서 3격. **nicht nur…sondern auch** — (*not only ~ but also*, ~뿐 아니라 ~ 또한). der **Erwachsene** — (성인 남자). 형용사의 명사적 용법. 여기서 복수 2격. der Gesundheit 가 생략되었음.

【3】 시각, 감각, 청각, 사역 동사의 목적보어 또는 보족어로

영어에서도 이들 동사의 목적보어에 동사의 원형을 사용한다.

		영어 · 독어에 공통적인 것				
시	각	sehen	sah	gesehen	보다	*see*
청	각	hören	hörte	gehört	듣다	*hear*
사	역	lassen	ließ	gelassen	~하게 하다	*let*
감	각	fühlen	fühlte	gefühlt	느끼다	*feel*
기	타	lernen	lernte	gelernt	배우다	*learn*
		lehren	lehrte	gelehrt	가르치다	*teach*
		heißen	hieß	geheißen	명령하다	*command*
		helfen	half	geholfen	돕다	*help*
		finden	fand	gefunden	발견하다	*find*

---

408. Ich **sehe** die Flugmaschine durch den blauen Himmel langsam **fliegen**.

I see the airplane fly slowly through the blue sky.

《역》 나는 비행기가 푸른 하늘로 천천히 날아가는 것을 본다.

해설 die **Flugmaschine** → der **Flug** (*flight*, 비행) + die **Maschine** (*machine*, 기계) — (*flying-machine*, 비행기). 약변. **blau** 형 — (*blue*, 푸른). der **Himmel** — (*sky*, 하늘). 강변 1식. **langsam** 형 — (*slow*, 느린). **fliegen, flog, geflogen** — (*fly*, 날다).

---

409. Die Krankenschwester **hilft** ihrer Mutter **kochen**, als sie vom Hospital zurückkommt.

The nurse helps her mother to cook when she comes back from the hospital.

《역》 그 간호사는 병원에서 돌아오면, 어머니가 요리하는 것을 돕는다.

해설 das **Hospital** — (*hospital*, 병원). 강변 2식.

---

410. In dieser Schule **lernen** die Studenten Deutsch als die zweite Fremdsprache **sprechen, lesen und schreiben**.

In this school the students learn to speak, read, and write German as the second foreign language.

《역》 이 학교에서 학생들은 제2외국어로서 독일어를 말하고, 읽고, 쓰는 법을 배운다.
해설 lernen 동사의 목적보어로는 zu 없는 원형을 사용한다. **Deutsch** 는 lernen 의 목적어. **als** — (*as*, ~로서). **zweit** — (*second*, 둘째번의).

```
die Fremdsprache → fremd  +  die Sprache
        ↓               ↓         ↓
foreign language → foreign, strange + language
```

【4】 다음의 동사와 합쳐서 숙어로 쓰인다.
 (1) 장소의 이동을 나타내는 동사
  이들 동사와 결합될 때에는 1) 운동의 목표나, 2) 목적을 나타낸다.

| gehen | *go* | kommen | *come* |
| fahren | *drive* | reiten | *ride* |

 (2) 기타 동사

| bleiben | *stay* | liegen | *lie* |
| haben | *have* | stehen | *stand* |

---

411. Am Frühmorgen **geht** der Greis mit seinem Stock auf den Hügel **spazieren**.
  Schon seit langen Jahren ist es seine Gewohnheit geworden.
  In the early morning the old man goes for a walk with his stick on the hill. For many years it has become his habit.

《역》 이른 아침에 그 노인은 지팡이를 들고 언덕으로 산보를 한다. 벌써 여러 해 전부터 이것이 그의 습관으로 되었다.
해설 **am Morgenfrüh** — (*in the early morning*, 이른 아침에). der **Greis** — (*old man*, 노인). 강변 2식. der **Stock** — (*stick*, 지팡이). 강변 2식. der **Hügel** — (*hill*, 언덕). 강변 1식. die **Gewohnheit** — (*habit*, 습관). 약변.

---

412. Der ärgerliche Knabe **blieb** allein auf der Terrasse **stehen**, während seine Freunde im Wohnzimmer tanzten.
  The angry boy kept standing alone on the terrace, while his friends were dancing in the living-room.

《역》 친구들이 거실에서 춤추고 있는 동안, 그 성난 소년은 테라스에 혼자 서 있었다.

해설 **ärgerlich** 형 — (*angry*, 성난). **bleiben stehen** — (*keep standing*, 선 채로 있다). die **Terrasse** — (*terrace*, 테라스). 약변. das **Wohnzimmer** — (*living-room*, 거실). 강변 1식.

§ 128 zu 있는 부정법(Infinitiv mit „zu")

zu 있는 부정법이란 영어의 *to+Root* (즉, *to go, to see* 등)를 말한다. 영어에도 1) 명사구(*noun phrase*), 2) 형용사구(*adjective phrase*), 3) 부사구(*adverbial phrase*) 로 쓰이듯이 독일어에서도 이 3 방법으로 사용된다.

【1】 명사구

> 413. Die Völker halten es für eine Tugend, für das Vaterland **zu sterben.**
> *The people take it for a virtue to die for the fatherland.*

《역》 국민들은 조국을 위하여 죽는 것을 미덕이라 생각한다.
해설 **halten, hielt, gehalten** — (*take*, 쥐다, 가지다). es 는 가목적어.

```
독 halten + 4격   + für~ ┐
영 take   + 목적어 + for~ ┘ ~을 ~라고 생각한다.
```

die **Tugend** — (*virtue*, 미덕). 약변. zu sterben 이 *noun-phrase* 로 es 의 진목적어. das **Vaterland** — (*fatherland*, 조국). 강변 3식.

> 414. Die Sekretärin verlangte ihrem Freund, die Schreibmaschine **zurück***zu***geben,** die sie ihm geliehen hatte.
> *The woman secretary claim her friend to return the typewriter which she had lent him.*

《역》 여비서는 친구에게 그녀가 빌려 주었던 타이프라이터를 되돌려줄 것을 요구했다.
해설 **verlangen, verlangte, verlangt** — (*claim*, 요구하다). zurückzugeben 이 직접목적어. die **Schreibmaschine** — (*typewriter*, 타이프라이터). **zurückgeben, zurückgab, zurückgegeben** — (*return*, 돌려주다). **leihen, lieh, geliehen** — (*lend*, 빌려 주다).

【2】 형용사구

> 415. Morgen haben wir keine Zeit, die Fabriken **zu besichtigen.**
> *Tomorrow we will have no time to visit the factories.*

《역》 내일 우리는 공장들을 시찰할 시간이 없다.

해설 die Fabrik — (*factory*, 공장). 약변. zu besichtigen은 Zeit를 수식하는 형용사구. besichtigen, besichtigte, besichtigt — (*visit*, 시찰하다).

416. Ich bin nicht der Mann, Sie **zu beschädigen,** sondern der Mann, Ihnen **zu helfen.**

I am not the man to hurt you, but the man to help you.

《역》 나는 결코 당신을 해치려는 사람이 아니고, 당신을 도우려는 사람이다.

해설 zu beschädigen은 der Mann을 수식하는 형용사구. beschädigen, beschädigte, beschädigt — (*harm*, 해치다). sondern 뒤에 있는 der Mann도 Ich bin 의 보어.

【3】 부사구

417. Ich freue mich wirklich, Sie **kennen*zu*lernen.** Mein Name ist Karl Bergmeier.

I am really glad to know you. My name is Karl Bergmeier.

《역》 나는 당신을 알게 되어 참으로 기쁩니다. 나의 이름은 카알 베르크마이어입니다.

해설 freuen sich — (*be glad*, 기쁘다). wirklich 뮈 —(*really*, 참으로). kennenlernen, kennenlernte, kennengelernt — (*get to know, become to know*, 알게 되다).

418. Wir hoffen herzlich, dich bald **wieder*zu*sehen.**

We hope heartily to see you soon again.

《역》 너를 곧 다시 만나기를 우리는 진심으로 바란다.

해설 hoffen — (*hope*, 바라다, 기대하다). herzlich 뮈 — (*heartily*, 진심으로). bald 뮈 — (*soon*, 곧). wiedersehen — (*see again*, 다시 만나다).

【4】 haben zu+Infinitiv 와 sein zu+Infinitv

1) 영어에서 *have to* + *Root* 는 능동의 필연 또는 가능을 나타내듯이 독일어에서도 haben zu+Infinitiv 로 이 뜻을 나타낸다.
2) *be to+Root* 는 수동의 필연 또는 가능을 나타내듯이 독일어에서도 sein zu+Infinitiv 로 이 뜻을 나타낸다.

공 식→	능동의 뜻	수동의 뜻
	haben zu+Infinitiv ~해야 한다	sein zu+Infinitiv ~될 만하다
	have to + Root	be to + Root ~되어질 수 있다

> 419. Der Fahrer **hat** seinen Wagen selbst **sauber*zu*machen**.
> *The driver has to clean his car by himself.*

《역》 그 운전수는 자신이 자기 차를 세차해야 한다.

해설 der **Führer** — (*driver*, 운전수). 강변 1식. **selbst** 부 — (*self*, 자신, 스스로). haben zu+Infinitiv 는「～해야 한다」. **sauber** 형 — (*clean*, 깨끗한). 분리전철이니 zu 가 sauber 와 machen 사이에 있음. **saubermachen** — (*clean*, 청소하다).

> 420. Dieser Knabe **ist zu loben** : er hat dem kleinen Kind geholfen, das sich verlaufen hatte, und auf der Straße stand und bitterlich weinte.
> *This boy is to be praised. He helped the little child who had lost his way, and stood on the street and wept bitterly.*

《역》 이 소년은 칭찬을 받을 만하다. 그는 길을 잃고 행길에 서서 몹시 울고 있던 어린아이를 도와 주었다.

해설 **loben, lobte, gelobt** — (*praise*, 칭찬하다). ist zu loben → (*is to be praised*, 수동의 필연, 또는 가능을 나타냄). **das** — 관계대명사. 선행사는 dem Kind. **verlaufen, verlief, verlaufen** — (*lose one's way*, 길을 잃다). **bitterlich** 부 — (*bitterly*, 몹시). **weinen, weinte, geweint** — (*weep*, 울다).

【5】 절대적 부정법

영어의 *absolute infinitive* 의 용법이다. 즉, 영어에서 *if, as*-clause 를 줄여서 *to-Root* 로 한 것이 이 용법이니, 독일어에서도 **wenn**-Satz 를 줄인 것이 이 **zu-Infinitiv** 이다. 따라서「～하자면」으로 새기라.

독일어에서는 특히 이 때 **um～zu+Infinitiv** 의 형태를 많이 사용한다. 또 이것이 문두에 오더라도 대개 **정치법**이 된다.

> 421. **Um** es frei **zu sagen**, es ist mehr Mitleid als Liebe, was ich für sie empfinde.
> *To say it frankly, it is more pity than love, that I feel for her.*

《역》 솔직히 말해서, 그녀에 대해 내가 느끼는 것은 사랑이라기보다는 동정이다.

해설 **frei** 형 — (*free, frank*, 자유로운, 솔직한). 여기서는 부사. 주문장의 **es** 는 가주어. 진주어는 was-Satz. was 는 부정관계대명사로서 empfinden 의 목적어. **mehr…als** — (*more than*, ～라기보다는 오히려 ～이다). das **Mitleid** — (*pity*, 동정). **empfinden, empfand, empfunden** — (*feel, perceive*, 느끼다, 지각하다).

§ 129. 종속절을 zu-Infinitiv로 만드는 방법

> **422. Die Wahrheit zu sagen,** waren wir unglücklich in unserer Liebe : wenn sie mich liebte, liebte ich sie nicht, und wenn ich sie liebte, liebte sie mich nicht.
>
> *To speak truly we were unhappy in our love : when she loved me, I didn't love her ; and when I loved her, she didn't love me.*

《역》 사실 말하자면 우리는 우리들의 사랑에 불행했다. 그 여자가 나를 사랑했을 때 나는 그 여자를 사랑하지 않았고, 내가 그 여자를 사랑했을 때 그 여자는 나를 사랑하지 않았다.

[해설] die **Wahrheit** — (*truth*, 사실, 진실). 약변. **unglücklich** [형] — (*unhappy*, 불행한). die **Liebe** — (*love*, 사랑). 약변.

§ 129. 종속절을 zu-Infinitiv로 만드는 방법

다음의 조건에 해당할 때에는 종속절을 줄여서 zu-Infinitiv의 형태로 할 수 있다. 단, 주절의 동사가 sagen, hören, wissen, sehen 일 때는 zu-Infinitiv로 할 수 없다.

【1】 종속절의 주어가 주절의 주어와 같을 때 :

> 1) **daß**~ (*that*) 이하 종속절은 **zu Infinitiv**로 하고,
> 2) **damit, auf daß**~ (*so that, in order that*) 등 목적을 나타내는 종속절은 **um ~ zu Infinitiv**로 하며,
> 3) **ohne daß**~ (*without Gerund*) 이하 종속절은 **ohne ~ zu Infinitiv**로 한다.

> **423. Ich** hoffe, **daß ich** diesen Roman spätestens bis zum Ende des Monats durchlesen kann.
> =Ich hoffe diesen Roman spätestens bis zum Ende des Monats durchlesen **zu können.**
>
> *I hope to be able to read through this novel at the latest by the end of the month.*

《역》 나는 내가 이 소설을 늦어도 이달 말까지는 다 읽게 되기를 바란다.

[해설] **hoffen, hoffte, gehofft** — (*hope*, 바라다). 주절과 종속절의 주어가 다같이 ich이니

종속절을 줄여서 zu-Infinitiv로 했다. **durchlesen** — (*read through*, 통독하다). **spätestens** 튀 — (*at the latest*, 늦어도). das **Ende** — (*end*, 끝). 혼합변.

---

424. Der Verkäufer leistet dem geizigen Kaufmann einen treuen Dienst, **damit** er seine Tochter heiratet.

=Der Verkäufer leistet dem geizigen Kaufmann einen treuen Dienst, um seine Tochter **zu heiraten**.

The salesman is doing faithful service for the covetous merchant in oder to marry his daughter.

《역》 그 판매원은 상인의 딸과 결혼하기 위해 그 욕심 많은 상인에게 충성스레 봉사한다.

【해설】 leisten — (*do*, 행하다). der **Dienst** — (*service*, 봉사, 복무). 강변 2식. **geizig** 형 — (*covetous*, 욕심 많은). **treu** 형 — (*faithful*, 충실한). der Verkäufer는 종속절의 주어 er 와 같다. **damit-Satz**는 um-zu Infinitiv로 한다.

---

425. Das Flugzeug ist von Frankfurt nach New York geflogen, **ohne daß** es eine Zwischenlandung machte.

=Das Flugzeug ist von Frankfurt nach New York geflogen, **ohne** eine Zwischenlandung **zu machen**.

The airplane flew from Frankfurt to New York without making a stopover.

《역》 그 비행기는 도중 착륙을 하지 않고 프랑크푸르트에서 뉴욕으로 날아 갔다.

【해설】 das **Flugzeug** — (*airplane*, 비행기). 강변 2식. **fliegen, flog, geflogen** — (*fly*, 날다). **ohne daß**~의 주어 es와 주절의 주어 das Flugzeug가 같다. die **Zwischenlandung** — (*stopover, intermediate landing*, 도중 착륙). 약변.

【2】 주절의 목적어가 인칭대명사이고, 그것이 종속절의 주어일 때 :

---

426. Meine Tante hilft **mir, daß ich** mit der Hausarbeit bald fertig werde.

=Meine Tante hilft mir, mit der Hausarbeit bald fertig **zu werden**.

My aunt helps me so that I finish the homework soon.

《역》 나의 아주머니는 내가 곧 숙제를 끝내도록 나를 도와 준다.

【해설】 helfen, half, geholfen — (*help*, 돕다). 3격동사. **fertig** 형 — (*ready, complete*, 준비된, 끝난). **mit et.³ fertig werden** — (*finish*, 끝내다). 종속절의 주어 ich와 주절의 목적어 mir가 같으니 zu-Infinitiv를 쓴다. die **Hausarbeit** — (*homework*, 숙제). 약변.

> **427.** Die Eltern schicken **ihre Kinder** in die Schule, **damit sie** fremde Sprachen lernen.
>
> *The parents send their childern to school so as to learn foreign languages.*

《역》 양친은 자기 아이를 외국어를 배우도록 학교에 보낸다.

[해설] schicken, schickte, geschickt — (*send*, 보내다). 주절의 목적어가 인칭대명사가 아니기에 종속절을 zu-Infinitiv로 고치지 못한다. **fremd** 형 — (*strange*, 낯선). die **Sprache** — (*language*, 언어, 말). 약변.

【3】 종속절의 주어가 **man, wir, es** 등 일반적인 사람을 나타낼 때:

> **428.** Es ist durchaus verboten, **daß man** im Theater raucht.
> =Es ist durchaus verboten, im Theater **zu rauchen**.
> *It is thoroughly forbidden to smoke in the theater.*

《역》 극장에서 담배피우는 것은 아주 금지되어 있다.

[해설] **durchaus** 부 — (*thoroughly*, 아주). **verboten** 형 — (*forbidden*, 금지된). **rauchen, rauchte, geraucht** — (*smoke*, 담배피우다).

§ 130. 분 사(Das Partizip)

분사에는 다음 3 종류가 있다. 영어와 마찬가지로 독일어에도 분사는 8 품사에서 **형용사**에 속한다. 다만 분사는 원래 동사를 모체로 만든 형용사이니 **동적인**(움직이는) 형용사이고, reich (*rich*, 돈 많은), alt (*old*, 늙은) 등 순수 형용사는 **정적인** (즉, 움직이지 않는) 형용사이다.

종 류	공 식	형 태
현재분사	동사의 원형+d	sehen 의 현재분사 → **sehend**
과거분사	동사의 과거분사형	sehen 의 과거분사 → **gesehen**
미래분사	zu+타동사의 현재분사 (즉, zu+타동사+d)	sehen 의 미래분사 → **zu sehend**

형용사의 종류 { 1) 정적인 형용사 → 순수 형용사
              2) 동적인 형용사 → 분사

Abschnitt 21. 부정법 · 분사

따라서 **분사**와 **순수 형용사**는 그 성격이 다를 뿐이지 다같이 형용사이니 분사의 용법도 일반 형용사의 용법과 같다.

즉,
```
1) 형 용 사 + 명 사
2) 형 용 사 + 명 사
3) 형 용 사 = 명사적 용법
4) 형 용 사 = 부사
```

§ 131. 현재분사(Partizip Präsens)

영어와 마찬가지로 독일어에도 **현재분사**는 **능동**의 뜻으로 쓰이는 형용사다.

【1】 형용사로

순수 형용사와 마찬가지로 1) 강변화, 2) 약변화, 3) 혼합변화를 한다.

---

429. Die Junge an der Kasse ist lockig und blond, außerdem **reizend**.

The young girl at the cash-desk is curled and blond, and moreover charming.

《역》 계산대에 앉아 있는 소녀는 고수머리에 금발이며, 게다가 아름답다.

해설 die Kasse — (*cash-desk*, 계산대). 약변. **locking** 형 — (*curled*, 고수머리의). **blond** 형 — (*blond*, 금발의). **außerdem** 부 — (*moreover*, 게다가). **reizend** 형 — (*exciting, charming*, 자극적인, 아름다운). **reizen** (*charm*, 매혹하다) 의 현재분사.

【2】 명사로

현재분사도 형용사이니 순수 형용사와 마찬가지로 첫 글자를 대문자로 하여 명사적 용법이 된다.

---

430. In letzter Sitzung war mehr als die Hälfte der Mitglieder abwesend, darum war der **Vorsitzende** sehr wütend.

In the last meeting more than half of the members were absent, therefore the chairman was very enraged.

《역》 지난번 회합에 회원의 반 이상이 불참했고, 그래서 의장이 매우 분노했다.

해설 die Sitzung — (*meeting*, 회합). **mehr als die Hälfte** — (*more than half*, 반 이상). das **Mitglied** — (*member*, 회원). 강변 3식. **darum** — (*therefore*, 그러므로). der **Vorsitzende** — (*chairman*, 의장). vorsitzend 의 명사적 용법 **wütend** 형 — (*enraged*, 분노한). **wüten** (*rage*, 격노하다)의 현재분사.

【3】 부사로

독일어에서 형용사는 부사로도 쓰이니, 현재분사도 형용사이기에 부사로도 쓰인다. 다만 이 때에는 형용사의 변화를 받지 않는다.

> 431. Der Vater geht **rauchend** in dem Garten hin und her, und sagt mir, was er gestern getan hat.
> *The father goes around smoking in the garden, and tells me what he did yesterday.*

《역》 아버지는 담배를 피우면서 정원을 이리저리 다니며 어제 했던 일을 내게 말한다.

[해설] **rauchen** — (*smoke*, 담배피우다). **rauchend**—rauchen 의 현재분사. **hin** 〔뷔〕 — (*there*, 저쪽으로). **her** 〔뷔〕 — (*here*, 이쪽으로). **gehen hin und her** — (*go there and here*, 이리저리 다니다).

【4】 분사구문으로

영어에서 현재분사가 *when, as, if* 등 종속접속사가 이끄는 종속절을 대신하여 분사구문을 이루듯이, 독일어에도 현재분사는 분사구문으로 된다.

이 때 분사구문의 목적어, 보어, 기타 수식어가 영어에서는 현재분사의 뒤에 오나 독일어에서는 현재분사의 앞에 온다.

> 432. **Als ich** das Schloß auf dem Berg **sah**, war ich sehr erstaunt.
> =Das Schloß auf dem Berg **sehend**, war ich sehr erstaunt.
> *When I saw the castle on the mountain, I was much surprised.*
> =*Seeing the castle on the mountain, I was much surprised.*

《역》 내가 산 위에 있는 그 성을 보았을 때, 나는 대단히 놀랐다.

[해설] **als** 〔접〕 — (*when*, ~할 때). das **Schloß** — (*castle*, 성). 강변 3식. 복수 die Schlösser. der **Berg** — (*mountain*, 산). 강변 2식. **erstaunt** 〔형〕 — (*surprised*, 놀란). **sehend** 는 sehen 의 현재분사. 여기서는 분사구문. das Bild 는 그것의 목적어이니 앞에 온다.

> 433. **Indem die Mädchen** fröhlich **sangen**, gingen sie durch den Wald.
> =Fröhlich **singend**, gingen die Mädchen durch den Wald.
> *As the girls were singing merrily, they went through the woods.*
> =*Singing merrily, the girls went through the woods.*

《역》 즐겁게 노래하면서 그 소녀들은 숲을 지나갔다.

[해설] **indem** — (*as*, ~하면서). 종속접속사. 접속사 indem 과 주어 die Mädchen 을 생략하고 singen 을 현재분사로 분사구문으로 했다. **fröhlich** 〔형〕 — (*merry*, 즐거운).

§ 132. 과거분사(Partizip Präteritums)

영어와 마찬가지로 독일어에도 **과거분사는 수동의 뜻으로** 쓰이는 형용사이다.

【1】형용사로

순수 형용사와 마찬가지로 뒤에 명사가 올 때는 변한다.

---

434. Sie denkt immer an den schon vor 10 Jahren **gestorbenen** Vater.
She always thinks of the father who died already 10 years ago.

《역》 그 여자는 10년 전에 돌아가신 아버지를 늘 생각한다.
[해설] **denken an** — (*think of*, ~를 생각하다). **gestorben**＜**sterben**(*die*, 죽다)의 과거분사. Vater를 수식하는 형용사. Vater가 4격. 정관사가 있으니 약변화.

---

435. Er warf das **gebrochene** Glas an den Spiegel und weinte traurig.
He threw the broken glass at the mirror and wept sadly.

《역》 그는 깨어진 컵을 거울에 던지고 슬프게 울었다.
[해설] **werfen, warf, geworfen** — (*throw*, 던지다). **brechen, brach, gebrochen** — (*break*, 깨뜨리다). **das Glas** — (*glass*, 유리, 컵). 강변 3식. **der Spiegel** — (*mirror*, 거울). 강변 1식. **weinen, weinte, geweint** — (*weep*, 울다). **traurig** 혱 — (*sad*, 슬픈).

【2】명사로

과거분사도 형용사이니 **첫 글자 대문자**로 명사적 용법이 된다.

---

436. Er hat seine **Geliebte** mit seinen Kindern nach Frankreich geschickt.
He has sent his love to France with his children.

《역》 그는 자기의 애인을 어린애들과 함께 프랑스로 보냈다.
[해설] **seine Geliebte**는 geliebt의 명사적 용법 — (*loved one*, 사랑을 받는 사람, 즉 「애인」이란 뜻). **das Frankreich** — (*France*, 프랑스).

---

437. Frau Reichel geht als **Abgeordnete** nach Bonn, und ihr Mann bleibt zu Haus und versorgt die Kinder.
Mrs. Reichel goes to Bonn as representative, and her husband stays at home and takes care of the children.

《역》 라이켈 부인은 대의원으로 본에 가고, 그녀의 남편이 집에 남아 아이들을 돌본다.
해설 Abgeordnete — (*representative*, 대의원). 여성. abordnen(*delegate*, 파견하다)의 과거분사로 명사적 용법. 여성 어미 -e가 붙었다. der **Mann** — (*husband*, 남편). 강변 3식. versorgen, versorgte, versorgt — (*take care of*, 돌보다).

【3】부사로

형용사는 부사로도 쓰이니, 과거분사도 형용사이기에 부사로도 쓰인다.
다만 이 때에는 형용사의 변화는 하지 않는다.

> 438. Der Knabe kam zum Markt **gelaufen**, seiner Mutter eine große Nachricht mitzuteilen.
> *The boy came running to the market to inform his mother of a big news.*

《역》 그 소년은 어머니에게 중대한 소식을 알려 주기 위해서 시장으로 달려왔다.
해설 laufen, lief, gelaufen — (*run*, 뛰다). 같은 용법으로 kommen angerannt (뛰어오다), kommen geflogen (날아오다). 영어는 이 때 현재분사로 표현하나 독일어에서는 과거분사를 쓰는 데 주의하자. der **Markt** — (*market*, 시장). 강변 2식. die **Nachricht** (*news*, 뉴스). 약변. mitteilen, mitteilte, mitgeteilt — (*inform*, 알리다). 분리동사.

> 439. Als die Musik vorbei war, applaudierte das Publikum **begeistert**.
> *When the music was over, the audience applauded rapturously.*

《역》 음악이 끝나자, 청중은 열광적으로 박수쳤다.
해설 als 접 — (*when*, ~할 때). vorbei 부 — (*over*, 지나간). sein vorbei — (*be over*, 끝나다). applaudieren — (*applaud*, 박수치다). das **Publikum** — (*audience*, 청중). 복수는 없음. begeistert<begeistern (*enrapture*, 감격케 하다)의 과거분사로 여기서는 부사.

【4】분사구문으로

영어와 마찬가지로 독일어에도 과거분사가 분사구문으로 쓰인다. 이 때 영어는 본래의 문장이 **수동문**이다. 그러나 독일어는 ① 수동형, ② 완료형 모두 가능하다.

	본래의 문장	분 사 구 문
수동형	werden + p.p	**werden**을 떼고 p.p만으로 분사구문이 된다.
완료형	haben sein } + p.p	haben sein } 을 떼고 p.p만으로 분사구문이 된다.

> **440.** Nachdem er den Regenmantel **angezogen** hatte, ging er aus, trotz starken Regens.
> =Den Regenmantel **angezogen**, ging er aus, trotz starken Regens.
> *After he put on the raincoat, he went out in spite of heavy rain.*

《역》 그는 비옷을 입고 비가 몹시 오는데도 불구하고 밖으로 나갔다.

해설 nachdem 접 — (*after*, 후에). der **Regenmantel** — (*raincoat*, 비옷). 강변 1식. **anziehen, anzog, angezogen** — (*put on*, 입다). **trotz** 전 — (*in spite of*, ~에도 불구하고). 2격 전치사. der **Regen** — (*rain*, 비). starken의 -en은 형용사 강변화 남성 2격. 원래는 -es라야 하나 뒤에 명사가 -s, 또는 -es일 때에는 -en이 붙는다.

> **441.** Als ich auf dem Bahnhof **angekommen war**, fand ich dort viele Freunde.
> =Auf dem Bahnhof **angekommen**, fand ich dort viele Freunde.
> *When I arrived at the station, I found many friends there.*

《역》 내가 정거장에 도착했을 때, 나는 거기서 많은 친구들을 발견했다.

해설 der **Bahnhof** — (*station*, 정거장). 강변 2식. **ankommen, ankam, angekommen** — (*arrive*, 도착하다). **finden, fand, gefunden** — (*find*, 발견하다).

> **442.** Wenn einige **ausgenommen werden**, sind die Putzfrauen alle fleißig.
> =Einige **ausgenommen**, sind die Putzfrauen alle fleißig.
> *If some are excluded, the charwomen are all diligent.*

《역》 몇 사람을 제외하고는 그 청소부들은 모두 부지런하다.

해설 **einig** 형 — (*some*, 몇몇의). 여기서는 명사적 용법. einig의 -e는 정관사 복수 1격형. **ausnehmen, ausnahm, ausgenommen** — (*take out, exclude*, 제외하다). 종속절과 주절의 주어가 다르기 때문에 분사구문에는 주어를 두어야 한다. alle는 die Putzfrauen과 동격. die **Putzfrau** — (*charwoman*, 청소부). 약변.

§ 133. 미래분사(Partizip Futurs)

미래분사의 형태는 **zu**+타동사의 현재분사, 즉 **zu**+타동사+**d**로 된다.

미래분사도 형용사이니 뒤에 명사가 있을 때 일반 형용사와 마찬가지로 ① 강변화, ② 약변화, ③ 혼합변화를 한다.

수동의 가능을 나타내어 「~될 수 있는」, 「~될 만한」의 뜻으로 **sein zu**+**Infi**-

nitiv 나 **können+Passiv** 와 같은 뜻을 가진다.

영어의 ***can be+p.p.*** 또는 ***to be+p.p.*** 이다.

*This is the problem not **to be solved** easily.*(이것은 쉽게 해결될 문제가 아니다).

---

443. Warum hat der alte Fischer plötzlich seine Heimat verlassen?
Das ist eine leicht **zu lösende** Frage.

Why die the old fisherman leave his home suddenly?
This is a question to be solved easily.

《역》 그 늙은 어부는 왜 갑자기 자기 고향을 떠났을까? 이것은 손쉽게 풀 수 있는 문제다.

[해설] **warum** — (*why*, 왜). der **Fischer** — (*fisherman*, 어부). 강변 1식. **plötzlich** 튄 — (*suddenly*, 갑자기). die **Heimat** — (*home, homeland*, 고향). **verlassen** — (*leave*, 떠나다). **leicht** 형 — (*easy*, 쉬운). 여기서는 부사, lösend 를 수식. **lösen** — (*solve*, 풀다).

---

444. Einige Formulare sind auszufüllen, d.h. ich habe einige **auszufüllende Formulare.**

A few forms are to be filled in; that is, I have a few forms to fill in.

《역》 몇 장의 서식을 기입해야 합니다. 즉, 나는 기입해야 할 서식이 몇 장 있습니다.

[해설] das **Formular** — (*form*, 서식). 강변 2식. **ausfüllen** — (*fill in*, 기입하다). ausfüllen 은 zu-Infinitiv로 형용사구. sind 의 보어. auszufüllend 는 Formulare를 수식.

---

445. Der **zu strafende** Brandstifter entfloh aus dem von den hohen Mauern' umgebenen Gefängnis, aber er ist wieder gefangen worden.

The incendiary to be punished escaped from the prison surrounded by the high walls, but he was arrested again.

《역》 처벌받아야 할 방화범이 높은 담들로 에워싸인 감옥에서 도망쳤으나, 그는 다시 붙잡히고 말았다.

[해설] **strafen** — (*punish*, 처벌하다). zu strafend 는 미래분사. Brandstifter를 수식. der **Brandstifter** — (*incendiary*, 방화범). 강변 1식. **entfliehen, entfloh, entflohen** — (*flee, escape*, 도망치다). das **Gefängnis** — (*prison*, 감옥). 강변 2식. **hoch** 형 — (*high*, 높은). hoch 는 어미가 -e 일 때 -c- 가 떨어진다. hohen 의 -en 은 형용사 약변화. 복수 3격. die **Mauer** — (*wall*, 담). 약변. **umgeben, umgab, umgeben** — (*surround*, 둘러싸다). umgeben 은 p.p.로 형용사 앞에 aus dem 이 있으니 형용사 약변화, 중성 3격의 -en 이 붙었다. **fangen, fing, gefangen** — (*catch, arrest*, 붙잡다).

Abschnitt 21. 부정법 · 분사

연 습 문 제

[1] 다음 문장을 부정법을 써서 단축시키시오.
1. Es gefällt mir, daß ich abends auf der Straße spazierengehe.
2. Der alte Mann wünscht, daß er Sie bald wiedersieht.
3. Mein Freund hat mich gebeten, daß ich am Samstag wieder zu ihm komme.
4. Ein Fremder kam in die Klasse, ohne daß er den Hut abnahm.
5. Man ißt, auf daß man leben kann.
6. Es tut uns leid. Wir haben dich gestern am See nicht gesehen.
7. Der Kranke hofft darauf. Er wird bald wieder gesund.
8. Ich bitte dich. Du hilfst mir den schweren Koffer tragen.

[2] 분사의 용법을 활용하여 다음 문장을 단축시키시오.
1. Die Soldaten marschieren durch die Stadt und singen dabei.
2. Die Frau schreite laut um Hilfe und lief durch die nächtlichen Straßen.
3. Der Gast tritt ins Zimmer ein und grüßt dabei.
4. Wir beobachteten die Bäume, die stark im Winde schwanken.
5. Die Leute, die vorbeigehen, sehen in mein Zimmer herein.
6. Der Schüler antwortete dem Lehrer und errötete das Gesicht dabei.
7. Nach der Feier gingen alle Leute, die gern tanzen.
8. Das Auto, das schnell fuhr, überfuhr ein Kind.

해답

[1] ① Es gefällt mir, abends auf der Straße spazierenzugehen.
② Der alte Mann wünscht, Sie bald wiederzusehen.
③ Mein Freund hat mich gebeten, am Samstag wieder zu ihm zu kommen.
④ Ein Fremder kam in die Klasse, ohne den Hut abzunehmen.
⑤ Man ißt, um zu leben.
⑥ Es tut uns leid, dich gestern am See nicht gesehen zu haben.
⑦ Der Kranke hofft darauf, bald wieder gesund zu werden.
⑧ Ich bitte dich, mir den schweren Koffer tragen zu helfen.

[2] ① Die Soldaten marschieren singend durch die Stadt.
② Laut um Hilfe schreiend lief die Frau durch die nächtlichen Straßen.
③ Der Gast tritt grüßend ins Zimmer ein.
④ Wir beobachteten die stark im Winde schwankenden Bäume.
⑤ Die vorbeigehenden Leute sehen in mein Zimmer herein.
⑥ Das Gesicht errötend, antwortete der Schüler dem Lehrer.
⑦ Nach der Feier gingen alle gern tanzenden Leute.
⑧ Das schnell fahrende Auto überfuhr ein Kind.

해 설

[1] ① 나는 저녁에 거리를 산책하는 것이 마음에 든다.
② 그 늙은 남자는 당신을 곧 다시 만날 것을 희망한다.
③ 나의 친구는 내가 토요일에 다시 오도록 요청했다.
④ 한 낯선 사람이 모자를 벗지도 않고 교실로 들어왔다.
⑤ 사람은 살기 위해 먹는다.
⑥ 유감스럽다. 우리는 너를 어제 호수 가에서 보지 못했다.
⑦ 환자는 그것을 희망한다. 그는 곧 다시 건강해질 것이다.
⑧ 나는 네게 청한다. 너는 내가 무거운 가방을 드는 것을 돕는다.

① **jm gefallen~**「누구의 마음에 들다.」 **spazierengehen** — (*go for a walk*, 산책하다). ② **wünschen** — (*wish*, 바라다). **bald** 뷔 — (*soon*, 곧). ③ **gebeten**< **bitten, bat, gebeten** — (*ask*, 청하다). ④ **fremd** 형 — (*strange*, 낯선). 여기서는 명사화. 남성 1격. **abnehmen, abnahm, abgenommen** — (*take off*, 벗다). ⑤ **ißt**< **essen, aß, gegessen** — (*eat*, 먹다). ⑥ **es tut mir leid** — (*I am sorry*, 유감이다). **der See** — (*lake*, 호수). 혼합변. ⑦ **gesund** 형 — (*healthy*, 건강한). ⑧ **tragen** — (*carry*, 나르다).

[2] ① 군인들은 노래하면서 도시를 가로질러 행진한다.
② 큰소리로 도움을 청하면서 그 부인은 밤거리를 가로질러 달려갔다.
③ 그 손님은 인사하면서 방에 들어간다.
④ 우리는 바람에 심하게 흔들리는 나무를 관찰했다.
⑤ 지나가는 사람들이 나의 방을 들여다본다.
⑥ 얼굴을 붉히면서 그 학생은 선생님에게 대답했다.
⑦ 축제 후에 즐거이 춤추던 사람들은 모두 가버렸다.
⑧ 빨리 달리는 자동차가 아이를 치었다.

① **der Soldat** — (*soldier*, 군인). 약변. **marschieren, marschierte, marschiert** — (*march*, 행진하다). **dabei** 뷔 — (*at the same time*, 동시에). 노래부르는 것과 행진하는 것이 동시동작이므로, singen 을 현재분사로 고쳐서 부사적으로 고쳐야 한다. ② **laut** 형 — (*loud*, 시끄러운). **die Hilfe** — (*help*, 도움). 약변. **lief**< **laufen, lief, gelaufen** — (*run*, 달리다). **nächtlich** 형 — (*nightly*, 밤의). **schreiend**< **schreien, schrie, geschrien** — (*shout, cry*, 소리지르다). ③ **grüßen** — (*greet*, 인사하다). ④ **beobachteten**< **beobachten, beobachtete, beobachtet** — (*observe*, 관찰하다, 자세히 보다). **der Wind** — (*wind*, 바람). 강변 2식. **schwanken, schwankte, geschwankt** — (*wave to and fro*, 흔들리다). 종속절을 이끄는 die 는 관계대명사. 따라서 die 이하 schwanken 을 현재분사로 해야 함. ⑤ **vorbeigehen** — (*pass by*, 통과하다). **hereinsehen** — (*look into*, 들여다보다). ⑥ **errötend**< **erröten, errötete, errötet** — (*blush*, 얼굴을 붉히다). ⑦ **die Feier** — (*feast*, 축제). 약변. ⑧ **überfahren** — (*run over*, 치다).

Lesestück 21

Geheim

Wenn die Minister einer neuen Regierung zum erstenmal nach einer Wahl zusammenkommen, so ist das ein aufregendes Ereignis.

Als gestern die Minister zu ihrer ersten Sitzung zusammentraten, wurden sie schon vor dem Sitzungssaal von vielen Berichterstattern empfangen. Diese versuchten, von den Ministern etwas über die kommende Sitzung zu erfahren, sie erhielten aber keine Antwort. Die Sitzung war geheim, und die Reporter mußten im Vorraum warten.

Nach drei Stunden war die Sitzung immer noch nicht zu Ende. Die wartenden Journalisten wurden allmählich nervös. Endlich, nach vier Stunden, wurde die Tür zum Sitzungssaal geöffnet, und die Minister kamen heraus. Die lange Sitzung war zu Ende.

Die Reporter umringten die Minister und fragten und fragten. Diese gaben aber keine Auskunft. Als der letzte, ein kleiner, dicker Herr, aus dem Saal kam, erkannten zwei junge Reporter den Ministerpräsidenten und eilten zu ihm hin.

„Herr Ministerpräsident ! Sie können uns doch bestimmt etwas erzählen. Warum hat denn die Sitzung so lange gedauert? Man hat doch sicher etwas Wichtiges beschlossen, nicht wahr?" fragten sie eifrig. Als der Ministerpräsident diese Fragen hörte, schien er zuerst ein wenig erstaunt, erwiderte dann aber lächelnd : „Das Ergebnis ist sicher für uns alle von großer Bedeutung. Aber können Sie schweigen, meine Herren?" — „Aber selbstverständlich, Herr Ministerpräsident !" versicherten die beiden schnell. — „Ich auch, meine Herren !" sagte darauf der Ministerpräsident, grüßte höflich und ging zu seinem Wagen.

---

geheim 형 — (*secret*, 비밀의). ① der **Minister** — (*minister*, 장관). die **Regierung** — (*government*, 정부). **zum erstenmal** — (*for the first time*, 처음으로). die **Wahl** — (*election*, 선거). ② **zusammenkommen** — (*get together*, 모이다). **aufregend** 형 — (*exciting*, 흥분하는). das **Ereignis** — (*event*, 사건). ③ die **Sitzung** — (*meeting*, 회의). **zusammentreten** — (*assemble*, 모이다). ④ der **Sitzungssaal** — (*council-hall*, 회의실). **empfangen** — (*welcome*, 환영하다). ⑤ **versuchen** — (*try*, 하려고 애쓰다). ⑥ **erhalten** — (*get*, 얻다).

비 밀

선거가 끝난 후 처음으로 새 정부의 장관들이 모인다면, 그것은 하나의 흥분된 일이다. 어제 장관들이 그들의 첫 회의에 모였을 때, 그들은 벌써 회의실 앞에서 많은 보도원들로부터 영접을 받았다. 이들은 장관들에게서 장차 회의에 관한 무엇인가를 알려고 애썼다. 그러나 그들은 아무 대답도 얻지 못했다. 그 회의는 비밀이었고, 기자들은 옆 방에서 기다리지 않으면 안 되었다.

3시간 후에도 회의는 여전히 끝나지 않았다. 기다리던 신문 기자들은 차차 신경질적으로 되었다. 4시간 후에 드디어 회의실 문이 열리고 장관들이 나왔다. 오랜 회의가 끝났다.

신문기자들은 장관들을 둘러싸고 질문에 질문을 퍼부었다. 그러나 이들은 아무 정보도 전해 주지 않았다. 마지막의 조그맣고 뚱뚱한 사람이 회의실에서 나왔을 때, 두 젊은 기자는 국무 총리란 것을 알아차리고 급히 그에게 달려갔다.

"국무 총리 각하! 각하는 저희들에게 무얼 좀 이야기할 수 있겠지요. 도대체 이 회의가 왜 이렇게 오래 걸렸습니까? 확실히 매우 중요한 것이 결정되었지요?" 라고 그들은 열심히 물었다. 국무 총리가 이 질문을 들었을 때, 그는 처음에는 다소 놀라는 것 같았으나 빙그레 웃으면서,

"그 결과는 우리 모두에게 아주 중요한 것이지요. 그러나 여러분, 당신들은 침묵을 지킬 수 있지요?" 라고 말했다.

"아 물론이지요. 국무 총리 각하!"라고 그 두 사람은 빨리 확언했다. 여기에 대해서, "나 역시 그렇습니다. 여러분." 라고 국무 총리는 말하면서 정중하게 인사하고 그의 자동차로 갔다.

---

[7] der **Vorraum** — (*anteroom*, 옆방). [8] die **Stunde** — (*hour*, 시간). das **Ende** — (*end*, 끝). **wartend** 형 — (*waiting*, 기다리는). [9] der **Journalist** — (*journalist*, 신문 기자). [12] **umringen** — (*surround*, 둘러싸다). [13] die **Auskunft** — (*information*, 정보). der **Saal** — (*hall*, 홀). [14] der **Ministerpräsident** — (*prime minister*, 국무 총리). **eilen** — (*hasten*, 서두르다). [17] **beschließen** — (*decide*, 결정하다). **eifrig** 형 — (*eager*, 열렬한). [18] **erstaunt** 형 — (*surprised*, 놀란). [19] **lächelnd** 형 — (*laughing*, 웃는). das **Ergebnis** — (*effect*, 결과). die **Bedeutung** — (*meaning*, 의미). [20] **schweigen** — (*keep silence*, 말이 없다). [21] **versichern** — (*assure*, 확언하다). [22] **grüßen** — (*greet*, 인사하다). **höflich** 형 — (*polite*, 정중한).

Abschnitt 22.

접 속 법

§ 134. 접 속 법(Konjunktiv)

영어의 가정법을 독일어에서는 범위를 넓혀서 접속법이라 한다. 따라서 독일어에도 영어와 마찬가지로 법에는 3 종류가 있다.

> 1) 직설법(Indikativ) : 어떤 일을 사실대로 말하는 방법
> 2) 명령법(Imperativ) : 상대방에게 명령조로 말하는 방법
> 3) 접속법(Konjunktiv) : 영어의 가정법과 기타 몇 가지 특이한 데에 쓰이다.

이들 법은 전적으로 **동사의 형태로 구별**된다.

> *If I were rich, I would be happy.* 내가 부자라면 행복할 텐데.
> ↳만일 직설법이라면 *am*이라야지.

참고로 독일어의 직설법과 명령법의 동사의 형태를 다시 한 번 주목하자.

인칭		직 설 법		명 령 법
		현 재	과 거	
sg.	1	___e	----------	
	2	___st	----------st	___e !
	3	___t	----------	
pl.	1	___en	----------en	
	2	___t	----------t	___t !
	3	___en	----------en	
(존칭)		___en	----------en	___ en Sie !

영어와 마찬가지로 접속법에는 직설법과는 다른 동사의 변화를 사용한다.

§ 135. 접속법의 현재 인칭변화와 과거 인칭변화

직설법과 마찬가지로 접속법에도 현재 인칭변화와 과거 인칭변화가 있다.

【1】 접속법 현재 인칭변화

동사의 어간에 다음과 같은 어미를 붙인다.

ich _____ e		wir _____ en	
du _____ est		ihr _____ et	
er/sie/es _____ e		sie (Sie) _____ en	

원형 / 인칭	spielen (약변화)	lesen (강변화)	haben (혼합변화)	können (조동사)	어미
ich	spiele	lese	habe	könne	-e
du	spielest	lesest	habest	könnest	-est
er	spiele	lese	habe	könne	-e
wir	spielen	lesen	haben	können	-en
ihr	spielet	leset	habet	könnet	-et
sie	spielen	lesen	haben	können	-en
	play	*read*	*have*	*can*	

[주의] 1) 직설법 현재 인칭변화에서는 어간 모음이 바뀌는 것이 있으나 (예: 강변화 동사의 a → ä, ē → ie, ĕ → ĭ) 접속법에서는 어간모음을 바꾸는 일이 없다.
2) 화법조동사도 접속법 현재 인칭변화에서는 어간을 고정시킨다.

sein 동사만은 아래와 같이 변한다.

ich	sei	wir	seien
du	seiest	ihr	seiet
er	sei	sie	seien

【2】 접속법 과거 인칭변화

모든 동사의 과거형에 접속법 현재 인칭어미를 그대로 붙인다.

인칭	접속법 현재	접속법 과거
ich	———— e	············ e
du	———— est	············ est
er	———— e	············ e
wir	———— en	············ en
ihr	———— et	············ et
sie	———— en	············ en

　강변화, 혼합변화 동사는 과거형의 **모음**이 **-a-, -o-, -u-** 일 때 접속법 과거 인칭변화에서 변모음(Umlaut)된다.

(1) 일반 동사의 과거 인칭변화

종류	(약변화)	(강변화)	(혼합변화)	(약변화)	어미
원형 과거 과거분사	machen **machte** gemacht	schlafen **schlief** geschlafen	gehen **ging** gegangen	wollen **wollte** gewollt	
ich	machte	schliefe	ginge	wollte	**-e**
du	machtest	schliefest	gingest	wolltest	**-est**
er	machte	schliefe	ginge	wollte	**-e**
wir	machten	schliefen	gingen	wollten	**-en**
ihr	machtet	schliefet	ginget	wolltet	**-et**
sie	machten	schliefen	gingen	wollten	**-en**

[주의] 약변화 동사는 접속법 과거 인칭변화와 직설법 과거 인칭변화가 같다. 과거형의 끝이 -te 이니.

인칭	접속법 과거	직설법 과거
ich	liebte	liebte
du	liebtest	liebtest
er	liebte	liebte
wir	liebten	liebten
ihr	liebtet	liebtet
sie	liebten	liebten

(2) 강변화, 혼합변화 동사는 과거형의 모음이 **a, o, u**일 때 접속법 과거인칭변화에서 Umlaut를 받는다.

동사\인칭	trinken **trank** getrunken	sehen **sah** gesehen	wissen **wußte** gewußt	sein **war** gewesen	können **konnte** gekonnt
ich	tränke	sähe	wüßte	wäre	könnte
du	tränkest	sähest	wüßtest	wärest	könntest
er	tränke	sähe	wüßte	wäre	könnte
wir	tränken	sähen	wüßten	wären	könnten
ihr	tränket	sähet	wüßtet	wäret	könntet
sie	tränken	sähen	wüßten	wären	könnten

(3) 접속법 과거 인칭변화에서 불규칙적인 것

> 1) 과거형의 모음 **a**가 **e**로 변하는 혼합변화 동사
> 2) 과거형의 모음 **a**가 **ä, ö, ü**로 변하는 강변화와 혼합변화동사

동사\인칭	kennen **kannte** gekannt	senden **sandte** gesandt	stehen **stand** gestanden		beginnen **begann** begonnen	
ich	kennte	sendete	stände	stünde	begänne	begönne
du	kenntest	sendetest	ständest	stündest	begännest	begönnest
er	kennte	sendete	stände	stünde	begänne	begönne
wir	kennten	sendeten	ständen	stünden	begännen	begönnen
ihr	kenntet	sendetet	ständet	stündet	begännet	begönnet
sie	kennten	sendeten	ständen	stünden	begännen	begönnen

[주의] senden과 wenden 동사는 접속법 과거형에서는 약변화의 형태로 변화한다.
stehen의 접속법 과거형은 stand의 a가 ä나 ü로 되고, beginnen은 a가 ä나 ö로 되고, helfen은 a가 ü로 변한다.

§ 136. 접속법의 시제

접속법의 시제도 직설법의 시제나 마찬가지로 6종류다. 다만 직설법의 시제에서 **정동사**만 접속법의 **형태로** 하면 바로 전체가 접속법의 시제로 된다.

§ 137. 접속법 동사의 형태와 실제 뜻하는 때

영어의 가정법에서 동사의 형태와 실제 뜻하는 때는 같지 않다.

> 1) If **I had** money, **I would give** it to you. 내가 돈이 있다면 너에게 줄 텐데.
> ↳형태는 과거이나 실제 **뜻**하는 시간은 **현재**다.
> ↳형태가 과거라 해서 실제 **뜻**하는 시간이 과거가 아니라 **현재**다.
>
> 2) If he **had had money, he could have bought** the piano.
> ↳형태는 과거완료이나 실제 **뜻**하는 시간은 과거다.

  독일어에도 접속법 동사가 ① 현재, ② 과거, ③ 현재완료, ④ 과거완료, ⑤ 현재미래, ⑥ 과거미래, ⑦ 현재미래완료, ⑧ 과거미래완료형이라 해서 그것이 실제 뜻하는 시간이 바로 그런 것은 아닙니다.
  독일어에서 접속법 형태와 그것이 실제 뜻하는 때는 아래와 같다.

접속법 동사의 시제	접속법 동사의 형태		실제 뜻하는 때 (시간)
	1) 현재군(present group) 4단계의 공통 특징이 현재형이니 2) 또는 **접속법 1식**이라고도 한다.	1) 과거군(past group) 4단계의 공통 특징이 과거형이니 2) 또는 **접속법 2식**이라고도 한다.	
기본시제 완료시제 미래시제 미래완료시제	현재 현재 완료 현재 미래 현재 미래완료	과 거 과거 완료 과거 미래 과거 미래완료	현 재 과 거 미 래 (현재 미래) 미래완료 (과거 미래)
언제 접속법 현재군을 쓰고 언제 과거군을 쓰나?	1) 가능성 2) 있을 수 있는 일 3) 실현성이 있다고 생각할 때	1) 불가능 2) 있을 수 없는 일 3) 실현성이 없다고 생각할 때	

[주의] 1) 현재미래, 과거미래, 2) 현재미래완료, 과거미래완료라 함은 정동사의 형태가 현재, 또는 과거이기에 이런 명칭을 붙인 것이다.

§ 137. 접속법 동사의 형태와 실제 뜻하는 때   351

[1] 접속법의 능동형

직설법의 능동형에서 정동사만 접속법 형태를 사용한다.

	접 속 법 시 제	직 설 법 시 제
현 재	Er trinke ein Glas Bier.	Er trinkt ein Glas Bier.
과 거	Er tränke ein Glas Bier.	Er trank ein Glas Bier.
현재완료	Er habe ein Glas Bier getrunken.	Er hat ein Glas Bier getrunken.
과거완료	Er hätte ein Glas Bier getrunken.	Er hatte ein Glas Bier getrunken.
현재미래	Er werde ein Glas Bier trinken.	Er wird ein Glas Bier trinken.
과거미래	Er würde ein Glas Bier trinken.	Er würde ein Glas Bier trinken.
현재미래완료	Er werde ein Glas Bier getrunken haben.	Er wird ein Glas Bier getrunken haben.
과거미래완료	Er würde ein Glas Bier getrunken haben.	Er wurde ein Glas Bier getrunken haben.

주의 미래에 현재, 과거라는 말을 쓴 것은 정동사의 형태가 현재형, 과거형이기 때문이다.

[2] 접속법의 수동형

직설법의 수동형에서 정동사만 접속법 형태를 사용한다.

	접 속 법 시 제	직 설 법 시 제
현 재	Ein Glas Bier werde von ihm getrunken.	Ein Glas Bier wird von ihm getrunken.
과 거	Ein Glas Bier würde von ihm getrunken.	Ein Glas Bier wurde von ihm getrunken.
현재완료	Ein Glas Bier sei von ihm getrunken worden.	Ein Glas Bier ist von ihm getrunken worden.
과거완료	Ein Glas Bier wäre von ihm getrunken worden.	Ein Glas Bier war von ihm getrunken worden.
현재미래	Ein Glas Bier werde von ihm getrunken werden.	Ein Glas Bier wird von ihm getrunken werden.
과거미래	Ein Glas Bier würde von ihm getrunken werden.	Ein Glas Bier würde von ihm getrunken werden.
현재미래완료	Ein Glas Bier werde von ihm getrunken worden sein.	Ein Glas Bier wird von ihm getrunken worden sein.
과거미래완료	Ein Glas Bier würde von ihm getrunken worden sein.	Ein Glas Bier wurde von ihm getrunken worden sein.

주의 완료수동형은 영어에서 *have been*+p.p. 독일어는 sein worden+p.p.이다.

§ 138. 접속법 현재군의 용법(Gebrauch des Konjunktivs 1.)

【1】 복수 1인칭과 3인칭에 대한 명령에

복수 1인칭과 3인칭에 대한 명령에 접속법 현재형을 사용한다.

> 1) 복수 1인칭에 대한 명령 →도치법
> 2) 3인칭에 대한 명령 →정치법, 또는 도치법

---

446. Gehen wir doch jetzt **aus** ! Wir haben keine Zeit, um den frühen Zug zu erreichen.

Well now, let's go out ! We have scarcely enough time to catch the early train.

《역》 자, 이제 나갑시다 ! 우리는 아침 첫 차를 타기에는 시간 여유가 없소.

해설 aus 는 gehen 에 걸리는 분리전철. 접속법 동사는 단수 1인칭, 복수 1인칭, 3인칭은 직설법의 동사와 같다. 여기서 gehen~aus 는 접속법의 동사다. **erreichen, erreichte, erreicht** — (*reach*, 도달하다).

---

447. Von dieser Medizin nehme man täglich dreimal zwei Tropfen auf Zucker.

One should take two drops of this medicine three times a day with sugar.

《역》 매일 세 차례씩 이 약을 설탕에 두 방울 타서 먹게 하라.

해설 die **Medizin** — (*medicine*, 약). 약변. man 에 대한 명령으로 nehme 는 3인칭 접속법 현재형이다. 실제 의미하는 시간은 현재. **nehmen, nahm, genommen** — (*take*, 먹다). der **Tropfen** — (*drop*, 물방울). 강변 1식. der **Zucker** — (*sugar*, 설탕). 물질명사이기에 관사가 붙지 않는다.

【2】 희망, 또는 기원을 나타낼 때

미래 또는 현재의 희망이 꼭 실현되어야 한다고 생각할 때 접속법 현재형을 쓴다, 영어에는 이 때 *may* 나 또는 동사의 원형을 사용한다.

국어에서는 대개「~이기를 !」정도로 해석한다.

---

448. Gott helfe ihr, meiner armen Frau ! Sie ist schwer krank.

May God help her, my poor wife ! She is seriously sick.

《역》 그녀에게, 나의 불쌍한 아내에게 신의 도움이 있기를 ! 그녀는 몹시 병들었다.

해설 helfen, half, geholfen — (help, 돕다). 3격 동사. ihr와 meiner armen Frau는 동격.

> 449. Lang **lebe** der König! **Sei er** wohlhabend und glücklich!
> *Long live the king! May he be wealthy and prosperous!*

《역》 국왕이 만수 무강하시기를! (국왕 만세!) 국왕께서 복되고 행복하시기를!
해설 der König — (king, 왕). 강변 2식. 영어에서도 이 때 live는 원형이나, 가정법동사다. wohlhabend 형 — (wealthy, 유복한).

【3】「～라고 해 두자」라는 인정을 나타낼 때
이 때 접속법의 현재형을 쓴다.
영어에서는 이 때 동사의 원형, 또는 **may**를 사용한다.

> 450. **Es sei** so, wie du gesagt hast! Trotzdem kann ich nicht trauen, was du gesagt hast.
> *May it be as you have said! Nevertheless I cannot believe what you said.*

《역》 네가 말한 대로 그렇다고 해 두자! 그렇더라도 나는 네가 말한 것을 믿을 수 없다.
해설 wie 형 — (as, ～처럼). es sei so, wie ～ — (may it be, ～라고 해 두자). 어떤 사실을 인정하고 든다. trotzdem 부 — (nevertheless, 그렇더라도). trauen, traute, getraut — (believe, 믿다). was — 부정 관계대명사.

> 451. Niemand, **sei es** ein Prinz oder ein Bettler, kann ewig leben. Einmal muß man sterben.
> *Nobody, be it a prince or a beggar, can live forever. Sometime we must die.*

《역》 왕자나, 거지나 누구든 영원히 살 수는 없다. 사람이란 한 번은 죽게 마련이다.
해설 niemand — (nobody, 아무도 ～ 않다). der Prinz — (prince, 왕자). 약변. der Bettler — (beggar, 거지). 강변 1식. ewig 형 — (forever, 영원한). einmal 부 — (sometime, 언젠가 한 번). sterben, starb, gestorben — (die, 죽다).

【4】「아무리 ～일지라도」란 양보의 뜻에
양보의 내용이 가능성이 있을 때 접속법 현재형을 쓴다.

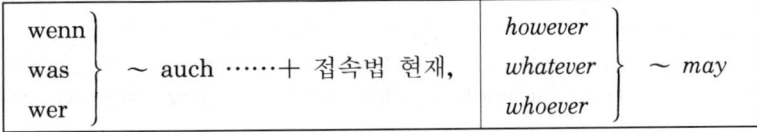

452. **Wenn** es **auch** schwer **sei**, so will ich es versuchen, das gefährliche Experiment fortzusetzen.
However difficult it may be, I will try to continue the dangerous experiment.

《역》 그것이 아무리 어렵다 할지라도, 나는 그 위험한 실험을 계속해 보겠습니다.

해설 wenn ~ auch — (*however~may*, 아무리 ~할지라도). **versuchen, versuchte, versucht** — (*try*, 애써 해 보다). wenn—Satz가 양보절이다. **gefährlich** 형 — (*dangerous*, 위험한). das **Experiment** — (*experiment*, 실험). 강변 2식. **fortsetzen, fortsetzte, fortgesetzt** — (*continue*, 계속하다). 분리동사. zu-Infinitiv에서 zu가 전철과 기본동사 사이에 온다.

453. **Wenn** du mir **auch** eine goldne Uhr gebest, bleibe ich an dem Entschluß fest.
Even if you may give me a golden watch, I will adhere to the decision.

《역》 네가 나에게 금 시계를 준다 해도 나는 그 결정을 고수할 거야.

해설 wenn ~ auch — (*however ~may*, 아무리 ~할지라도). **festbleiben, festblieb, festgeblieben** — (*adhere*, 고수하다). der **Entschluß** — (*decision*, 결심, 결정). 강변 2식.

【5】「~하기 위해서, ~하도록」이란 뜻의 목적을 나타내는 종속절에
종속접속사 **damit**, 또는 **auf daß** (*in order that*, ~하기 위해서, ~하도록)에 인도되는 종속절에 접속법 동사를 사용한다. 이 때

주절의 동사가 1) 현재일 때 →접속법 현재형
2) 과거일 때 →접속법 과거형 } 을 사용한다.

영어도 이 때 독일어와 마찬가지로 *may* 또는 *might*를 쓴다.

454. Der häßliche Fischer tut seine Pflicht nur, **damit** er von dem Kapitän gelobt **werde**.
The ugly fisherman does his duty only so that he may be praised by the captain.

《역》 그 보기 싫은 어부는 선장에게서 칭찬을 받기 위해서만 자기의 의무를 한다.

해설 **häßlich** 형 — (*ugly*, 보기 싫은). der **Fischer** — (*fisherman*, 어부). 강변 1식. **tun, tat, getan** — (*do*, 하다). die **Pflicht** — (*duty*, 의무). 약변. **damit** 접 — (*in order that*, *so that*, ~하기 위해서). der **Kapitän** — (*captain*, 선장). 강변 2식. **loben, lobte, gelobt** — (*praise*, 칭찬하다).

---

455. Als es zu regnen anfing, spannte der Herr seinen Schirm auf, **damit** er nicht naß **würde**.

When it began to rain, the gentleman put up his umbrella in order that he might not get wet.

《역》 비가 내리기 시작하자 그 신사는 젖지 않도록 우산을 폈다.

해설 anfangen, anfing, angefangen — (*begin*, 시작하다). aufspannen, aufspannte, aufgespannt — (*put up*, 펼치다). der **Schirm** — (*umbrella*, 우산). 강변 2식. **naß** 형 — (*wet*, 젖은).

§ 139. 접속법 과거군의 용법(Gebrauch des Konjunktivs 2.)

있을 수 없는 일, 또는 불가능한 일을 가정해서 말할 때에는 접속법 과거군을 사용한다. 다만 영어에 비해서 독일어에서는 접속법 과거군이 다양하게 쓰인다.

【1】 현재에 대한 가정

영어와 마찬가지로 현재 불가능한 일을 가정해서 말할 때이다.
영어에서는 주절에 조동사를 사용하나, 독일어에서는 꼭 그럴 필요는 없다.

Wenn ich reich **wäre**,
  ↓
  접속법 과거
{ 1) (so) **wäre** ich glücklich.
    ↓
    접속법 과거
  2) (so) **würde** ich glücklich **sein**.
    ↓
    조동사의 접속법 과거

If I were rich, I would be happy.

영어에서 *if-clause*의 **if**가 생략되면 동사가 그 자리에 오듯이, 독일어에서도 wenn - Satz 의 **wenn**이 생략되면 동사가 그 자리에 온다. 즉, **도치법**.

---

456. Wenn **ich** ein Vogel mit Flügeln **wäre**, **würde ich** zu dir fliegen.
 =**Wäre ich** ein Vogel mit Flügeln, (so) würde ich zu dir fliegen.

Were I a bird with wings, I would fly to you.

《역》 내가 지금 날개 달린 새라면 너에게 날아갈 텐데.

해설 der Flügel — (*wing*, 날개). 강변 1식. **fliegen, flog, geflogen** — (*fly*, 날다). werden+ Root — 미래. wenn이 생략되었기에 wäre가 앞에 왔다.

---

457. Wenn **er** gesund **wäre, könnte er** an dem Wettkampf teilnehmen.
 =Er ist nicht gesund, also kann er nicht an dem Wettkampf teilnehmen.
 If he were healthy, he could participate in the competition.

《역》 그가 건강하기만 하다면 경기에 참가할 수 있을 텐데(건강하지 못하니 참가할 수 없다).
해설 gesund 형 — (*healthy*, 건강한). der **Wettkampf** — (*competition*, 경기). 강변 2식. **teilnehmen, teilnahm, teilgenommen** — (*participate*, 참가하다).

---

458. Wenn **ich** genug Geld **hätte, würde ich** mit meiner Geliebten eine schöne Schiffsreise machen.
 If I had enough money, I would make a beautiful voyage with my lover.

《역》 내게 돈이 충분히 있다면 애인과 함께 멋진 선박 여행을 할 텐데.
해설 genug 부 — (*enough*, 충분히). die **Geliebte** — (*lover*, 애인). 형용사의 명사적 용법.

【2】 과거에 대한 가정 : — 접속법 과거완료형을 사용
 영어와 마찬가지로 과거의 일을 가정해서 말할 때이다.
 영어에서는 주절에 조동사를 사용하나, 독일어에서는 꼭 그럴 필요는 없다.

Wenn ich dort **gewesen wäre**, 1) (so) **wäre** ich glücklich **gewesen**.
  └→접속법←┘   └→접속법 과거완료←┘
   과거완료
         2) (so) **würde** ich glücklich **gewesen sein**.
              ↓
           조동사의 접속법 과거   └→완료←┘
If I had been there, I should have been happy.

---

459. Wenn **er** klug **gewesen wäre**, (so) **würde er** sicher nicht so viel gesprochen haben.
 =Er war nicht klug, also hat er so viel gesprochen.
 If he had been clever, he would not surely have said so much.

《역》 그가 영리했더라면 그는 확실히 그렇게 많이 이야기하지 않았을 텐데, 영리하지 못했기 때문에 그렇게 많이 이야기했다.

해설 klug 형 — (*clever*, 영리한). würde……gesprochen — 접속법 과거미래.

---

460. Wenn **du** dein Geld **gespart hättest**, (so) **könntest du** ein besseres Haus kaufen.
=**Hättest** du dein Geld gespart, (so) **könntest** du ein besseres Haus kaufen.
If you had spared your money, you could buy a better house.

《역》 네가 그 때 돈을 절약했더라면 지금쯤은 더 좋은 집을 살 수 있을 텐데.

해설 sparen, sparte, gespart — (*spare*, 절약하다, 저축하다). 주절에는 현재가정법을 사용한 데 주목하자. 즉, 조건문에서는 「과거의 어느 때 절약했더라면」의 뜻이 되고, 주절에서는 「그 돈으로 지금쯤은 집 한 채 살 수 있으련만」의 뜻이 된다.

---

461. Wenn **ich** früh **aufgestanden wäre**, (so) **hätte ich** den herrlichen Marsch der Soldaten gesehen.
=Ich hatte nicht früh aufgestanden, also hatte ich den herrlichen Marsch der Soldaten nicht gesehen.
If I had gotten up early, I should have seen the magnificent march of the soldiers.

《역》 내가 그 때 일찍 일어났더라면 군인들의 장엄한 행진을 보았을 텐데.

해설 aufstehen, aufstand, aufgestanden — (*get up*, 일어나다). herrlich 형 — (*magnificent*, 장엄한). der **Soldat** — (*soldier*, 군인). 약변.

【3】 조건문(wenn-satz)의 생략

영어에서 *if-claus*가 축소되어 하나의 *phrase*나 *word*로 될 때, 또는 전혀 없을 때도 있다. 독일어에서도 wenn-Satz가 축소되어 하나의 구 또는 단어로 될 때, 혹은 조건문이 전혀 없을 때도 있다.

이 때에도 주절의 뜻이

1) 현재에 대한 가정이면 접속법 과거형
2) 과거에 대한 가정이면 접속법 과거완료형 } 을 사용한다.

462. Ohne Geduld und Fleiß, **wäre** der Wissenschaftler nicht erfolgreich in seiner Forschung.
= Wenn er ohne Geduld und Fleiß **wäre**, wäre der……
Without patience and diligence the scholar would not be successful in his research.
= *If he were without patience and diligence, the scholar……*

《역》 인내와 부지런함이 없으면 그 학자는 그의 연구에서 성공하지 못할 텐데.
해설 die **Geduld** — (*patience*, 인내). der **Fleiß** — (*diligence*, 근면). 단수 2격. -es. der **Wissenschaftler** — (*scholar, scientist*, 학자, 과학자). 강변 1식. **erfolgreich** 형 — (*successful*, 성공적인). die **Forschung** — (*research*, 연구). 약변.

463. Mit deiner Hilfe, **könnte** ich mein Ziel erreicht haben.
= Wenn ich mit deiner Hilfe **gewesen wäre**, könnte ich……
With your help I could have achieved my object.
= *If I had had your help, I could……*

《역》 당신의 도움이 있었더라면 나는 나의 목적한 바를 달성해 낼 수 있었을 텐데.
해설 die **Hilfe** — (*help*, 도움, 원조). 약변. das **Ziel** — (*object, aim*, 목적). 강변 2식. **erreichen, erreichte, erreicht** — (*achieve, reach*, 도달하다, 달성하다). 주절이 과거 가정법이니 Mit ~ 가 과거 가정법의 조건으로 보아야 한다.

§ 140. 가정법에서 조건문의 생략

「~일 텐데」라는 주절(Haupt-Satz)만으로 추측의 뜻으로도 사용한다. 영어는 이 때 *might* 가 쓰인다. 또 이것은 정중한 의사 표시에도 쓰인다.
우리말에서도 추측의 표현이 겸손한 의사 표시가 되듯이.

【1】 추 측(과거형 사용)
(1)「~일 거야」라는 추측에 접속법 과거형을 사용한다.

464. Es **wäre** schon nach sieben Uhr, weil die Sonne aufgegangen ist.
It might be already after seven o'clock, because the sun has risen.

《역》 해가 떴으니 벌써 7시가 지났을지도 모른다.

§ 140. 가정법에서 조건문의 생략   359

해설 Es mag schon……로 하지 않는 이유는 시계를 보지 않고 단순히 상상해서 말하기 때문이다. die **Sonne** — (*sun*, 태양). 약변. aufgehen — 장소의 이동이니 완료형에서 sein+ p.p.

---

465. Es **wäre** ganz unmöglich, in so einem starken Sturm auszugehen.
It might be quite impossible to go out in such a heavy storm.

《역》 이렇게 심한 폭풍우에 외출한다는 것은 아주 불가능할 거야.
해설 **unmöglich** 형 — (*impossible*, 불가능한). der **Sturm** — (*storm*, 폭풍우). 강변 2식. ausgehen — 분리동사이니 zu-Infinitiv 의 zu 는 전철과 기본동사의 사이에 둔다.

(2) 「~할 뻔했다」는 뜻에 접속법 과거완료형
이 때 부사 fast 나, beinahe(*almost*, 거의)가 많이 쓰인다.

---

466. Als der betrunkene Autofahrer mit der Straßenbahn zusammenstieß, **wäre** er fast **gestorben**.
When the drunk driver collided into the streetcar, he might almost have died.

《역》 술 취한 자동차 운전수가 전차와 충돌했을 때, 그는 하마터면 죽을 뻔했다.
해설 **betrunken** 형 — (*drunk*, 술 취한). betrinken 의 과거분사로 형용사. der **Fahrer** — (*driver*, 운전수). 강변 1식. die **Straßenbahn** — (*streetcar*, 전차). 약변. zusammenstoßen — (*collide into*, 충돌하다). **fast** 부 — (*almost, nearly*, 거의). **sterben, starb, gestorben** — (*die*, 죽다). 자동사로 상태의 변화를 나타내니 완료형에서 sein+p.p.

---

467. Ich **hätte** die Prüfung beinahe nicht **bestanden**, weil sie mir zu schwer war.
I almost might not have passed the examination, because it was too difficult for me.

《역》 나는 하마터면 시험에 합격하지 못할 뻔했다. 시험이 나에게는 너무 어려워서.
해설 die **Prüfung** — (*examination*, 시험). 약변. **bestehen, bestand, bestanden** — (*pass*, 합격하다). **beinahe** 부 — (*almost, nearly*, 거의).

【2】 자기의 주장이나 의사를 겸손하게 나타낼 때(과거형 사용)
영어에는 이 표현 방식이 없고 다만 *Would you*~? 로 2인칭에만 사용될 뿐이다.

우리말에서도 윗사람에게는 「~이다」라고 꼭 단정해서 말하지 않고 「~일 겁니다」는 식으로 추측의 형식으로 자기 의사를 겸손하게 나타낸다.

---

468. Bis morgen haben Sie diese schwierige Arbeit zu vollenden. Ich **würde** Ihnen gerne helfen.

By tomorrow you have to finish this difficult work. I would like to help you.

《역》 내일까지 이 어려운 일을 끝마치셔야 하는군요. 제가 당신을 도와 드리지요.

해설 bis 전 ― (by, ~까지). **haben+zu infinitiv** ― (have+to Root, ~해야 한다). **schwierig** 형 ― (difficult, 어려운). **vollenden** ― (finish, 끝마치다). Ich würde ― 정중하게 의사를 표현하는 접속법. **gerne** 부 ― (willingly, 기꺼이).

---

469. Bitte, Professor Weber, **würden** Sie mir etwas langsamer sprechen? Ich kann nicht verstehen, was Sie meinen.

Professor Weber, would you please speak to me a little more slowly? I cannot understand what you mean.

《역》 베버 교수님! 죄송합니다만 저에게 좀더 천천히 말씀해 주시겠습니까? 저는 선생님이 뜻하는 것을 이해할 수 없습니다.

해설 würden ― werden 의 접속법 과거형. 영어의 would you? 가 겸손을 나타내듯이 독일어에서도 정중한 의사 표시에 접속법 과거형을 쓴다. **etwas** 부 ― (some, 약간).

---

470. Möchten Sie gerne Zigarette? Nein, danke. Zigaretten schaden meiner Gesundheit.

Would you like a cigarette? No, thank you. Cigarettes hurt my health.

《역》 당신은 담배를 원하십니까? 아니오, 감사하지만, 담배는 내 건강에 해롭습니다.

해설 möchten ― mögen 의 접속법 과거형. mögen 은 1) 추측(may), 2) 희망(want)의 뜻이 있다. die **Zigarette** ― (cigarette, 담배). 약변. **schaden, schadete, geschadet** ― (hurt, 해롭다). 3격동사. die **Gesundheit** ― (health, 건강). 약변.

§ 141. 가정법에서 주절의 생략

가정법에서「~일 텐데」란 주절을 생략하고 조건문만으로「~이면 좋으련만」이란 뜻대로 안 된 것을 후회하거나 애석해서 말할 때 사용한다.

영어도 이 때 가정법 과거형을 사용하나, 현대 영어에는「*I wish~*」이다.

§ 141. 가정법에서 주절의 생략

【1】 현재의 일에 대한 후회나 애석한 마음에

어떤 것을 희망해 보았자 그것이 실현될 수 없다는 것을 번연히 알면서 희망할 때다. 이 때 **접속법 과거형**을 쓴다. 영어에서는 주로 「I wish……」이다.

> 471. **Wäre** er nur jetzt hier ! Dann **würde** meine Mutter sicher nicht so traurig sein.
>
> *Were he only here now ! Then my mother would surely not be so sad.*
> =*I wish he were only here now ! Then my mother……*

《역》 그가 지금 여기 있기만 하면 좋으련만. 그러면 나의 어머니가 확실히 지금 저렇게 슬퍼하지는 않을 텐데.

해설 sicher 〔부〕 — (*surely*, 확실히). traurig 〔형〕 — (*sad*, 슬픈). 그가 지금 여기 없는 것을 아무리 희망한들 지금 당장 돌아올 리가 없으니 접속법 과거형을 쓴다.

> 472. Ach, **hätte** ich doch meine Gesundheit wieder ! Ich kann mich wahrscheinlich nicht wieder erholen.
>
> *Would that I had my health again ! Probably I cannot recover again.*
> =*I wish I had my health again ! Probably I……*

《역》 내가 다시 건강해지면 좋으련만 ! (이제 희망해 보았자 불가능한 일.) 아마도 나는 다시 회복될 수 없겠지.

해설 「제발 ～했으면」이란 원망을 강조할 때 doch를 사용하기도 한다. die **Gesundheit** — (*health*, 건강). 약변. **wahrscheinlich** 〔부〕 — (*probably*, 아마). **erholen, erholte, erholt** — (*recover*, 회복하다). 재귀동사.

【2】 과거의 일에 대한 후회나 애석한 마음

지나간 일을 희망하거나 후회한들 돌이킬 수 없는 일이니 접속법 **과거완료형**을 사용한다. 영어에서는 이 때 가정법 과거완료형을 사용한다.

물론 현대 영어에서는 「I wish……」가 일반적이다.

> 473. **Wäre** ich doch nach Amerika gegangen !
> Warum hätte ich damals seinem Rat nicht gefolgt ?
> *Had I only gone to America !*
> *Why didn't I follow his advice at that time?*
> =*I wish I had only gone to America ! Why didn't I……*

《역》 내가 역시 미국에 갔더라면 좋았을걸 ! 왜 내가 그 때 그의 충고에 따르지 않았지?
해설 damals 튀 — (*at that time*, 그 당시). der Rat — (*advice*, 충고). 강변 2식. **folgen**, folgte, gefolgt — (*follow*, 따르다). 3격 동사. 이미 지나간 일을 후회한들 돌이킬 수 없으니 접속법 과거완료를 쓴다.

---

474. Ach, **hätte** ich nimmer ihn gesehen !
  Seitdem bin ich in so einer schlechten Lage gewesen.
  Oh, that I had never seen him !
  Since that time I have been in such a bad situation.
  =Oh, I wish I had never seen him ! Since that time I……

《역》 아 ! 내가 그를 전혀 만나지 않았더라면 좋았을 것을 ! 그 때부터 나는 이렇게 나쁜 처지에 놓여 있어.
해설 nimmer 튀 — (*never*, 결코 ~ 않다). nie와 같은 뜻이다. seitdem 튀 — (*since that time*, 그 때부터). schlecht 형 — (*bad*, 나쁜). die Lage — (*situation*, 상태, 환경). 약변. 이미 그를 만났으니 아무리 후회한들 소용없는 일이니 접속법 과거완료형을 쓴다.

§ 142. 기타 접속법 과거군의 용법

접속법과거는 불가능한 일, 또는 있을 수 없는 일을 말할 때 쓰이니 다음의 경우에도 사용된다.

【1】「아무리 ~할지라도」란 양보에서

| wenn / was / wer } ~ auch … + 접속법 과거, | however / whatever / whoever } ~ may … |

이것을 다음 형태로도 쓴다.

  wenn auch (od. auch wenn) + 주어 + … + 접속법 과거,
  und wenn + 주어 + (auch) + … + 접속법 과거,

---

475. **Wenn** er auch reich **wäre**, kann er mit Geld die Liebe nicht kaufen.
  =Wäre er auch reich, kann er mit Geld die Liebe nicht kaufen.
  However rich he may be, he cannot buy the love with money.

§ 142. 기타 접속법 과거군의 용법   363

《역》 (그럴 리도 없지만) 설령 그가 아무리 부자라 해도 돈으로 사랑을 살 수는 없다.
해설 양보를 나타내는 wenn ~ auch 에서 wenn 을 생략하면 동사가 그 자리에 온다.

---

476. Und **wenn** Sie mir einen goldnen Berg geben **würden**, damit wäre ich nicht einverstanden.

Even if you may give me a golden mountain, I would not agree to it.

《역》 설령 당신이 내게 금 산을 준다 해도 나는 그것에 동의하지 않을 것이다.
해설 und wenn=wenn ~ auch — (*however, even if*, 아무리 ~하더라도). golden 형 — (*golden*, 금의). sein einverstanden mit — (*agree to*, 동의하다).

[2] 뜻밖의 일에 놀라거나 감탄할 때

접속법 과거형은 있을 수 없는 일을 말하니 「세상에 원 그럴 수가……」의 뜻으로 뜻밖의 일에 놀라거나 감탄할 때에도 쓰인다.
영어는 이때 조동사의 과거형으로 표현한다.

---

477. Dies **wäre** Ihre Schwester ! Ich freue mich tatsächlich, Sie zu sehen, Fräulein Huber.

Is this your sister ! I am really glad to see you, Miss Huber.

《역》 아, 이 분이 당신의 여동생인가요 ! 당신을 만나 보니 반갑습니다. 후버 양 !
해설 지시대명사 dies 는 변화 없이 sein 동사의 주어로 성과 수에 관계 없이 쓰인다.

---

478. Sie **hätten** großen Preis aufgegeben? Ich bin ganz überrascht.

You should not have given up grand prize. I am quite surprised.

《역》 당신이 대상을 포기하다니, 나는 정말 놀랐습니다.
해설 der Preis — (*prize*, 상). 강변 2식. großer Preis — (*grand prize*, 그랑프리, 대상). aufgeben — (*give up*, 포기하다). überraschen, überraschte, überrascht — (*surprise*, 놀라다). 과거의 일에 대해 놀라는 표현이다.

[3] als ob, als wenn, wie wenn 의 문장에

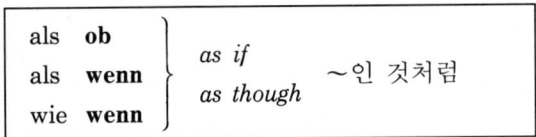

als ob
als wenn   } *as if*   ~인 것처럼
wie wenn   *as though*

→ 이 때 ob 나 wenn 이 생략되면 동사가 이 자리에 온다.

479. Unser Nachbar hat ein besonders großes Haus, **als ob** er sehr reich **wäre**.

Our neighbour has an especially big house as if he were very rich.

《역》 우리 이웃 사람은 아주 부자인 것처럼 유난히 큰 집을 가지고 있다.

해설 der **Nachbar** — (*neighbour*, 이웃 사람). 혼합변. **besonders** 튀 — (*especially*, 특히). 「부자가 아니면서도 부자인 것처럼」의 뜻이다.

480. Herr Meier spricht, **als ob** er einmal im Ausland **gewesen wäre**.
=Herr Meier spricht, **als wäre** er einmal im Ausland gewesen.

Mr. Meier speaks as if he had been once in the foreign country.

《역》 마이어 씨는 언젠가 외국에 간 일이 있는 것처럼 이야기한다.

해설 **als** ob, **als** wenn, **wie** wenn에서 ob 나 wenn이 생략될 수도 있다. 이 때 정동사가 그 자리에 온다. das **Ausland** — (*foreign country*, 외국). 강변 3식. 과거에 외국에 간 일이 없는데도 마치 갔다온 일이 있는 것처럼 한다는 뜻이다.

481. Der Bauer schaut ängstlich nach allen Seiten, **als ob** er in dieser Gegend ganz fremd **sei**.

The farmer is anxiously looking at all the sides as if he had never been in this region.

《역》 그 농부는 이 지역에는 처음인 듯이 사방을 불안스럽게 두리번거린다.

해설 der **Bauer** — (*farmer*, 농부). 혼합변. **schauen, schaute, geschaut** — (*look*, 바라보다). die **Seite** — (*side*, 면). 약변. **ängstlich** 형 — (*anxious*, 불안한). die **Gegend** — (*region*, 지역). **fremd** 형 — (*strange*, 낯선).

482. Der Sänger sieht aus, **als ob** er die Dame **liebe**. Er hat ihr eine teure Halskette geschenkt.

The singer seems as if he loved the lady. He has presented her an expensive necklace.

《역》 그 가수는 그 여자를 사랑하는 듯이 보인다. 그는 그 여자에게 값비싼 목걸이를 선사했다.

[해설] der **Sänger** — (*singer*, 가수). 강변 1식. **aussehen, aussah, ausgesehen** — (*seem*, ~해 보이다. 여겨지다). die **Halskette** — (*necklace*, 목걸이).

[4] zu ~ als daß, ohne daß, (an)statt daß 의 문장에

zu ~, als daß	too ~ that ~	~하기에는 너무 ~하다
ohne daß		
(an)statt daß	without Root+ing	~하지 않고

주절에 의하여 daß 이하의 종속절이 **불가능함을** 나타낼 때 접속법 과거형을 사용한다.

483. Es ist schon zu spät, **als daß** sein Vater noch im Büro **wäre**.
It is already too late, for his father to be still in the office.

《역》 그의 아버지가 아직도 사무실에 있기에는 벌써 너무 시간이 늦었다.
[해설] spät 투— (*late*, 늦은). **noch** 투 — (*still*, 아직). das **Büro** — (*office, bureau*, 사무실). 「너무 늦어서 사무실에는 있지 않을 것」이라는 뜻이다.

484. Der Gast verließ geschwind das Restaurant, **ohne daß** er die Rechnung bezahlt **hätte**.
The guest swiftly left the restaurant without paying the bill.

《역》 그 손님은 계산을 지불하지 않고 음식점을 재빨리 떠났다.
[해설] verlassen, verließ, verlassen — (*leave*, 떠나다). **geschwind** 형 — (*swift*, 신속한, 재빠른). **ohne daß** — (*without Gerund*, ~하지 않고). die **Rechnung** — (*bill, account*, 계산). 약변. **bezahlen, bezahlte, bezahlt** — (*pay*, 지불하다).

연 습 문 제

[1] 다음 문장을 [보기] 와 같이 접속법을 써서 만드시오.

> [보기]
> Karl ist zu Haus. Seine Wohnungstür ist offen.
> →Wenn Karl zu Haus nicht wäre, wäre seine Wohnungstür nicht offen.

1. Der Student hat fleißig gearbeitet. Er hat seine Prüfung bestanden.
2. Es gibt keinen Krieg. Die Menschen sind glücklich.
3. Der Autofahrer ist betrunken. Er kann nicht sicher fahren.
4. Sie hat kein Geld. Sie kann das Buch nicht kaufen.
5. Der Fußgänger ist nicht vorsichtig gewesen. Er ist überfahren worden.
6. Heute regnet es. Ich bleibe zu Haus.

[2] 다음 문장을 ( )의 지시대로 고치고, 문장을 해석하시오.
1. Er spricht, als ob er ein Ausländer wäre. (ob 생략)
2. Ich habe noch Zeit ; ich bleibe noch hier. (접속법 2식)
3. Mein Lehrer sieht aus, wie krank. (als ob)
4. Frau Bauer ist dumm. Sie kann dies nicht verstehen. (zu ~ als daß)
5. Beinahe wäre ich zu spät gekommen. (직설법)
6. Der Gast verließ das Restaurant, ohne die Rechnung zu bezahlen. (ohne daß~)

해답

[1] ① Wenn der Student fleißig nicht gearbeitet hätte, hätte er seine Prüfung nicht bestanden.
② Wenn es einen Krieg gäbe, wären die Menschen nicht glücklich.
③ Wenn der Autofahrer nicht betrunken wäre, könnte er sicher fahren.
④ Wenn sie Geld hätte, könnte sie das Buch kaufen.
⑤ Wenn der Fußgänger vorsichtig gewesen wäre, wäre er nicht überfahren worden.
⑥ Wenn heute es nicht regnen würde, würde ich nicht zu Haus bleiben.

[2] ① Er spricht, als wäre er ein Ausländer.
② Wenn ich noch keine Zeit hätte, würde ich nicht mehr hier bleiben.
③ Mein Lehrer sieht aus, als ob er krank wäre.
④ Frau Bauer ist zu dumm, als daß sie dies verstehen könnte.
⑤ Ich kam zu spät.
⑥ Der Gast verließ das Restaurant, ohne daß er die Rechnung bezahlt hätte.

해 설

[1] ① 그 학생은 부지런히 공부했다. 그는 시험에 합격했다.
② 전쟁은 없다. 인간들은 행복하다.
③ 자동차 운전수가 취했다. 그는 안전하게 운전할 수 없다.
④ 그녀는 돈이 없다. 그녀는 책을 살 수 없다.
⑤ 보행자는 주의를 기울이지 않았다. 그는 차에 치었다.
⑥ 오늘은 비가 온다. 나는 집에 머무른다.

1 die **Prüfung** — (*examination*, 시험). 약변. **bestanden**<bestehen, bestand, bestanden — (*pass*, 통과하다). 「e-e Prüfung bestehen, 시험에 합격하다」 2 der **Krieg** — (*war*, 전쟁). 강변 2식. **glücklich** 형 — (*happy*, 행복한). 3 **betrunken** 형 — (*drunk*, 술 취한). **sicher** 형 — (*safe*, 안전한). 4 **kaufen, kaufte gekauft** — (*buy*, 사다). 5 der **Fußgänger** — (*pedestrian*, 보행자). 강변 1식. **vorsichtig** 형 — (*careful*, 조심스러운). **überfahren** — (*runover*, (차에) 치다).

[2] ① 마치 그는 외국인인 것처럼 말하고 있다.
② 나는 시간이 있다. 나는 여기에 머문다.
③ 나의 선생님은 편찮아 보이신다.
④ 바우어 부인은 어리석다. 그녀는 그것을 이해하지 못한다.
⑤ 하마터면 나는 늦을 뻔했다.
⑥ 계산을 지불하지도 않고 그 손님은 음식점을 떠났다.

3 **aussehen, aussah, ausgehsen** — (*seem*, 보이다). 4 **dumm** 형 — (*stupid*, 어리석은). **dies** — (*this*, 이것). **verstehen, verstand, verstanden** —(*understand*, 이해하다). 5 **beinahe** 부 — (*almost*, 거의, 하마터면). **spät** 부 — (*late*, 늦은). 6 **verlassen, verließ, verlassen** — (*leave*, 떠나다). das **Restaurant** — (*restaurant*, 음식점). die **Rechnung** — (*calculation*, 계산). 약변. **bezahlen, bezahlte, bezahlt** — (*pay*, 지불하다).

Lesestück 22

Atombomben und Wetter

Die Vermutung, daß das außergewöhnlich kühle Frühjahrswetter auf Atomversuche zurückzuführen sei, ist von dem Direktor der Wiener Zentralanstalt für Meteorologie, Dr. Steinhauser, als unzutreffend bezeichnet worden. Der Meteorologe sagte, daß jede Sekunde zweieinhalb Atombomben zur Explosion gebracht werden mußten, damit die Energie eines Tornados erreicht werde. Durch die bisherigen Atomversuche sei die Großwetterlage in keinem Fall verändert worden.

Atomversuche können nach Ansicht Steinhausers schon deshalb keinen Einfluß auf die Wetterlage haben, weil in ihrem Verlauf die ausgelösten Energien nur einen Augenblick in voller Stärke wirksam werden. Wetterveränderungen könnten aber nur auf Grund länger andauernder Energieballungen hervorgerufen werden. Um die Sonnenenergie eines Tages zu erzeugen, müßten einenhalb Milliarden Atombomben ausgelöst werden, und selbst eine gewöhnlichen Gewitterwolke, die Hagelschlag bringt, sei hundertmal stärker als eine Atombombe. Deutsche Meteorologen waren schon vor einiger Zeit zu der Auffassung gelangt, daß Atombombenversuche keine Auswirkungen auf die Großwetterlage hätten.

---

die **Atombombe** — (*atombomb*, 원자 폭탄). [1] die **Vermutung** — (*supposition*, 추측). **außergewöhnlich** 형 — (*extraordinary*, 기이한). [2] der **Atomversuch** — (*atom-experiment*, 원자 실험). **zurückführen** — (*attribute*, ~에 기인하다). die **Zentralanstalt** — (*central-institution*, 중앙 연구소). [3] die **Meteorologie** — (*meteorology*, 기상학). **unzutreffend** 형 — (*inapplicable*, 부적당한). **bezeichnen** — (*mark*, 표현하다). [4] der **Meteorologe** — (*meteorologist*, 기상학자). die **Sekunde** — (*second*, 초). 약변. die **Explosion** — (*explosion*, 폭발). 약변. [5] die **Energie** — (*energy*, 에너지). der **Tornado** — (미국 미시시피 강 유역

원자 폭탄과 날씨

기이하게 서늘한 봄 날씨의 원인이 원자 실험에 있다는 추측은 기상학을 위한 빈의 중앙 연구소의 박사인 슈타인하우저 박사에 의해서 부당한 것으로 설명되었다. 그 기상학자는 토르네이도가 일어날 정도의 에너지가 얻어지기 위해서는 매초 $2\frac{1}{2}$ 의 원자 폭탄이 폭발되어야 한다고 말했다. 이제까지 원자 실험을 통해서 큰 기상 상황이 변화된 일은 없었다.

슈타인하우저의 견해에 따르면, 원자 실험은 그 과정에서 해체된 에너지가 단지 순간적으로만 매우 강하게 작용하게 되기 때문에 기상 상황에는 아무 영향도 끼칠 수 없다. 그런데 기상 변화는 단지 더 오래 지속적으로 지구를 둘러싸는 에너지로 인해서 일어날 수 있다. 하루의 태양 에너지를 생산하기 위해서 15억의 원자폭탄이 분열되어야 한다. 그리고 우박을 내리는 보통 정도의 뇌운조차도 한 개의 원자 폭탄보다 백 배 더 강하다. 독일 기상학자들은 얼마 전에 이미 원자 실험이 커다란 기상 상황에 아무런 영향도 미치지 않을 것이라는 견해에 도달했다.

의 맹렬한 회오리바람). ⑥ die **Wetterlage** — (*weather conditions*, 기상 상황). **verändern** — (*change*, 변하다). ⑧ die **Ansicht** — (*opinion*, 의견). der **Einfluß** — (*influence*, 영향). ⑨ der **Verlauf** — (*process*, 과정). **auslösen** — (*disconnect*, 분리하다). ⑩ der **Augenblick** — (*moment*, 순간). **stark** 형 — (*strong*, 강한). **wirksam** 형 — (*effective*, 영향력 있는). ⑪ **auf Grund** — (*in virtue of*, ~의하여). **andauernd** 형 — (*lasting*, 지속적인). die **Ballung** — (*cluster*, 구형으로 됨). **hervorrufen** — (*evoke*, 일어나다). ⑫ **erzeugen** — (*produce*, 산출하다). ⑬ die **Milliarde** — (*milliard*, 십억). ⑭ die **Gewitterwolke** — (*thundercloud*, 뇌운). der **Hagelschlag** — (*hail*, 우박). ⑮ die **Auffassung** — (*comprehension*, 이해). ⑯ die **Auswirkung** — (*effect*, 영향).

Abschnitt 23.

간 접 화 법

§ 143. 간접화법(Indirekte Rede)

간접화법은 어떤 사람이 직접 말한 것을 간접적으로 전달한 것이니, 그 내용이 직접 말한 것과는 100% 정확하다고는 볼 수 없다.

따라서 직접 들은 것이 아니기에 **가능성**이 있는 일로 나타내어 독일어에서는 간접화법에 **접속법 현재군**의 동사를 사용한다.

즉, ① 현재, ② 현재완료, ③ 현재미래, ④ 현재미래완료형을 쓴다.

【1】 간접화법 앞에는 접속사 **daß**(*that*)를 둘 수 있다.

> 1) daß 이하는 종속절이니 동사는 후치법.
> 2) daß를 생략할 때 그 이하의 문장은 정치법.

영어에서도 간접화법 앞에 *that*를 두나 이것을 생략할 수도 있다.

---

485. Mein Freund sagt, „Ich *liebe* den Pfirsich mehr als die Pflaume."
 =Mein Freund sagt, **daß** er den Pfirsich mehr als die Pflaume **liebe.**
 =Mein Freund sagt, er **liebe** den Pfirsich mehr als die Pflaume.
 My friend says, "I like the peach better than the plum."
 =*My friend says that he likes the peach better than the plum.*
 =*My friend says he likes the peach better than the plum.*

《역》 나의 친구는 자두보다도 복숭아를 좋아한다고 말합니다.

해설 der **Pfirsich** ― (*peach*, 복숭아). 강변 2식. die **Pflaume** ― (*plum*, 자두). 약변. 접속사 daß 이하가 간접화법이니 접속법 동사를 사용한다. daß 이하는 종속절이니 동사는 후치법. daß 가 생략될 때에는 정치법이 된다.

> *486.* Meine Schwester klagt mir, „Ich **habe** kein Geld mehr."
> =Meine Schwester klagt mir, **daß** sie kein Geld mehr **habe**.
> =Meine Schwester klagt mir, sie **habe** kein Geld mehr.
> *My siter complains to me*, *"I have no money more."*
> =*My sister complains to me that she has no money more.*
> =*My sister complains to me she has no money more.*

《역》 나의 여동생은 나에게 더 이상 돈이 없다고 불평한다.

해설 daß 이하는 종속절이니 그 앞에는 Komma를 치고, 그 이하에서 동사는 후치법이 된다. daß를 생략하면 이하 문장에서 동사는 정치법이 된다. **klagen** — (*complain*, 불평하다, 호소하다).

【2】 주절과 간접화법간에는 시의 일치가 되지 않는다.

 영어에서는 직접화법이 현재형이더라도 주절의 동사가 과거형일 때 간접화법에서는 시의 일치(*sequence of tense*)에 따라 과거로 된다.

> He **said** to me, "I **am** hungry".
> He **said** to me that he **was** hungry.

그러나 독일어에서는

> 1) 주절의 동사가 과거이더라도 직접화법의 동사가 원래 현재형이면, 간접화법에서도 그대로 접속법의 **현재형**을 사용한다.
> 2) 단, 접속법의 현재형을 사용했으나, 직설법의 형태와 같을 때는 (단수 1인칭, 복수 1·3인칭, 존칭) 접속법 과거형을 사용한다.

직 설 법	간접화법에서 쓸 접속법 형태
ich trinke	ich **tränke** (원래는 trinke)
du trinkst	du **trinkest**
er trinkt	er **trinke**
wir trinken	wir **tränken** (원래는 trinken)
ihr trinkt	ihr **trinket**
sie trinken (Sie)	sie **tränken** (원래는 trinken) (Sie)

487. Der arme Pförtner sagte, „Meine Tochter **ist** krank."
=Der arme Pförtner sagte, **daß** seine Tochter krank **sei**.
=Der arme Pförtner sagte, seine Tochter **sei** krank.
The poor doorkeeper said, "My daughter is sick."
=*The poor doorkeeper said that his daughter was sick.*

《역》 그 가난한 문지기는 자기의 딸이 앓고 있다고 말했다.
해설 영어에서는 직접화법이 현재형이더라도 간접화법에서는 주절의 동사가 과거면 역시 과거로 고쳐야 하나 독일어에서는 직접화법이 현재형이면 간접화법에서 그대로 **현재형**이 된다. 주절의 동사 여하에 상관없이. der **Pförtner** — (*doorkeeper*, 문지기). 강변 1식.

488. Mein Vetter sagte zu mir, „Du **hast** mein neues Tonbandgerät."
=Mein Vetter sagte mir, **daß** ich sein neues Tonbandgerät **hätte**.
My cousin said to me, "You have my new tape-recorder."
=*My cousin told me that I had his new tape-recorder.*

《역》 나의 사촌은 내가 그의 새 녹음기를 가지고 있다고 말했다.
해설 der **Vetter** — (*cousin*, 사촌). 혼합변. 직접화법이 현재형이니 간접화법에서도 현재형을 써야 하나 주어 ich에 대한 접속법 현재형이 habe가 되니 이것은 직설법과 같은 형태이기에 과거형 hätte를 사용했다. 특히 직접화법의 소유대명사 mein이 간접화법에서 sein으로 변하는 데 주목하자. das **Tonbandgerät** — (*tape-recorder*, 녹음기). 강변 2식.

489. Die Schüler antworteten, „Wir **werden** sogleich ausgehen."
=Die Schüler antworteten, **daß** sie sogleich ausgehen **würden**.
The schoolboys answered, "We shall go out immediately."
=*The schoolboys answered that they would go out immediately.*

《역》 학생들은 곧 외출하게 될 것이라고 대답했다.
해설 직접화법이 현재미래이니 주절의 동사에는 상관없이 그대로 현재미래를 써야 한다. 그러나 현재미래형을 쓰려면 3인칭 복수에는 werden이 나오게 되는데 이것은 직설법의 그것과 같은 형태이기에 werden의 과거형 würden을 사용해야 한다.

【3】 직접화법과 간접화법간의 시제

　　직접화법의 동사가 현재, 과거, 현재완료, 과거완료, 미래, 미래완료일 때 이것이 간접화법으로 될 때에는 어떠한 시제로 되는가? 그것은 다음 법칙에 따른다.

직접화법의 동사	간접화법의 동사(접속법의 동사)	
	직설법과 다른 형태일 때	직설법과 같은 형태일 때
현　　　　재	현재형	과거형
현　재　완　료 과　　　　거 과　거　완　료	현재 완료형	과거 완료형
미　　　　래	현재 미래형	과거 미래형
미　래　완　료	현재 미래 완료형	과거 미래 완료형

[주의] 직접화법의 시제가 ① 현재완료이든, ② 과거이든, ③ 과거완료이든 간접화법에서는 모두 **접속법 현재완료**로 된다. 단, 직설법과 같은 형태일 때는 과거완료형을 쓴다.

(1)

직접화법	간접화법
현　　재	→ 현재 (과거)

---

490. Mein Freund schreibt : „Ich **kann** nicht den Film verstehen."
　　=Mein Freund schreibt, **daß** er nicht den Film verstehen **könne**.
　　=Mein Freund schreibt, er **könne** nicht den Film verstehen.
　　My friend writes. "I cannot understand the film."
　　=*My friend writes that he cannot understand the film.*

《역》 나의 친구는 그 영화를 이해할 수 없다고 편지한다.
[해설] 직접화법에서 현재형이니 간접화법에서도 접속법현재형 er könne.

---

491. Der Lehrer sagte : „Die Kinder **kommen** in die Schule."
　　=Der Lehrer sagte, **daß** die Kinder in die Schule **kämen**.
　　=Der Lehrer sagte, die Kinder **kämen** in die Schule.
　　The teacher said, "The children come to the school."
　　=*The teacher said that the children came to the school.*

《역》 아이들이 학교에 온다고 그 선생님은 말했다.
[해설] 직접화법의 동사 kommen이 현재형이니 간접화법에서도 접속법 현재형을 사용해야 하는데, 직설법과 같은 형태이기에 접속법 과거 kämen을 사용한다.

(2)

직접화법	간접화법
현재완료	→ 현재완료 (과거완료)

492. Der Sekretär sagte zu seinem Chef : „Ich **bin** krank **gewesen**."
=Der Sekretär sagte zu seinem Chef, **daß** er krank **gewesen sei**.
=Der Sekretär sagte zu seinem Chef, er **sei** krank **gewesen**.
The secretary said to his chief, "I have been sick."
=*The secretary said to his chief that he had been sick.*

《역》 그 비서는 사장에게 자기는 몸이 아팠다고 말했다.
해설 직접화법에서 현재완료형이니 간접화법에서도 현재완료형이다. der **Sekretär** — (*secretary*, 비서). 강변 2식. der **Chef** — (*chief*, 장, 우두머리). 복수 -s.

493. Ich sagte : „Auf der Straße **habe** ich meinen Paß **verloren**."
=Ich sagte, **daß** ich auf der Straße meinen Paß **verloren hätte**.
=Ich sagte, auf der Straße **hätte** ich meinen Paß **verloren**.
I said, "I have lost my passport on the street."
=*I said that I had lost my passport on the street.*

《역》 나는 길에서 패스포트를 잃어 버렸다고 말했다.
해설 verlieren, verlor, verloren — (*lose*, 잃다). **hätte…verloren** — 직접화법에서 현재완료형 「habe…verloren」이니 간접화법에서 접속법 현재완료형이라야 하나, 직설법의 현재완료형과 같으므로 접속법 과거완료형을 쓴다. der **Paß** — (*passport*, 여권). 강변 2식.

(3)

직접화법	간접화법
과　　거	→ 현재완료 (과거완료)

494. Meine Freundin sagte zu mir : „Meine Mutter **war** krank."
　　=Meine Freundin sagte zu mir, **daß** ihre Mutter krank **gewesen sei**.
　　=Meine Freundin sagte zu mir, ihre Mutter **sei** krank **gewesen**.
My girl friend said to me, "My mother was sick."
=*My girl friend said to me that her mother was sick.*

《역》 나의 여자 친구는 자기 어머니가 아팠다고 말했다.
[해설] 직접화법이 과거형이니 간접화법에서는 접속법 현재완료형이라야 한다.

---

495. Karl schreibt mir : „Wegen meiner Krankheit **konnte** ich nicht zu dir kommen."
 =Karl schreibt mir, **daß** er wegen seiner Krankheit nicht zu mir **habe** kommen **können**.
 =Karl schreibt mir, wegen seiner Krankheit **habe** er nicht zu mir kommen **können**.
 Karl writes to me, "Because of my sickness I could not come to you."
 =Karl writes to me that because of his sickess he could not come to me.

《역》 카알은 나에게 자기는 병 때문에 나에게 올 수 없었다고 편지한다.
[해설] 직접화법의 동사가 과거형이니 간접화법에서 접속법 현재완료형. 간접화법에 daß가 있을 때 정동사 habe는 제3동사 kommen 앞에 놓이는 것에 주의하자.

(4)

직접화법	간접화법
과거완료	→ 현재완료 (과거완료)

---

496. Mein Vater sagte, „Ich **hatte** es ihm schon klar **erklärt**."
 =Mein Vater sagte, **daß** er es ihm schon klar **erklärt habe**.
 =Mein Vater sagte, er **habe** es ihm schon klar **erklärt**.
 My father said, "I had already explained it to him clearly.
 =My father said that he had already explained it to him clearly.

《역》 나의 아버지는 벌써 그에게 그것을 명백하게 설명했다고 말씀했습니다.
[해설] **klar** 〔형〕—(*clear*, 명백한). 직접화법에서 과거완료이니 간접화법에서는 접속법 현재완료로 된다. 또한 daß가 생략되면 정치법이 된다. **erklären** —(*explain*, 설명하다).

---

497. Der Neffe schrieb mir, „Meine Eltern **hatten** das Haus **verkauft**.
 =Der Neffe schrieb mir, **daß** seine Eltern das Haus **verkauft hätten**.
 =Der Neffe schrieb mir, seine Eltern **hätten** das Haus **verkauft**.
 The nephew wrote to me, "My parents had sold the house."
 =The nephew wrote to me that his parents had sold the house.

Abschnitt 23. 간접화법

《역》조카는 양친이 그 집을 팔았다고 나에게 편지했다.
해설 hätten…gekauft — 직접화법이 과거완료이니 간접화법에서 접속법 현재완료 haben…gekauft라야 하나 직설법의 현재완료와 같으니 접속법 과거완료형을 사용한다.

(5)

직접화법	간접화법
미 래	→ 현재미래 (과거미래)

498. Er sagte, „Ich **werde** mit meiner Frau nach Spanien **reisen**."
=Er sagte, **daß** er mit seiner Frau nach Spanien **reisen werde**.
=Er sagte, er **werde** mit seiner Frau nach Spanien **reisen**.
He said, "I will travel to Spain with my wife."
=*He said that he would travel to Spain with his wife.*

《역》그는 자기 아내와 함께 에스파냐로 여행할 것이라고 말했다.
해설 직접화법이 werde…reisen이니 간접화법에서도 현재미래형. **reisen**—(*travel*, 여행하다).

499. Die Sportler erwidern, „Morgen **werden** wir mit dem Bus **abreisen**."
=Die Sportler erwidern, **daß** sie morgen mit dem Bus **abreisen würden**.
=Die Sportler erwidern, sie **würden** morgen mit dem Bus **abreisen**.
The sportsmen reply "Tomorrow we will start by bus."
=*The sportsmen reply that tomorrow they will start by bus.*

《역》그 선수들은 내일 자기네들은 버스로 출발할 것이라고 대답한다.
해설 erwidern — (*reply*, 대답하다). 직접화법이 미래이면 간접화법에서도 접속법 미래형이 된다. 그러나 간접화법에서 sie에 대한 werden은 직설법과 같으니 과거형 würden.
der **Bus** — (*bus*, 버스).

der Bus	die Busse
des Busses	der Busse
dem Bus	den Bussen
den Bus	die Busse

(6)

직접화법	간접화법
미래완료	→ 현재미래완료(과거미래완료)

> 500. Der Beamte sagte : „Ich *werde* dir die Packung *geschickt haben*."
> =Der Beamte sagte, **daß** er mir die Packung **geschickt haben werde**.
> =Der Beamte sagte, er **werde** mir die Packung **geschickt haben**.
> *The official said, "I will have sent you the packing."*
> =*The official said that he would have sent me the packing.*

《역》 그 공무원은 자기가 나에게 포장한 물건을 보낼 것이라고 말했다.

해설 die **Packung** — (*packing*, 포장한 물건). 약변. 직접화법이 미래완료이니 간접화법에서 접속법 현재미래완료가 된다.

> 501. Die Knaben haben uns gesagt, „Wir *werden* das Buch *gelesen haben*."
> =Die Knaben haben uns gesagt, **daß** sie das Buch **gelesen haben würden**.
> =Die Knaben haben uns gesagt, sie **würden** das Buch **gelesen haben**.
> *The boys told us, "We shall have read the book."*
> =*The boys told us that they would have read the book.*

《역》 그 소년들은 그들은 그 책을 다 읽어 버릴 것이라고 우리에게 말했다.

해설 der **Beamte** — (*offical*, 공무원). 직접화법이 미래완료니 간접화법에서도 미래완료형을 사용한다. 그러나 간접화법에서 sie 의 werden은 직설법과 같으니 würden을 사용.

§ 144. 간접 의문문(Indirekte Frage)

직접화법이 의문문일 때 이것을 간접화법으로 옮긴 것을 간접의문문이라 한다. 이 때에도 **접속법 현재군**을 사용한다. 만일 직설법 동사와 같을 때에는 접속법 과거형을 사용한다.

또한 주절과의 시의 일치도 없다.

> 1) 직접화법에 의문사가 있을 때 간접화법에는 그 의문사를 그대로 두고,
> 2) 의문사가 없을 때에는 간접화법에는 접속사 **ob**(*if, whether*, ~인지 아닌지)를 둔다. 이 **ob**는 생략할 수 없다.
>   영어에서도 *if*가 생략될 수 없듯이.

> 502. Die Großmutter fragte mich, „**Was *hat*** er in seiner Jacke?"
> =Die Großmutter fragte mich, **was** er in seiner Jacke **habe**.
> *The grandmother asked me, "What has he in his jacket?"*
> =*The grandmother asked me what he had in his jacket.*

《역》 할머니는 나에게 그 사람은 자켓에 무엇을 가지고 있느냐고 물었다.
해설 간접화법에서 주절과 시의 일치는 되지 않는다. die **Jacke** — (*jacket*, 자켓). 약변.

> 503. Mein Onkel fragte mich, „**Was *hast*** du auf dem Markt ***gekauft***?"
> =Mein Onkel fragte mich, **was** ich auf dem Markt **gekauft hätte**.
> *My uncle asked me, "What have you bought in the market?"*
> =*My uncle asked me what I had bought in the market.*

《역》 아저씨는 나에게 내가 시장에서 무엇을 샀느냐고 물었다.
해설 직접화법이 현재완료이니 간접화법에도 접속법 현재완료라야 하나 ich 에 대한 habe 는 직설법과 같기에 hätte 를 사용했다. der **Markt** — (*market*, 시장). 강변 2식.

> 504. Die Frau fragte den Kleinen, „***Gehst*** du in den Kindergarten?"
> =Die Frau fragte den Kleinen, **ob** er in den Kindergarten **gehe**.
> *The lady asked the little boy, "Do you go to the kindergarten?"*
> =*The lady asked the little boy if he went to the kindergarten.*

《역》 그 부인은 어린이에게 그 애가 유치원에 가느냐고 물었다.
해설 직접화법의 의문문에 의문사가 없으니 간접화법에는 접속사 ob를 사용한다. fragen 은 간접목적어에도 4격을 쓴다. der **Kindergarten** — (*kindergarten*, 유치원). 강변 1식.

§ 145. 간접 명령문

직접화법의 명령문을 간접화법으로 고치는 것을 **간접명령문**이라 한다.

> 1) 간접명령문 앞에 접속사 **daß**를 둘 수도 있고, 생략할 수도 있다. daß가 생략되면 그 이하의 문장은 정치법이 된다.
> 2) 명령을 받았던 사람이 간접명령문에 주어로 된다.
> 3) 간접명령문에는 **sollen**(요구), **müssen**(강한 명령), **mögen** (부탁)의 **접속법 현재군**을 사용한다. 단, 직설법과 같을 때는 과거군.

> 505. Der Lehrer sagt zu mir „*Geh* jetzt nach Haus!"
> =Der Lehrer sagt zu mir, **daß** ich nach Haus **gehen solle**.
> =Der Lehrer sagt zu mir, ich **solle** jetzt nach Haus **gehen**.
> *The teacher says to me: "Go back home now!"*
> =*The teacher says to me that I should go back home now.*

《역》 그 선생님은 나에게 지금 집에 가라고 말한다.
해설 Geh! — gehen 의 단수 2인칭 명령형. ich — 직접화법의 명령문에서 명령을 받았던 자가 du 이기에. solle — 접속법 ich 의 현재형.

> 506. Der Schneider sagt: „*Gehen* Sie jetzt nach Haus!"
> =Der Schneider sagt, **daß** ich jetzt nach Haus **gehen solle**.
> =Der Schneider sagt, ich **solle** jetzt nach Haus **gehen**.
> *The tailor says, "Please go back home now!"*
> =*The tailor says that I should go back home now.*

《역》 그 재단사는 나에게 지금 집에 가라고 말한다.
해설 Gehen Sie! — 존칭의 명령형. 직접화법의 명령문에서 명령을 받았던 자가 Sie 이니, 간접명령문에서 ich 로 된다. 요구(Wunsch)를 나타내기에 sollen 을 사용했다.

> 507. Schmidt sagte zu ihr: „*Gib* mir bitte das Wörterbuch *zurück!*"
> =Schmidt sagte zu ihr, **daß** sie ihm das Wörterbuch **zurückgeben möge**.
> =Schmidt sagte zu ihr, sie **möge** ihm das Wörterbuch **zurückgeben**.
> *Schmidt said to her, "Give me back the dictionary please!"*
> =*Schmidt said to her that she might give him back the dictionary.*

《역》 슈미트는 그 여자에게 자기에게 그 사전을 돌려 달라고 말했다.
해설 Gib! — geben 의 du 에 대한 명령형. 부탁(Bitte)을 나타내기에 möge.

§ 146. 준 간접화법

어떤 사람의 말을 간접적으로 전달하는 것은 아니나, 그것에 **준한다고** 보는 경우에 이것을 **준 간접화법**이라 한다. 준 간접화법에도 **접속법의 동사**를 사용한다.

Abschnitt 23. 간접화법

【1】 동사에 연결될 때:

어떤 사람의 사상, 감정, 원망, 명령, 소문 등의 내용을 아무 비판도 하지 않고 그대로 전달하는 종속절(Nebensatz)에는 **접속법의 현재형**을 사용한다.

단, 그 동사가 **직설법 현재형과 같은 형태**일 때는 **접속법 과거형**을 사용한다. 이 때 주절에 사용되는 동사는 다음과 같은 동사들이다.

간접화법을 이룰 수 있는 주절의 동사			국 어	영 어
ahnen	ahnte	geahnt	추측하다	*foresee*
vermuten	vermutete	vermutet	~라고 생각하다	*imagine*
wünschen	wünschte	gewünscht	희망하다	*wish*
bitten	bat	gebeten	요청하다	*beg*
hoffen	hoffte	gehofft	바라다	*hope*
gestehen	gestand	gestanden	고백하다	*confess*
heißen	hieß	geheißen	명령하다	*command, bid*
befehlen	befahl	befohlen	명령하다	*order*
hören	hörte	gehört	듣다	*hear*
verlangen	verlangte	verlangt	요구하다	*demand*
verbieten	verbot	verboten	금지하다	*forbid*
erzählen	erzählte	erzählt	이야기하다	*tell*
zulassen	zuließ	zugelassen	허가하다	*admit*
zweifeln	zweifelte	gezweifelt	의심하다	*doubt*

---

508. Jede Eltern **hoffen**, daß ihre Kinder fleißig **studieren würden**.
     Every parents hope that their children will study hard.

《역》 모든 부모는 자기 자녀들이 열심히 공부할 것을 기대한다.

해설 hoffen — (*hope*, 바라다, 기대하다). daß 가 있으니 후치법. 접속법 werden 이 직설법과 같으므로 würden 으로 되었다.

---

509. Der Nachbar **wünscht**, daß sein alter schwacher Vater gesund **sei**.
     The neighbour desires that his old weak father is healthy.

《역》 그 이웃 사람은 그의 늙고 약한 아버지가 건강하시기를 원한다.

해설 wünschen 동사가 있으니 종속절에는 접속법 동사를 사용했다. der **Nachbar** — (*neighbour*, 이웃사람). 혼합변.

---

510. Der Reisende **bat** seine Frau, daß sie ihn **verstände**.
The traveler begged his wife that she understood him.

《역》 그 나그네는 자기 부인에게 그 여자가 자기를 이해해 줄 것을 간청했다.
해설 **bitten, bat, gebeten** — (*ask, request*, 요청하다, 간청하다). bitten 동사가 주절에 있으니 daß 이하는 접속법의 동사를 사용했다.

【2】명사에 연결될 때:
　　간접화법에 사용되는 접속법의 동사는 【1】의 동사와 같은 의미를 가진 명사의 뒤에도 사용된다.

---

511. Er hat **die Nachricht** empfangen, daß sein Vater auf der Reise durch Australien **gestorben sei**.
He got the information that his father died on the passage to Australia.

《역》 그는 자기 아버지가 오스트레일리아로 여행하는 도중에 죽었다는 소식을 받았다.
해설 **empfangen, empfing, empfangen** — (*get, receive*, 받다). die **Nachricht** — (*news*, 소식). 약변. die **Reise** — (*journey*, 여행). 약변. **sterben, starb, gestorben** — (*die*, 죽다). die Nachricht 의 내용을 받는 daß 이니 이하의 문장에서 접속법의 동사를 사용한다.

---

512. Er hat **das Lob,** daß er ein fleißiger Student **sei**.
He has the praise that he is a diligent student.

《역》 그는 부지런한 학생이란 칭찬을 받고 있다.
해설 das **Lob** — (*praise*, 칭찬). 강변 2식. das Lob 의 내용을 받는 daß 이하의 문장에서 접속법 현재형을 사용했다.

---

513. **Sein Plan,** daß ich nach Frankreich **gehen solle,** muß wahr sein.
His plan that I should go to France must be true.

《역》 내가 프랑스로 가야 한다는 그의 계획은 사실임에 틀림없다.
해설 der **Plan** — (*plan*, 계획). 강변 2식. daß 이하는 소문이니 접속법.

Abschnitt 23. 간접화법

연 습 문 제

[1] 다음 _____ 부분에 알맞은 접속법의 형태를 써 넣으시오.
 1. Der Mensch _____ (werden) gar keinen Fortschritt machen, wenn ihn nicht die Not zur Arbeit _____ (zwingen).
 2. Er redete, als ob er alles _____ (wissen).
 3. _____ (kommen) er doch an mein Herz zurück !
 4. Er benahm sich, als wenn er allein im Zimmer _____ (sein).
 5. Wenn er mehr Deutsch lernte, _____ (sprachen) er auch besser.
 6. Ich wünschte, daß ich in meiner Heimat _____ (sein).
 7. Er wollte, daß sie nicht _____ (kommen).
 8. Wenn der Arzt hier _____ (sein), so wäre das Kind nicht gestorben.

[2] 다음 간접화법은 직접화법으로, 직접화법은 간접화법으로 고치시오.
 1. Friedrich der Große sagte : „Ich bin der erste Diener des Staates."
 2. Er fragt mich : „Warum wollen Sie alle Hoffnungen aufgeben?"
 3. Der Kellner fragte den Gast : „Wünschen Sie dunkles oder helles Bier?"
 4. Der Fußgänger fragte : „Wo kauft man die Fahrkarten?"
 5. Die Dame sagte zu einem Herrn, er möge ihr helfen.
 6. Die Zeitung meldete, daß gestern der Minister in unserer Stadt angekommen sei.
 7. Der König fragte den Müller, ob er ihm seine Mühle nicht verkaufen wolle.
 8. Er fragt ihr, wieviel Geld sie fordere.

해답

[1] ① würde, zwänge ② wüßte ③ Käme ④ wäre ⑤ spräche ⑥ wäre ⑦ käme ⑧ wäre

[2] ① Friedrich der Große sagte, er sei der erste Diener des Staates.
 ② Er fragt mich, warum ich alle Hoffnungen aufgeben wolle.
 ③ Der Kellner fragte den Gast, ob er dunkles oder helles Bier wünsche.
 ④ Der Fußgänger fragte, wo man die Fahrkarten kaufe.
 ⑤ Die Dame sagte zu einem Herrn : „Helfen Sie mir !"
 ⑥ Die Zeitung meldete : „Gestern ist der Minister in unserer Stadt angekommen."
 ⑦ Der König fragte den Müller : „Willst du mir deine Mühle nicht verkaufen?"
 ⑧ Er fragt ihr : „Wieviel Geld forderst du?"

해 설

[1] ① 일에 대한 필요가 사람을 강요하지 않는다면, 인간은 발전이 없을 것이다.
② 그는 마치 모든 것을 아는 듯이 말했다.
③ 그가 내 가슴에 돌아오기를!
④ 그는 자기 혼자 방에 있는 듯이 행동했다.
⑤ 만약 그가 독일어를 더 많이 배웠더라면, 그는 역시 더 잘 말했을 텐데.
⑥ 나는 내가 고향에 있기를 희망했었다.
⑦ 그는 그녀가 오지 않기를 원했다.
⑧ 그 의사가 여기에 있었더라면, 그 아이는 죽지 않았을 텐데.

① **gar** 부 — (*quite*, 전혀). **der Fortschritt** — (*progress*, 발전). 강변 2식. **die Not** — (*need*, 곤란). 강변 2식. **zwingen, zwang, gezwungen** — (*compel, force*, 강요하다). ② **reden** — (*speak*, 이야기하다). **wissen, wußte, gewußt** — (*know*, 알다). ③ **zurückkommen** — (*come back*, 돌아오다). **das Herz** — (*heart*, 마음). ④ **sich benehmen** — (*behave*, 처신하다). **allein** 부 — (*alone*, 혼자서). ⑤ **besser < gut, besser best** — (*better*, 더 나은). ⑥ **wünschen** — (*want*, 원하다). **die Heimat** — (*native-place*, 고향). 약변. ⑦ **wollen** — (*will*, ~하고 싶다). ⑧ **sterben, starb, gestorben** — (*die*, 죽다).

[2] ① 프리드리히 대제는 말했다: "짐은 국가의 제일 공복이다."
② 그는 내게 묻는다. "왜 당신은 모든 희망을 포기하려 합니까?"
③ 급사는 손님에게 물었다. "당신은 흑맥주를 원하십니까, 혹은 맥주를 원하십니까?"
④ 그 행인은 물었다. "어디서 차표를 삽니까?"
⑤ 그 부인은 신사에게 그가 그녀를 도와 주었으면 좋겠다고 말했다.
⑥ 어제 그 장관이 우리 도시에 왔다고 신문은 보도했다.
⑦ 그 왕은 방앗간의 주인에게 그가 왕에게 그의 방앗간을 팔지 않을 것인지를 물었다.
⑧ 그는 그녀에게 얼마의 돈을 원하는지를 묻는다.

① **der Diener** — (*servant*, 머슴). 강변 1식. **der Staat** — (*state*, 국가). 혼합변. ② **warum** 부 — (*why*, 왜). **wollen** — (*will*, 원하다). **die Hoffnung** — (*hope*, 소망). 약변. **aufgeben, aufgab, aufgegeben** — (*give up*, 포기하다). ③ **der Kellner** — (*waiter*, 급사). 강변 1식. **dunkel** 형 — (*dark*, 어두운). **hell** 형 — (*clear*, 맑은). ④ **der Fußgänger** — (*pedestrian*, 보행자). 강변 1식. **die Fahrkarte** — (*ticket*, 차표). ⑥ **die Zeitung** — (*newspaper*, 신문). 약변. **melden** — (*inform*, 알리다). **der Minister** — (*minister*, 장관). 강변 1식. **angekommen < ankommen, ankam, angekommen** — (*arrive*, 도착하다). ⑦ **der König** — (*king*, 왕). 강변 2식. **der Müller** — (*miller*, 방앗간 주인). 강변 1식. **die Mühle** — (*mill*, 물레방아). 약변. **verkaufen** — (*sell*, 팔다). ⑧ **fordern** — (*demand*, 요구하다).

Lesestück 23

Der Betrüger

In einer Spalte in der Provinzpresse konnte man vor einigen Jahren von dem Prozeß gegen eine alte Bäuerin lesen, die wegen Betrugs vor dem Richter stand. Wie aus der Anklageschrift hervorging, war sie von einem Bäckermeister angezeigt worden, dem sie angeblich längere Zeit hindurch täglich statt der bezahlten zwei Pfund Butter nur eindreiviertel Pfund geliefert hatte. Die alte Frau machte einen guten Eindruck, ihr schon etwas faltiges Gesicht war klar und freundlich. Der Richter fragte sie, was sie dazu zu sagen habe. Ohne Verlegenheit erwiderte die Bäuerin, sie sei völlig unschuldig, denn sie habe die Butter, die sie dem Bäckermeister verkauft habe, immer genau abgewogen. Sie habe eine sehr schöne, fast ganz neue Waage.

„Haben Sie auch vorschriftsmäßige Gewichte?"

Die habe sie auch, sagte sie. Aber ihr jüngster Enkel habe sie beim Spielen verlegt oder vielleicht im Garten verloren.

„Trotzdem behaupten Sie, die Butter immer sorgfältig abgewogen zu haben?

„Ja, ganz sorgfältig, Herr Vorsitzender."

„Das müssen Sie dem Gericht aber einmal genau erklären. Wie haben Sie das gemacht?"

Sie erzählte ruhig und langsam, daß sie jeden Tag bei dem Bäcker, der ihr die Butter abnehme, zwei Pfund Schwarzbrot kaufe. Sie habe immer das zwei Pfund schwere Brot in die andere Waagschale gelegt. So habe das Gewicht der Butter ganz genau stimmen müssen, oder das Brot sei zu leicht gewesen.

Mit diesen Worten zog die Angeklagte als Beweis einen Laib Brot aus der Handtasche und gab ihn dem Richter. Schnell wurde eine Waage herbeigeholt und das Brot gewogen. Jetzt sahen alle Leute, daß das Brot 125 Gramm zu leicht war. Alle lachten, weil sich der Bäcker selbst betrogen hatte. Die Bäuerin wurde freigesprochen.

---

[1] die **Spalte** — (*column*, 신문의 난). [2] der **Prozeß** — (*lawsuit*, 소송). der **Betrug** — (*deceit*, 사기, 속임). [3] die **Anklageschrift** — (*indictment*, 공소장). **hervorgehen** — (*emerge from*, 나타나다). der **Bäcker** — (*backer*, 빵 제조업자). der **Meister** — (*meister*, 주

사 기 꾼

몇 해 전에 지방 신문에 있는 난에서 사기로 인해 재판관 앞에 서게 된 농사짓는 할머니에 대한 소송을 읽을 수 있었다. 공소장에 드러난 바에 의하면, 그녀는 빵 가게 주인에게 고소당했는데, 그에게 그녀는 매일 지불된 2파운드의 버터 대신에 $1\frac{3}{4}$ 파운드만을 주었던 것이다. 그 노부인의 인상은 좋았으며, 이미 주름진 얼굴은 밝고 호의적이었다. 재판관은 그것에 관해 그녀가 말할 것이 있는지를 물었다. 서슴없이 그 노부인은 그녀가 완전히 무죄라고 대답했다. 왜냐하면, 그녀는 빵 가게 주인에게 판 버터를 언제나 정확히 달았기 때문이다. 그녀는 매우 훌륭하고, 거의 새것인 저울을 갖고 있다는 것이다.

"당신은 규격에 맞는 분동을 갖고 있습니까?"

그녀는 그것을 갖고 있다고 말했다. 그러나 그녀의 막내 손자가 놀다가 그것을 잘못 두었거나 정원에서 잃어버렸다고 했다.

"그럼에도 불구하고 당신은 버터를 항상 세심히 달았다고 주장하는 겁니까?"

"물론이죠, 아주 세심하게 달았습니다, 재판장님."

"당신은 그것을 이 법정에서 한 번 정확히 설명하셔야 합니다. 당신은 그것을 어떻게 했습니까?"

그녀는 매일 그녀에게 버터를 사는 빵 가게에서 2파운드 흑빵을 산다고 조용히, 그리고 천천히 말했다. 그녀는 항상 흑빵 2파운드를 다른쪽 천칭저울 판에 올려놓았으므로 버터의 무게는 완전히 정확하게 (빵과) 일치함에 틀림없으며, 그렇지 않으면 빵이 가벼운 것이라는 것이다.

그 말로써 피고인은 그 증거로 빵 한 덩어리를 주머니에서 꺼냈다. 그리고 그것을 재판관에게 주었다. 재빨리 저울 하나가 가져와졌고, 빵이 달아졌다. 이제 모든 사람들은 그 빵이 125그램 가볍다는 것을 보았다. 모두는 웃었다. 그 빵 가게 주인 스스로가 거짓말을 했기 때문이었다. 그 농사짓는 부인은 풀려나게 되었다.

인, 대가). ④ **anzeigen** — (*denounce*, 신고하다). **angeblich** 형 — (*so-called*, 소위, 이른바). ⑤ **das Pfund** — (*pound*, 파운드). **liefern** — (*hand over*, 제공하다). ⑥ **der Eindruck** — (*impress*, 인상). **faltig** 형 — (*folded*, 주름이 잡힌). ⑧ **die Verlegenheit** — (*embarrassment*, 당황). **völlig** 형 — (*full*, 완전한). **unschuldig** 형 — (*innocent*, 무죄의). ⑨ **abwiegen** — (*weigh out*, 무게를 달다). ⑩ **die Waage** — (*balance*, 저울). ⑪ **vorschriftsmäßig** 형 — (*according to regulations*, 규정대로의). **das Gewicht** — (*weight*, 무게, 분동). ⑫ **der Enkel** — (*grandson*, 손자). ⑬ **verlegen** — (*put in the wrong place*, 잘못 두다). ⑭ **behaupten** — (*maintain*, 주장하다). **sorgfältig** 형 — (*careful*, 세심한). ⑲ **abnehmen** — (*buy*, 사들이다). ⑳ **die Waagschale** — (*pan of a balance*, 천칭의 저울판). ㉑ **stimmen** — (*agree*, 일치하다). ㉒ **die Angeklagte** — (*the accused*, 피고인). ㉖ **freisprechen** — (*absolve*, 무죄 석방하다).

부 록

- 대 화 편
- 단 어 집
- 강변화 및 불규칙동사표
- 주요 변화표
- 국명·국인·국의 형용사

대화편(Dialog)

1. Gruß (인사)

Fischer : Guten Tag, Herr Baumann!	· 안녕하세요, 바우만 씨!
Baumann: Guten Tag, Herr Fischer!	· 안녕하세요, 피셔 씨!
Fischer : Wie geht es Ihnen?	· 어떻게 지내세요?
Baumann: Danke, gut. Und Ihnen?	· 고맙습니다, 잘 지내고 있어요. 당신은요?
Fischer : Danke, es geht.	· 고맙습니다, 잘 지내고 있어요.
Baumann: Auf Wiedersehen!	· 안녕히 가세요.
Fischer : Auf Wiedersehen!	· 안녕히 가세요.

2. Vorstellung Ⅰ (소개)

Franz : Frau Nägeli, das ist mein Freund aus Korea, Herr Lee. Er spricht auch ein bißchen Deutsch.	· 내겔리 부인, 이 사람이 한국인 친구 이 씨예요. 그는 독일어를 약간 한답니다.
Lee : Guten Tag! Ich heiße Lee Sang-Won.	· 안녕하세요, 제 이름은 이상원입니다.
Nägeli : Guten Tag, Herr Lee! Sind Sie auch Oberschüler?	· 안녕하세요, 이 씨. 당신도 고등 학생인가요?
Lee : Nein, ich bin Student.	· 아니요, 저는 대학생입니다.
Nägeli : Und was studieren Sie?	· 뭘 전공하시죠?
Lee : Medizin.	· 의학이요.

3. Vorstellung Ⅱ (소개)

Herr Meyer : Guten Abend！ Ich glaube, wir kennen uns noch nicht.
　　　　　　　Darf ich mich vorstellen? Alexander Meyer.
Herr Kindler : Guten Abend, Herr Meyer. Mein Name ist Kindler.
　　　　　　　Darf ich Ihnen meine Frau vorstellen?
Herr Meyer : Guten Abend, Frau Kindler.
Frau Kindler : Guten Abend, Herr Meyer！

· 안녕하세요. 우리는 아직 서로를 모르는 것 같은데요.

· 제 소개를 해도 될까요?
　알렉산더 마이어입니다.
· 안녕하세요, 마이어 씨.
　제 이름은 킨들러입니다.

· 제 부인을 소개할까요?

· 안녕하세요, 킨들러 부인.

· 안녕하세요, 마이어 씨.

4. Geschwister (남매)

Brinkmann : Haben Sie Geschwister, Herr Schulz?
Schulz 　　: Ja, einen Bruder und eine Schwester.
Brinkmann : Jünger oder älter?
Schulz 　　: Ich bin der jüngste. Meine Schwester ist schon verheiratet und hat eine Tochter.
Brinkmann : Und was macht Ihr Bruder?
Schulz 　　: Er arbeitet bei einer Bank.

· 슐츠 씨는 형제가 있나요?

· 네, 남자 형제와 누이가 있습니다.

· 손아래인가요, 손위인가요?
· 제가 막내입니다. 누님은 결혼을 하셨고 딸이 하나 있습니다.

· 그러면 형님은 뭘 하시나요?
· 형님은 은행에 다니고 있습니다.

5. Haben Sie Telefon? (전화 있습니까?)

Metzler : Herr Kuhn, haben Sie Telefon zu Hause?
Kuhn : Ja, meine Nummer ist 50 27 18.
Und welche Nummer haben Sie bitte?
Metzler : 30 17 87
Kuhn : Wissen Sie, welche Nummer Fräulein Martini hat?
Metzler : Sie hat leider kein Telefon.

· 쿤 씨, 집에 전화 있습니까?

· 네, 제 번호는 50 27 18입니다.

그런데 당신 번호는 어떻게 되지요?

· 30 17 87입니다.
· 마르티니 양의 전화 번호를 알고 계시나요?
· 그녀는 유감스럽게도 전화가 없습니다.

6. Telefonieren (전화)

Schmidt : Ist hier eine Telefonzelle in der Nähe?
Müller : Ja, an der Ecke.
Schmidt: Ich möchte mit Professor Denkler sprechen.
Haben Sie seine Telefonnummer?
Müller : Nein. Sie müssen seine Nummer im Telefonbuch nachschlagen.

· 이 근처에 공중 전화가 있습니까?

· 네, 저 모퉁이에 있어요.
· 나는 뎅클러 교수님과 통화하고 싶습니다.
그 분 전화 번호를 갖고 계시나요?

· 아니오, 당신은 전화 번호부에서 그 분의 번호를 찾으셔야 합니다.

7. Telefongespräch (전화 대화)

Inge : Inge Wagner.
Hans : Hallo, Inge！ Hans hier.
　　　　Inge, willst du heute abend mit mir ins Kino gehen？
Inge : Ach, nein danke, Hans. Ich muß meine Aufgaben machen.
Hans : Schade！ Na also, auf Wiederhören, Inge.
Inge : Auf Wiederhören！

- 잉에 바그너입니다.
- 안녕, 잉에！ 나 한스야. 잉에야, 너 오늘 저녁에 나와 영화 보러 갈래?
- 아, 고맙지만 안 되겠어, 한스. 숙제를 해야 하거든.
- 유감인데！ 그래 알았어, 잘 있어, 잉에야.
- 잘 있어.

8. Auf der Straße Ⅰ (거리에서)

Robert : Heinz, worauf wartest du denn?
Heinz　 : Auf den Bus zum Sportplatz.
Robert : Darauf kannst du aber noch lange warten.
Heinz　 : Wieso?
Robert : Der Bus ist gerade weg.
Heinz　 : So ein Pech！

- 하인쯔, 너 뭘 기다리는 거니?
- 운동장행 버스를 기다리고 있어.
- 하지만 더 오래 기다려야 할 거야.
- 어째서?
- 그 버스는 방금 떠났거든.
- 맙소사！

9. Auf der Straße Ⅱ (거리에서)

Tourist　 : Können Sie mir sagen, wie ich zur Post komme?
Polizist　 : Sicher. Gehen Sie hier geradeaus, dann die dritte Straße

- 우체국에 어떻게 가는지 알려 주시겠어요?
- 물론입니다. 여기서 똑바로 가시다가, 세 번째 거리에서 오른쪽으로

	rechts！Nach der ersten Kreuzung sehen Sie dann die Post.	가세요. 첫번째 십자로를 지나면 우체국이 보일 겁니다.
Tourist	: Kann ich die Straßenbahn nehmen?	·전차를 타도 될까요?
Polizist	: Ja, Nehmen Sie die Fünfzehn！	·네, 15번 전차를 타십시오.

10. Im Zug (기차에서)

Dame :	Ist der Platz hier noch frei?	·이 자리가 비었습니까?
Kim :	Ja. —Kann ich Ihnen helfen?	·네. —제가 좀 도와 드릴까요?
Dame :	O, das ist sehr freundlich von Ihnen. Sind Sie Ausländer?	·오, 매우 친절한 분이시로군요. 외국인이신가요?
Kim :	Ja, ich bin Koreaner.	·네, 저는 한국인입니다.
Dame :	Sind Sie schon lange in Deutschland?	·독일에 오신 지 오래 되셨나요?
Kim :	Nein, ich komme direkt aus Korea.	·아니오, 한국에서 막 왔습니다.
Dame :	Sie sprechen aber schon gut Deutsch. Hoffentlich gefällt es Ihnen hier.	·그런데도 독일어를 잘 하시네요. 이곳이 마음에 드시길 바랍니다.

11. Im Taxi (택시에서)

Kröner :	Ich möchte in die Beethovenstraße 7, bitte！ Wie spät ist es?	·베토벤 가 7번지로 가 주세요. 몇 시쯤 되었습니까?

Fahrer : Viertel vor drei. ・세 시 십오 분 전이요.
Kröner : Wie lange dauert die Fahrt? ・시간이 얼마나 걸릴까요?
Fahrer : In zehn Minuten sind wir da. ・10분이면 도착할 겁니다.
Kröner : Das ist gut. Dann bin ich ja ・좋습니다. 그러면 세 시에는 거기
um drei Uhr dort. 도착하겠군요.

12. Im Lebensmittelgeschäft
(식품점에서)

Frau : Welcher Kaffee ist besonders milde? ・어떤 커피가 특히 부드럽죠?
Verkäufer : Ich finde Melitta Gold sehr mild, wirklich. ・멜리타 골트가 매우 부드럽다고 생각하는데요, 분명히 그래요.
Frau : Gut, geben Sie mir bitte ein Pfund! ・좋아요, 1파운드 주세요.
Und welches Obst ist heute frisch? 오늘은 또 어떤 과일이 싱싱한가요?
Verkäufer : Die Äpfel sind heute frisch, eine Mark zwanzig das Pfund. ・오늘은 사과가 싱싱합니다. 파운드당 1마르크 20페니히예요.
Frau : Dann nehme ich zwei Pfund Äpfel. ・그러면 2파운드 사겠어요.
Wieviel macht das zusammen? 모두 얼마인가요?
Verkäufer : Das macht zusammen vier Mark dreißig. ・모두 4마르크 30페니히입니다.

13. Im Kaufhaus (백화점에서)

Verkäuferin	: Kann ich Ihnen helfen?	· 제가 도와 드릴까요?
Klein	: Ich brauche einen Anzug.	· 양복이 한 벌 필요한데요.
Verkäuferin	: Wie finden Sie diesen braunen?	· 이 갈색의 것은 어떠세요?
Klein	: Schön ! Wieviel kostet das?	· 좋군요. 값이 얼마죠?
Verkäuferin	: Dreihundert Mark.	· 300마르크입니다.
Klein	: Zu teuer ! Zeigen Sie mir bitte einen anderen.	· 너무 비싸군요 ! 다른 것을 좀 보여 주세요.

14. Auf der Post (우체국에서)

Tourist	: Ich möchte diesen Brief per Luftpost schicken.	· 이 편지를 항공편으로 보내려 합니다.
Beamter	: Nach Korea? Bis 5 Gramm kostet er 90 Pfennig.	· 한국으로요? 5그램 당 90페니히 듭니다.
Tourist	: Geben Sie mir bitte 5 Briefmarken zu 90 Pfennig ! Kann ich dieses Paket hier aufgeben?	· 90페니히짜리 우표 다섯 장 주세요. 이 우편물을 여기 내면 됩니까?
Beamter	: Nein, die Paketannahme ist am Schalter nebenan.	· 아니오, 우편물 수취는 옆 창구에서 합니다.

15. Im Reisebüro (여행 사무소에서)

Knobel	: Morgen früh möchte nach Hamburg. Können Sie mir einen Zug empfehlen?	· 내일 아침에 함부르크에 가려는데요. 기차를 추천해 주시겠어요?

Beamter	: Natürlich ! Der Schnellzug, der um halb acht von hier abfährt, kommt um siebzehn Uhr siebenunddreißig in Hamburg an.	・물론입니다. 여기서 7시 반에 떠나는 급행 열차가 17시 37분에 함부르크에 도착합니다.
Knobel	: Ich nehme den Schnellzug. Ich möchte eine Fahrkarte.	・그 급행을 타겠어요. 차표를 한 장 사고 싶습니다.
Beamter	: Raucher oder Nichtraucher?	・담배를 피우시나요, 안 피우시나요?
Knobel	: Nichtraucher.	・안 피웁니다.
Beamter	: Gut, ich reserviere Ihren Platz sofort.	・좋습니다. 곧 자리를 예약해 드리지요.

16. In der Bibliothek (도서관에서)

Huwe	: Verzeihen Sie, ich suche ein Buch von Hermann Hesse, „Demian".	・실례합니다. 헤르만 헤세의 "데미안"을 찾고 있습니다.
Bibliothekar	: Ist es nicht auf dem Regal?	・서가에 없던가요?
Huwe	: Nein, es ist nicht da.	・네, 없습니다.
Bibliothekar	: O ja, hier ist die Karte. Wie heißen Sie?	・아 네, 여기 카드가 있어요. 이름이 뭐죠?
Huwe	: Thomas Huwe.	・토마스 후베.
Bibliothekar	: Ihre Kollegin, Fräulein Reichel, hat es. Fragen Sie Fräulein Reichel, ob sie es noch braucht !	・당신 동료인 라이켈 양이 그 책을 갖고 있어요. 라이켈 양에게 그 책이 더 필요한지 물어 보세요.

17. Im Hotel (호텔에서)

Tourist	: Hätten Sie noch ein Einzelzimmer frei?	·독방이 빈 게 있을지요?
Empfangschef	: Ja. Wir haben eins mit Dusche im vierten Stock.	·네, 5층에 샤워할 수 있는 방이 있습니다.
Tourist	: Wieviel kostet es?	·값은 얼마입니까?
Empfangschef	: Fünfundsechzig Mark. Mit Frühstück, natürlich.	·65 마르크입니다. 물론 아침 식사도 포함해서 입니다.
Tourist	: Schön. Ich nehme es für eine Nacht.	·좋아요. 하룻밤 쓰겠어요.
Empfangschef	: Bitte sehr. Tragen Sie sich hier ein, bitte!	·여기 숙박부 좀 기입해 주십시오.

18. Geschenk (선물)

Sohn : Wem gehört die Kamera? Gehört sie mir?
· 이 카메라 누구 거예요?
제 건가요?

Vater : Ja, du hast doch heute Geburtstag. Mutti und ich gratulieren dir und schenken dir die Kamera. Gefällt sie dir?
· 그래, 너 오늘 생일이잖니. 엄마와 내가 너를 축하하면서 이 카메라를 선물하는 거야.
마음에 드니?

Sohn : Ja, sie gefällt mir gut. Vielen Dank! Ich will sie meinen Freunden zeigen.
· 네, 아주 마음에 들어요.
고맙습니다. 저는 이것을 친구들에게 보여 주겠어요.

19. Wetter (날씨)

Peter : Wie wird das Wetter morgen sein?
　　　 Was meinst du?
Leo　 : Ich glaube, es wird schön werden.
　　　 Regnen wird es jedenfalls nicht.
Peter : Dann sollten wir einen Ausflug machen.
　　　 Willst du mitfahren?

· 내일 날씨가 어떨까?
  어떨 것 같니?
· 내 생각엔 좋을 것 같은데.
  절대로 비는 오지 않을 거야.
· 그러면 소풍을 갈 수 있겠구나.

  너 함께 가지 않을래?

20. Nach der Party (파티 이후)

Petra : Tag, Franz !
　　　 Leider bist du gestern nicht auf die Party gekommen.
　　　 Wir haben dich sehr vermißt.
Franz : Ich habe eigentlich zu euch kommen wollen, aber ich mußte zu Hause bleiben. Wegen der Erkältung.
Petra : Das wußten wir nicht. Fühlst du dich besser?
Franz : Ja, es geht. Habt ihr schön gefeiert?

· 안녕, 프란쯔 !
  어제 파티에 네가 안 와서 서운했어.
  우리가 얼마나 보고 싶어했는데.
· 나도 정말 너희들에게 가고 싶었어. 하지만 집에 있어야 했어. 감기 때문에.

· 우린 그런 줄도 몰랐어. 기분은 좀 나아졌니?
· 응, 괜찮아. 너희는 재미있게 놀았니?

단 어 집

a.=(Adjektiv) 형용사	*adv.*=(Adverb) 부사	*cj*=(Konjunktion) 접속사
f.=(Femininum) 여성	*int.*=(Interjektion) 감탄사	*m.*=(Maskulinum) 남성
n.=(Neutrum) 중성	*num.*=(Numerale) 수사	*pl.*=(Plural) 복수
prn.=(Pronomen) 대명사	*prp.*=(Präposition) 전치사	*v.*=(Verb) 동사

A

ab	*adv.*(*off, away*) 떨어져서		ankommen	*v.*(*arrive*) 도착하다
Abend	*m.* -(e)s, -e (*evening*) 저녁		annehmen	*v.*(*accept*) 받다
			Amerika	*n.*(*America*) 미국
aber	*cj.*(*but*) 그러나		anbauen	*v.*(*cultivate*) 경작하다
abfallen	*v.*(*fall*) 떨어지다		anbieten	*v.*(*offer*) 제공하다
abnehmen	*v.*(*buy*) 사들이다		andauernd	*a.*(*lasting*) 지속적인
abschneiden	*v.*(*cut off*) 자르다		ander	*a.*(*other*) 다른
abwesend	*a.*(*absend*) 결석한, 부재의		ändern	*v.*(*alter, change*) 변하다
abwiegen	*v.*(*weigh out*) 무게를 달다		Anfang	*m.* -s, -e(*start*) 시작
ach	*int.*(*ah*) 아아(슬픔, 기쁨에 내는 소리)		anfangen	*v.*(*begin, start*) 시작하다
			angeblich	*a.*(*so-called*) 소위, 이른바
Achsel	*f.* -n(*shoulder*) 어깨		Angeklage	*m.*(*accused*) 피고인
Advokat	*m.* -en,-en(*advocate*) 변호사		angenehm	*a.*(*agreeable, pleasant*) 즐거운
Akkusativ	*m.* -s,-e(*objective*) 4격		Angst	*f.* ⸚e(*fear*) 두려움
Akzent	*m.* -(e)s, -e(*accent*) 강음		ängstlich	*a.*(*anxious*) 불안한
all	*a.*(*all*) 모든		Anklageschrift	*f.* -en(*indictment*) 공소장
alle	*prn.*(*all people*) 모든 사람		Anlage	*f.* -n(*installation*) 설비
			ansehen	*v.*(*look at*) 살펴보다
allein	*adv.*(*alone*) 혼자서		Ansicht	*f.* -en(*opinion*) 견해
alles	*prn.*(*all the things*) 모든 것		anstellen	*v.*(*employ*) 고용하다
			Antwort	*f.* -en(*answer*) 대답
allmählich	*adv.*(*gradually*) 점차적으로		antworten	*v.*(*answer*) 대답하다
			anzeigen	*v.*(*notify*) 신고하다
als	*cj.*(*as, when, than*) ~로서 ~만큼, ~할 때, ~보다		anziehen	*v.*(*dress*) 옷을 입다
			Anzug	*m.* -s, ⸚e(*suit*) 외투
also	*adv.*(*therefore*) 그러므로		Apfel	*m.* -s, ⸚(*apple*) 사과
alt	*a.*(*old*) 늙은		Appetit	*m.* -(e)s, -e(*appetite*) 식욕
Alter	*n.* -s,-(*old age*) 노령			
Altersschwäche	*f.* -n(*weakness of old age*) 노쇠		April	*m.* -s, -e(*April*) 4월
			Arbeit	*f.* -en(*work*) 일

arbeiten	v.(work) 일하다	aufwecken	v.(wake up) 일으키다
Arbeiter	m. -s, -(labour) 노동자	Auge	n. -s, -n(eye) 눈
arm	a.(poor) 가난한	Augenblick	m. -(e)s, -e(moment) 순간
Arm	m. -(e)s, -e(arm) 팔		
Art	f. -en(method) 방법	aus	prp.(out of) ～로부터 (밖으로)
Artikel	m. -s, -(Article) 관사		
Arznei	f. -en(medicine) 약품	Ausflug	m. -(e)s, ⸚e(ramble, trip, excursion) 하이킹
Arzt	m. -(e)s, ⸚e(doctor) 의사		
Ast	m. -(e)s, ⸚e(branch) 가지	ausfragen	v.(interogate) 질문하다
atmen	v.(breathe) 호흡하다	ausgehen	v.(go out) 외출하다
Atombombe	f. -n(atombomb) 원자탄	Auskunft	f. ⸚e(information) 정보
Atomversuch	m. -(e)s, -e(atomexperiment) 원자 실험	Ausländer	m. -s, -(foreigner) 외국인
		auslösen	v.(disconnect) 해체하다,
auf	prp.(on) ～ 위에	Äußeres	n.(outward, appearance) 외모
aufbauen	v.(build) 건축하다		
Auffasung	f. -en(comprehension) 이해	äußerlich	a.(external) 외부적인
		äußern	v.(utter) 표현하다, 말하다
Aufgabe	f. -n(homework) 문제, 숙제	außergewöhnlich	a.(extraordinary) 기이한
auf Grund	(in virtue of) ～에 의거하여	Auswirkung	f. -en(effect) 영향
		ausziehen	v.(take off) (옷을) 벗다
aufmerksam	a.(attentive) 주의 깊은	Auto	n. -s, -s(automobile) 자동차
Aufregung	f. -en(excitment) 흥분		
aufwachen	v.(awake) 눈뜨다	Autor	m. -s, -en(author) 저자

B

backen	v.(bake) 빵을 굽다	Bär	m. -en, -en(bear) 곰
Bäcker	m. -s, -(baker) 빵 제조업자	bauen	v.(build) 건축하다
		Bauer	m. -s(-n), -n(farmer) 농부
Bad	n. -es, ⸚er(bath) 목욕		
Bahnhof	m. -(e)s, ⸚e(station) 정거장	Baum	m. -(e)s, ⸚e(tree) 나무
		beantworten	v.(answer) 대답하다
bald	adv.(soon) 곧	bedanken	v.(thank) 감사하다
Ball	m. -(e)s, ⸚e(ball) 공	bedecken	v.(cover) 덮다
Ballung	f. -en(cluster) 구형으로 됨	bedeuten	v.(mean) 의미하다
		Bedeutung	f. -en(meaning) 의미
Bank	f. ⸚e(bench) 벤치	bedürftig	a.(in need of)～이 필요한
Bank	f. -en(bank) 은행	befehlen	v.(order) 명령하다

begegnen	v.(meet with) 우연히 만나다	Besucher	m. -s, -(visitor) 방문객
beginnen	v.(begin) 시작하다	betrachten	v.(look at) 관찰하다
begrüßen	v.(greet) 인사하다	Betrieb	m. -es, -e(working) 경영
behalten	v.(keep) 지키다	Betrug	m. -s, ⸚e(deceit) 사기, 속임
behaupten	v.(maintain) 주장하다	bewegen	v.(move) 움직이다
bei	prp.(by, at) ~ 옆에, ~에	Bett	n. -(e)s, -en(bed) 침대
beide	a.(both) 양쪽의	Bettler	m. -s, -(beggar) 거지
Beil	n. -(e)s, -e(hatchet) 도끼	bezahlen	v.(pay) 지불하다
Beispiel	n. -(e)s, -e(example) 예	bezeichen	v.(mark) 표현하다
		beziehen	v.(move into) 이사하다
		Bibliothek	f. -en(library) 도서관, 서재
beißen	v.(bite) 깨물다	bieten	v.(offer) 제공하다
bekannt	a.(famous) 유명한	Bild	n. -(e)s, -er(picture) 그림
bekommen	v.(get) 얻다	bilden	v.(educate) 교육하다
bemerken	v.(notice) 깨닫다	Bilderbuch	n. -(e)s, ⸚er(picture-book) 그림책
benehmen	v.(behave) 처신하다		
beobachten	v.(observe) 관찰하다	Bildreporter	m. -s, -(photo reporter) 사진 기자
beraten	v.(advise, confer) 의논하다, 충고하다		
		Bildung	f. -en(education) 교육
Berg	m. -(e)s, -e(mountain) 산	binden	v.(bind) 매다
		Birne	f. -n(pear) 배
bereit	a.(ready) 준비된	bis	prp.(till, until, as far as) ~까지
Berlin	베를린, 독일의 도시 이름		
berühmt	a.(famous) 유명한	bisherig	a.(hitherto) 지금까지의
beschäftigen	v.(employ) 고용하다	bitte	adv.(please) 아무쪼록
beschämen	v.(shame) 부끄럽게 하다	Bitte	f. -n(request) 간청
beschließen	v.(decide) 결정하다	bitten	v.(ask, beg, request) 간청하다, 요구하다
beschreiben	v.(describe) 묘사하다		
besinnen	v.(think about) 생각하다	bitter	a.(bitter) 괴로운
Besitzer	m. -s, -(owner) 소유자	bitterlich	a.(bitter) 괴로운, 지독한
besprechen	v.(discuss) 논의하다	blasen	v.(blow) 불다
bestehen	v.(pass) (시험에) 통과하다	Blatt	n. -s, ⸚er(leaf) 잎
		bleiben	v.(stay) 머무르다
bestellen	v.(order) 주문하다	bleibenstehen	v.(stay) 머무르다
bestimmen	v.(decide) 결정하다	Bleistift	m. -(e)s, -e(pencil) 연필
bestimmt	a.(definit) 일정한	blicken	v.(look) 보다
besuchen	v.(visit) 방문하다	blind	a.(blind) 눈먼

blitzen	v.(lighten) 번개치다	brennend	a.(burning) 타는
blond	a.(blond) 금발의	Brennholz	n. -es, ⸚er(fire-wood) 땔나무
blühen	v.(bloom) 꽃피다		
Blume	f. -n(flower) 꽃	Brief	m. -(e)s, -e(letter) 편지
Boden	m. -s, -(ground) 바닥	Briefträger	m.(postman) 우체부
Boot	n. -(e)s, -e(boat) 보우트	Brille	f. -n(glasses) 안경
böse	a.(bad) 나쁜	bringen	v.(bring) 가져오다
Botanik	f.(botany) 식물학	Brot	n. -(e)s, -e(bread) 빵
Bote	m. -n, -n(messenger) 사자	Brücke	f. -n(bridge) 다리
		Bruder	m. -s, ⸚(brother) 형제
Brand	m. -es, ⸚e(fire) 불	brummen	v.(grumble) 투덜거리다
braten	v.(roast) 굽다	Buchhalter	m. -s, -(book-keeper) 부계원
brauchen	v.(need) 필요하다		
braun	a.(brown) 갈색의	Büchlein	n. -s, -(litter book) 작은 책
brechen	v.(break) 깨뜨리다		
breit	a.(broad) 넓은	Büro	n. -s, -s(office) 사무실
brennen	v.(burn) 타다	Busen	m. -s, -(breast) 가슴

C

Chef	m. -s, -s(manager) 사장		

D

da	adv.(there, here, then) 저기, 여기, 그 때	deshalb	adv.(therefore) 그러므로
		Detektivge-schichte	f. -n(a detective story) 탐정 이야기
Dach	n. -(e)s, ⸚er(roof) 지붕		
Dampfer	m. -s, -(steam-ship) 기선	deutsch	a.(German) 독일의
danken	v.(thank) 감사하다	Deutsch	n. -(s)(German) 독일어
dann	adv.(then) 그리고 나서	Deutschland	n. -(e)s, (Germany) 독일
darum	adv.(therefore) 그러므로		
das	prn.(this, that, it) 이것, 저것, 그것	Dialektik	f.(dialectic) 변증법
		Dichter	m. -s, -(poet) 시인
daß	cj.(that) ~하다는 것	dick	a.(thick) 두꺼운
Dativ	m. -s, -e(dative) 3격	Dieb	m. -(e)s, -e(thief) 도적
dauern	v.(continue) 계속되다	Diener	m. -s, -(servant) 고용인
Deck	n. -(e)s, -e(deck) 갑판	Dienst	m. -(e)s, -e(service) 근무
Decke	f. -n(ceiling) 천장		
denken	v.(think) 생각하다	dieser	prn.(this) 후자, 이것
denn	cj.(for) 왜냐하면	diesmal	adv.(this time) 이번에는
derselbe	a.(the same) 같은	Diminutiv	n. -s, -e 축소명사

Ding	n. -(e)s, -e(*thing*) 사물		Drangsal	f. -(e)s, -e(*hardship*) 곤란
Direktor	m. -s, -en(*director*) 지배인		dringen	v.(*rush*) 돌진하다
			drohen	v.(*threaten*) 위협하다
doch	adv.(*surely, yet, still*) 확실히, 아직, 역시		dumm	a.(*stupid*) 어리석은
			dunkel	a.(*dark*) 어두운
Doktor	m. -s, -en(*doctor*) 박사		dünn	a.(*thin*) 얇은
Dolmetscher	m. -s, -(*interpreter*) 통역		durch	prp.(*through*) ~을 통하여
donnern	v.(*thounder*) 천둥치다		durchfallen	v.(*fail*) 실패하다
Dorf	n. -(e)s, ⸚er(*village*) 마을		dürr	a.(*barren*) 마른
			durstig	a.(*thirsty*) 목마른
dort	adv.(*there*) 저기			

E

			eintreten	v.(*enter*) 들어가다
Ecke	f. -n(*corner*) 모퉁이, 구석		Einwohner	n. -s, -(*inhabitant*) 주민
			Eis	n. -es(*ice*) 얼음
edel	a.(*noble*) 고상한		Eisen	n. -s, -(*iron*) 철
eifrig	a.(*eager*) 열렬한		eisern	a.(*iron*) 철로 만든
eigen	a.(*own*) 자신의		eisig	adv.(*cold as ice*) 얼음처럼 찬
Eigenschaft	f. -en(*attribute*) 특성			
eigentlich	a.(*actual*) 실제의		Elend	n. -s, (*misery*) 불행
Eigentum	n. -s, ⸚er(*property*) 재산		Eltern	pl.(*parents*) 부모
			empfangen	v.(*welcome*) 환영하다
eignen	v.(*possess*) 소유하다		empfehlen	v.(*recommend*) 추천하다
eilen	v.(*hasten*) 서두르다		Empfehlung	f. -en(*recommendation*) 추천
eilig	a.(*hurried*) 서두르는			
einander	adv.(*each other*) 서로		empfinden	v.(*feel*) 느끼다
Eindruck	m. -(e)s, ⸚e(*impression*) 인상		empört	a.(*shocked*) 흥분된
			Ende	n. -s, -n(*end*) 끝
einfach	a.(*simple*) 단순한		endlich	adv.(*finally*) 마침내, 결국
einfallen	v.(*occur to*) 떠오르다		Energie	f. -n(*energy*) 에너지
Einfluß	m. -sses, -sse(*influence*) 영향		Englisch	n. -(s) (*English*) 영어
			Enkel	m. -s, -(*grandson*) 손자
einig	a.(*few, several*) 몇몇의		entlang	prp.(*along*) ~을 따라서
einmal	adv.(*once*) 한 번		entlassen	v.(*dismiss*) 해고하다
einsam	a.(*lonely, lonesome*) 고독한		entlauben	v.(*shed its leaves*) 잎이 떨어지다
einschlafen	v.(*fall asleep*) 잠들다		entschuldigen	v.(*excuse*) 용서하다

erbauen	v.(build up) 건축하다	Erscheinung	f. -en(phenomenon) 현상
erben	v.(inherit) 상속받다	erschrecken	v.(be frightened) 놀라다
Erde	f. -n(earth) 지구, 땅	erst	a.(first) 맨 처음의
Ereignis	n. -ses, -se(event) 사건	erstaunt	a.(surprise) 놀라운
erfahren	v.(come to know) 알게 되다	ertrinken	v.(drown, be drowned) 익사하다
erfreuen	v.(delight) 기쁘게 하다	erwachen	v.(awake) 일어나다
erfüllen	v.(fill) 가득 차다	Erweis	m. -es, -e(proof) 증명
Ergebnis	n. -ses, -se(effect) 결과	erwidern	v.(reply) 대답하다
erhalten	v.(get) 얻다	erzählen	v.(tell) 이야기하다
erkennen	v.(know, recognize) 알다, 알아보다	erzeugen	v.(produce) 산출하다
		essen	v.(eat) 먹다
Erkenntnis	f. -se(knowledge) 인식	Essen	n. -s, -(meal) 식사
erklären	v.(explain) 설명하다	Eßlöffel	m. -s, -(tablespoon) 숟가락
erlauben	v.(allow, grant) 허락하다		
erleben	v.(experience) 경험하다	Eßzimmer	n. -s, -(dining-room) 식당
Erlebnis	n. -ses, -se(experience) 경험	etwa	adv.(nearly, about) 거의, 약
ernst	a.(serious) 진지한		
Ernte	f. -n(earn, harvest) 수확	etwas	prn.(something) 어떤것
erobern	v.(conquer) 정복하다	Explosion	f. -en(explosion) 폭발
erregen	v.(excite) 흥분시키다	Europa	n. -s, (Europe) 유럽
erreichen	v.(reach, attain) 도달하다	ewig	a.(eternal) 영원한
		Ewigkeit	f. -en(eternity) 영원

F

		Fasching	m. -s, -e(carnival) 사육제
Fabel	f. -n(fable) 우화		
Fähigkeit	f. -en(ability) 능력	fassen	v.(grasp) 붙잡다
fahren	v.(ride) 타고 가다	faul	a.(lazy) 게으른
Fahrkarte	f. -n(ticket) 기차표	fechten	v.(fight) 싸우다
Fahrrad	n. -(e)s, -räder(bicycle) 자전거	Feder	f. -n(pen) 펜
		fehlen	v.(lack) 부족하다
falsch	a.(wrong) 잘못된	Fehler	m. -s, -(fault) 실수
fallen	v.(fall) 떨어지다	fein	a.(fine) 좋은
faltig	a.(folded) 주름이 잡힌	Feind	m. -(e)s, -e(foe, enemy) 적
Familie	f. -n(family) 가족		
fangen	v.(catch) 체포하다	Feld	n. -(e)s, -er(field) 들
Farbe	f. -n(color) 색	Fenster	n. -s, -(window) 창문

Ferien	pl.(holidays) 휴가, 방학	Fremde	m. -n, -n(stranger) 낯선 사람
Feuer	n. -s, -(fire) 불		
finden	v. (find) 발견하다	fressen	v.(eat) 먹다(동물이)
Finsternis	f. -se(darkness) 어둠	Freude	f. -n(gladness) 기쁨
Firma	f. -men(firm) 회사	Freund	m. -(e)s, -e(friend) 친구
Fisch	m. -es, -e(fish) 물고기	Freundin	f. -nen(girl-friend) 여자 친구
Fittich	m. -(e)s, -e(wing) 날개		
fleißig	a.(diligent) 부지런한	freundlich	a.(kind) 친절한
fligen	v.(fly) 날다	Freundlichkeit	f. -en(kindness) 친절
fliehen	v.(flee) 도망가다	Friede	m. -ns, -n(peace) 평화
fließen	v.(flow) 흐르다	friedlich	a.(peaceful) 평화스러운
Flöte	f. -n(flute) 피리	frieren	v.(freeze) 얼다
Flugmaschine	f. -n(airplane) 비행기	frisch	a.(fresh) 신선한
Fluß	m. -sses, ⸚sse(river) 강	fröhlich	a.(cheerful) 기쁜
folgen	v.(follow) 따르다	Frucht	f. ⸚e(fruit) 과일
fordern	v.(demand) 요구하다	früh	a.(early) 이른
formieren	v.(form) 형성하다	Frühjahr	n. -(e)s, -e(spring) 봄
Fossil	n. -(e)s, -ien(fossil) 화석	Frühling	m. -s, -e(spring) 봄
Fotoapparat	m. -es, -e(camera) 카메라	frühstücken	v.(breakfast) 아침을 먹다
fotografieren	v.(photograph) 사진 찍다	Fuchs	m. -es, ⸚e(fox) 여우
Frage	f. -n(question) 질문	fühlen	v.(feel) 느끼다
fragen	v.(ask) 질문하다	führen	v.(lead) 인도하다
Frankreich	n. -s(France) 프랑스	Füller	m. -s, -(fountain-pen) 만년필
Franzose	m. -n, -n(Frenchman) 프랑스 사람	Füllfeder	f. -n(fountain-pen) 만년필
Französisch	n.(French) 프랑스 어		
Frau	f. -en(lady) 부인	Funktion	f. -en(function) 기능
Fräulein	n. -s, -(Miss) 양, 미혼녀	für	prp.(for) ～을 위하여,
freisprechen	v.(absolve) 무죄 석방하다	fürchten	v.(fear) 두려워하다
fremd	a.(strange) 낯선	Fuß	m. -es, ⸚e(foot) 발

G

Galgen	m. -s -(gallows) 교수대	Gasthaus	n. -(e)s, ⸚er(inn) 여관
ganz	a.(whole) 전체의 adv.(quite) 아주 완전히	Gaststube	f.(quest room) 객실
		gebären	v.(bear) 낳다
gar	adv.(quite) 아주	Gebäude	n. -s, -(building) 건물
Garten	m. -s, ⸚(garden) 정원	geben	v.(give) 주다
Gast	m. -es, ⸚e(guest) 손님	Gebirge	n. -s, -(mountain, moun-

단어집 405

	tain-chain) 산, 산맥	**genau**	*a.*(*exact*) 정확한
gebrauchen	*v.*(*use*) 사용하다	**General**	*m.* -s, -e(*general*) 장군
gebraten	*a.*(*roast*) 구운	**genesen**	*v.*(*recover*) 낫다
Geburt	*f.* -en(*birth*) 출생	**Genie**	*n.* -s, -s(*genius*) 천재
Gedächtnis	*n.* -ses, -se(*memory*) 기억	**genießen**	*v.*(*enjoy*) 즐기다
Gedanke	*m.* -ns, -n(*thought, idea*) 생각, 사상	**Genitiv**	*m.* -s, -e(*possessive*) 소유격
gedenken	*v.*(*think of*) ～을 생각하다	**Genosse**	*m.* -n(*comrade*) 동료
		genug	*a.*(*enough*) 충분한
		Geometrie	*f.* -n(*geometry*) 기하학
Geduld	*f.*(*patience*) 인내	**Geometriebuch**	*n.* -(e)s, ⸗er(*geometry book*) 기하학 책
Gefallen	*m.* -s, -(*favour*) 호의		
Gefilde	*n.* -s, -(*field*) 벌판	**gerade**	*adv.*(*just*) 바로
Gefühl	*n.* -(e)s, -e(*feeling*) 감정	**Gericht**	*n.* -(e)s, -e(*court of justice*) 재판소, 법정
Gegenteil	*n.* -(e)s, -e(*opposite*) 반대		
		gering	*a.*(*little*) 근소한
gegenüber	*prp.*(*opposite to*) 반대편의	**gern**	*adv.*(*willingly*) 기꺼이
		Geruch	*m.* -(e)s, ⸗e(*smell*) 냄새
gegenwärtig	*a.*(*present*) 현재의	**Gesang**	*m.* -(e)s, ⸗e(*song*) 노래
geheim	*a.*(*secret*) 비밀의	**geschehen**	*v.*(*happen*) 우연히 발생하다
Geheimnis	*n.* -ses, -se(*secret*) 비밀		
gehen	*v.*(*go*) 가다	**Geschenk**	*n.* -(e)s, -e(*present*) 선물
Gehilfe	*m.* -n, -n(*helper*) 돕는 사람	**Geschichte**	*f.* -n(*history*) 역사
		Geschmack	*m.* -(e)s, ⸗e(*taste*) 취미
Gehirn	*n.* -(e)s, -er(*brain*) 뇌	**Gesellschaft**	*f.* -en(*society*) 사회
gehören	*v.*(*belong*) ～에 속하다	**Gesetz**	*n.* -es, -e(*law*) 법률, 법칙
Geist	*m.* -es, -er(*spirit*) 정신		
gelb	*a.*(*yellow*) 노란	**Gesicht**	*n.* -(e)s, -er(*face*) 얼굴
Geld	*n.* -(e)s, -er(*money*) 돈	**Gespenst**	*n.* -(e)s, -er(*ghost*) 유령
Gelehrte	*m.* -n, -n(*scholar*) 학자	**Gestalt**	*f.* -en(*form, figure*) 형태
gelingen	*v.*(*succeed*) 성공하다	**gestern**	*adv.*(*yesterday*) 어제
gelten	*v.*(*value*) 가치 있다	**gesund**	*a.*(*healthy*) 건강한
Gemach	*n.* -(e)s, ⸗er(*room*) 방	**Gesundheit**	*f.* -en(*health*) 건강
Gemahl	*m.* -(e)s, -e(*husband*) 남편	**Gewehr**	*n.* -(e)s, -e(*weapon*) 무기
Gemälde	*n.* -s, -(*picture*) 그림	**Gewicht**	*n.* -(e)s, -e(*weight*) 무게
Gemüse	*n.* -(*vegetable*) 채소	**Gewinn**	*m.* -(e)s, -e(*profit*) 이익
Gemüt	*n.* -(e)s, -er(*mind*) 마음	**gewinnen**	*v.*(*win*) 얻다
gemütlich	*a.*(*agreeable, cheerful*) 기분 좋은, 마음에 드는	**Gewitter**	*n.* -s, -(*thunderstorm*) 뇌우

Gewitterwolke	f. -n(thundercloud) 뇌운	golden	a.(golden) 금빛깔의
gewöhnen	v.(accustom) 익숙하다	Gott	m. -(e)s, ⸚er(god) 신
Gewohnheit	f. -en(habit) 습관	Gotteshaus	n. -es, ⸚er(church) 교회
gewöhnlich	a.(usual) 보통의	graben	v.(dig) 파내다
gießen	v.(pour) 붓다	Gras	n. -es, ⸚er(grass) 풀
Gift	n. -(e)s, -e(poison) 독	grau	a.(grey) 회색의
Glas	n. -es, ⸚er(glass) 유리	greifen	v.(grasp) 잡다
Glaube	m. -ns, -n(faith, belief) 믿음	grob	a.(thick) 거친
		groß	a.(big, large, great) 큰
glauben	v.(believe, think) 믿다, 생각하다	Großeltern	pl.(grand-parents) 조부모
		grün	a.(green) 초록색의
Glocke	f. -n(bell) 종	grüßen	v.(greet) 인사하다
Glück	n. -(e)s(happiness) 행복	gut	a.(good) 좋은
glücklich	a.(happy) 행복한	Gymnasium	n. -s, -sien(gymnasium, high-school) 체육관, 고등 학교
gnädig	a.(gracious) 인자한		
Gold	n. -(e)s(gold) 금		

H

Haar	n. -(e)s, -e(hair) 머리털	Hauptstadt	f. ⸚e(capital) 수도
Habe	f.(property) 재산	Haus	n. -es, ⸚er(house) 집
haben	v.(have) 가지다	Hausmädchen	n. -s, -(housemaid) 하녀
Hafenstadt	f. ⸚e(seaport) 항구 도시	Heft	n. -(e)s, -e(note-book) 공책
Haken	m. -s, -(hook) 옷걸이		
halb	a.(half) 절반의	Heilmittel	n. -s,-(drug) 약
Hals	m. -es, ⸚e(neck) 목	Heimat	f.-en(home, native-place) 고향
halten	v.(hold, keep, halt, stop) 붙잡다, 가지고 있다, 보존하다, 정지하다, 멈추다	heiß	a.(hot) 뜨거운
		heißen	v.(name, be called) ~라고 불리다
Hammer	m. -s, ⸚(hammer) 망치	heiter	a.(bright) 밝은
Hand	f. ⸚e(hand) 손	hell	a.(clear) 맑은
handeln	v.(behave) 행동하다	helfen	v.(help) 돕다
Handschuh	m. -(e)s, -e(glove) 장갑	Hemd	n. -(e)s, -en(shirt) 셔츠
Handtuch	n. -es, ⸚er(handkerchief) 손수건	Herbst	m. -es,-e(autumn) 가을
		Herr	m. -n(en),-en(gentleman, Mr.) 신사, ~ 씨
hängen	v.(hang) 걸다		
Hase	m. -n, -n(hare) 토끼	hervorgehen	v.(emerge from) 나타나다
häßlich	a.(ugly) 보기 싫은	hervorrufen	v.(evoke) 불러내다

Herz	n. -ens, -en(*heart*) 마음		**hoffen**	v.(*hope*) 원하다
herzlich	a.(*hearty*) 진심의		**hoffentlich**	adv.(*it is to be hoped*) 바라건대
heute	adv.(*today*) 오늘		**höflich**	a.(*polite*) 정중한
hier	adv.(*here*) 여기		**holen**	v.(*bring*) 가져오다
hierauf	adv.(*here-upon*) 여기에서		**Honig**	m. -(e)s, -e(*honey*) 꿀
Hilfe	f. -n(*help*) 도움		**hören**	v.(*hear*) 듣다
Himmel	m. -s,-(*sky*) 하늘		**Hose**	f. -n(*trousers*) 바지
hinauf	adv.(*upward*) 위로		**Hotel**	n. -s, -s(*hotel*) 호텔
hinten	adv.(*behind*) 뒤에		**hübsch**	a.(*pretty*) 예쁜
Hirtenhäus-chen	n.(*the little haus of herds-man*) 양치기의 작은 집		**Hügel**	m. -s, -(*hill*) 언덕
hinter	prp.(*behind*) 뒤에		**Hund**	m.-(e)s, -e(*dog*) 개
hoch	a.(*high*) 높은		**Hündchen**	n.-s, -(*little dog, dear dog*) 작은 개
Hochbetrieb	m. -es, -e(*high seasons*) 호황		**hungrig**	a.(*hungry*) 배고픈
			Hut	m. -(e)s, ⸚e(*hat*) 모자

I ────────────

Idealismus	m.(*idealism*) 이상주의		**interessant**	a.(*interesting*) 재미나는
Illustrierte	f. -n(*illustration*) 도해, 삽화		**interessieren**	v.(*interest*) 흥미를 일으키다
immer	adv.(*always*) 언제나		**Intransitiv**	n. -s, -e(*intransitive*) 자동사
in	prp.(*in, to*) ~ 안에		**inzwischen**	adv.(*in the mean time*) 그러는 동안에
Individuum	n. -s, -duen(*individual*) 개인			
innerlich	a.(*internal*) 내부적인		**ironisch**	a.(*ironical*) 빈정대는
Insekt	n. -(e)s, -en(*insect*) 곤충		**irren**	v.(*err*) 실수하다
			Irrtum	m. -(e)s, ⸚er(*error*) 잘못

J ────────────

ja	adv.(*indeed, yes*) 참으로, 예		**jemand**	prn.(*somebody*) 누군가
			jener	prn.(*that*) 저것, 전자
Jäger	m. -s,-(*hunter*) 사냥꾼		**jetzt**	adv.(*now*) 지금
Jahr	n. -(e)s, -e(*year*) 해		**Juli**	m. -(s), -s(*July*) 7월
Jahreszeit	f. -en(*season*) 계절		**jung**	a.(*young*) 젊은
Jacke	f. -n(*jacket* 재킷)		**Jüngling**	m. -s, -e(*youth*) 청년
jedenfalls	adv.(*in any case*) 어떤 경우에라도		**Journalist**	m. -en, -en(*journalist*) 기자

K

Kaffee	m. -s(coffee) 커피
kalt	a.(cold) 추운
Kamera	f. -s(camera) 사진기
Kamerad	m. -en, -en(comrade) 동무
Kampf	m. -(e)s, ⸚e(combat, fight) 싸움, 전쟁
Kapital	n. -s,-e(-ien)(capital) 자본
Karte	f. -n(card, map) 카드, 지도
Käse	m. -s, -(cheese) 치즈
Katze	f. -n(cat) 고양이
kaufen	v.(buy) 사다
Kaufmann	m. -(e)s, ⸚er(merchant) 상인
kaum	adv.(hardly, scarcely) 간신히, 거의 ~ 않다
kehren	v.(turn) 돌리다
Kellnerin	f. -nen(waitress) 여급
kennen	v.(know) 알다
Kerze	f. -n(candle) 양초
Kind	n. -(e)s, -er(child) 어린이
Kino	n. -s, -s(cinema) 영화
Kindchen	n. -s, -(little child) 작은 아이
Kirche	f. -n(church) 교회
Kiste	f. -n(box) 상자
klar	a.(clear) 분명한
Klasse	f. -n(class) 교실
Klassenzimmer	n. -s, -(class-room) 교실
Kleid	n. -(e)s, -er(dress) 의복
klein	a.(small) 작은
klingeln	v.(ring) 울리다
klingen	v.(sound) 소리나다
klopfen	v.(knock) 문을 두드리다
klug	a.(clever) 영리한
Knabe	m. -n,-n(boy) 소년
Knospe	f. -n(bud) 싹
Knie	n. -s, -(knee) 무릎
kochen	v.(cook) 요리하다
kommen	v.(come) 오다
Kommission	f. -en(commission) 위원회
Kommunismus	m. -(communism) 공산주의
König	m. -s, -e(king) 왕
Königin	f. -nen(queen) 여왕
Königtum	n. -s, -tümer(kingdom) 왕국
Konjugation	f. -en(conjugation) 변화
können	v.(can) ~할 수 있다
Konzert	n. -(e)s, -e(concert) 음악회
Kopf	m. -(e)s, ⸚e(head) 머리
Koreaner	m. -s, -(Korean) 한국인
krachen	v.(crack) 딱 소리나다
krank	a.(sick, ill) 병든, 아픈
Krankheit	f. -en(sickness, illnes) 병
Kreide	f. -n(chalk) 분필
kriechen	v.(creep) 기어가다
Krieg	m. -(e)s, -e(war) 전쟁
Küche	f. -n(kitchen) 부엌
Kuchen	m. -s,-(cake) 과자
Kugelschreiber	m. -s, -(ball-pen) 볼펜
Kuh	f. ⸚e(cow) 암소
kühl	a.(cool) 서늘한
Kunst	f.⸚e(art) 예술
Künstler	m. -s, -(artist) 예술가
kurz	a.(short) 짧은
Kutsche	f. -n(coach) 마차
Kutscher	m. -s, -(coachman) 마부

L

Laboratorium	n. -s, -rien(*laboratory*) 실험실
Labsal	n. -(e)s, -e(*comfort*) 위안
lachen	v.(*laugh*) 웃다
lächeln	v.(*smile*) 미소하다
laden	v.(*load*) 짐 싣다
Lage	f. -n(*situation*) 상태
Lampe	f. -n(*lamp*) 등불
Land	n.-(e)s, ⸚er(*country, state*) 시골, 나라
Landschaft	f. -en(*landscape, province*) 풍경, 지방
lang	a.(*long*) 긴
lange	adv.(*long time*) 오랫동안
langsam	a.(*slow*) 느린
Lärm	m. -(e)s- (*noise*) 소음
lassen	v.(*let, leave*) ~하게 하다, 위임하다, 맡기다
Laub	n. -(e)s, -e(*leaf*) 잎
laufen	v.(*run*) 뛰다
läuten	v.(*ring*) 울리다
leben	v.(*live*) 살다
Leben	n. -s, -(*life*) 인생, 생활
leer	a.(*empty*) 비어 있는
legen	v.(*put, lay*) 놓다
Lehnstuhl	m. -(e)s, ⸚e(*armchair*) 안락의자
lehren	v.(*teach*) 가르치다
Lehrer	m. -s, -(*teacher*) 선생
Lehrerin	f. -nen(*woman-teacher*) 여선생
Leib	m. -(e)s, -er(*body*) 육체
leicht	a.(*light, easy*) 가벼운, 쉬운
Leid	n. -s,(*grief*) 슬픔
leid	a.(*sorry*) 섭섭한
leiden	v.(*bear*) 참다
leider	adv.(*unfortunately*) 유감스럽게도
leise	a.(*low*) 낮은
Leistung	f. -en(*performance*) 실행
Lektion	f. -en(*lesson*) 수업, 학과
lernen	v.(*learn*) 배우다
lesen	v.(*read*) 읽다
Leser	m. -s, -(*reader*) 읽는 사람, 독자
letzt	a.(*last*) 마지막, 지난
leuchten	v.(*light*) 비추다
leugnen	v.(*deny*) 부정하다
Leute	pl.(*people*) 사람들
Licht	n. -(e)s, -er(*light*) 빛
lieb	a.(*dear*) 사랑하는
Liebe	f. -n(*love*) 사랑
lieben	v.(*love*) 사랑하다
liebvoll	a.(*loving*) 사랑스러운
lieblich	a.(*lovely*) 사랑스러운
Lied	n. -(e)s, -er(*song*) 노래
liefern	v.(*hand over*) 제공하다
liegen	v.(*lie*) 놓여 있다
Linde	f. -n(*lime-tree*) 보리수
link	a.(*left*) 왼쪽의
links	adv.(*on the left*) 왼쪽에
linkshändig	a.(*left-handed*) 왼손잡이의
Literatur	f. -en(*literature*) 문학
Lob	n. -(e)s, -e(*praise*) 칭찬
loben	v.(*praise*) 칭찬하다
Loch	n. -(e)s, ⸚er(*hole*) 구멍
Löwe	m. -n, -n(*lion*) 사자
Luft	f. ⸚e(*air*) 공기

M

machen	v.(make) 만들다, ~하게 하다
mächtig	a.(mighty, powerful) 힘 있는
Mädchen	n. -s, -(girl) 소녀
Magazin	n. -s, -e(magazine) 잡지
Mai	m. -(e)s, -e(May) 5월
Mal	n. -(e)s, -e(time) ~번, 횟수
Maler	m. -s, -(painter, artist) 화가
man	prn.(one, we, people) 사람, 우리들
manchmal	adv.(sometimes) 때때로
Mann	m. -(e)s, ⸚er(man) 남자
Mantel	m. -s, ⸚(overcoat) 외투
Mark	f. 마르크(독일의 화폐 단위)
Maschine	f. -n(machine) 기계
Maskulinum	n. -s,-na(masculine) 남성
Material	n. -s, -ien(material) 물질, 재료
Mathematik	f.(mathematics) 수학
Matrose	m. -n, -n(sailor) 뱃사공, 수부
Mauer	f. -n(wall) 담
Medizin	f. -en(medicine) 의학
Meer	n. -(e)s, -e(sea) 바다
mehr	adv.(more) 보다 더 많이
meinen	v.(think) 생각하다
Meinung	f. -en(opinion) 의견
meist	a.(most) 대부분의
meistens	adv.(mostly) 대개
Meister	m.-s,-(master) 주인, 대가
Menge	f. -n(a lot) 많은 양
Mensch	m. -en, -en(human) 인간
Menschheit	f. -en(human-nature) 인간성
merken	v.(notice) 주의하다
messen	v.(measure) 측량하다
Messing	n. -s(brass) 놋쇠
Meteorologe	m. -n, -n(meteorologist) 기상학자
Meteorologie	f. -n(meterology) 기상학
mieten	v.(rent) 빌리다
mild	a.(mild) 온화한
Milliarde	f. -n(milliard) 10억
Mineral	n. -s, -e(ien)(mineral) 광물
Minister	m. -s, -(minister) 장관
Ministerpräsident	m. -en, -en(prime minister) 국무 총리
Minute	f. -n(minute) 분
mir	prn.(to me) 나에게
Mißverständnis	n.-sses,-sse(misunderstanding) 오해
mit	prp.(with) ~함께, ~을 가지고
miteinander	adv.(each other) 서로 서로
Mitleid	n. -(e)s(sympathy) 동정
mitnehmen	v.(take with) 가지고 가다, 함께 가다
Mittag	m.-(e)s, -e(noon) 정오
Mittagessen	n. -s, -(lunch) 점심
Mittagstisch	m.-es, -e(dinner, lunch) 점심 식사
Mittagszeit	f. -en(noon-tide, dinnertime) 정오, 점심 시간
Möbel	n.-s, -(furniture) 가구
Monat	m. -(e)s, -e(month) 달
monatlich	a.(monthly) 매달마다
Monatsgehalt	n. -(e)s, -gehälter (monthly salary) 월급
Mond	m. -(e)s, -e(moon) 달
Montag	m. -(e)s, -e(Monday) 월요일

Mord	*m.* -(e)s, -e(*murder*) 살인	**müde**	*a.*(*tired, tired of*) 피곤한, ~에 싫증이 난
Mörder	*m.*(*murderer*) 살인자	**Mund**	*m.* -(e)s, -e(*mouth*) 입
Morgen	*m.* -s(*morning*) 아침	**murmeln**	*v.*(*murmur*) 중얼거리다
morgens	*adv.*(*in the morning*) 아침에	**Museum**	*n.* -s, -seen(*museum*) 박물관
morgen	*adv.*(*tomorrow*) 내일	**Musiker**	*m.* -s,-(*musician*) 음악가
Motto	*n.* -s, -s(*motto*) 표어	**Mutter**	*f.* ⸚(*mother*) 어머니

N

nach	*prp.*(*after, according to*) ~ 후에, ~에 의하면, ~로 향하여	**nennen**	*v.*(*name*) 이름 부르다
		nervös	*a.*(*nervous*) 신경 쇠약의
		Nest	*n.*-es, -er(*nest*) 둥우리
Nachbar	*m.* -s(-n), -n(*neighbour*) 이웃 사람	**neu**	*a.*(*new*) 새로운
		neugierig	*a.*(*curious*) 호기심 있는
nachdem	*cj.*(*after*) ~ 후에	**Neutrum**	*n.* -s, -tren, (-tra) (*neuter*) 중성
nachkommen	*v.*(*follow*) 따르다		
Nachmittag	*m.* -(e)s, -e(*afternoon*) 오후	**nicht**	*adv.*(*not*) ~아닌
		nicht~sondern	(*not~but*) ~이 아니라, ~이다
nachmittags	*adv.*(*in the afternoon*) 오후에		
		Nichte	*f.* -n(*niece*) 조카딸
nächst	*a.*(*next*) 다음의	**nichts**	*prn.*(*nothing*) 아무것도 ~ 아닌
Nacht	*f.* ⸚e(*night*) 밤		
nahe	*a.*(*near*) 가까운	**nicken**	*v.*(*nod*) 끄덕이다
nähen	*v.*(*sew*) 바느질하다	**nie**	*adv.*(*never*) 결코 ~ 아닌
Name	*m.* -ns,-n(*name*) 이름	**niemand**	*prn.*(*nobody*) 아무도 ~ 아닌
Narr	*m.* -en, -en(*fool*) 바보		
Nase	*f.* -n(*nose*) 코	**noch**	*adv.*(*still, yet*) 아직
Nation	*f.* -en(*nation*) 국가	**Nominativ**	*m.* -s, -e(*subjective*) 주격
Natur	*f.* -en(*nature*) 자연	**Norddeutschland**	*n.*-s(*North-Germany*) 북부 독일
natürlich	*a.*(*natural*) 자연의		
neben	*prp.*(*beside*) ~ 옆에	**Nordwind**	*m.* -es, -e(*north-wind*) 북풍
Nebenstraße	*f.* -n(*side-road, side-street*) 옆길, 샛길		
		Not	*f.* ⸚e(*want*) 필요, 곤란
Nebenzimmer	*n.* -s, -(*adjoining room*) 옆방	**nötig**	*a.*(*necessary*) 필요한
		nun	*adv.*(*now, well*) 이제, 지금
Neffe	*m.* -n, -n(*nephew*) 조카		
nehmen	*v.*(*take, eat*) 쥐다, 먹다	**nur**	*adv.*(*only*) 단지
nein	*adv.*(*no*) 아니	**nützlich**	*a.*(*useful*) 유용한

O

ob	cj.(whether) ~인지 아닌지
oben	adv.(above) 위에
obgleich	cj.(although) ~임에도 불구하고
obwohl	cj.(although) 설령 ~하기는 하지만
Ochs	m. -en, -en(ox) 소
oder	cj.(or) 또는
offen	a.(open) 열려 있는
Offizier	m. -s, -e(officer) 장교
öffnen	v.(open) 열다
oft	adv.(often) 종종, 흔히
ohne	prp.(without) ~ 없이
Ohr	n.-(e)s, -en(ear) 귀
Öl	n.-(e)s, -e(oil) 기름
Onkel	m. -s, -(uncle) 아저씨
Oppositionspartei	f.-en(opposition party) 반대당
Ort	m. -(e)s, -e(place) 장소
Österreich	(Austria) 오스트리아

P

Paket	n.-(e)s, -e(packet) 소포
Papier	n. -s, -e(paper) 종이
Park	m. -(e)s, -e(park) 공원
Partei	f. -en(party) 당
Pastor	m. -s, -en(pastor) 목사
Patient	m. -en, -en(patient) 환자
Peitsche	f. -n(whip) 채찍
Pfad	m. -(e)s, -e(path) 좁은 길
pfeifen	v.(whistle) 휘파람 불다
Pferd	n. -(e)s, -e(horse) 말
Pflanze	f. -n(plant) 식물
Pförtner	m. -s, -(door-keeper) 문지기
Pfund	n. -(e)s, -e(pound) 파운드
Philosophie	f. -n(philosophy) 철학
Phonetik	f. (phonetics) 음성학
Photographie	f. -n(photograph) 사진
Phrase	f. -n(phrase) 숙어
Physik	f.(physics) 물리학
Pilz	m. -es, -e(mushroom) 버섯
Plan	m. -(e)s, ⸚e(plan) 계획
Platte	f. -n(plate) 접시
Platz	m. -es, ⸚e(place) 장소
plötzlich	a.(sudden) 갑작스러운
Plural	m. -es, -e(plural) 복수
Politik	f. -en(politics) 정치
Politiker	m. -s, -(statesman) 정치가
Polizei	f. -en(police) 경찰
Post	f. -en(post) 우편
preisen	v.(praise) 칭찬하다
Presse	f. -n(press) 신문
Prinz	m. -en, -en(prince) 왕자
Prinzip	n. -s, -e(-ien)(principle) 원칙, 주의
Professor	m. -s, -en(professor) 교수
protestieren	v.(make a protest) 항의하다
Prozeß	m. -sses, -sse(process, lawsuit) 과정, 소송
prüfen	v.(examine) 시험하다
Prüfung	f. -en(examination) 시험
Prüfungsausschuß	m. -sses,⸚sse(committee) 시험 위원회
Publikation	f. -en(publication) 출판

pünktlich	a.(punctual) 시간 엄수의, 시간 잘 지키는	Puppe	f. -n(doll) 인형

Q

Qual	f. -en(torement) 고통	Quartier	n. -(e)s, -e(quarter) 숙소
Quäler	m. -s, -(torturer) 괴롭히는 사람	Quelle	f. -n(spring, fountain) 샘, 우물
Qualität	f. -en(quality) 성질	Quittung	f. -en(receipt) 영수증

R

		Reise	f. -n(journey) 여행
rasch	a.(rapid) 빠른	reisen	v.(travel) 여행하다
raten	v.(advise) 충고하다	reißen	v.(tear) 찢다
Räuber	m. -s, -(robber, thief) 강도, 도적	reiten	v.(ride) 말 타다
		reizend	a.(charming) 매력 있는
rauchen	v.(smoke) 담배피우다	rennen	v.(run) 뛰다
Raum	m. -(e)s, ⸚e(room) 방, 공간	Restaurant	n. -s, -s(restaurant) 음식점
rechnen	v.(reckon) 계산하다	retten	v.(rescue) 구조하다
Rechnung	f. -en(bill) 계산서	Revolver	m. -s,-(revolver) 선회식 권총
recht	a.(right) 올바른, 오른쪽의	Rhein	m. 라인 강(독일의 강 이름)
Recht	n. -(e)s, -e(right) 권리		
rechts	adv.(on the right) 오른쪽으로	Richter	m. -s, -(judge) 재판관
		richtig	a.(right) 옳은
reden	v.(speak) 이야기하다	riechen	v.(smell) 냄새맡다
Regel	f. -n(rule) 규칙	Ring	m. -(e)s, -e(ring) 반지
Regen	m. -s, -(rain) 비	ringen	v.(wring) 비틀다
Regenschirm	m. -(e)s, -e(umbrella) 우산	rinnen	v.(run) 흐르다
		Roman	m. -s, -e(novel) 소설
regieren	v.(rule) 지배하다	Rose	f. -n(rose) 장미꽃
Regierung	f. -en(government) 정부	rosig	a.(rosy) 장미색의
regnen	v.(rain) 비오다	rot	a.(red) 붉은
reiben	v.(rub) 마찰하다, 비비다	rufen	v.(call) 부르다
reich	a.(rich) 부유한, 돈 많은	Ruhe	f. -n(rest) 휴식, 평안
Reichtum	m. -s, ⸚er(wealth) 부	ruhen	v.(rest, sleep) 쉬다
rein	a.(clean) 맑은	ruhig	a.(still) 조용한

S

Saal	*m.* -(e)s, Säle(*hall*) 홀			대장장이
säen	*v.*(*sow*) 씨 뿌리다	schmutzig	*a.*(*dirty*) 더러운
sagen	*v.*(*say*) 말하다	schneiden	*v.*(*cut*) 자르다
Salz	*n.* -es, -e(*salt*) 소금	Schneider	*m.* -s, -(*tailor, cutter*) 재단사
sanft	*a.*(*soft*) 부드러운		
Satz	*m.* -es, ⸚e(*sentence*) 문장	schnell	*a.*(*fast, rapid*) 빠른
sauber	*a.*(*clean*) 깨끗한	Schnellzug	*m.* -(e)s, ⸚e(*express-train*) 급행 열차
sauer	*a.*(*sour*) 신		
Schaf	*n.* -(e)s, -e(*sheep*) 양	Schnurrbart	*m.* -(e)s, -bärte(*moustache*) 콧수염
schaffen	*v.*(*create*) 창조하다		
scharf	*a.*(*sharp*) 날카로운	Schokolade	*f.* -n(*chocolate*) 초콜렛
Schatz	*m.* -es, ⸚e(*treasure*) 보석	schon	*adv.*(*already*) 벌써
Schauspieler	*m.*-s, -(*actor*) 배우	schön	*a.*(*beautiful*) 아름다운
scheiden	*v.*(*separate*) 헤어지다	Schönheit	*f.* -en(*beauty*) 아름다움
scheinen	*v.*(*shine*) 비치다	schrecklich	*a.*(*fearful*) 두려운
schelten	*v.*(*blame*) 비난하다	schreiben	*v.*(*write*) 쓰다
schenken	*v.*(*present*) 선물하다	schreien	*v.*(*cry*) 소리지르다
schicken	*v.*(*send*) 보내다	schreiten	*v.*(*stride*) 걸어가다
Schicksal	*n.* -(e)s, -e(*fate*) 운명	Schritt	*m.* -(e)s, -e(*step*) 걸음
schieben	*v.*(*shove*) 밀다	Schuh	*m.* -(e)s, -e(*shoe*) 신발
schießen	*v.*(*shoot*) 쏘다	Schule	*f.* -n(*school*) 학교
Schiff	*n.* -(e)s, -e(*ship*) 배	Schüler	*m.* -s, -(*school-boy, pupil*) 학생
Schinken	*m.*-s, -(*ham*) 햄		
schlafen	*v.*(*sleep*) 잠자다	Schülerin	*f.* -nen(*school-girl*) 여학생
schlagen	*v.*(*strike*) 때리다		
schlecht	*a.*(*bad*) 나쁜	Schulknabe	*m.* -n, -n(*school-boy*) 남학생
schleichen	*v.*(*crawl*) 가만히 걷다		
schließen	*v.*(*shut, close*) 닫다, 끝나다	Schulzimmer	*n.* -s, -(*classroom*) 교실
		Schuß	*m.*-sses, ⸚sse(*shot*) 발포
schießlich	*a.*(*final*) 최후의	schütteln	*v.*(*shake*) 흔들다
Schloß	*n.* -sses, ⸚sser(*castle*) 궁전, 성	schützen	*v.*(*protect*) 보호하다
		Schutzmann	*m.* -(e)s, ⸚er(*policeman*) 경찰관
schmecken	*v.*(*taste*) ~한 맛이 나다		
schmelzen	*v.*(*melt*) 녹다	schwach	*a.*(*weak*) 약한
Schmerz	*m.* -es, -en(*pain*) 고통	Schwäche	*f.* -n(*weakness*) 약함, 쇠약
Schmetterling	*m.* -s,-e(*butterfly*) 나비		
Schmied	*m.* -(e)s, -e(*blacksmith*)	schwarz	*a.*(*black*) 검은, 까만

schweigen	v. (keep silence) 말이 없다	sobald	cj. (as soon as) ~하자마자
Schweiß	m. -es, -e(sweat) 땀	Sofa	n. -s, -s(sofa) 안락의자
schwer	a. (heavy, difficult) 무거운, 어려운	sofort	adv. (immediately) 즉시
		Sohn	m. -(e)s, ⸚e(son) 아들
Schwester	f. -n(sister) 자매, 여동생	Soldat	m. -en, -en(soldier) 군인
schwierig	a. (difficult) 난해한		
schwimmen	v. (swim) 헤엄치다	Sommer	m. -s, -(summer) 여름
schwinden	v. (disappear) 사라지다	Sonne	f. -n(sun) 태양
schwingen	v. (swing) 흔들다	Sonnenlicht	m. -(e)s(sun-light) 햇빛
See	m. -s, -n(lake) 호수		
See	f. -n(sea) 바다	Sonntag	m. -(e)s, -e(Sunday) 일요일
segnen	v. (bless) 축복하다		
sehen	v. (see) 보다, 만나다	sonst	adv. (otherwise) 그렇지 않으면
sehr	adv. (very) 대단히		
sein	v. (be) ~이다	Sorge	f. -n(care) 염려
seit	prp. (since) ~ 이후로, ~ 전부터	sorgfältig	a. (careful) 세심한
		Spalte	f. -n(column) (신문의) 난
Seite	f. -n(side) 쪽, 측		
Seitenstraße	f. -n(side-street) 옆길	spät	a. (late) 늦은
Sekunde	f. -n(second) 초	spazieren	v. (walk) 산책하다 (=spazierengehen)
selber	adv. (~self) ~ 자신		
selbst	adv. (self) 자신	Spaziergang	m. -(e)s, ⸚e(walk) 산책
selbstverständ-lich	a. (self-evident) 자명한	Spiel	n. -(e)s, -e(play) 유희
		spielen	v. (play) 놀다
senden	v. (send) 보내다	Spieler	m. -s, -(player) 경기하는 사람
setzen	v. (set) 놓다		
Seuche	f. -n(disease) 병	Sport	m. -(e)s, -e(sport) 운동
sichtbar	a. (visible) 보이는	sprechen	v. (speak) 말하다
siegen	v. (win) 승리하다	Sprichwort	n. -(e)s, ⸚er(proverb) 격언
singen	v. (sing) 노래하다		
Singer	m. -s, -(singer) 가수	springen	v. (spring, jump) 뛰다
Singular	m. -s, -e(singular) 단수	Staat	m. -(e)s, -en(state) 국가
sinken	v. (sink) 가라앉다	Stadt	f. ⸚e(city) 도시
sinnen	v. (think) 생각하다	Stahl	m. -(e)s, ⸚e(steel) 강철
sitzen	v. (sit) 앉다	Stall	m. -(e)s, ⸚e(stall) 마구간
Sitzung	f. -en(meeting) 회의	stark	a. (strong) 튼튼한, 강한
Sitzungssaal	m. -(e)s, -säle(council-hall) 회의실	Station	f. -en(station) 정거장
		statt	prp. (instead of) ~ 대신에

stehen	v.(stand) 서 있다	Straßenbahn	f. -en(street-car) 시내전차
stehlen	v.(steal) 훔치다(물건을)		
steigen	v.(climb) 기어오르다	streiten	v.(fight) 싸우다
Stein	m. -(e)s, -e(stone) 돌	streng	a.(strict) 엄격한
stellen	v.(put) 놓다	Stube	f. -n(room, chamber) 방
sterben	v.(die) 죽다		
Stern	m. -(e)s, -e(star) 별	Stück	n. -(e)s, -e(piece) 조각
stets	adv.(always) 항상	Student	m. -en, -en(student) 대학생
still	a.(still, quiet) 조용한		
Stimme	f. -n(voice) 목소리	studieren	v.(study) 공부하다
stimmen	v.(agree) 일치하다	Studierzimmer	n. -s, -s(study) 서재
Stock	m. -(e)s, ⸚e(stick, floor) 지팡이, 층	Studium	n. -s, -dien(study) 연구
		Stuhl	m. -(e)s, ⸚e(chair) 걸상
stolz	a.(proud) 자랑하는	Stunde	f. -n(hour) 시간
stören	v.(disturb) 방해하다	suchen	v.(seek, search) 찾다
stoßen	v.(stab) 찌르다	Süden	m. -s, -(south) 남쪽
Strafe	f. -n(punishment) 벌	Suppe	f. -n(soup) 수프
strafen	v.(punish) 벌하다	süß	a.(sweet) 달콤한
Straße	f. -n(street) 한길, 거리	Symptom	n. -s, -e(symptom) 징후

T

tadeln	v.(blame) 비난하다	teuer	a.(dear, precious) 비싼, 값 나가는, 귀중한
Tafel	f. -n(board, black-board) 판자, 칠판	Theater	n. -s, -(theater) 극장
Tag	m. -(e)s, -e(day) 날(낮)	Thema	n. -s, -men(theme) 문제
		Theorie	f. -n(theory) 이론
täglich	a.(daily) 매일매일의	Thron	m. -(e)s, -e(throne) 왕좌
Talgtropfen	m. -s, -(tallow-drop) 촛농	tief	a.(deep) 깊은
		Tier	n. -(e)s, -e(animal) 동물
Tante	f. -n(aunt) 아주머니	Tisch	m. -es, -e(desk, table) 책상
tanzen	v.(dance) 춤추다	Tischtuch	n. -(e)s, ⸚er(table-cloth) 책상보
Tasche	f. -n(pocket) 호주머니		
Taschendieb	m. -(e)s, -e(pickpocket) 소매치기	Tochter	f. ⸚(daughter) 딸
		Tod	m. -(e)s, -e(death) 죽음
Tasse	f. -n(cup) 컵	Todesart	f. -en(method of death) 죽음의 방법
Tee	m. -s, -s(tea) 차		
Telegramm	n. -s, -e(telegram) 전보	Tornado	m. -s, -s(미국 미시시피 강 유역의 맹렬한 회오리 바람) 토르네이도
Teller	m. -s, -(plate, tray) 접시		
Teppich	m. -s, -e(carpet) 양탄자		

töten	v.(kill) 죽이다	treten	v.(tread, walk) 걷다
tragen	v.(carry, bear) 운반하다, 가지다	trinken	v.(drink) 마시다
		trotz	prp.(in spite of) ~에도 불구하고
Träger	m. -s, -(carrier) 운반인		
Träne	f. -n(tear) 눈물	trotzdem	cj.(although) 그럼에도 불구하고
Transitiv	n. -s, -e(transitive) 타동사		
		Trübsal	f. -e(distress) 고통
treffen	v.(hit, meet) 명중하다	Tuch	n. -(e)s, ⁻er(cloth) 헝겊
treiben	v.(drive) 쫓다	tun	v.(do) 하다
trennen	v.(seperate) 가르다	Tür	f. -en(door) 문

U

		ungewohnt	a.(unusual) 익숙하지 않은, 특별한
über	prp.(over) ~ 위로, ~ 건너서		
		Unglück	n. -(e)s(misfortune, unhappiness) 불행
überlegen	v.(consider) 숙고하다		
übermorgen	adv.(the day after tomorrow) 모레	unglücklich	a.(unhappy) 불행한
		Universität	f. -en(university) 대학
übersehen	v.(overlook) 눈감아주다, 간과하다	unregelmäßig	a.(irregular) 불규칙한
		unreif	a.(unripe) 익지 않은
Uhr	f. -en.(watch, o'clock) 시계, 시	Unschuld	f. -en(innocence) 무죄
		unschuldig	a.(innocent) 무죄의
um	prp.(around, at) ~ 주위에, ~ 시에	unter	prp.(under, among of) ~ 밑에, ~ 중에서
Umlaut	n. -(e)s, -e(modification of a vowel) 변모음	unterbrechen	v.(break) 중단하다
		Unterschied	m. -s, -e(difference) 차이
umgeben	v.(surround) 둘러싸다	Unterricht	m. -(e)s, -e(instruction, lesson) 교수, 수업
unangenehm	a.(unpleasant, disagreeable) 불쾌한		
		unterwegs	adv.(on the way) 도중에
unbestimmt	a.(indefinite) 일정치 않은	unzufrieden	a.(dissatisfied) 불만족스러운
und	cj.(and) 그리고		
ungeduldig	a.(impatient) 성급한	unzutreffend	a.(inapplicable) 부적당한

V

		verderben	v.(destroy) 파괴하다
Vater	m. -s, ⁻(father) 아버지	verdienen	v.(earn) 벌다
verabschieden	v.(say good-bye) 헤어지다	vereisen	v.(freeze) 얼다
		vergangen	a.(past) 과거의
verändern	v.(change) 변하다	vergehen	v.(pass) 시간이 지나가다

vergessen	v.(forget) 잊다	Vogel	m. -s, ⸚(bird) 새
vergeßlich	a.(forgetful) 건망증이 있는, 잊어버리기 쉬운	Vöglein	n. -s, -(little bird, dear bird) 작은 새, 귀여운 새
verlassen	v.(leave) 떠나다		
Verlauf	m.(process) 과정	voll	a.(full) 가득한
verlegen	v.(put in the wrong place) 잘못 두다	vollauf	adv.(abundantly) 풍부하게
Verlegenheit	f. -en(embarrassment) 당황	völlig	a.(full) 완전한, 충분한
		vollständig	a.(complete) 완전한
verlieren	v.(lose) 잃어버리다	Volk	n. -(e)s, ⸚er(folk, nation) 국민
Vermutung	f. -en(supposition) 추측		
verrückt	a.(crazy) 정신이 돈	von	prp.(from, of, about) ~로부터, ~ 중에서, ~에 관하여
versagen	v.(refuse) 거절하다		
verschieden	a.(various) 여러 가지		
verschwinden	v.(disappear) 사라지다, 소멸하다	vor	prp.(fore, before) ~ 앞에
		Vorfahr	m. -en, -en(forefather) 조상
versichern	v.(assure) 보증하다, 확언하다		
		vorhin	adv.(a short time ago) 조금 전에
verstehen	v.(understand) 이해하다		
versuchen	v.(try) 시도하다	Vorlesung	f.-en(lecture) 강의
verurteilen	v.(condemn, sentence) 판결하다, 선고하다	vormittags	adv.(before-noon) 오전 중에
Verwandte	m. -n, -n(relative) 친척	vorn	prp.(front) ~ 앞에
verzehren	v.(consume) 소실되다	Vorraum	m. -s, ⸚e(anteroom) 곁방
Vetter	m. -s, -n(cousin) 사촌	vorschriftsmäßig	a.(as ordered) 규정대로의
Vieh	n. -(e)s, -e(cattle) 가축		
viel	a.(many) 많은	vorsichtig	a.(careful) 조심스러운
vielmal	adv.(many times) 여러번	Vorsitzender	m. f. -e(president) 의장
vielleicht	adv.(probably, perhaps) 아마도	Vorstadt	f. ⸚e(suburb) 교외
		vorstellen	v.(imagine) 상상하다

W

		Wagen	m. -s, -(vehicle, waggon) 마차, 자동차
Waage	f. -n(weighing-machine) 저울		
		Wahl	f. -en(choice) 선택
Waagschale	f. -n(pan of a balance) 천칭의 저울판	wählen	v.(choose) 선택하다
		wahr	a.(true) 참된
wach	a.(awake) 깨어 있는	Wahrheit	f. -en(truth) 진리
wachsen	v.(grow) 성장하다	währen	v.(last) 지속하다

während	prp.(while, during) ~ 동안에	werden	v.(become) ~으로 되다
wahrscheinlich	a.(probable) 그럴 듯한	werfen	v.(throw) 던지다
Wald	m. -(e)s, ⁻er(woods) 숲	Werk	n. -(e)s, -e(work) 일, 작품
Wand	f. ⁻e(wall) 벽	Wert	m. -(e)s, -e(worth) 가치
Wanderer	m. -s, -(traveller, tourist) 나그네	Wesen	n. -s, -(essence) 본질
wandern	v.(wander) 방황하다	Weste	f. -n(waistcoat) 조끼
warm	a.(warm) 따뜻한	Westen	m. -s, -(west) 서쪽
warten	v.(wait) 기다리다	Wetter	n. -s, -(weather) 일기, 날씨
wartend	a.(waiting) 기다리는	Wetterlage	f. -n(weather conditions) 기상 상황
waschen	v.(wash) 세탁하다		
Wasser	n. -s, -(water) 물	wichtig	a.(important) 중요한
Weg	m. -(e)s, -e(way, road) 길	widmen	v.(devote) 바치다
wegen	prp.(because of) ~ 때문에	wie	cj.(as, how) ~처럼, ~만큼, 얼마나
wegstellen	v.(put away) 치우다	wieder	adv.(again) 다시
Weib	n. -es, -er(woman, wife) 여자, 부인	wiederfinden	v.(find once more) 재발견하다
weichen	v.(retreat) 후퇴하다	Wiedersehen	n. -s, -(meeting again) 다시 만남
Weihnachten	f.(christmas) 크리스마스	Wiese	f. -n(meadow) 목장, 풀밭
weil	cj.(because) ~ 때문에	wieviel	a.(how many) 얼마나 많은
Weile	f. -n(while) 잠시		
Wein	m. -(e)s, -e(wine) 포도주	wild	a.(wild) 사나운
		Wille	m. -ns, -n(will) 의지
weinen	v.(weep) 울다	winden	v.(wind) 감다
weise	a.(wise) 현명한	Windmühle	f. -n(windmill) 풍차, 방앗간
weiß	a.(white) 흰		
weit	a.(wide) 넓은, 먼	Winter	m. -s, -(winter) 겨울
weiter	ad.(farther) 더우기	wirklich	a.(actual) 실제의
Welt	f. -en(world) 세계	wirksam	a.(effective) 영향력 있는
Weltkrieg	m. -(e)s, -e(world war) 세계 전쟁	Wirt	m. -(e)s, -e(host) 여관 주인, 음식점 주인
wenden	v.(turn) 돌리다	wirtschaften	v.(keep house) 살림하다
wenig	a.(little) 적은	wissen	v.(know) 알다
wenigstens	adv.(at least) 적어도	Wissenschaft	f. -en(science) 과학
wenn	cj.(when, if) ~ 할 때, ~하면	Witwe	f. -n(widow) 과부
		Woche	f. -n(week) 주

wohl	a.(well, indeed, probable) 잘, 확실한, 있음직한	Wort	n. -(e)s, ⸚er(word) 단어
wohnen	v.(live, reside) 살다	Wörterbuch	n. -(e)s, ⸚er(dictionary) 사전
Wohnung	f. -en(house) 주택	wünschen	v.(want, wish) 원하다
Wolke	f. -n(cloud) 구름	Wurm	m. -(e)s, ⸚er(worm) 벌레
wolkenlos	a.(cloudless) 구름없는		

Z

		Zukunft	f.(future) 미래
Zeichen	n. -s, -(sign) 표시	zukünftig	a.(future) 미래의
zeichnen	v.(draw) 그리다	zurück	adv.(back) 뒤로
Zeichnung	f. -en(drawing) 그림	zurückfüren	v.(attribute to) ∼에 원인을 돌리다
zeigen	v.(show) 보이다		
zeihen	v.(accuse) 꾸짖다	zurückgehen	v.(go back) 돌아가다
Zeit	f. -en(time) 시간	zurückkommen	v.(return, go back, come back) 돌아가다, 돌아오다
Zeitung	f. -en(newspaper) 신문		
Zentralanstalt	f. -en(central-institution) 중앙 연구소	zusammen	adv.(together) 함께
ziehen	v.(move, pull) 움직이다, 끌다	zusammen-stoßen	v.(collide with) 충돌하다
Zimmer	n. -s, -(room) 방	zusammen-treten	v.(meet, assemble) 모이다
Zimmernachbar	m. -s, -n(neighbour) 이웃사람		
		zuschlagen	v.(close, shut) 닫다
zornig	a.(angry) 화난	zuspringen	v.(rush) 돌진하다
zu	prp.(to, at) ∼에, ∼로	zuviel	adv.(too much) 너무 많이
zuerst	adv.(at first) 맨 처음에	zuvor	adv.(before) ∼ 전에
zufrieden	a.(satisfied) 만족한	Zweck	m. -(e)s, -e(object) 목적
Zug	m. -(e)s, ⸚e(train) 기차	zwingen	v.(force) 강요하다
zugehen	v.(go) 가다	zwischen	prp.(between) ∼ 사이에

●강변화 및 불규칙동사표

1) 2, 3인칭 단수 현재에서 어간모음이 변하는 동사는 부정형 오른쪽 ( ) 속에 er의 변화형을 제시하였다.
   예 sehen (*sieht*) → ich sehe, du siehst, er *sieht*
2) 단수에서 불규칙적으로 변하는 동사는 부정형 오른쪽 ( ) 속에 er의 변화형을 제시하였다. 예 müssen (*muß*) → ich muß, du mußt, er *muß*
3) 완료시칭 조동사로 sein을 취하는 동사는 과거분사 앞에 **ist**로 표기하고, haben을 취하는 동사는 표기하지 않았다.
   예 fahren → **ist** gefahren, essen → gegessen

부정형(3인칭단수현재)	과　　거	과 거 분 사	뜻
abhängen	hing … ab	abgehangen	~에 달려 있다
abnehmen (*nimmt … ab*)	nahm … ab	abgenommen	줄어들다, 벗다
anbieten	bot … an	angeboten	권하다
anerkennen	erkannte … an	anerkannt	승인하다
anfangen (*fängt … an*)	fing … an	angefangen	시작하다
ankommen	kam … an	**ist** angekommen	도착하다
anrufen	rief … an	angerufen	전화하다
ansehen (*sieht … an*)	sah … an	angesehen	주시하다
anziehen	zog … an	angezogen	옷을 입다
aufgeben (*gibt … auf*)	gab … auf	aufgegeben	포기하다, 부치다
aufschreiben	schrieb … auf	aufgeschrieben	기록하다
aufstehen	stand … auf	**ist** aufgestanden	일어나다
ausgeben (*gibt … aus*)	gab … aus	ausgegeben	지출하다
ausgehen	ging … aus	**ist** ausgegangen	외출하다
aussehen (*sieht … aus*)	sah … aus	ausgesehen	~처럼 보이다
aussprechen (*spricht … aus*)	sprach … aus	ausgesprochen	발음하다
aussteigen	stieg … aus	**ist** ausgestiegen	하차하다
ausziehen	zog … aus	ausgezogen	옷을 벗다

강변화 및 불규칙 동사표

부정형(3인칭단수현재)	과거	과거분사	뜻
backen(*bäckt*)	buk	gebacken	빵을 굽다
bedürfen(*bedarf*)	bedurfte	bedurft	필요로 하다
befehlen(*befiehlt*)	befahl	befohlen	명령하다
beginnen	begann	begonnen	시작하다
beißen	biß	gebissen	깨물다
bekommen	bekam	bekommen	얻다, 받다
besitzen	besaß	besessen	소유하다
bestehen	bestand	bestanden	합격하다
betrügen	betrog	betrogen	속이다
bewegen	bewog	bewogen	움직이다
beweisen	bewies	bewiesen	증명하다
bewerben(*bewirbt*)	bewarb	beworben	지원하다
biegen	bog	gebogen	구부리다
bieten	bot	geboten	제공하다
binden	band	gebunden	매다
bitten	bat	gebeten	청하다
blasen(*bläst*)	blies	geblasen	불다
bleiben	blieb	*ist* geblieben	머무르다
bleichen	blich	geblichen	바라다
brechen(*bricht*)	brach	gebrochen	부수다
brennen	brannte	gebrannt	타다
bringen	brachte	gebracht	가져오다
denken	dachte	gedacht	생각하다
dringen	drang	gedrungen	돌진하다
dürfen(*darf*)	durfte	gedurft	~하여도 좋다
einladen (*lädt ···ein*)	lud ··· ein	eingeladen	초대하다
einschlafen (*schläft ··· ein*)	schlief ··· ein	*ist* eingeschlafen	잠들다
einsteigen	stieg ··· ein	*ist* eingestiegen	승차하다
eintreten (*tritt ··· ein*)	trat ··· ein	*ist* eingetreten	안으로 걸어가다
empfangen (*empfängt*)	empfing	empfangen	맞아들이다

부정형(3인칭단수현재)	과 거	과 거 분 사	뜻
enthalten(*enthält*)	enthielt	enthalten	참다
entscheiden	entschied	entschieden	결정하다
entschließen	entschloß	entschlossen	결심하다
erfahren(*erfährt*)	erfuhr	erfahren	경험하다
erfinden	erfand	erfunden	발명하다
erlöschen(*erlischt*)	erlosch	erloschen	끄다, 꺼지다
erkennen	erkannte	erkannt	인식하다
erscheinen	erschien	*ist* erschienen	나타나다
erschrecken (*erschrickt*)	erschrak	*ist* erschrocken	놀라다
ertrinken	ertrank	*ist* ertrunken	익사하다
erwerben(*erwirbt*)	erwarb	erworben	얻다, 벌다
erziehen	erzog	erzogen	교육을 시키다
essen(*ißt*)	aß	gegessen	먹다
fahren(*fährt*)	fuhr	*ist* gefahren	타고 가다
fallen(*fällt*)	fiel	*ist* gefallen	떨어지다
fangen(*fängt*)	fing	gefangen	붙잡다
fechten(*ficht*)	focht	gefochten	싸우다
fernsehen (*sieht ⋯ fern*)	sah ⋯ fern	ferngesehen	텔레비전을 시청하다
finden	fand	gefunden	발견하다
fliegen	flog	*ist* geflogen	날다
fliehen	floh	*ist* geflohen	달아나다
fließen	floß	*ist* geflossen	흐르다
fressen(*frißt*)	fraß	gefressen	(짐승이) 먹다
frieren	fror	gefroren	얼다
gebären(*gebiert*)	gebar	geboren	낳다
geben(*gibt*)	gab	gegeben	주다
gedeihen	gedieh	gediehen	번영하다
gefallen(*gefällt*)	gefiel	gefallen	마음에 들다
gehen	ging	*ist* gegangen	가다
gelingen	gelang	*ist* gelungen	성공하다
gelten(*gilt*)	galt	gegolten	유효하다

부정형(3인칭단수현재)	과　　거	과　거　분　사	뜻
genesen	genas	*ist* genesen	낫다
genießen	genoß	genossen	누리다
geschehen (*geschieht*)	geschah	*ist* geschehen	발생하다
gewinnen	gewann	gewonnen	이기다
gießen	goß	gegossen	붓다
gleichen	glich	geglichen	같다
gleiten	glitt	*ist* geglitten	미끄러지다
graben(*gräbt*)	grub	gegraben	파다
greifen	griff	gegriffen	잡다, 쥐다
haben(*hat*)	hatte	gehabt	가지다
halten(*hält*)	hielt	gehalten	멈추다
hängen(*hängt*)	hing	gehangen	걸려 있다
hauen	hieb	gehauen	건초를 베다
heben	hob	gehoben	올리다
heißen	hieß	geheißen	~라고 부르다
helfen(*hilft*)	half	geholfen	돕다
hinterlassen (*hinterläßt*)	hinterließ	hinterlassen	유산으로 남기다
kennen	kannte	gekannt	알다
klingen	klang	geklungen	울리다
kommen	kam	*ist* gekommen	오다
können(*kann*)	konnte	gekonnt	~할 수 있다
kriechen	kroch	*ist* gekrochen	기다
laden(*lädt*)	lud	geladen	싣다
lassen(*läßt*)	ließ	gelassen	~하게 하다
laufen(*läuft*)	lief	*ist* gelaufen	달리다
leiden	litt	gelitten	~에 시달리다
leihen	lieh	geliehen	빌려 주다
lesen(*liest*)	las	gelesen	읽다
liegen	lag	gelegen	놓여 있다
lügen	log	gelogen	거짓말하다
mahlen	mahlte	gemahlen	빻다
meiden	mied	gemieden	피하다

부정형(3인칭단수현재)	과 거	과거분사	뜻
melken(*milkt*)	molk	gemolken	젖을 짜다
messen(*mißt*)	maß	gemessen	재다
mögen(*mag*)	mochte	gemocht	좋아하다
müssen(*muß*)	mußte	gemußt	~해야 하다
nachdenken	dachte … nach	nachgedacht	심사 숙고하다
nehmen(*nimmt*)	nahm	genommen	잡다, 가지다
nennen	nannte	genannt	~라고 부르다
pfeifen	pfiff	gepfiffen	휘파람을 불다
pflegen	pflog	gepflogen	맡다
preisen	pries	gepriesen	칭찬하다
quellen(*quillt*)	quoll	gequollen	솟다
raten(*rät*)	riet	geraten	충고하다
reiben	rieb	gerieben	비비다
reiten	ritt	*ist* geritten	말을 타다
rennen	rannte	*ist* gerannt	달리다
riechen	roch	gerochen	냄새를 맡다
ringen	rang	gerungen	격투하다
rufen	rief	gerufen	부르다
saufen(*säuft*)	soff	gesoffen	동물이 마시다
saugen	sog	gesogen	빨아들이다
schaffen	schuf	geschaffen	창조하다
scheinen	schien	geschienen	빛나다, ~로 보이다
schelten(*schilt*)	schalt	gescholten	꾸짖다
scheren(*schiert*)	schor	geschoren	베다
schieben	schob	geschoben	밀다
schießen	schoß	geschossen	쏘다
schlafen(*schläft*)	schlief	geschlafen	잠자다
schlagen(*schlägt*)	schlug	geschlagen	때리다
schleichen	schlich	*ist* geschlichen	살금살금 걷다
schleifen	schliff	geschliffen	닦다, 갈다
schließen	schloß	geschlossen	닫다
schmelzen(*schmilzt*)	schmolz	geschmolzen	녹다

부정형(3인칭단수현재)	과거	과거분사	뜻
schneiden	schnitt	geschnitten	자르다
schreiben	schrieb	geschrieben	쓰다
schreien	schrie	geschrie(e)n	외치다
schreiten	schritt	*ist* geschritten	걷다
schwären(*schwiert*)	schwor	geschworen	곪다
schweigen	schwieg	geschwiegen	침묵하다
schwimmen	schwamm	*ist* geschwommen	헤엄치다
schwinden	schwand	*ist* geschwunden	사라지다
schwingen	schwang	geschwungen	흔들다
schwören	schwor	geschworen	맹세하다
sehen(*sieht*)	sah	gesehen	보다
sein(*ist*)	war	*ist* gewesen	~이다, 있다
senden	sandte	gesandt	보내다
singen	sang	gesungen	노래하다
sinken	sank	*ist* gesunken	가라앉다
sinnen	sann	gesonnen	생각하다
sitzen	saß	gesessen	앉아 있다
sollen(*soll*)	sollte	gesollt	마땅히 ~해야 하다
spinnen	spann	gesponnen	잣다
sprechen(*spricht*)	sprach	gesprochen	말하다
springen	sprang	gesprungen	뛰어 오르다
stattfinden	fand … statt	stattgefunden	개최하다
stechen(*sticht*)	stach	gestochen	찌르다
stecken(*stickt*)	stak	gesteckt	꽂혀 있다
stehen	stand	gestanden	서 있다
stehlen(*stiehlt*)	stahl	gestohlen	훔치다
steigen	stieg	*ist* gestiegen	오르다
sterben(*stirbt*)	starb	*ist* gestorben	죽다
stoßen(*stößt*)	stieß	gestoßen	밀다, 찌르다
streichen	strich	gestrichen	쓰다듬다
streiten	stritt	gestritten	다투다

부정형(3인칭단수현재)	과 거	과거분사	뜻
teilnehmen (*nimmt ⋯ teil*)	nahm ⋯ teil	teilgenommen	참가하다
tragen(*trägt*)	trug	getragen	나르다, 입다
treffen(*trifft*)	traf	getroffen	만나다
treiben	trieb	getrieben	몰다
treten(*tritt*)	trat	*ist* getreten	밟다, 걷다
trinken	trank	getrunken	마시다
tun	tat	getan	하다
unterbrechen (*unterbricht*)	unterbrach	unterbrochen	중단하다
untergehen	ging ⋯ unter	*ist* untergegangen	지다
unterhalten (*unterhält*)	unterhielt	unterhalten	담소하다
unterscheiden	unterschied	unterschieden	구별하다
unterschreiben	unterschrieb	unterschrieben	서명하다
überweisen	überwies	überwiesen	돈을 부치다
verbieten	verbot	verboten	금지하다
verbinden	verband	verbunden	연결하다
verbringen	verbrachte	verbracht	시간을 보내다
vergehen	verging	*ist* vergangen	시간이 지나가다
vergessen(*vergißt*)	vergaß	vergessen	잊어버리다
vergleichen	verglich	verglichen	비교하다
verlassen(*verläßt*)	verließ	verlassen	떠나다
verlieren	verlor	verloren	잃다
vermeiden	vermied	vermieden	피하다
verschreiben	verschrieb	verschrieben	처방하다
verschwinden	verschwand	*ist* verschwunden	사라지다
versprechen (*verspricht*)	versprach	versprochen	약속하다
verstehen	verstand	verstanden	이해하다
verzeihen	verzieh	verziehen	용서하다
vorkommen	kam ⋯ vor	*ist* vorgekommen	나타나다
vorlesen(*liest ⋯ vor*)	las ⋯ vor	vorgelesen	낭독하다

부정형(3인칭단수현재)	과 거	과거분사	뜻
wachsen(*wächst*)	wuchs	*ist* gewachsen	자라다
waschen(*wäscht*)	wusch	gewaschen	씻다
weisen	wies	gewiesen	가리키다
wenden	wandte	gewandt	돌리다
werben	warb	geworben	~을 얻으려고 애쓰다
werden(*wird*)	wurde	*ist* geworden	~이 되다
werfen(*wirft*)	warf	geworfen	던지다
wiegen	wog	gewogen	달다
winden	wand	gewunden	감다
wissen(*weiß*)	wußte	gewußt	알다
wollen(*will*)	wollte	gewollt	~을 원하다
zerreißen	zerriß	zerrissen	찢다
ziehen	zog	gezogen	끌다
zwingen	zwang	gezwungen	강요하다

●주요 변화표

1. 정관사

격 \ 성	m.	f.	n.	pl.
1 격	der	die	das	die
2 격	des	der	des	der
3 격	dem	der	dem	den
4 격	den	die	das	die

정관사 변화를 하는 것 : dieser, jener, mancher, solcher, welcher

격 \ 성	m.	f.	n.	pl.
1 격	dieser	diese	dieses	diese
2 격	dieses	dieser	dieses	dieser
3 격	diesem	dieser	diesem	deisen
4 격	diesen	diese	dieses	diese

2. 부정관사

격 \ 성	m.	f.	n.	pl.
1 격	ein	eine	ein	(keine)
2 격	eines	einer	eines	(keiner)
3 격	einem	einer	einem	(keinen)
4 격	einen	eine	ein	(keine)

kein과 소유대명사 mein, dein, sein, ihr, unser, euer, Ihr 등은 부정관사와 같은 격변화를 한다. 단, 복수는 정관사의 변화를 따른다.

격 \ 성	m.	f.	n.	pl.
1 격	mein	meine	mein	meine
2 격	meines	meiner	meines	meiner
3 격	meinem	meiner	meinem	meinen
4 격	meinen	meine	mein	meine

3. 명사변화

수	격	강변화1식	강변화2식	강변화3식	약 변 화	혼 합 변 화
단수	1	—	—	—	—	—
	2	—s	—(e)s	—(e)s	—(e)n	—(e)s
	3	—	—(e)	—(e)	—(e)n	—(e)
	4	—	—	—	—(e)n	—
복수	1	(¨)	(¨)e	¨er	—(e)n	—(e)n
	2	(¨)	(¨)e	¨er	—(e)n	—(e)n
	3	(¨)n	(¨)en	¨ern	—(e)n	—(e)n
	4	(¨)	(¨)e	¨er	—(e)n	—(e)n
단수	1	Lehrer	Sohn	Lied	Tafel	Bett
	2	Lehrers	Sohn(e)s	Lied(e)s	Tafel	Bett(e)s
	3	Lehrer	Sohn(e)	Lied(e)	Tafel	Bett(e)
	4	Lehrer	Sohn	Lied	Tafel	Bett
복수	1	Lehrer	Söhne	Lieder	Tafeln	Betten
	2	Lehrer	Söhne	Lieder	Tafeln	Betten
	3	Lehrern	Söhnen	Liedern	Tafeln	Betten
	4	Lehrer	Söhne	Lieder	Tafeln	Betten

4. 형용사변화

Ⅰ) 강변화…관사＋형용사＋명사

격	m.	f.	n.	pl.
1	—er	—e	—es	—e
2	—es(en)*	—er	—es(en)	—er
3	—em	—er	—em	—en
4	—en	—e	—es	—e
1	kalter Wein	kalte Milch	kaltes Bier	alte Leute
2	kalten Weins	kalter Milch	kaltes Bier	alter Leute
3	kaltem Wein	kalter Milch	kaltem Bier	alten Leuten
4	kalten Wein	kalte Milch	kaltes Bier	alte Leute

* 남성과 중성명사의 2격어미가 —en 일 때에는 형용사의 변화는 —es로 된다.
 (예 : reiches Menschen, braves Soldaten)

Ⅱ) 약변화…정관사+형용사+명사

격	m.	f.	n.	pl.
1	—e	—e	—e	—en
2	—en	—en	—en	—en
3	—en	—en	—en	—en
4	—en	—e	—e	—en
1	der heiße Kaffee	die schöne Hand	das gute Mann	die großen Schuhe
2	des heißen Kaffes	der schönen Hand	des guten Mannes	der großen Schuhen
3	dem heißen Kaffe	der schönen Hand	dem guten Mann	den großen Schuhen
4	den heißen Kaffe	die schöne Hand	das gute Mann	die großen Schuhe

* 정관사와 같은 변화를 하는 dieser, jener 등이 있을 때에도 형용사는 역시 이 약변화를 한다.

Ⅲ) 혼합변화…부정관사+형용사+명사

격	m.	f.	n.	pl.
1	—er	—e	—es	—en*
2	—en	—en	—en	—en
3	—en	—en	—en	—en
4	—en	—e	—es	—en
1	ein roter Stuhl	eine süße Birne	ein wildes Tier	meine kleinen Kinder
2	eines roten Stuhls	einer süßen Birne	eines wilden Tiers	meiner kleinen Kinder
3	einem roten Stuhl	einer süßen Birne	einem wilden Tier	meinen kleinen Kindern
4	einen roten Stuhl	eine süße Birne	ein wildes Tier	meine kleinen Kinder

* 부정관사에는 복수형이 없기에, 복수에서는 ——+형용사+명사일 때에는 강변화로 되고, mein, kein 등 복수에서 정관사와 같은 변화를 할 때에는 약변화로 된다.

5. 형용사 비교변화

원 급	gern	gut	hoch	nach	viel
비교급	lieber	besser	höher	näher	mehr
최상급	liebst	best	höchst	nächst	meist

6. 전치사

2격전치사	(an)statt, diesseit(s), jenseit(s), trotz*, wegen, während 등. 예) während der Ferien (방학 동안에) wegen der Krankheit (병 때문에) *trotz는 3격 명사일 때도 있다.
3격전치사	aus, bei, entgegen, gegenüber, mit, nach, seit, von, zu 등. 예) mit deiner Mutter (너의 어머니와 함께) vom Morgen bis zum Abend (아침부터 저녁까지)
4격전치사	bis, durch, für, gegen, ohne, um, wider 등. 예) bis zehn Uhr (10시까지), durch den Wald (숲을 거쳐서), für das Vaterland (조국을 위하여)
3격·4격 전치사	an, auf, hinter, in, neben, über, zwischen, vor. 예) neben **dem** Baum (나무 근처에) neben **den** Baum (나무 근처로)

7. haben, sein, werden

인 칭	haben	sein	werden
ich	habe	bin	werde
du	hast	bist	wirst
er / sie / es	hat	ist	wird
wir	haben	sind	werden
ihr	habt	seid	werdet
sie	haben	sind	werden
Sie	haben	sind	werden

8. 인칭대명사

격	수 \ 인칭	1 인 칭	2 인 칭 (존 칭)	3 인 칭 m.	f.	n.
단 수	1	ich	du (Sie)	er	sie	es
	2	meiner	deiner (Ihrer)	seiner	ihrer	seiner
	3	mir	dir (Ihnen)	ihm	ihr	ihm
	4	mich	dich (Sie)	ihn	sie	es
복 수	1	wir	ihr (Sie)	sie		
	2	unser	euer (Ihrer)	ihrer		
	3	uns	euch (Ihnen)	ihnen		
	4	uns	euch (Sie)	sie		

9. 재귀대명사

수	격	1인칭	2인칭	3 인 칭 m.	f.	n.	존 칭
단 수	3	mir	dir	sich	sich	sich	sich
	4	mich	dich	sich	sich	sich	sich
복 수	3	uns	euch	sich			sich
	4	uns	euch	sich			sich

10. 의문대명사

격	wer(사람)	was(사물)	welch m.	f.	n.	pl.
1	wer	was	welcher	welche	welches	welche
2	wessen	wessen	welches	welcher	welches	welcher
3	wem	――	welchem	welcher	welchem	welchen
4	wen	was	welchen	welche	welches	welche

11. 관계대명사 (der)

수	단 수			복 수
격	m.	f.	n.	
1	der	die	das	die
2	dessen	deren	dessen	deren
3	dem	der	dem	denen
4	den	die	das	die

12. 동사 : 6시제의 변화의 예

	인칭	gehen	인칭	trinken
현재	ich	gehe	ich	trinke
	du	gehst	du	trinkst
	er	geht	er	trinkt
	wir	gehen	wir	trinken
	ihr	geht	ihr	trinkt
	sie	gehen	sie	trinken
과거	ich	ging	ich	trank
	du	gingst	du	trankst
	er	ging	er	trank
	wir	gingen	wir	tranken
	ihr	gingt	ihr	thankt
	sie	gingen	sie	tranken
미래	ich werde ······ gehen		ich werde ········ trinken	
	du wirst ······ gehen		du wirst ········ trinken	
	er wird ········ gehen		er wird ········ trinken	
	wir werden ····· gehen		wir werden ····· trinken	
	ihr werdet ····· gehen		ihr werdet ····· trinken	
	sie werden ·····gehen		sie werden ····· trinken	
현재	ich bin ········ gegangen		ich habe ········ getrunken	
	du bist ········ gegangen		du hast ········getrunken	
	er ist ········ gegangen		er hat ············ getrunken	

완료	wir sind ……… gegangen	wir haben ……… getrunken
	ihr seid ……… gegangen	ihr habt ……… getrunken
	sie sind ……… gegangen	sie haben ……… getrunken
과거완료	ich war ………gegangen	ich hatte ……… getrunken
	du warst …… gegangen	du hattest …… getrunken
	er war ……… gegangen	er hatte ……… getrunken
	wir waren ……gegangen	wir hatten …… getrunken
	ihr wart ……… gegangen	ihr hattet ……… getrunken
	sie waren …… gegangen	sie hatten …… getrunken
미래완료	ich werde …… gegangen sein	ich werde … getrunken haben
	du wirst …… gegangen sein	du wirst …… getrunken haben
	er wird …… gegangen sein	er wird …… getrunken haben
	wir werden …… gegangen sein	wir werden ‥getrunken haben
	ihr werdet …… gegangen sein	ihr werdet ‥ getrunken haben
	sie werden ……gegangen sein	sie werden ‥getrunken haben

13. 화법조동사

원형		dürfen	können	mögen	müssen	sollen	wollen
과거		durfte	konnte	mochte	mußte	sollte	wollte
과거분사		gedurft	gekonnt	gemocht	gemußt	gesollt	gewollt
현재인칭변화	ich	darf	kann	mag	muß	soll	will
	du	darfst	kannst	magst	mußt	sollst	willst
	er	darf	kann	mag	muß	soll	will
	wir	dürfen	können	mögen	müssen	sollen	wollen
	ihr	dürft	könnt	mögt	müßt	sollt	wollt
	sie	dürfen	können	mögen	müssen	sollen	wollen
과거인칭변화	ich	durfte	konnte	mochte	mußte	sollte	wollte
	du	durftest	konntest	mochtest	mußtest	solltest	wolltest
	er	durfte	konnte	mochte	mußte	sollte	wollte
	wir	durften	konnten	mochten	mußten	sollten	wollten
	ihr	durftet	konntet	mochtet	mußtet	solltet	wolltet
	sie	durften	konnten	mochten	mußten	sollten	wollten

14. 배어법

Ⅰ) 정치법 : 주어＋동사＋⋯.*

[예] Ich komme.

Ich lerne Deutsch.

Ich werde sie wieder sehen.

*⋯는 주어 및 정동사 이외의 문장 요소를 나타낸다.

Ⅱ) 도치법 : ☐ ＋정동사＋주어＋⋯.

[예] Lesen Sie den Roman?

Warum kommt er so schnell?

Am Brunnen vor dem Tore, da steht ein Lindenbaum.

Ⅲ) 후치법 : 주어＋⋯⋯＋동사

[예] Ich weiß es nicht, was es bedeutet.

Er ist nach Deutschland gegangen, weil er dort Medizin studieren will.

Wenn ich ein König wäre, so hätte ich ein Schloß.

●국명 · 국인 · 국의 형용사

Afghanistan	der Afghane	afghanisch
Afrika	der Afrikaner	afrikanisch
Ägypten	der Ägypter	ägyptisch
Albanien	der Albaner	albanisch
Algerien	der Algerier	algerisch
Amerika	der Amerikaner	amerikanisch
Argentinien	der Argentinier	argentinisch
Asien	der Asiat	asiatisch
Äthiopien	der Äthiopier	äthiopisch
Australien	der Australier	australisch
Bangladesh	der Bengale	bengalisch
Belgien	der Belgier	belgisch
Birma	der Birmane	birmanisch
Bolivien	der Bolivianer	bolivianisch
Brasilien	der Brasilianer	brasilianisch
Bulgarien	der Bulgare	bulgarisch
Ceylon	der Ceylonese	ceylonesisch
Chile	der Chilene	chilenisch
China	der Chinese	chinesisch
Costa Rica	der Costaricaner	costaricanisch
Cypern	der Cypriote	cyprisch
Dänemark	der Däne	dänisch
Deutschland (BRD, DDR)	der Deutsche	deutsch
Dominikanische Republik	der Dominikaner	dominikanisch
Ecuador	der Ecuadorianer	ecuadorianisch
Elfenbeinküste	der Ivorier	ivorisch
El Salvador	der Salvadorianer	salvadorianisch
England	der Engländer	englisch
Europa	der Europäer	europäisch
Finnland	der Finne	finnisch
Frankreich	der Franzose	französisch
Ghana	der Ghanaer	ghanaisch

Griechenland	der Grieche	griechisch
Großbritannien	der Brite	britisch
Guatemala	der Guatemalteke	guatemaltekisch
Guayana	der Guayaner	guayanisch
Guinea	der Guineer	guineisch
Haiti	der Haitianer	haitianisch
Holland	der Holländer	holländisch
Honduras	der Hondurer	hondurisch
Indien	der Inder	indisch
Indonesien	der Indonesier	indonesisch
(der) Irak	der Iraker	irakisch
(der) Iran	der Iraner	iranisch
Irland	der Ire	irisch
Island	der Isländer	isländisch
Israel	der Israeli	israelisch
Italien	der Italiener	italienisch
Jamaika	der Jamaiker	jamaikanisch
Japan	der Japaner	japanisch
(der) Jemen	der Jemenite	jemenitisch
Jordanien	der Jordanier	jordanisch
Jugoslawien	der Jugoslawe	jugoslawisch
Kambodscha	der Kambodschaner	kambodschanisch
Kamerun	der Kameruner	kamerunisch
Kanada	der Kanadier	kanadisch
Kenia	der Kenianer	kenianisch
Khmer Republik	(siehe **Kambodscha**)	
Kolumbien	der Kolumbianer	kolumbianisch
der Kongo	der Kongolese	kongolesisch
Korea	der Koreaner	koreanisch
Kuba	der Kubaner	kubanisch
Kuwait	der Kuwaiti	kuwaitisch
Laos	der Laote	laotisch
der Libanon	der Libanese	libanesisch
Liberia	der Liberianer	liberianisch
Libyen	der Libyer	libysch

Liechtenstein	der Liechtensteiner	liechtensteinisch
Luxemburg	der Luxemburger	luxemburgisch
Madagaskar	der Madagasse	madagassisch
Malawi	der Malawier	malawisch
Malaysia	der Malaie	malaiisch
Malta	der Malteser	maltesisch
Marokko	der Marokkaner	marokkanisch
Mauretanien	der Mauretanier	mauretanisch
Mexiko	der Mexikaner	mexikanisch
Monaco	der Monegasse	monegassisch
Mongolische Volksrepublik	der Mongole	mongolisch
Nepal	der Nepalese	nepalesisch
Neuseeland	der Neuseeländer	neuseeländisch
Nicaragua	der Nicaraguaner	nicaraguanisch
die Niederlande (siehe auch Holland)	der Niederländer	niederländisch
Niger	der Nigerier	nigerisch
Nigeria	der Nigerianer	nigerianisch
Norwegen	der Norweger	norwegisch
Obervolta	der Obervoltaner	obervoltanisch
Österreich	der Österreicher	österreichisch
Pakistan	der Pakistaner	pakistanisch
Panama	der Panamaer	panamaisch
Paraguay	der Paraguayaner	paraguayanisch
Peru	der Peruaner	peruanisch
die Philippinen	der Filipino	philippinisch
Polen	der Pole	polnisch
Portugal	der Portugiese	portugiesisch
Rumänien	der Rumäne	rumänisch
Salvador	der Salvadorianer	salvadorianisch
Sambia	der Sambier	sambesisch
Saudi-Arabien	der Saudi-Araber	saudiarabisch
Schottland	der Schotte	schottisch
Schweden	der Schwede	schwedisch

die Schweiz	der Schweizer	schweizerisch
(der) Senegal	der Senegalese	senegalesisch
Singapur	der Singapurer	singapurisch
Somalia	der Somalier	somalisch
die Sowjetunion	der (Sowjet-) Russe	russisch
Spanien	der Spanier	spanisch
Sri Lanka	(siehe Ceylon)	
die Südafrikanische Republik	der Südafrikaner	südafrikanisch
der Sudan	der Sudanese	sudanesisch
Syrien	der Syrer	syrisch
Tansania	der Tansanier	tansanisch
Thailand	der Thailänder	thailändisch
Togo	der Togoer	togoisch
die Tschechoslowakei	der Tschechoslowake	tschechoslowakisch
Tunesien	der Tunesier	tunesisch
die Türkei	der Türke	türkisch
Uganda	der Ugander	ugandisch
Ungarn	der Ungar	ungarisch
Uruguay	der Uruguayer	uruguayisch
der Vatikan	———	vatikanisch
Venezuela	der Venezolaner	venezolanisch
die Vereinigten Staaten von Amerika — USA	der Amerikaner	amerikanisch
Vietnam	der Vietnamese	vietnamesisch
Zaire	(siehe Kongo)	
Zypern	der Zypriote	zyprisch